江苏高教评论

2021

江苏省高等教育学会 编

南京大学出版社

图书在版编目(CIP)数据

江苏高教评论. 2021 / 江苏省高等教育学会编.
—南京：南京大学出版社，2022.11
 ISBN 978-7-305-23654-9

Ⅰ. ①江… Ⅱ. ①江… Ⅲ. ①高等教育－江苏－文集
Ⅳ. ①G649.285.3-53

中国版本图书馆 CIP 数据核字(2022)第 214205 号

出版发行　南京大学出版社
社　　址　南京市汉口路 22 号　　　邮　编　210093
出 版 人　金鑫荣

书　　名　江苏高教评论 2021
编　　者　江苏省高等教育学会
责任编辑　高　军　　　　　编辑热线　025-83686531

照　　排　南京开卷文化传媒有限公司
印　　刷　苏州市古得堡数码印刷有限公司
开　　本　787 mm×960 mm　1/16　印张 22　字数 411 千
版　　次　2022 年 11 月第 1 版　2022 年 11 月第 1 次印刷
ISBN 978-7-305-23654-9
定　　价　58.00 元

网　　址：http://www.njupco.com
官方微博：http://weibo.com/njupco
官方微信号：njupress
销售咨询热线：(025)83594756

* 版权所有，侵权必究
* 凡购买南大版图书，如有印装质量问题，请与所购
  图书销售部门联系调换

目录

一、特 稿

3　构建区域学术共同体社团　服务江苏高等教育高质量发展
　　——江苏省高等教育学会第七届理事会履职总结报告暨第十三次会议工作报告
　　　　　　　　　　　　　　　　　　　　　　　　　　　丁晓昌

29　高等教育"一流多元"发展的时代方位、现实困境与推进策略
　　　　　　　　　　　　　　　　　　　　　　　金久仁　叶美兰

39　应用型大学高质量发展的理论要义、基本遵循和实践路径
　　　　　　　　　　　　宋　青　周亚军　汪　福　陆　勇　洪　林

49　普通高校县域办学现象刍议：江苏实践与思考
　　　　　　　　　　　　　　　　　　　　　　　杨新春　尹　霞

62　产教融合：本科层次高等职业学校发展的机遇与挑战
　　　　　　　　　　　　　　刘任熊　钱丽云　黄利文　蒋才锋

78　在产教融合中推进高职科技创新的实践探索
　　　——以江苏无锡市为例
　　　　　　　　　　　　　　　　　　　　　　　　　　　杭建伟

| 85 | 大中小思政课程建设主体的职能构成及发挥 |

刘　峰　姜建成

二、江苏省高质量高等教育体系建设实践研究

| 97 | 高职电子信息类专业"校行企融合　育评改联动"人才培养体系的建构与实践 |

盛定高　徐义晗　杨　永　郭艾华

| 107 | 苏锡常都市圈智能制造多元协同育人模式探析 |

顾　甲　吴慧媛　刘法虎

| 118 | 戎装褪下笔执起：退役复学大学生的校园适应探析 |

郭淑娜

三、高质量本科教育体系研究

| 137 | 工程教育专业认证研究的知识图景及趋势 |
　　——基于科学引文数据库1991—2021年研究文献的分析

郝龙飞　韩映雄

| 156 | 中美大学生学情调查工具的比较分析及启示 |

陈静漪　张　慧

| 172 | 线上教学环境下工具感知对大学生深度学习的影响：教学感知、学习兴趣的中介作用 |

曹晓静

四、高质量高等职业教育体系研究

193 批判性思维对提升高职院校工程教育质量的探究

丁 雷

203 职教教师教育的发展演变及突围路径

孙建波 任鑫淼 韩 雪

214 欧洲现代学徒制特点探析及对我国的启示

刘 鎏

222 高职教育领域"四个评价"体系的价值意蕴与实践逻辑

王亚鹏

234 本科层次职业教育政策演进的内在意蕴与发展策略研究

赵惠莉

五、高质量研究生教育体系研究

251 过程与关键的统一:宾夕法尼亚大学博士生分流淘汰机制研究

段鹏茜 汪 霞

六、高质量高等教育治理体系研究

267 基于区域的教师教育共同体运行阻障与完善路向

朱守信

274	大学与社会的关系模式探究
	——基于世界一流大学建设高校章程的文本考察
	邵莹莹

288	实现高质量高等教育公平的时代价值与路径选择
	王子滕

301	重点中学能弥补大学生多维资本获取中的家庭资源不足吗
	——基于首都大学生成长追踪调查的实证分析
	刘卫平 鞠法胜

331	高等教育财政支出、居民消费及其中介效应
	——基于"双循环"背景的实证分析
	汪 栋 殷宗贤

| 347 | 后记 |

一、特　稿

　　2021年12月2日—4日,江苏省高等教育学会第八次会员代表大会暨2021年学术年会在南京举行。中国高等教育学会会长杜玉波,中国高等教育学会副会长兼秘书长姜恩来,江苏省教育厅厅长葛道凯,江苏省社科联党组书记、常务副主席张新科,南京师范大学党委书记、江苏省教育厅副厅长王成斌,江苏省教育考试院党委书记、院长袁靖宇,南京信息工程大学党委副书记、校长李北群,江苏省高等教育学会会长丁晓昌,江苏省高等教育学会监事长史国栋,江苏省教育厅二级巡视员冯大生等10位领导出席了会议;江苏省职业技术教育学会会长杨湘宁、江苏省教育国际交流协会副会长兼秘书长马幸年、江苏省成人教育协会会长孙曙平、江苏省学前教育学会会长张建明、江苏省教育学会常务副会长陆志平、江苏省学位与研究生教育学会秘书长储宪国等6位兄弟学会领导到会祝贺；中国高等教育学会学术部主任高晓杰、中国高等教育学会学术部副主任张兴东、省教育厅高教处处长邵进、省教育厅教师工作处处长张卫星、省教育厅对外交流合作处处长贺兴初、省教育评估院院长顾春明、省教育厅办公室副主任顾斌、省教育厅高教处正处级调研员郭新宇等8位嘉宾代表相关机构莅会指导；学会第七届理事会成员、新一届理事会候选人、特邀嘉宾和代表等约300人出席了大会，其中包括来自我省40多所高校的80位校领导。会议由江苏省高等教育学会主办，南京信息工程大学承办，由学会高等教育学研究委员会和江苏省高校在线开放课程中心共同协办。会议按照换届程序，审议并通过了省高教学会第七届理事会工作报告及《江苏省高等教育学会章程（修正案草案）》，选举产生第八届理事会成员。新一届理事会成员按程序选举产生了第八届理事会理事、常务理事、监事、秘书长、副会长、会长、监事长。

年会主题为"高等教育现代化：省域高质量高等教育体系建设"。《中华人民共和国国民经济和社会发展第十四个五年规划和2035年远景目标纲要》对教育事业发展提出了新的目标和要求，构建高质量教育体系成为未来一段时间内我国教育发展的主要课题，而与国家经济、社会、科学、文化等各方面发展密切相连的高等教育体系是高质量教育体系建设的重要组成部分。自政府提出构建高质量教育体系的目标以来，对于如何认识与如何建设，正成为高等教育实践发展与理论研究关注的重要课题。

本部分特稿，不仅收录了学会第七届理事会工作报告，以展示过去5年办会历程，供广大会员代表批评指正；还汇编了部分在年会上发言交流的论文，以从宏观、中观和微观的不同维度探讨区域高等教育高质量建设。

构建区域学术共同体社团
服务江苏高等教育高质量发展
——江苏省高等教育学会第七届理事会履职总结报告暨第十三次会议工作报告

丁晓昌[①]

各位领导、来宾,各位常务理事、监事会成员、学术委员会成员、分支机构代表,代表们、同志们:

今天我们召开江苏省高等教育学会第八次会员代表大会,同时召开2021年学术年会。这次会议任务之一是积极、稳妥地做好理事会换届工作,确保学会工作的连续性。此次会议得到了中国高等教育学会、江苏省委省政府、省教育厅、省民政厅、省社科联和各兄弟学会的关心和支持,也得到了会议承办方南京信息工程大学、协办方江苏省高校在线开放课程中心的鼎力相助。出席本次会议的各级领导、专家学者、会员代表、特邀嘉宾等有300余人。首先,请允许我代表江苏省高等教育学会对莅会的各位领导、嘉宾、会员代表、获奖者、论文作者等表示热烈的欢迎和衷心的感谢!

根据安排,我代表江苏省高等教育学会第七届常务理事会向大会作换届工作报告。报告分两部分:一是第七届理事会工作的简要回顾;二是第八届理事会工作的规划。请予审议。

第一部分 第七届理事会工作回顾

学会成立于1985年5月,是在党和政府领导下由省教育厅主管、省民政厅监督、中国高教学会指导、省社科联支持的群众性学术团体,成员结构、活动内容和服务形式具有群众性、区域性和行业性的复合特征。群众性表现为组成人员的广泛,既有高校研究人员、教学专家,也有高校管理工作者、实践工作者,还

---

① 作者简介:丁晓昌,江苏省高等教育学会会长,江苏省教育厅原党组副书记、副厅长。

有热心服务于高校的机构代表、行业企业代表;区域性表现为学会业务范围覆盖全省13个地级市;行业性表现为学会服务于高等教育事业的改革与发展。2015年学会首次申请省民政厅社会组织等级评估并获评5A评价,为我会"十三五"时期的跨越式发展奠定基础。"十三五"时期,学会一直全面贯彻党的教育方针,深入贯彻《国家中长期教育改革和发展规划纲要(2010—2020年)》和党的十九大精神,坚持解放思想、实事求是,发扬理论联系实际的学风,围绕省教育厅2017—2021年工作重点,积极组织开展有关高等教育的理论研究、学术交流、行业服务、第三方评审、决策咨询和竞赛培训等活动,团结全省高等教育机构和高等教育工作者深入开展高等教育战略研究、政策研究、理论研究、实践研究和学术交流活动,繁荣发展高等教育科学,形成了若干品牌活动,产生了一批研究成果,树立了良好的社会声誉,较好助力全省高等教育改革发展,不断助推高等教育高质量发展和办学水平提升。

一、坚持学术根本,以新思想寻策问道

繁荣学术思想是立会之根本。近年来,学会凝聚一支高水平研究队伍,汇聚高等教育理论研究者、行政管理者和基层实践者三方面力量;组织开展全局性、前瞻性、引领性的课题研究,推出一批标志性研究成果;结合高等教育改革发展的新形势,以学术交流、座谈研讨和评审评奖等形式搭建一个高端研究平台,构建高等教育学术研究的共同体组织,摸索出服务改革发展的协同机制,形成江苏高等教育研究的高原高峰。

(一)以年会为抓手,繁荣高教研究

学术年会是学会自成立之日起就开展的活动,为社团各成员提供了社会交往的平台,既是会员团聚交流之会,也是信息汇集分享之会,还是商谈布置工作之会。2017年以来,学会如期召开一年一度的学术年会,以"高等教育现代化"为五年一贯制的主题,4年学术年会共计1 370人次参加,交流论文524篇,分享学术报告120场次(见表1)。目前学术年会形成了特有模式,设有主旨学术报告、书记校长论坛、特邀学术报告、研究生论坛、专题分论坛等,交流研讨、议程紧凑,激荡思想、精彩频现,每年都会吸引省级以上媒体进行报道,将研讨主题从场内延续到场外。年会既成为展示江苏高等教育研究最新动态和发展趋势的平台,也搭建了本领域内一流人才聚集的俱乐部,形成会员交往频繁、学会认同感加深、学会吸引凝聚力增强的正向反馈。

表1　江苏省高教学会学术年会一览表(2017—2020)

序号	时间	主题	承办院校	参会人数	论文数量
1	2017.12.1—2	高等教育现代化:深化教学改革与教师专业发展	无锡太湖学院	400	185
2	2018.11.16—17	高等教育现代化:改革开放40年与江苏高教普及化发展	盐城工学院	300	79
3	2019.10.24—25	高等教育现代化:高质量教学与学生发展	江苏建筑职业技术学院	370	187
4	2020.12.4—5	高等教育现代化:评价改革与高等教育发展	江苏经贸职业技术学院	300	73

(二) 以问题为导向,开展专题研讨

结合高等教育改革发展的新形势,围绕高等教育发展急需解决的实际问题,学会以学术研讨会、座谈调研会或专题会议等形式搭建一个个交流场。2017—2021年学会共计举办26场研讨会,平均每年举办5场次(见表2)。研讨议题横跨高教多领域,其共性规律都是精准把握高教改革与发展趋势,以解决某个具体问题或达成某种共识为目标,发挥理论引导或决策咨询作用。例如,2020—2021年,为积极响应中共中央和国务院印发的《关于全面加强新时代大中小学劳动教育的意见》、教育部印发的《大中小学劳动教育指导纲要(试行)》和江苏省委办公厅印发的《关于全面加强新时代大中小学劳动教育的实施意见》,学会聚焦劳动教育,围绕高校人才培养方案、课程建设、教学大纲、教学教法、教学体系等开展系列研讨和培训,并联合江苏省高校教材管理工作委员会联合组编《新时代大学生劳动教育》,为全省高校劳动教育课程建设与教学工作提供参考。

表2　学会各类专题研讨会一览表(2017—2021)

序号	时间	专题
1	2017.1.9	江苏省高职院校教学工作诊改试点工作研讨会
2	2017.5.12—14	大学人与大学发展:教师·学术·组织
3	2017.9.23—24	"大学生职业能力培养与提升"学术研讨会
4	2018.3.9	江苏高等教育现代化2035研讨会(第一专场)

续 表

序号	时间	专 题
5	2018.4.21	江苏高等教育现代化2035研讨会(第二专场)
6	2018.4.26	改革开放40年座谈会
7	2018.5.7	学会重点调研课题中期成果汇报与研讨会
8	2018.7.6	学会重大攻关课题中期成果汇报与研讨会
9	2018.9.29	江苏高职院校诊改工作培训会
10	2018.10.7	高水平应用型人才培养战略研讨会
11	2018.12.28	2018年江苏省高职院校教学工作诊改试点推进会
12	2019.4.1	2019年全省高职院校"金课"建设研讨会
13	2019.5.17	江苏省高职院校高水平专业(群)建设研讨会
14	2019.5.24	江苏省首届高水平应用型大学发展战略研讨会
15	2019.7.25	江苏人工智能创新发展与教育赋能论坛
16	2019.7.26	2019职业院校智慧教育校长论坛
17	2019.8.28—29	2019年江苏省高职院校诊改培训会
18	2019.11.24	新时代中国特色现代大学制度研讨会
19	2020.4.22	"产教融合、协同教育新生态"云上会议
20	2020.6.28	江苏现代职业教育研究院(江苏职业教育智库)成立大会暨江苏职业教育发展研讨会
21	2020.10.29	江苏高校2020年度国家级一流本科专业建设点申报专项辅导培训会
22	2020.11.6	江苏省高职院校劳动教育研讨会
23	2020.12.9	高校智能研讨会
24	2021.4.22	江苏省高等院校劳动教育课程建设与教学研讨会
25	2021.7.10	江苏高等院校劳动教育教师培训班
26	2021.7.27	江苏省高等院校暑期"为科研赋能,助力教与学"公益讲座

(三) 以成果为激励,繁荣高教各类条线

在全国各类评奖数量逐渐压缩、评奖制度日益规范的背景下,学会具有历史传承性的高等教育研究成果奖从1989年开始已评审18届,尤其是在2017年以后应广大高校教师建议,由两年一届改为一年一届。学会成果奖主要面向全省征集高等教育研究的成果,形式有论文、著作和研究报告三类,类别有决策、理论和实践三类。2017—2021年间共收到符合要求的申报数量1 900项,既有高等教育学科的理论思辨和实证分析,也有大量关于一线教学实践、学校治理管理的学术探究和总结反思,还涌现了一批跨界研究、交叉研究。坚持好成果须经得起时间检验、会得到同行公认的评价准则,5年间学会成果奖评出特等奖24项、一等奖91项、二等奖547项,获奖率均值为34%(见表3)。成果奖评审发挥了"老瓶装新酒"功效,与"破五唯"的教育评价改革相衔接,逐步提高该奖项的权威性和影响力,让获奖项目成为本领域的代表性成果、标志性成果。

表3 学会高等教育研究成果奖情况一览表(2017—2021)

年份	申报数	特等奖	一等奖	二等奖	获奖率(%)
2017年	476	5	16	99	25
2018年	370	5	16	90	30
2019年	386	5	21	127	40
2020年	465	7	22	156	40
2021年	203	2	16	75	46

(四) 以课题为牵引,构建高教学术矩阵

学会自行组织规划课题、专项课题、委托课题等项目建设,承接政府职能转移出的全省教育教学改革课题项目,分批分层分类推进,形成以课题为牵引的高教学术矩阵。

凝聚研究力量,组织实施五年规划课题建设。五年规划课题建设是学会重大项目,坚持高教研究为高等教育决策的科学化民主化服务、为高等学校改革发展实践服务、为繁荣高等教育理论与实践研究服务的方向,吸引广大研究团队开展高等教育理论与实践的前瞻性、引领性、基础性研究。"十三五"期间学会共投入规划课题经费70万、"十四五"拟投入经费84万(见表4)。规划课题

实施两级分类管理机制，重大攻关课题和重点调研课题由学会负责项目指导、检查和鉴定工作，一般课题委托学校管理。

表4 学会规划课题情况一览表

课题		"十三五"规划	"十四五"规划
建设时间		2016—2020年	2021—2025年
申报数量		495	449
立项情况	重大攻关数量	5	10
	重大攻关资助	8万元/项	4万元/项
	重点调研数量	10	22
	重点调研资助	3万元/项	2万元/项
	一般课题数量	213	201

聚焦专项课题，打造精准研究平台。其一，充分发挥学会分支机构的积极性，明确各分支机构发挥专业性学术团体的作用，开展本领域或专业需要的课题研究，沿着"群众性、实践性、应用性"和"基础性、先导性、探索性"两类研究进行。其二，学会联合出版社开展教学专项课题建设。2020年以来，学会先后与外研社、外教社、交大社、南大社、超星公司等建成战略合作伙伴关系，全省高校教师共申报1 773项，分批立项建设542项课题，筹集落实课题经费334万，构建出学会立项建设、出版社资助支持、学校过程管理的教学课题模式，引导教学课题往高校改革深处走、往专业课堂实处落、往教师学生心里去。这是学会史无前例的创新，为我省高校一线教学人员和管理人员争取了实实在在的增量福利，为高校孵化培育教学改革成果搭建了从0到1的成长阶梯，为全省高校改革生态注入了薪火相传的动力支撑。

承接政府职能转移，全过程建设省教改课题。从2005年起，"江苏省高等教育教学改革研究课题"立项申报工作形成制度，每两年组织一次，到2019年已立项建设7批省级教改课题，立项数达到3 794项。这些教改课题成果，作为种子播撒在江苏高等教育的土壤中，经过教学实践的检验和沉淀，成长为国家级教育教学成果奖。2019年，为适应教育"管办评"分离改革的形势要求，省教育厅自我革命、精简职能，主动将教改课题转移给学会。2年来学会在省教育厅相关处室指导下、在省教育厅纪委监督下，无差别执行省教育厅评审工作的程序要求，顺利实施了教改课题的立项建设工作(见表5)和立项后的成果验收、综合管理工作。

表5 教改课题情况一览表(2019/2021)

课题	2019年	2021年
限额总数	946	1 204
申报总数	850	1 013
立项总数	660	715
其中:重中之重	17	50
重点	131	189
一般	512	476
立项申报比例	78%	71%

追踪教育改革前沿,开展定向委托课题。一方面,鼓励会员单位和分支机构主动接受教育行政部门委托的任务,组织开展高等教育重大决策课题的研究。如,由学会会长丁晓昌主持的课题《现代化教育强省建设的战略重点、实施策略与路径研究》,被立为2020年江苏教育改革发展战略性与政策性研究课题。另一方面,学会应本领域专业标准研究与应用、监测评价、自律机制、行业治理等需要,开展问题导向的委托课题研究。2021年学会委托南京信息职业技术学院开展《江苏省高职院校专业认证标准、流程及手册研发》研究,委托课题经费10万元,课题成果直接转化为我省高职专业认证试点工作的政策工具。

(五)以同行为支撑,发挥专家智囊作用

依托学会平台、加强高端人才资源库建设和有效利用,共同为江苏高等教育治理现代化发挥参谋部、智囊团和人才库的作用。以学会理事会为依托,凝聚众多学科专业和专项管理领域的权威专家,在学会组织的各类评审评奖中发挥定向把舵作用,如2020年3月至4月(当时全省教育系统疫情防控应急响应级别为突发公共卫生事件一级响应),学会应省教育厅相关处室要求,以线上方式继续开展学会工作,提名20位资历深、水平高、业务强的专家,对我省20所"双高计划"建设单位的建设方案、任务书修订工作以及建设过程中相关工作开展两轮网络评议,先后形成书面修改意见和省级推荐意见初稿等。学会依托江苏专家团队开展的评审工作也服务于省外同行。2017年,学会受海南省教育厅委托,对海南省教学成果奖的64项高等教育项目进行初评。这两次评审展现了学会作为第三方评估的公信力与权威性,也为我省高校学习兄弟省份的教学成果提供窗口和借鉴。强化学术委员会职能、充分发挥学术领头羊作用,为学会发展规划、课题指南、成果评价等保驾护航；完善组织建设，2020年联合江苏经贸职业技术学院打造全国首家省级职教智库——江苏现代职业教育研究院，智库建设取得新成效；为国家项目输送江苏专家，如学会会长丁晓昌受聘兼任全国院校设置评议委员会委员、普通高等学校本科教育教学评估专家委员会委员等职务。

二、围绕中心工作，形成同频共振格局

在现代社会转型中，学会被赋予行业参与、学术支持、社会监督和组织重构等作用，在政府、高校和社会形成的新型关系中履行行业治理职能、发挥桥梁式支撑作用，从而以独立主体参与到区域高等教育治理格局中。近年来，围绕办会宗旨，学会主动适应"管办评"分离的新形势，积极与省教育厅各业务处室对接，签订政府购买合同，适应政府职能转移，拓展学会服务内容，既在人财物等方面多渠道、多途径做好充分储备，不断提升完成相应任务的能力，也扩大了口碑影响，积淀了学会的资质能力，把提供高端资政辅智服务作为兴会之本。

（一）围绕高职诊改，代行省级专委会职能

开展高职院校"内部质量保证体系诊断与改进工作"（简称"诊改"），是贯彻落实《国务院关于加快发展现代职业教育的决定》精神，切实发挥学校主体作用，持续提高职业教育人才培养质量的重要举措和制度创新。学会在全国诊改委指导下，先后在省教育厅高教处、职教处支持下，开展了分批次、分层次、分步骤的系列推进工作，搭建出以行政为牵引导向、以院校为职责主体、以专委会为复核组织的新型多元治理格局，从制度设计层面为我省诊改工作的具体实施铺陈轨道。我省先后设有诊改国家级试点院校3所、第一批省级试点院校2所、第二批省级试点院校20所、非试点院校2所；根据全省诊改工作的实施进度，学会依托省高职诊改专委会，适时召开全省工作会议，实现诊改理论与实践的同频共振。2017年以来，我省共召开5次全省范围的诊改培训会、研讨会或推进会，共计700人次参加了会议。会议以理论探讨、工作部署、文件解读、案例分享、经验交流、现场答辩、会议资料交流等多种形式，引导学校积极开展诊改工作。在"双高计划"的契机下，诊改成效已经从学校层面质量内涵建设的内功外化为全省层面卓越高职院校的成绩单——2019年我省入列"双高计划"首批建设单位的20所高职院校，其中80%为诊改试点院校；其余非诊改试点的4所"双高"院校，也都有学校代表加入了专委会或专委会下设的工作组。2019年，

我省3所国家级试点院校——无锡职业技术学院、南京工业职业技术学院和常州工程职业技术学院先后完成了诊改复核,并获得复核结论有效的评价。2021年,我省全面启动诊改复核工作,在学校提出复核申请的基础上,截至目前已有10所省级试点院校完成了诊改复核(扬州工业职业技术学院、江苏食品药品职业技术学院、无锡商业职业技术学院、江苏财经职业技术学院、江苏建筑职业技术学院、常州机电职业技术学院、江苏农林职业技术学院、江苏信息职业技术学院、南京科技职业学院、苏州农业职业技术学院),今年底还将完成3所院校的诊改复核工作(常州工业职业技术学院、苏州卫生职业技术学院、江苏农牧科技职业学院)。

(二)聚焦教材建设,承接江苏重点教材项目

自2015年起,省教育厅顺应中央政府的简政放权改革,逐步将重点教材的立项评审及结项审定工作委托给学会。迄今,学会已连续7年承接工作职能,共受理各单位推荐的重点教材4994部,立项建设重点教材3045部(见表6)。学会注重教材立项建设后的管理,变监督为服务,提高重点教材结项出版率,扭转了教材重立项、轻出版的局面。2014—2020年期间立项的3072部省重点教材中已有1835部符合审定要求,正式出版或修订后再版。据统计,2021年全国教材奖中本科教育和高职教育第一单位为江苏高校的教材共计67种,其中11种教材是完成结项出版的省重点教材。学会承担全省高校重点教材的组织遴选工作,准确把握自己的角色定位,深感责任重大、使命光荣,既要深刻理解中央和部委关于教材建设的重大方针和决策部署,也要及时跟进我省教育行政部门关于教材建设的谋划引领,还要问计于学校、广泛开展调查研究听取各方意见,沿着拔尖、提升和托底三个方向面上推进全省重点教材建设工作——拔尖教材为国家教材奖培育种子选手,提升教材为各类教育专项验收提供成果证明,托底教材为办学基础薄弱或新兴学科专业搭建成长阶梯。

表6 重点教材情况一览表(2017—2021)

教材	2017年	2018年	2019年	2020年	2021年
限额总数	922	930	880	929	828
申报总数	756	786	751	797	789
申报比例	82%	85%	85%	86%	95%
立项总数	366	504	502	515	504
立项申报比例	48%	64%	67%	65%	64%

(三) 服务双师建设,夯实人事处长培训效果

高职院校人事处长培训是我省高职院校省级培训中的管理者专项培训项目之一,是教育行政部门相关业务工作落实部署的重要路径,在我省高职院校教师培训体系中地位特殊、作用显著。在省教育厅教师工作处指导、省高职师培中心支持下,学会连续应标举办了2019—2021年江苏省高职院校人事处长培训班。培训班以高职院校人事条线的业务交流培训为抓手,认真研读文件精神、开拓学术理念视野、分享务实管用举措,既邀请教育行政主管部门领导莅会讲话部署工作,也积极践行"一线规则",问计于民、得计于民、服务于民,让培训专家与受培学员共同厘清症结、找到钥匙,为全省"双师型"教师队伍建设做好"最后一公里"建设。

(四) 问诊高校治理,开展信息公开持续监测

高校信息公开制度是建立和完善现代大学制度,推进高校治理能力和治理体系现代化建设等的重要途径;对高校开展信息公开监测是教育治理的重要手段。2015年受中国高等教育学会委托,学会承担了"江苏省高校信息公开事项测评与研究"的课题研究,在中国高教学会指导下,自筹经费开展江苏省属高校信息公开测评工作;2018—2021年,学会持续开展信息公开监测工作,并先后与省教育厅组织处、省教育厅办公室签订协议,为行政决策采集我省高校信息公开的客观性、过程性和真实性的监测数据。高校信息公开监测强化过程评价、结果管理和持续监测,充分发挥了社会组织在高等教育管理中的资政、资教、咨询作用。我省教育行政部门已经建立起高校信息公开社会评议机制,并形成了一个动态闭环的运行机制——先是第三方监测、后行政促改、再院校整改、最后回到第三方持续监测,强化了多元化协同推进和正向循环反馈的治理优化模式。

(五) 助力教师教学,承办多个教师赛课项目

承办全国高校教师教学创新大赛的江苏省赛。由教育部高等教育司指导、中国高等教育学会主办的首届全国高校教师教学创新大赛于2020年9月30日正式启动,全国31个赛区的50 386名教师参加了大赛校赛,12 625教师参加了大赛省(区、市)赛。江苏省赛自2020年11月启动,由省教育厅高教处指导、学会和江南大学共同主办,江苏省赛历经校级遴选推荐、参赛资格审查、网络预赛评审、现场决赛评审和组委会审定等环节,在赛制规则、专家评审、选手服务、比赛纪律、条件保障等方面做了大量严谨细致、卓有成效的开创性探索。经校

赛遴选，全省共74所本科高校参与省赛，共245项符合要求进入省赛预赛评审。省赛环节中，组委会组建了近300人的专家库，分16小组进行网络评审。根据预赛成绩排名和不超过参赛总人数30%进入决赛的原则，共有74项参赛作品进入决赛评审，并于2021年3月21日在江南大学分10组进行现场决赛。经过一天的比赛和评审，经组委会审定，产生特等奖15个、一等奖25个、二等奖34个；专项奖3项、基层教学组织奖6项和优秀组织奖9项，并从15个特等奖中推选出了9个优秀作品代表江苏出战全国赛。在国赛筹备期间，学会联合河海大学、省高校在线开放课程中心先后开展两轮培训辅导，第一轮是模块化的专家指导报告，第二轮是多对一的模拟分组答辩，充分贯彻了以赛促教、以赛促学、以赛促改、以赛促建的大赛精神。全国决赛期间恰逢南京突发疫情，江苏逆行而上、开全国之先河、首创省级线上赛区，在全国性比赛场景中书写了教育信息技术与教育教学实践互动融合的生动创新案例，也在全国赛各赛道及各赛项中均有斩获、荣膺大满贯，分别获一等奖3项、二等奖3项、三等奖3项、专项奖2项、组织奖1项，奖项覆盖我省部属高校与地方高校的不同学科领域、不同职称级别的教师。

承办第三届长三角民办高校教师教学技能大赛。贯彻落实《长三角地区一体化发展三年行动计划（2021—2023年）》有关要求，经上海市教育委员会、江苏省教育厅、浙江省教育厅、安徽省教育厅商定，继续联合举办第三届长三角民办高校教师教学技能大赛，以加强长三角民办高校教师队伍建设。2021年学会联合南京传媒学院在民办教育协同发展服务中心指导下承担大赛办公室工作，同时负责江苏省赛选拔赛的相关工作。江苏省赛选拔工作已于11月19日完成，决赛将于12月9—10日在南京传媒学院举办。

三、适应行业需求，在服务中实现创新发展

广大会员单位的积极支持是学会从无到有、发展壮大的基础，也是学会服务的主要对象，更是学会得以发挥各项职能的土壤。学会要瞄准定位，发挥社团优势，借鉴同行经验，凝聚会员力量，坚持立会为教、办会为校、服务高教改革发展的办会方向和宗旨，围绕高校办学实践中的热点难点问题，贴近实际、回应关切，在政府、社会和高等学校之间发挥桥梁纽带和缓冲器作用，主动开展标准研制、专业认证、评价监控等工作，提升专业化发展能力和行业自律能力，形成社会公信力。服务行业需求的创新发展才是强会之要。

(一) 服务于大学生素质教育,打造学会品牌

江苏省大学生知识竞赛是学会自2004年以来开展的科普活动,主题是文理交融打造通识教育、赛教融通培养创新人才,特色是分文理生分别进行、交叉考核。该赛事得到了省教育厅各有关处室、省教育考试院、江苏教育频道、江苏教育报刊社和各高校等部门单位的大力支持,成功举办12届。全省累计76万人次参与竞赛,获奖总人次约5.97万;平均每届有92所高校、6.3万余名学子报名参加(见图1),知识竞赛成为我省高等教育素质教育工作的一项品牌活动,理工科与人文社科的交叉进行的赛事安排,与近年来学科交叉融合发展的新趋势不谋而合,引导参赛学生根据知识发展的一般规律,自主打破单一学科框架,按照从"博"到"深"、到"大"、到"精"的路径,达到"博大精深"的理想状态。

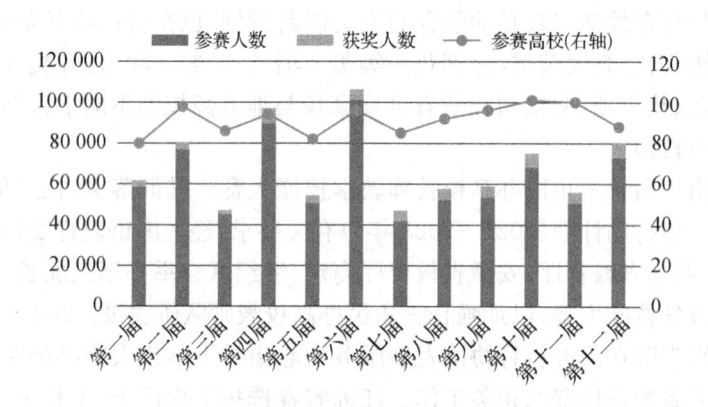

图1 大学生知识竞赛参赛数据情况

中国高等教育学会领导、江苏省教育厅领导多次表扬江苏省大学生知识竞赛活动。2019年,教育部原副部长周远清在《中国教育在线》撰文《我的"三情"》中,对素质教育、高校教学改革和高等教育科学研究进行实践总结和深入理解,用262个字介绍了我们省大学生知识竞赛,并给予高度评价。

> **周远清《我的"三情"》节选**
>
> 除"五月的鲜花"文艺会演外,很多省份组织大学生文化知识竞赛。如江苏省组织的全省大学生人文知识、科学知识竞赛,华北5省(自治区、直辖市)大学生人文知识竞赛。江苏省在河海大学、南京航空航天大学、南京师范大学、南京医科大学等国家大学生文化素质教育基地的基

础上遴选设立了10个大学生文化素质教育省级基地,由一个学校或多个学校联合组成。与此同时,加强以同一城市为单位的校际协作。自2004年开始开展全省高校理工科大学生人文社科知识竞赛、人文社科大学生自然科学知识竞赛,每两年举办一次,参与高校近百所。选拔出不超过在校学生总数的10%代表学校参加省级竞赛。

多年来,通过学校组织(选拔)自愿报名参加的文科学生每届超过6万人、理科学生每届超过10万人。江苏省以知识竞赛为抓手,形成大学生文化素质教育的长效机制。竞赛以其强大的推动作用和宣传效果,有效地提高了理工科大学生人文社科知识的素养和人文社科大学生的自然科学知识素养,提高了他们的学习兴趣和热情,受到全省高校和师生的欢迎。

(二) 服务于高校竞赛有序发展,持续发布省级赛事榜单

为进一步规范管理、推动和发挥师生竞赛类活动在教育教学和人才培养等方面的重要作用,2019年学会受教育厅委托继续组织全省普通高校本专科生学科竞赛的等级认定工作,2020年经报教育主管部门同意后学会探索开展全省教师教学竞赛的等级认定工作,从学生、教师两个维度致力于为我省高校提供省级赛事的规范和引导。按照公平、公正、公开的原则,学会通过网站发布申报通知、评审公示、认定结果等;按照有法可依、有章可循的工作思路,学会制定相应竞赛认定实施办法并予以公开,确保纳入认定的竞赛项目合理、合规、合法;按照分类评价、科学认定的理念,自主申报项目经评审后方可认定,公认的重大赛事项目免于申报,经审议后认定;按照动态调整的制度建设,学会对认定项目实施一年一认定,有进有出、打破终身制;按照赛事公益性准则,学会在法定工作日接受社会公众关于认定名单内各竞赛项目的监督和举报;依据社团组织的行业服务性特征,学会提供网站平台无偿为赛事转发通知和赛事动态。两个榜单构建了国家—省—校三级竞赛管理体系,为学校相关业务工作提供了参考依据;学生竞赛榜单向办学利益相关方和社会公众展示了规范性的学生竞赛应有的评判标准、组织架构、报名流程、赛制规则、奖项设置等;教师竞赛榜单覆盖13个学科门类,让教师成长发展轨迹链、教师专业发展进阶链和教学专题活动载体链三链合一(见表7)。

表7 省赛榜单认定一览表

年份	学生学科竞赛			教师教学竞赛		
	申报	省赛认定	省赛培育	申报	省赛认定	省赛培育
2019	55	17	14	—	—	—
2020	47	24	13	16	13	2
2021	73	61	10	5	1	4

（三）服务于专业建设发展趋势，探索省级高职专业认证

专业认证作为国际上通行的高等教育质量外部保障制度，目前已在我国普通高校本科专业全面铺开。未来，高职领域探索具有中国本土特色和国际实质等效的专业认证，已被纳入《职业教育提质培优行动计划（2020—2023 年）》（教职成〔2020〕7 号）。在"争当表率、争做示范、走在前列"的江苏工作精神指引下，学会基于省级政策支持（《江苏高等职业教育创新发展卓越计划》（苏政办发〔2017〕123 号））、理论成果支撑、院校实践示范等，探索开展江苏高职专业认证试点工作。经教育行政部门同意，学会成立专门的高职专业认证委员会，由教育行政部门相关业务处室领导担任顾问，委员会由全省 28 位知名专家组成，李振陆同志担任副主任委员兼秘书长，牵头推进专业认证具体安排。目前全省首批试点已经在江苏信息职业技术学院和江苏电子信息职业学院两所院校展开，第二批试点已经列入工作计划。总结当前一个阶段江苏高职专业认证的工作，具有以下三个特点：一是在知识产权方面坚持原创性和江苏高职特色；二是在院校需求方面坚持公益性和自愿性；三是认证节奏小步慢跑，分步骤、分阶段从专业具体点到专业类别线再到专业大类面的发展。

（四）服务于教师教学发展需要，构建同行交流互鉴平台

为深入学习贯彻习近平总书记关于教育的重要论述，特别是在清华大学考察时的重要讲话精神，落实党中央、国务院决策部署，引导高校坚持立德树人根本任务，提升高校教师教学能力，学会通过开展课题建设、培训研讨、教学竞赛等项目，积极构建高校教师教学业务交流与经验互鉴的平台，这既是学会服务高校的增长点，也是学会开展学术交流和专业培训的本职工作。如，围绕打造一流课程、建设一流学科、产出一流成果、培养一流人才，组织举办 2019 年全省高职院校"金课"建设研讨会、江苏省高校"金课"工作坊第二次研讨会、2019 年江苏省高职院校高水平专业建设研讨会、江苏人工智能创新发展与教育赋能论

坛等；围绕教师教学竞赛，开展专项辅导培训，促进高校教师努力成长为塑造学生品格、品行、品味的"大先生"，学会会长丁晓昌受邀在"首届全国高校教师教学创新大赛成果巡讲（首期）"公益直播中作题为《开放、协同、创新：打造区域高校教师发展特色》的专题报告。

四、扩大学会朋友圈，共建高教融合发展模式

学会以开放包容的态度，根据外部人员变动频繁的客观实际情况，不断完善内部组织建设，形成会员大会、常务理事会、会长工作会等多层次治理结构，以结构化的组织形式促进内部的信息交流、互惠规范、相互信任，形成合作性的集体行动，努力构建结构完备、科学规范、运行有效的学会组织体系，发挥集聚效应和灯塔功能，构成合作强会的要义。

（一）与中国高教学会密切交流，做好省级支撑

中国高等教育学会是全国性的高等教育学术社会团体，对区域性学会形成重要的业务指导。学会继续加强与中国高教学会的密切交流：积极参加中国高教学会的各类会议，并介绍江苏最新动态；积极组织全省高校力量申报中国高教学会教育科学研究成果奖；主动承担中国高教学会多项重大课题研究工作；积极作为、让国家项目在江苏落地生根，如2019年配合在南京举办的第54届中国高等教育博览会（2019·秋），与省教育厅、东南大学、河海大学和江苏经贸职业技术学院联合承办"新中国高等教育70年高峰论坛""第四届中国高等工程教育研讨会"2个主论坛及13个分论坛。

（二）与兄弟学会坦诚交流，共建友好关系

学会与全国各省级高教学会源同道合，密切办会经验交流，先后接待了黑龙江省高教学会、山东省高教学会、青海省高教学会的团队调研；同时，与吉林省高教学会、湖北省高教学会、河南省高教学会、重庆市高教学会、上海市高教学会、天津市高教学会、浙江省高教学会、内蒙古高教学会等密切交流。

（三）与各类单位共商共建，灵活合作形式与方式

其一，学会积极与优质企业单位建立常态化的合作机制，实现共赢。如，学会与江苏省高校在线开放课程中心多次密切合作，建立了战略合作伙伴关系，联合举办多次培训会。在大学生知识竞赛活动中，JYPC全国职业资格考试认

证中心、江苏英才职业技能鉴定集团持续多年给予了支持和协助。其二,学会也以具体项目为载体,与各类行业企业探索项目制合作机制。如,学会与江苏科信智能教育研究院合作组织团队考察深圳华为总部,积极搭建高校与行业企业交流、合作、共享的平台,促进高校与行业企业深度交流;学会与江苏博子岛智能产业技术研究院合作开展"产教融合、协同教育新生态"云上会议等。

五、深耕细作规范办会,久久为功激发内生动力

学会践行章程、完善制度建设,把完善标准规范作为办会之纲领。完善合理的制度建设是学会发展的内在动力,现已形成的制度有:会员意愿反映制度、民主集中制度、重大事项公示制度、责任追究制度和矛盾处理流程。在各类制度建章立制下,学会积极践行理论联系实践的优良学风,加强科研诚信和学术道德建设,将规范办会作为底线和准则,使崇尚科学、求真务实成为学会的正气。

(一)规范分支机构管理,支持分支机构活动

依据民政部、教育部下放社会团体分支机构管理权限的精神和要求,按照"科学发展,合理布局;优化组织,建设队伍;完善制度,规范管理;积极探索,鼓励创新"的方针,学会指导监督分支机构进一步加强组织建设和规范管理。2019年,学会经广泛征求分支机构意见,出台《江苏省高等教育学会分支机构管理办法》,发布《江苏省高等教育学会拟注销部分分支机构的公示公告》,注销了9家分支机构。学会顺应民政厅的管理要求,对分支机构实行年检申报的工作机制,以年审为抓手,进一步规范对分支机构的管理。2019年以来,学会新增3家分支机构,目前共有27家分支机构(见表8)。

表8 学会分支机构一览表

序号	分支机构名称	挂靠单位	类型
1	高职教育研究委员会	江苏经贸职业技术学院	学科类—教育学类
2	教师教育研究委员会	南京师范大学	学科类—教育学类
3	远程高等教育研究委员会	江苏开放大学	学科类—教育学类
4	高校实验室研究委员会	南京大学	管理类—教学工作
5	高等教育学研究委员会	南京师范大学	学科类—教育学类

续　表

序号	分支机构名称	挂靠单位	类型
6	国防教育研究委员会	东南大学	学科类—军事学类
7	高校学生管理研究委员会	东南大学	管理类—学生工作
8	高校成人教育研究委员会	南京大学	管理类—社会服务
9	外国留学生教育研究委员会	河海大学	管理类—学生工作
10	高校艺术教育研究委员会	南京大学	学科类—军事学类
11	高校卫生保健研究委员会	南京大学	学科类—医学类
12	高校保卫学研究委员会	东南大学	管理类—后勤管理
13	高校体育研究委员会	东南大学	学科类—教育学类
14	民办高等教育研究委员会	无锡太湖学院	管理类—学校发展
15	高校摄影研究委员会	南京师范大学	学科类—艺术学类
16	涉外管理研究委员会	江苏大学	管理类—对外交流合作
17	高校辅导员工作研究委员会	江苏大学	管理类—学生工作
18	教育经济研究委员会	南京农业大学	学科类—教育学类
19	涉外办学研究委员会	南京信息工程大学	管理类—对外交流合作
20	产教融合研究委员会	南京工业职业技术大学	管理类—社会服务
21	职业能力研究委员会	南京信息工程大学	管理类—社会服务
22	评估委员会	南京林业大学	管理类—教学工作
23	高校秘书学研究委员会	南京师范大学	学科类—文学类
24	护理教育研究委员会	南京中医药大学	学科类—医学类
25	应用型本科院校研究委员会	南京工程学院	管理类—学校发展
26	教育人工智能研究委员会	南京邮电大学	学科类—教育学类
27	劳动教育研究会	江苏大学	学科类—教育学类

（二）分类会员单位管理，加强组织制度建设

实施会员制度是学会得以进一步发展壮大的基础性组织制度。在新形势下，学会积极探索和逐步实施以高校为主体，其他行业和单位为补充的会员制，根据学会《章程》发展和吸纳以下类别的单位会员：高等学校；独立设置的教育

科研机构；高等教育管理、服务机构；行业领域从事高等教育的社会组织；热心支持高等教育发展的社会组织、企业和文化机构等。学会对已批准的会员单位坚持长效化严格管理，2020年学会根据《章程》对上海国致集团有限公司江苏分公司的会员资格予以除名。

在会员制基础上，学会形成多元化的会员结构与多层次的服务体系，完善组织内部（包括理事会、常务理事会、会长会议、会长办公会等）议事制度，建立内部民主决策机制，提升组织执行力和管理科学化水平；建立和完善单位会员和分支机构准入、变更、退出机制；分支机构要执行好重大活动请示制度、年检制度、秘书处挂靠制度、信息报送制度，规范涉外活动。

（三）各类制度建章立制，加强服务能力建设

加强秘书处服务能力建设。根据工作需要，适当增加内部机构和秘书处工作人员；充分体现秘书处对学会日常管理的作用，加强专业学习和业务培训，不断提高学会秘书处工作人员的管理协调能力和服务意识与水平；加快并完善各类业务档案整理，提高学会公务运转和基本建设的保障水平；积极采用先进的信息技术对学会的学术活动、科研活动、日常运转和社会服务的各项业务工作进行信息化管理，建设廉洁型、学习型、服务型的秘书处。

建设长效性服务机制。探索优秀学术成果推广应用的有效机制，办好《江苏高教评论》（会议集刊）等学会刊物，提高学术水平，扩大学术影响，整合会刊、学会网站、微信平台等新媒体手段与资源，通过有计划的策划、集中报道宣传、现场报告会等办法，促进优秀学术成果的推广传播与转化应用；加强学会网站建设，在各种资源库开发和学术成果的出版等方面积极与有关单位和机构开展合作，开展以项目为形式的学术合作，推动互利共赢发展。

（四）配合落实上级要求，在提升服务中赢得办会空间

按照中央"八项规定"和反对"四风"要求，加强学会的作风建设，增强全体会员的法制意识，保证政令畅通、执行有力，形成规范办会、团结协作、联合攻关、灵活高效的工作作风和工作机制；提高学风建设的针对性和实效性；弘扬科学精神，引领学术道德建设；积极倡导实事求是、严谨治学、求实创新；加强行业学术自律，增强社会责任感，坚决反对和抵制学术不端行为；努力建设积极进取、精益求精、奉献服务、开放合作的组织文化。以"立规矩、讲规范"的工作思路，学会提高政治站位、开阔工作视野、强化责任担当、务实工作作风，积极配合省民政厅的各项年检工作，按省教育厅要求规范评审程序的公平公正，按省财

政厅要求规范财政专项经费的使用,按税务部门要求规范财务管理和内部审计,完成江苏省非营利组织免税资格认定申请工作,配合省纪委和省社科联的业务交流,等等。

学会进一步提高自身服务水平,拓宽经费筹措渠道,完善多元化、多渠道自营机制,通过提供多种形式的服务增加经费。其一是保障会费收入稳步增长;其二是争取承接更多的"政府购买服务"项目,扩大政府财政经费支持额度;其三是积极与社会各方合作,以优质的服务争取横向支持;其四是积极开拓其他服务,增强学会的自我"造血"功能。

第二部分 第八届理事会工作规划

"十四五"时期是我国全面建成小康社会,实现第一个百年奋斗目标之后,乘势而上开启全面建设社会主义现代化国家新征程,向第二个百年奋斗目标迈进的第一个五年。在中华民族伟大复兴战略全局、世界百年未有之大变局和"两个一百年"交汇的背景下,我国高等教育制度优势愈发明显,人才资源基础不断厚实,经济社会高质量发展和人民生活水平不断提高,党和国家事业发展对高等教育优质化多样化特色化需求比以往任何时候都更加迫切,对科学知识、创新科技和卓越人才渴求比以往任何时候都更加强烈,高等教育的地位作用更加凸显,必须主动适应、支撑服务、创新引领经济社会高质量发展。江苏是人口大省、经济大省,也是高等教育大省。"十四五"时期,江苏将着力向高等教育现代化强省转变,这是全省高等教育系统的教育梦,也是全省人民的强烈期盼,更是历届省委、省政府高度关注和着力推进的重大教育工程。近年来,江苏高等教育规模稳居全国前列,类型结构、层次结构、布局结构逐步优化,体制机制改革日益深化,人才培养模式不断创新,科技创新、社会服务、文化传承、国际交流合作能力持续增强,但仍然存在高等教育适龄人口基数大、区域发展不平衡不充分、结构不合理不协调、优质资源不充足不丰富等突出问题。要破解这些突出问题,建成高等教育强省,迫切需要充分调动和发挥政府、高校、社会各界的积极性、主动性和创造性。

面对新形势、新机遇和新挑战,学会要立足自身定位,充分发挥特色优势,积极贯彻落实党和国家事业发展战略、省委省政府重要战略部署和省委教育工委、省教育厅重点工作安排,既延续常规工作、积极谋划、引领发展、形成品牌,也拓展新增项目、锐意进取、服务需求、打造精品,在繁荣高等教育学术研究方面推出新成果,在推进高校教师专业发展和学生成长成才方面形成新建树,在

一、特稿

参与行业治理方面发挥新作用,为促进高等教育高质量发展、建设高等教育强省作出新贡献,开创学会事业新局面、做强做优现代学术社团!

一、指导思想

坚持以习近平新时代中国特色社会主义思想为指导,全面贯彻党的教育方针和习近平总书记关于教育的重要论述,把增强"四个意识"、坚定"四个自信"、做到"两个维护"融入学会建设和发展全过程各方面,充分体现学术性、群众性、服务性、非营利性,围绕"扎根中国大地办世界一流大学"和落实立德树人根本任务,加快推进学会治理现代化,更好服务高等教育高质量发展、高等教育现代化和高等教育强省建设。

二、基本原则

(一)长远谋划,内涵发展

深刻把握国际国内经济社会发展形势,清醒认识我国社会主要矛盾的转化,立足全省高等教育改革发展要求,站在"两个一百年"历史交汇点上谋划学会事业高质量发展,形成总体思路、阶段目标、重点举措和行动计划。

(二)共享资源,服务育人

依托全省高等教育机构,以落实立德树人根本任务为目的,充分开发利用各种高等教育学术资源,努力提升高等教育战略研究、政策研究、理论研究、实践研究水平,有效服务党委、政府宏观决策和高校办学实践。

(三)开放创新,彰显特色

向所有高等教育机构开放、向行业企业开放、向境外国外开放,深化改革、勇于创新,深入地方、深入高校,承接相关项目,办好品牌活动,优化课题研究,奖励优秀成果,不断增强学会综合实力和社会影响力。

三、发展目标

学会作为群众性的学术性社团,目前所扮演的角色集中于"评论者"和"信息提供者",有待提供更加优质、精细化的服务,调动更多研究资源的积极性,扩大学会在高等教育研究领域乃至哲学社会科学领域的影响力,对公共舆论、行政决策乃至教育立法产生影响。继续坚持"学术立会、服务兴会、合作强会、规范办会"的十六字方针,围绕三个面向、做好服务:一要面向会员单位,当好服务站、加油站。进一步开拓新的服务功能,完成一批高效能培训活动,帮助广大高校凝练办学实践,总结一批高等教育的江苏样本;二要面向分支机构,当好后勤站、补给站。促进分支机构分类发展、协同创新,推出一批高水平成果、打造一批高品质交流平台;三要面向政府部门,当好参谋站、智囊站。团结一批高水平专家,承接各级各类委托项目,加强政策建议、决策咨询、评估监督等方面的能力,努力将学会建设成为在国内具有较强影响力的高等教育学术团体和助力经济社会高质量发展的新型智库。

四、重点任务

(一)学习研究贯彻习近平新时代中国特色社会主义思想,指导学会办会实践

1. 在学懂中消化吸收

坚持政治引领,把学习研究贯彻习近平新时代中国特色社会主义思想特别是习近平总书记关于教育的重要论述作为首要任务,深刻理解、准确把握其科学内涵、核心要义和精神实质,与学习党史、新中国史、改革开放史、社会主义发展史紧密结合起来,增强"四个意识"、坚定"四个自信"、做到"两个维护"。

2. 在研究中深化理解

学深悟透做实,把习近平新时代中国特色社会主义思想特别是习近平总书记关于教育的重要论述加以系统化、学理化、学科化研究阐释,开展体系化、制度化、经常化宣传教育,丰富发展中国特色社会主义教育科学体系、理论体系,促进党的重大教育理论创新成果深入人心、生根结果。

3. 在实践中转化应用

注重理论与实践相结合,用习近平新时代中国特色社会主义思想特别是习近平总书记关于教育的重要论述武装头脑、指导实践、推动工作,形成新思路、

推出新举措、展现新效能,有力助推高等教育改革发展和人才培养,充分体现为党育人、为国育才的初心使命。

(二)主动服务高等教育发展战略,加快新型智库建设

1. 打造新型智库平台

聚焦"高等教育高质量发展与建设教育强国、人才强国、科技强国、经济强国、制造强国、文化强国""高等教育普及化与区域经济社会高质量发展""高等教育治理体系与治理能力现代化"等重大问题,深化"江苏高等教育重大理论与实践问题研究",在服务经济社会发展战略需求、服务高等教育决策、服务破解高等教育改革发展难题、服务高等教育社会舆论等方面发挥积极作用。以重大课题研究和学术交流合作为基础,与省内高校联合发展优质学术资源,共建若干区域性高等教育研究机构,打造特色鲜明、协同创新、运转高效的高水平新型智库平台。

2. 完善新型智库品牌建设机制

构建有利于新型智库创新发展的长效机制,拓宽智库成果转化渠道,打造高端智库品牌。定期约请学会著名专家学者针对高等教育改革发展的重点、热点、难点问题撰写报告,在解难点、通堵点、消盲点、疏痛点、排除风险点、发现新增长点上下足"绣花功夫",报送党委、政府有关部门供决策参考,助力高等教育改革发展和现代化水平提升。积极组织申报纵向研究课题并承接横向研究课题、评估评审或咨询论证项目和研修培训活动。继续举办高等教育研究优秀成果奖评选活动。

3. 推进新型智库专家队伍建设

构建新型智库专家网络,稳定联系一批具有战略思维、学术水平高的决策咨询专家,开展省内重大教育政策阐释解读,研判教育热点难点问题,适时向公众发布研究观点,引导社会舆论。建立智库人才培养机制,探索学会与省内高校联合培养智库领域研究生。

(三)着力办好"一会一赛一网一号",提升学会品牌质量

1. 提升年度学术年会质量水平

紧扣高等教育改革发展需要举办年度学术年会,使年会成为高等教育专家学者、管理人员、教学人员、科研人员、研究生和行业企业负责人交流学术思想、分享改革发展经验的高层次品牌活动。同时,指导学会分支机构办好本专业领域学术年会,共促全省高等教育学术繁荣。

2. 在学生竞赛和教师教学竞赛方面持续发力

继续办好大学生知识竞赛,形成品牌效应、助力人才培养;继续做好全省普通高校本专科生学科竞赛省级赛事认定和教师教学竞赛省级赛事认定工作,构建省级赛事数据库、服务于高校高质量考核;继续做好江苏省本科高校教师教学创新大赛,探索高职院校教师教学创新大赛。

3. 办好江苏高等教育网和微信公众号

把握正确办网办号方向,聚焦时代主题,创新办网办号思路与方法,发挥理论创新与实践指导作用,努力扩大浏览量和关注量,充分彰显学会在全国、全省的重要影响力,充分发挥"江苏高等教育网"快速推送学术交流活动资讯、政策解读、科研成果、教学成果、办学经验、育人典型的作用。

(四) 提升专业水平和治理能力,助推高等教育高质量发展

1. 承接政府职能转移

建立与省教育厅等行政部门同频共振的工作格局,不断提升学会参与社会治理的能力。在做好已有承接项目的基础上,继续承接政府委托开展的项目评审、专题调研、政策研究等职能转移项目,以专业优势服务高等教育决策和治理。

2. 增强教学科研发展引领力

助力高校教师加快专业发展和教学研究能力提升,积极搭建平台,坚持每年开展教学专项课题建设、教师教学竞赛、教师教学能力研讨等,使更多高等教育工作者在更宽更广更深的层面投入高等教育高质量发展事业。

3. 助推教育行业标准化发展

联合会员单位组建专家团队和咨询团队,完善第三方评价机构资质,发挥学会第三方组织的优势,针对政府、高校、行业企业有关教育标准化需求,开展教育标准研制、教育质量监测、教育水平评估等工作,在江苏高职教育教学诊断与改进工作、专业认证试点工作方面取得标志性成果,为各方面教育标准研制和评价工作提供专业保障和智力支持。

(五)拓宽交流合作面,推动高等教育学术共同体建设

1. 深化国内高等教育研究交流合作

落实中国高等教育学会对省级学会工作指导意见,加强与中国高等教育学会工作的联结度。加强与各省级高等教育学会交流合作,巩固扩大长三角协作交流机制,拓展其他合作渠道与合作成果,推动业务交流互通与协同创新,为学会事业发展增添新动力。

2. 加强国际高等教育研究交流合作

主动配合和服务国家、省对外开放重大战略,抓住教育对外开放合作重要机遇,以多种方式努力加强与国际性区域性组织、知名大学的交流合作,促进与"一带一路"沿线国家高等教育学术团体、高校交流合作,推动高等教育研究国际化。

3. 加强国际国内高等教育比较研究

跟踪了解国内外高等教育改革发展动态,依托学会涉外办学研究会、外国留学生教育管理研究会、涉外管理研究会(原外国文教专家工作研究会)等,积极参与国际教育规则标准制定和重大议题研究,加强国内高等教育改革发展战略研究,积极推广国际高等教育研究成果,不断扩大学会国际国内高等教育研究影响力。

(六)坚持依法依规办会,推进分支机构健康发展

1. 合法合规办会

确保办会的基础条件,包括保障法人资格、规范章程、合法登记和备案程序、遵守年度检查、完成年检记录等;加强内部治理,包括发展规划和制度建设、组织机构完善、人力资源管理、财产完税管理、会员建设管理、档案证章管理、信息公开披露和文化作风建设等,规范学会财务工作、继续保持江苏省非营利组织免税资格,严格执行《民间非营利组织会计制度》《江苏省高等教育学会章程》《江苏省高等教育学会经费管理方法》《江苏省高等教育学会财务管理办法》等制度;开拓工作绩效,包括开展学术活动、建议咨询、科普公益、人才建设、交流

合作、社会宣传、特色工作等；注重内外部评价，既征求学会会员、理事和工作人员的评价，也关注媒体、政府部门、会计师事务所等企业部门的评价。

2. 推动学会分支机构规范发展

争取到2025年分支机构能够涵盖江苏高等教育主要领域，分支机构数达到30个左右。重点推广分支机构先进典型经验，采取多种形式和途径强化分支机构规范建设和发展，对分支机构普遍存在的问题进行有针对性的指导和管理，支持分支机构开展学术活动和专业培训，聚焦全省高等教育某个专门领域，不断推出新产品与新服务，形成稳定的品牌资产。

（七）加强学会内设机构建设，提升服务效率和水平

1. 全面加强学会党建工作

提高政治站位，把党的政治建设摆在首位，把增强"四个意识"、坚定"四个自信"、做到"两个维护"融入秘书处具体工作。严格执行从严治党主体责任清单，压实党风廉政建设责任，严明政治纪律和政治规矩，狠抓作风建设，持续贯彻执行中央八项规定及其实施细则精神，坚决反对"四风"。

2. 切实加强学会内设机构队伍建设

提升和增强内设机构服务职能，配齐配强学会专职工作人员，建立完善实习生制度，根据工作需要适时增设内设机构、工作人员借调机制。建立内设机构工作人员学习和业务培训制度，不断提高工作人员的综合业务素质、管理协调能力和服务水平。落实工作人员各类业务资料规范整理归档责任，提高学会公务运转和基本建设保障水平。

（八）履行监事会监督职责，发挥监督保障作用

1. 积极探索监督的任务与方式方法

监事会监督本会及分支机构贯彻落实党和国家理论路线方针政策的情况，监督本会及分支机构各项工作计划执行落实情况，监督本会及分支机构财务收支情况；对理事会、常务理事会、会长办公会议决议事项提出质询或建议；对本会会员和分支机构违反本会纪律、损害本会声誉的行为进行监督。构建"监督＋服务"工作机制，强化对学会秘书处和分支机构履职情况监督监管力度。

2. 推进监督规范化制度化建设

监事会开展监督工作要守法规、依章程,增强监督工作的常态性、精准性、实效性,形成监事会内部管理办法,并向秘书处备案。处理好监事会与理事会的关系,完善监事会管理制度,促进学会及分支机构提高民主决策水平和依法依规办会能力,更好服务学会及分支机构各项工作,实现学会及分支机构办会宗旨。

五、保障措施

(一)加强组织领导

建立完善"会长负总责、班子成员分工负责、秘书处和各分支机构与理事单位具体落实"的规划实施机制;制订规划实施办法,明确任务书、时间表和路线图,切实抓好组织实施。充分发挥秘书处、分支机构、理事单位的主体责任,激发全体理事、监事主人翁意识,汇聚智慧力量,合力推进规划实施。整合学会内外部资源,积极引资引智引力,开展多元合作,多渠道筹措经费,加强事业发展经费保障力度。

(二)加强信息化建设

推进学会及分支机构业务工作信息化管理,建立技术先进的信息网络系统,开发人才资源库、学术资源库、业务综合统计数据平台、会员数据库、咨询数据库等,全面提升学会及分支机构工作人员的信息化素养,提高学会及分支机构的服务功能和工作效率。

(三)加强督促落实

建立规划台账制度,将规划落实列入学会及分支机构每年工作计划,明确各项任务完成时限,逐项跟踪落实;加强规划实施过程监督,定期督查规划实施情况,每年将规划实施成效纳入学会及分支机构每年工作总结;把规划任务落实情况作为年度检查、年度考核的重要依据。

回望历史,学会从30多年前的筚路蓝缕到今天,已经发展成为具有群众性、区域性和行业性复合特征的学术性社团。展望未来,我们将不忘初心,继续前行,大力提高教育科学研究水平和公共服务能力,到2025年,努力把学会建成会员覆盖广泛、组织建设规范、科研能力提升、学术活动繁荣、行业影响显著、公共服务有力、社会公信良好、对外交流活跃的区域高等教育学术共同体。

高等教育"一流多元"发展的时代方位、现实困境与推进策略①

金久仁 叶美兰②

摘 要:高等教育进入普及化阶段,基于分类的"一流多元"发展成为高等教育发展新阶段的必然选择。当前基于高等教育"金字塔"式的分层体系依然是推动高等教育发展的主导体系,基于差异化的"多圆交叉"的分类体系仍然没有得到实践关照,高等教育"一流多元"从价值主张走向发展实践仍面临着包括制度困境、动力困境、路径困境等系统性困境。因此,从重塑"分类优先"的发展理念、落实"资源引导"的制度安排、推行"多圆交叉"的发展路径等方面协同发力,已成为推动高等教育"一流多元"从价值理念走向发展实践的策略选择。

关键词:一流多元;时代方位;现实困境;推进策略

高等教育的发展理念、发展定位以及功能发挥都与时代发展密不可分。不同时代背景下,高等教育在遵循自身发展规律的基础上需寻求与时代发展联姻的发展方位。高等教育从萌芽之日的人才培养一元化功能到具有现代意义的洪堡大学所主张的科学研究与教学融合发展的新式大学,直至今天高等教育集人才培养、科学研究、文化传承与创新、社会服务、国际合作交流五大功能于一身的全面发展,体现了高等教育与时代发展紧密结合进而实现自身更高更好发展,并以此满足时代发展对高等教育发展方位提出的新要求。党的十九大提出:"经过长期努力,中国特色社会主义进入了新时代,这是我国发展新的历史方位。"这一新的历史方位,不仅是国家发展的新的历史方位,也是作为内置于国家事业发展重要位置的高等教育确定自身发展新方位的重要依据,以及作为

---

① 基金项目:本文系2020年江苏教育改革发展战略性与政策性研究课题"发展'一流多元'江苏高等教育的实施策略与路径研究"(项目号:Z/2020/04)和教育部哲学社会科学研究重大课题攻关项目"教育高质量发展评价指标体系研究"(项目号:20JZD053)阶段性研究成果。

② 作者简介:金久仁,南京邮电大学教育科学与技术学院院长助理,江苏高校"青蓝工程"优秀青年骨干教师,副教授,博士,硕士生导师,研究方向为教育行政与管理;叶美兰,南京邮电大学校长,教授,博士,博士生导师,研究方向为高等教育管理。

内置于高等教育体系下的不同高等学校确定各自办学方位的重要依据。

站在新的历史方位,我国高等教育领域着力深度推进从过去注重规模扩张的外延式发展转向当下注重高质量的内涵式发展,更加明确以"一流"为核心关切的内涵建设价值取向,启动实施"双一流"建设工程。可以说,"一流"作为高等教育内涵发展的核心价值理念已成为时代发展的重要方位,并成为在此方位下确定具体发展路径的基本依据。在我国高等教育规模快速扩张并在短短20年时间内实现从精英化快速跨越大众化进入普及化发展新阶段的发展背景下,"一流"的内涵指涉在过去精英化和今天普及化的不同发展阶段内是否发生了价值变化以及发生了怎样的价值变化?面对当下"一流"之价值主张,高等教育发展还面临着哪些现实困境以及如何采用可能且可行的策略以消解这些困境,是一个值得探索的重要理论和实践问题。

一、从"天生一流"到"一流多元":高等教育发展的时代新方位

根据美国著名教育社会学家马丁·特罗(Martin Trow)关于高等教育发展的阶段理论,高等教育发展基于毛入学率这一指标总体上可划分为三个发展阶段,即高等教育毛入学率低于15%为精英化阶段,大于15%小于50%为大众化阶段,大于50%则进入了普及化阶段。基于马丁·特罗高等教育发展阶段理论,伴随着世纪之交我国高等教育大规模扩招行动,我国高等教育早在2002年就已经从精英化阶段迈入大众化阶段,并于2019年高等教育毛入学率达到51.6%而进入普及化阶段,且这一比例仍持续上升到2020年的54.4%,预计到"十四五"末我国高等教育毛入学率将提高到60%。高等教育规模的扩张不仅体现为以毛入学率为核心指标的数量变化,更主要体现为数量变化背后发展内涵的变化。如果说在精英化阶段,高等教育作为一种更高阶段的教育自带精英符号,无论内置于高等教育领域何处的高校和个人都与生俱来地意味着"天生一流"的话,那么这种"天生一流"在高等教育进入普及化阶段后将发生彻底转变。正如20年前无论是研究生、本科生还是专科生,无论是重点大学还是普通高校,都先天带有"优秀"的光环,"天之骄子"作为一种社会符号天然地赋予内置高等教育体系内的全体成员至少是绝大多数成员,只是身处不同位界高校里的个体在光环的"量度"上存在些许差距。但时至当下,高等教育"天生一流"的自带"光环"已经发生了翻天覆地的变化,这种变化使得我们今天去理解和阐释高等教育"一流"发展的价值内涵和设计高等教育"一流"发展的路径时,必须要站在时代的背景下和高等教育自身发展的方位里。

(一)高等教育"一流"发展是新时代经济社会发展的必然要求

从高等教育与经济社会发展的互动关系来看,高等教育"一流"发展是经济社会高质量发展的应有之义,也是推进经济社会高质量发展的重要力量。近20年来,我国高等教育的学校数量、在校生规模持续增加,高等教育毛入学率持续提升,如果将这种数量增加和规模扩大放置于时代发展的宏观方位中予以考察,这种数量的增加和规模的扩大既具有偶然性更具有必然性。这种偶然性主要指涉的是在高等教育与经济社会发展的互动时所触发高等教育重大变革的关节点,即为什么会是1999年作为我国高等教育大规模扩张的"元年"而不是1998年或是2000年,但这种规模扩张的偶然性背后是经济社会发展到一个新阶段后的必然结果。国内外大量研究已充分表明,高等教育发展与经济社会发展之间所形成的互动关系使得在我国经济社会快速发展的背景下,高等教育的快速发展成为一种必然趋势,因为高等教育作为经济社会发展的重要方面必须符合经济社会发展的整体进程,且这种必然趋势因高等教育快速发展与经济社会快速发展间的互塑关系而使其又成为一种必然要求,因为高等教育作为推动经济社会发展的重要力量必须引领经济社会发展迈向更高水平。

随着时代的价值变迁和发展要求,作为体现时代发展重要方面和推动时代发展重要力量的现代大学必须依靠改变自己的发展和多元职能的发挥以适应时空背景下的经济社会发展对高等教育发展提出的新要求,同时还要在尊重自身发展规律的基础上通过自身的创新及努力使自己名实相符来维持自己的独立地位。在我国进入新时代发展新的历史方位之后,"高质量"已经成为经济社会发展各个领域的重要价值追求。具体到教育领域,国家"十四五"规划纲要中关于教育部分的核心价值主张即为"建设高质量教育体系",且这一主张具体到高等教育领域时进一步明确为"提高高等教育质量,分类建设一流大学和一流学科"。可以说,体现高质量发展价值追求的"一流"已经成为新时代经济社会高质量发展对高等教育发展的必然要求,如何在这一价值追求中通过自身的创新及努力以实现"一流"发展既是高等教育回应新时代经济社会发展新要求的重要方面,也是维持自己独立地位的基本手段。

(二)高等教育"多元"发展是高等教育发展新阶段的必然选择

从高等教育自身发展的阶段特征来看,高等教育从精英化阶段进入普及化阶段之后,基于规模效应下的"多元"发展路径是其高质量发展的必然选择。据统计,2020年我国共有普通高等学校2 738所,各种形式的高等教育在学总规模达 4 183 万人,高等教育毛入学率达 54.4%,高等教育进入普及化阶段。高等教育进入新发展阶段是我国经济社会发展以及高等教育自身发展在规模上的要求和反映,但这种要求和反映背后的逻辑不仅仅是教育规模的扩大和毛入学率的提高,更重要的是以"一流"为价值指涉的质量提升。但高等教育普及化阶段的"一流"与精英化阶段自带光环的"天生一流"存在本质差异,普及化阶段"一流"发展的一个核心要求是"各自一流",即基于分类发展后的不同办学类型、不同办学层次、不同办学定位的高校在不同赛道上实现各自一流发展,如普通高等教育与高等职业教育、中央高校与地方高校、研究型大学与应用型大学,他们以"一流"为价值指涉的高质量发展必然是基于多元分类后的"各自一流"。

在多元发展的格局中,需要内置于高等教育体系内的不同高等学校通过自身的创新及努力保有并弘扬个性与特色,在差异化竞争中形成自身发展的核心竞争力,即在"人无我有、人有我特"的错位发展中维持自己独立地位和比较优势。但必须注意的是,高等教育"多元"发展并不是伴随着高等教育普及化进程自然而然地发生,"高等教育的分类是多元价值相互博弈和妥协的结果"[①]。早在 2010 年,国家出台的《国家中长期教育改革和发展规划纲要(2010—2020 年)》就曾明确要"建立高校分类体系,实行分类管理。引导高校合理定位,克服同质化倾向,形成各自的办学理念和风格,在不同层次、不同领域办出特色,争创一流";2019 年,国家出台的《中国教育现代化 2035》进一步强调要"分类建设一批世界一流高等学校,建立完善的高等学校分类发展政策体系,引导高等学校科学定位、特色发展";2021 年,国家出台的《中华人民共和国国民经济和社会发展第十四个五年规划和 2035 年远景目标纲要》再次将"提高高等教育质量,分类建设一流大学和一流学科"作为"十四五"乃至更长时期内我国高等教育发展的基本方向。从国家政策的价值层面来看,"多元"作为高等教育"一流"发展的孪生兄妹已成为高等教育进入普及化甚至更早阶段后实现高质量发展的基本政策导向。然而事实上,这一政策导向经过多年的努力仍未很好地落实到高等教育高质量发展的实践中。之所以如此,一个重要的原因是"多元"发展成为高等教育普及化阶段高质量发展的必然选择,但这种必然选择并不具有与生俱来的天然性,它需要系统性的人为选择来加以建构,这种建构需要在多元价值的相互博弈中加以甄别与选择,其建构者的建构能力在很大程度上决定了普及化阶段高等教育发展的质量。

---

① 张彦通,赵世奎. 高等教育分类办学的多元价值分析[J]. 教育研究,2008(12):62.

（三）高等教育"一流多元"发展是"一流"与"多元"发展的必然旨归

从高等教育"一流"发展与"多元"发展的本质要求来看，无论是"一流"发展还是"多元"发展，其归根到底是通过"各自一流"实现高等教育整体的高质量发展。换言之，高等教育"一流"发展与"多元"发展在价值追求上具有高度统一性，即"一流多元"发展，这里的"一流多元"发展不仅指涉"一流中的多元"，更应指涉"多元中的一流"。在过去相当长的精英化阶段，高等教育"一流多元"在价值内涵上主要指涉于"一流中的多元"而不是"多元中的一流"，即高等教育所追寻的"一流"发展是在精英化背景下按照同一标准所构建的分层体系中的"塔尖式发展"，而不是在普及化背景下按照不同标准所构建的分类体系中的"多圆交叉发展"。

在上述价值主导下，无论过去"211"工程、"985"工程还是当下正在实施的"双一流"建设工程，都是按照同一标准在同一赛道、同一体系里确定不同高校的"优先发展次序"。如果说这种"优先发展次序"在精英化阶段对内置于高等教育体系内的不同高校的独立性以及"一流"发展不会产生致命威胁，但当下这种威胁不言自明，因为当把视线拉回到20年前的高等教育扩张"元年"的1999年，当时全国普通高等学校仅有1 071所，而其中中央各部委所属学校就达248所，到了2020年，全国普通高等学校已经达2 740所，与此形成反差的是，现在的"双一流"高校仅为137所，如若剩下了2 603所"双非"高校仍按照同一标准在同一赛道、同一体系里发展，既会造成极大的发展挤压和同质性资源建设浪费等系列问题，也将直接影响我国高等教育强化建设任务和高等教育现代化建设进程。因此，当下高等教育"一流多元"发展需要改变传统"塔尖式发展"的"一流"分层发展模式，重构一种基于分类后的"多圆交叉"的平行差异化发展模式，进而实现全部高校在平行分类体系下的"多元中的一流"。

二、从制度惯性到分类不清：
高等教育"一流多元"发展的现实困境

共识几乎是成功实施政策改革的先决条件。[①] 客观地说，在高等教育规模快速扩张后的基于分类的多元发展路径已经越来越成为高等教育领域乃至全社会关于推动高等教育高质量发展的基本共识，尽管在如何基于分类的多元发

---

① 经济合作与发展组织编．为了更好的学习：教育评价的国际新视野[M]．窦卫霖等译．上海教育出版社，2019：80．

展方面仍存在价值混淆以及意见不一等问题。但为什么在"一流多元"共识达成后的高等教育分类发展仍难以从政策文本走向具体实践,其中传统高等教育精英化制度安排下的分层体系所产生的制度惯性与"一流多元"分类体系下的新价值主张间的博弈、相关利益主体基于资源配置与资源享有的自觉行动意愿,以及高等学校基于分层基础上的分类所引发的方向不定等因素,是高等教育"一流多元"价值理念落地生根过程中所面临的系统性困境。

(一) 制度惯性:高等教育"一流多元"发展的制度困境

美国著名制度经济学家道格拉斯·诺斯(Douglass C. North)在其著名的"制度变迁理论"中提出制度具有惯性特征。制度的惯性特征表明,社会中的各种制度在施行过程中具有一种类似于物理学中的作用"惯性",这种"惯性"意味着新旧制度间的交替并不是基于新的政策文本的出台而使得旧的制度作用立即消失,旧制度的作用及影响也不会因为某一具体政策法令的废止自然消解,新制度作用的发挥与旧制度作用的消解不仅取决于新制度的可行性设计,还在一定程度上受到旧制度施行时所产生的惯性的影响。

当我们用制度的惯性特征来审视高等教育"一流多元"发展从政策文本到具体实践所面临的诸多困难时,制度惯性为这些困难的产生提供了一种可能且合理的解释。正如上文所述,无论过去的"211"工程、"985"工程,还是当下正在施行的"双一流"建设工程都是在精英化价值主张下的"一流中的多元"而非"多元中的一流",而"一流中的多元"本质上依然是传统的高等教育分层体系而非分类体系。如果说在精英化阶段这种分层体系具有正面的积极影响抑或是至少不会产生系统性消极影响的话,那么,在高等教育进入普及化阶段后,庞大的高等教育体系只有分层体系而缺乏分类体系,将会直接影响到高等教育高质量发展。可以说,分类发展作为高等教育新的主要价值主张取代传统的分层发展之主张已成为"不得不"的必然选择。然而,时至今日,我国高等教育政策体系所秉持的精英化分层发展以及基于精英化分层发展所构建的系统化制度安排仍坚若磐石,分类发展作为一种新的价值主张仍停留在政策文本之中,它的有效推行仍将面临与一直以来高等教育领域所主张的分层发展的价值博弈,尽管这一博弈在共识层面已经占据了主导性优势,但一直以来系统化制度安排所形成的制度惯性所带来的影响仍持久而强大。

(二) 资源差距:高等教育"一流多元"发展的动力困境

资源是高等教育高质量发展的必要性条件。在高等教育资源配置高度依赖政府分配的背景下,政府对高等教育资源分配所秉持的规则对高等教育发展定位将发挥着重要的指导性作用,这里所指涉的资源既包括传统的人、财、物等各类办学资源,也包括人才称号、项目支持、评价导向等各类发展性资源。换言之,高等教育从精英化阶段的分层发展走向普及化阶段的分类发展,政府的资源支持作为引导高等教育"一流多元"发展的重要指导性力量,亦应由过去的依据分层体系中的优先位置予以差距化支持走向依据分类体系予以差异化支持。正如若要引导普通高等教育与高等职业教育作为两种不同类型的高等教育形态在不同赛道上实现"各自一流",研究型高校与应用型高校基于不同办学定位与功能差异所形成的差异化办学,都需要政府提供"大体相当"的差异化的资源支持来加以引导。

客观上,无论是政策供给方面还是资源支持方面,作为不同赛道上的不同教育类型以及基于不同办学定位下的不同高校在获得以政府为主导的资源支持方面仍存在十分明显的差距。以科研主导的研究型大学仍"赢者通吃",它们不仅在科研和创新体系内获得相比其他高校更多的外部支持,他们在其他方面同样占据优势,在基于分类发展的高等职业教育以及应用型普通高校在获得资源支持方面仍处于不利地位。基于政策自上而下的设计所造成的资源支持差距削弱了本质上基于分层的高等职业教育以及应用型普通高校及其附置于其中相关个体的分类发展,如此便引导高等职业教育以及应用型普通高校不愿"安分守己",不愿在自己的赛道中争创特色优势,而是千方百计向研究型大学方向靠近以获得更多的资源支持和其他支持,尽管他们在分层的体系中仍置于不利地位,但这种不利处境在它们也选择坚持科研优先的情况下可能得以缓解。于是,高等教育普及化背景下"一流多元"发展作为一种新的合理的价值主张无论听起来多么迷人,无论国家在政策文本中多么强调分类发展的重要性和迫切性,作为践行高等教育分类发展主体的不同高校在"理性判断"后显然仍将对这一价值主张束之高阁。然而,"个体责任感和团结自尊感是学术繁荣和大学正常运作及其社会功能发挥作用的前提和条件"[1],国家对于不同类型高校资源支持的系统性差距削弱了内置其中的个体和团体自觉转型发展的意愿,这也在一定程度上为国家推动普通本科高校向应用型转型发展意愿之强烈,但现实仍困难重重提供了部分动力因素解释。

(三) 分类不清:高等教育"一流多元"发展的路径困境

科学合理的分类办学是落实高等教育"一流多元"发展理念的关键性举措,

---

[1] [德]韦伯著. 韦伯论大学[M]. 孙传钊译. 南京:江苏人民出版社,2006:4.

缺乏科学合理的分类办学,"一流多元"则很难真正从价值理念走向高等教育高质量发展的具体实践。这里所说的分类办学是分类型办学而非分层次办学,尽管分类型办学与分层次办学间存在广泛且密切的关联,但它们之间的差异同样显而易见。应然状态下的高等教育"一流多元"应在分类型办学的基础上进行分层次办学,但实然状态下我国高等教育发展的实际情况却截然相反,现行高等教育发展常常将分层次办学置于分类型办学之上,进而使得高等教育发展方向变得模糊不清,由此造成位于不同类别下的高校办学方向摇摆不定。

长期以来,我国高等教育发展也坚持分类办学原则,但这种分类本质上是在分层基础上的分类。如我们按照行政隶属关系以及国家政策支持力度来划分,高校可划分为重点高校、普通高校,"985"工程高校、"211"工程高校、"双一流"建设高校、"双非"高校,部属高校、省属高校、市属高校等;按照办学职能和发展水平来划分,可划分为普通高等教育、高等职业教育,研究型大学、教学型大学、应用型大学等。但上述分类仍旧按照"一把尺"进行评测后所形成的"金字塔模式",塔尖部分汇集了"985"工程高校、"211"工程高校、"双一流"建设高校、部属高校、研究型大学等少数高校,而位于塔底的高校则是"双非"高校、省属高校、市属高校、教学型大学、应用型大学等。尽管它们的分类形式多样,但无论是位于塔尖部分的高校还是位于塔底部分的高校,都具有高度重叠性。之所以会高度重叠,其中最为重要的原因是因为不同分类的"尺子"是相同的,标准是一致的,由此而评测出的"塔尖"高校和"塔底"高校都是一样的,如此便产生了重叠。显然,这与"一流多元"所主张的"多圆交叉"发展在价值上是背离的。当然,受制度惯性、国家高等教育资源配置规则等因素影响,若要实现价值回归,仍任重而道远。

三、从理念重塑到协同发力:
高等教育"一流多元"发展的推进策略

通过上文分析可知,尽管"一流多元"作为高等教育普及化阶段应然的发展理念越来越成为各界推动高等教育高质量发展的共识,但仍面临着包括制度困境、动力困境、路径困境等系统性困境。这些困境的存在,制约了"一流多元"从价值理念走向发展实践,也影响了高等教育更高质量的发展。因此,针对当下我国高等教育"一流多元"发展所面临的系统性困境,设计多元协同的推进路径是化解困境、推动"一流多元"从应然理念走向实然实践的关键。

(一)重塑"分类优先"的发展理念

长期以来我国高等教育发展所秉持的"分层优先"理念,使得高等教育"一流多元"更多关注的是"一流中的多元"而不是"多元中的一流"。在庞大的高等教育体系中，特别是高等教育进入普及化阶段后，基于分类的"多元中的一流"发展越来越成为高等教育高质量发展的必然选择。具体到我国当下高等教育发展的实践，构建一种基于"分类优先"的"多元中的一流"发展理念已势在必行，而构建这一新的发展理念，一方面要彻底扭转过去基于"分层优先"的"一流中的多元"发展理念指导下的系统性价值构建，重构基于"分类优先"的"多元中的一流"理念指导下的新发展模式；另一方面更要大力推进"多元中的一流"从理念走向实践，重点推行普通高等教育与高等职业教育的分类发展，将普通高等教育与高等职业教育作为两个功能不同但地位相同的不同类别的高等教育予以"大体相当"的发展支持，改变过去因"分层优先"形成的"金字塔式"的一元中心所造成的高等职业教育的不利处境，为高等教育分类后的整体高质量发展提供样板和路径参照。

（二）落实"资源引导"的制度安排

政策是对现实情况的一种调整或规范。[①] 有效的政策设计所形成的制度供给是推进高等教育"一流多元"发展的基本保证，而资源的合理配套是制度有效落实的重要支撑，尽管"资源与条件好只是大学办学质量高的一个单向的甚至在某种程度上说是一厢情愿的充分条件而已，并不构成双向的充要条件"[②]。在过去以"一流中的多元"为理念的系统性制度安排下，高等教育发展已形成既定发展范式，且基于既定发展范式基础上的资源配置所形成的既得利益同盟对于新价值主张下的资源重新分配势必设置各种阻力，而破旧立新以化解各种阻力，是推进高等教育"一流多元"发展必须面对且需解决的重要方面。具体而言，面对过去制度惯性的作用消解与新制度作用的发挥，一方面要进一步加强顶层设计，在传统制度价值主张下系统谋划新价值主张落地生根的系统性制度安排，同时还应考虑高等教育领域的新制度安排与社会其他领域的制度安排可否形成合力这一问题，即高等教育"一流多元"发展的制度安排要有效地嵌入到整个社会制度体系之中，切实通过系统性制度安排协同为高等教育"一流多元"发展保驾护航；另一方面也要通过资源调配来全力推动各项制度从政策文本走向发展实践，发挥资源配置在多元中心高等教育体系构建中的调控作用，确保在分类发展过程中原有处境不利高校能够获得实现更高质量发展的资源支持，避免口号式的"空对空""放空炮"，真正通过打破既定资源分配原则来调动发展

---

① 马陆亭. 政策如何支持大学发展[J]. 中国高教研究，2019(9)：13.
② 李庆丰，周作宇. 高等教育评价中的价值冲突与融合[J]. 高等教育研究，2020(10)：30.

主体的内在动力,实现传统政府主导下的"规定赛道"向不同高校基于自身高质量发展价值追求的"适性赛道"的自觉转变。

(三) 推行"多圆交叉"的发展路径

高等教育"一流多元"发展的核心要义是建立在分类基础上的"多元中的一流",而这种"多元中的一流"本质上倡导的是"多圆交叉"的差异化发展而非"金字塔式"的分层发展。因此,如何构建高等教育"多圆交叉"的差异化发展路径是践行"多元中的一流"发展理念的关键性要求。若要推行"多圆交叉"的发展,一方面要构建"多圆"体系,特别是政府要创设高等教育分类发展的不同的"圆"以帮助不同类型、不同办学特色的高校找到适合于自身发展的"圆",并在各自的"圆"中实现一流发展,不同高校也要根据自身的办学历史、学科特长、地域经济社会发展与产业特色等因素理性地选择适合于形成自身核心竞争力的"圆";另一方面也要"交叉",分类并不意味着分别、分开,"在建设分类别、分层次的高等教育机构、学科体系的基础上,实现不同类别和层之间的贯通或沟通"[①]。在"交叉"互动中实现"多圆"间的有序竞争,通过竞争引导不同高校从外部制度遵从下的同质发展逐渐向基于交叉竞争的各自一流的发展范式转变。

---

① 陈金圣,张晓明."双一流"的隐义:一流高等教育体系建设[J]. 江苏高教,2020(5):18.

应用型大学高质量发展的理论要义、基本遵循和实践路径[①]

宋 青 周亚军 汪 福 陆 勇 洪 林[②]

摘　要：实现应用型大学高质量发展，预示着其发展方式须由规模增长向质量提升转变，发展动力须由要素驱动向创新驱动转变，发展模式须由同构发展向特色发展转变，发展导向须由学术主导向市场主导转变。实践已经证明并将继续证明，培养高素质应用型人才是应用型大学高质量发展的第一要务，服务地方发展成效是检验应用型大学高质量发展的核心指标，开展高水平应用性科研是应用型大学高质量发展的力量之源，打造高水平师资队伍是应用型大学高质量发展的关键举措。苏北某地方应用型高校的发展案例也表明，"产教城互融"是应用型大学高质量发展的定位使然，"经科教联动"是应用型大学高质量发展的内在属性，"政校企协作"是应用型大学成功办学的必由路径，"产学研结合"是构建人才培养体系的客观要求。

关键词：应用型大学；高质量发展；理论要义；基本遵循；实践路径

推进应用型大学建设是贯彻落实习近平总书记关于教育重要论述的一项重要举措，也是党中央、国务院适应经济社会发展，推进高质量教育体系建设作出的重大决策部署。应用型大学作为高等教育体系的重要组成部分，只有立足新的历史方位，主动贯彻新发展理念，准确把握应用型大学高质量发展的核心要义、基本遵循和实践逻辑，准确把握高水平应用型大学建设和发展的努力方向，在扎根地方和服务行业中形成自身特色和影响力，才能推动学校事业持续、高质量发展。

[①] 基金项目：江苏高校哲学社会科学研究课题"产业学院：产教融合视域下地方工科高校协同育人机制研究"(2019SJA1771)；江苏省应用型本科院校建设与发展研究课题"应用型本科院校产教融合、协同育人研究"(2019yz05)；江苏省社会科学基金重点课题"基于新工科背景的地方高校质量文化建设研究"(20JYA005)。

[②] 作者简介：宋青，盐城工学院高等教育研究院院长，博士，副教授，研究方向为应用型大学评价；周亚军，盐城工学院高等教育研究院副研究员，研究方向为院校发展研究；汪福俊，盐城工学院高等教育研究院副研究员，研究方向为院校发展研究；陆勇，盐城工学院高等教育研究院研究员，研究方向为高等教育管理；洪林，盐城工学院高等教育研究院研究员，研究方向为高等教育管理。

一、应用型大学高质量发展的理论要义

（一）发展方式由规模增长向质量提升转变

长期以来，受经济决定论的影响，高等教育发展的范式和发展观对于经济发展的范式和发展观往往亦步亦趋，把发展等同于增长，希冀通过规模扩张、数量增长来提升高等教育质量。我国的应用型大学历史并不长，从其产生源头看，一种是现有的地方普通高校转型而来，一种是新建的地方本科院校。据统计，在我国高等教育进入普及化新阶段的2020年，全国共有普通本科高校1 272所，其中部属高校118所、地方普通本科高校1 154所。2015年，国家《关于引导部分地方普通本科高校向应用型转变的指导意见》发布后，地方普通本科高校中及时响应的一批高校，也被视为我国应用型大学的主体。回顾高等教育的发展历程，经过1999年的高校大扩招，我国高等教育毛入学率快速上升，2002年便达到15％，实现了我国高等教育从精英教育阶段向大众化阶段的过渡。2020年我国高等教育毛入学率达到54.4％，标志着我国高等教育已迈入普及化阶段，继而成为世界高等教育大国。然而，教育大国并不等于教育强国，高等教育规模的扩大并不意味着高等教育质量随之提升，人们对上"好大学"的要求越来越迫切，希望能够接受更高质量的高等教育。在经历连续大规模全方位扩招，招生人数、在校生规模有了很大提升之后，也带来了诸如人才培养质量下降、就业难等一系列问题。2012年11月，党的十八大报告提出，要推动高等教育内涵式发展。2017年10月，党的十九大报告又进一步提出，要实现高等教育内涵式发展。2021年3月，国家"十四五"规划和2035年远景目标纲要再次强调要"建设高质量教育体系"，"建设高质量本科教育，推进部分普通本科高校向应用型转变"。国家强力推动普通高校向应用型转型，也是实现高质量发展的题中应有之义。2021年8月，教育部先后印发《关于"十四五"时期高等学校设置工作的意见》及《关于开展"十四五"时期高等学校设置规划编制工作的通知》，严格控制异地办学，不再鼓励跨省异地办学，原有的办学实体也要逐步消化退出。异地办学被叫停，这意味着国内高等教育办学导向和高等教育的地域格局都将出现新的变化。

（二）发展动力由要素驱动向创新驱动转变

要素驱动是指从主要依靠各种生产要素的投入（如土地、资源、劳动力等）

来促进经济增长的发展方式,其特点是从市场对生产要素的需求中获取发展动力。作为一种原始的、初级的驱动方式,它更适合于改革开放初期我国科技创新匮乏的时期。前已述及,1998年我国高等教育毛入学率仅为9.8%,仅用7年时间就提高到了2005年的21%,进入到国际公认的大众化发展阶段;[1]随后,我国高等教育毛入学率一路攀升,2015年增长到40.0%,2020年的全国高等教育在学总人数竟达4 183万。至此,我国建成了世界上规模最大的高等教育体系,高等教育进入普及化发展新阶段。[2] 这种快速的跨越式发展,正是依靠高校扩招、资本、土地、人才等要素驱动的结果。进入高等教育普及化后,人们的需求发生了质的变化,对高校人才培养质量的批评也变得越来越尖锐。而实现应用型大学的高质量发展,再依靠要素驱动已难以完成,因为以地方普通高校为主体的应用型高校在争取外部办学资源时,一直处于劣势地位。不同类型高校之间投入不平衡问题依然突出。中央部属高校以及"双一流"建设高校在获取经费和资源投入上明显占优,与地方普通高校的差距普遍拉大。由于地方财政收支压力大,一些地市举办的高校或省市共建地方高校的生均拨款未能达到国家标准,有的高校甚至差了近一半。许多地方高校的基础设施建设和专业教学设施装备资金缺口较大,欠账较多。事实上,高校的经费投入来源总体还比较单一,吸引社会资金投入高等教育的力度不大,多渠道筹措办学经费的机制还未形成。据统计,部属高校每年获得国家投入动辄几十亿、上百亿,地方高校往往只有个位数。在高水平人才引进上,地方高校同样处于不利地位。地方应用型高校实现高质量发展,一定要坚持创新驱动,遵循新时代高等教育分类发展规律,遵循应用型人才培养培育规律,找准办学定位和人才培养定位,围绕培养德智体美劳全面发展的高素质应用型人才,在办学思路和办学方式上寻求新突破,在教育教学方法上开展创新,深度融入地方社会经济发展,构建起产教深度融合、校企紧密合作的多元参与、多主体办学新机制,赢得社会在办学投入上的支持,从而推进教育教学目标实现,促进学生实践动手能力和创新创业能力提升,培养适应和引领区域产业发展的高素质应用型人才。

(三)发展模式由同构发展向特色发展转变

所谓同构是一种"制约性过程(constraining process)",在面临同样的环境条件时,有一种力量促使某一单元与其他单元变得相似。美国学者保罗·J·

---

[1] 赵庆年,李玉枝.我国高等教育发展方式的演进历程、逻辑及展望[J].现代教育管理,2021(8):34-42.

[2] 洪林,汪福俊.高等教育质量文化:特征与研究展望[J].现代教育管理,2021(07):26-31.

迪马乔(Paul J. DiMaggio)和沃尔特·W.鲍威尔(Walter W. Powell)把这种同构的内涵归结为三个方面：一是源于政治影响和合法性问题的强制性同构；二是对于不确定性的标准反应模式所引起的模仿性同构；三是与专业化相关的规范性同构。① 受到资源配置的国家中心模式和高等教育体系差序格局的影响，办学定位和办学使命宣言常常沦为一种没有实质性的宣传口号，对办学行为的规范和引导作用并不明显，学校在内源动力和外源压力的共同作用下被制度性的同构机制套牢。当前地方应用型高校的办学模式趋同是一个不争的事实。一些高校并没有真正把办学思路转换到服务地方社会经济发展上来，而是不顾自身条件和发展潜力，在发展定位上存在越位和错位现象，在办学层次上求高、办学规模上求大、学科门类上求全、专业设置上求新，追求"高大全新"的办学目标；在人才培养方案和课程体系建设上，仍然是在传统精英教育模式下的"零敲碎打、修修补补"，还没有真正以社会经济发展需要来驱动人才培养体系和课程体系改革，专业链与产业链没有形成紧密的对接关系。与此同时，地方应用型高校自身的个性特色却正在被逐渐淡化，办学定位模糊、传统优势丢失、人才培养规格不明。办学模式的趋同和个性特色的淡化使得应用型高校的人才培养结构矛盾日益突出，人才培养质量难以保证，无法满足经济新常态对高素质应用型人才的需求。相应地，应用型高校自身的办学水平和办学竞争力也在逐渐下降。在高质量发展背景下，应用型高校应当跳出制度同构的钳制，寻求特色发展、错位发展，锚定办学方向，主动对接区域发展战略和产业发展布局，科学论证、合理调整优化学科专业结构，促进教育链、人才链与产业链、创新链有机衔接，扎实推进一流特色学科、一流特色专业建设，不求大求全，但求特求精，在人才培养、科学研究、社会服务、文化传承创新方面与研究型大学形成差别化竞争优势，避免发展同质化。

（四）发展导向由学术主导向市场主导转变

大学是研究高深学问的场所，学术性也就成为大学的根本属性，这也是大学区别于其他组织的本质特征。"从大学发展的历史进程看，学术性是最早出现并长期居于唯一或者支配地位的根本属性与形态。"② 早期的大学都是研究型大学。随着工业生产的发展与科学技术的进步，科学技术与教育在生产中的作

---

① DiMaggio, P. and Powell, W. (1983) The Iron Cage Revisited: Institutional Isomorphism and Collective Rationality. American Sociological Review, 48, 147-160.

② 刘振天. 学术主导还是取法市场：应用型高校建设中的进退与摇摆[J]. 高等教育研究, 2019(10):21-28.

用不断增强,这就决定了现代高等教育不仅要培养科学家,更要培养社会需要的大量应用型专业人才。奥尔特加·加塞特认为,高等教育包含专业教育和科学研究两部分内容,这是两项根本不同的任务,"符合人人需要的专业教育与只为少数人服务的科学研究活动融合在一起,则是令人吃惊的"[①]。应用型大学的出现正是在大学的学术性基础上衍生而来,以更好地实现大学的社会服务功能。但由于受内外因素的影响,应用型大学在办学过程中,始终难以割舍对办学层次和学术声誉的追求,升格大学成为最激烈的竞争。而国家对升格大学有着一套严格的规定,其标准主要来自学术方面的要求。高校若想升格为大学,并对照学术标准发力,势必会影响对应用型办学定位的追求。作为一种新型的高等教育类型,不仅要遵循学术规律,在办学导向上还要坚持面向市场和社会需求的定力,学会按照社会和市场规律办学,保持市场和社会需求的敏感性,在市场和社会中寻找资源和契机。要由传统的学术导向办学向市场导向办学转变,在学校的目标定位、人才培养、师资建设、专业设置、课程体系、教学内容和方法等方面积极探索变革,以主动适应市场和社会的需求。

二、应用型大学高质量发展的基本遵循

(一)培养高素质应用型人才是应用型大学高质量发展的第一要务

人才培养始终是大学的根本职能。应用型大学的人才培养,一定要面向地方,主动适应地方高质量发展所带来的产业结构调整对人才需求的变化,有针对性地设置面向地方和行业需求的专业方向,高度重视并切实加强与地方企业的合作,有效形成产教融合、产学研结合的人才培养模式,通过既各有侧重,又相互贯通的培养路径,培养创新型、复合型、应用型高素质人才。培养创新型人才,需要科教融合、校企共建共享科研实训平台,引导学生早进课题、早进实验室、早进团队;培养复合型人才,则要注重跨专业,打破学科壁垒、专业壁垒,在跨学科、跨专业的基础上培养学生的复合型思维能力;培养应用型人才,要深化产教融合、校企合作,重构应用型人才培养体系和培养过程,形成全新的人才培养方案、课程体系、管理制度。

(二)服务地方发展成效是检验应用型大学高质量发展的核心指标

大学通过其培养的人才对社会产生作用,促进社会发展,从而发挥教育的

---

① [西]奥尔特加·加塞特著. 大学的使命[M]. 徐小洲,陈军译. 杭州:浙江教育出版社,2001:53.

社会变迁功能。从某种意义上说,任何类型的大学都以其自身特有的方式对社会发展产生影响。随着工业生产方式的转变与科学技术的进步,科学技术与教育在生产中的作用在不断增强,高等教育的生产性也在不断增强。马克思曾经指出,建立在机器工业上的"整个生产过程不是屈从于劳动者的直接技巧,而是在科学和技术上的应用"①。这就决定了现代高等教育不仅要培养科学家,更要培养社会需要的大量应用型专业人才。早在19世纪60年代,在美国出现的赠地学院就以服务地方经济发展为其主要职能,威斯康星理念的集大成者范海斯甚至直接提出"大学要为州服务"的理念,不仅对地方经济社会发展产生了巨大的促进作用,而且改变了世界高等教育的内部结构,确立了大学为社会服务的重要职能。应用型大学大多因地方社会发展需要而建立,并隶属于地方政府管理,具有明显的属地性。这种属地性使得应用型大学在履行人才培养、科学研究、社会服务等功能时主要面向其所在区域,表现为服务面向的区域性。应用型大学的属地性不仅是强调其服务范围,更是在于应用型大学要服务于其所在的地方经济发展,为地方发展提供人才支持和智力支撑。

(三)开展高水平应用性科研是应用型大学高质量发展的力量之源

大学是以知识为核心的学术组织,知识生产是其主要职能之一。克拉克认为,大学是"控制高深知识和方法的社会机构"②。自20世纪70年代以来,正是知识生产组织如大学和科研机构等的扩张和分化,国家科技政策的强有力牵引,国家和市场对于科技成果的强大需求,使得传统的以学科为基础的知识生产方式已经难以为继,因应时代发展需要,从所谓的以科学为基础的学科"模式1"转变为以研究为基础的应用"模式2"成为必然选择。③ 随着社会经济的发展,教育的社会服务性功能被更多地强调,把知识转化为现实生产力成为应用型大学的重要功能。与"为知识而知识"为主的研究性大学知识生产方式相比,应用型大学则更侧重于"为社会而知识"的知识生产方式。④ 应用型大学发展的高质量离不开人才培养的高质量和社会服务的高质量。培养高素质应用型人才是应用型大学的立足点和出发点。单纯的课堂教学和实践技能训练难以培养出创新型人才,必须通过应用性科研这个中介,在应用情境中解决问题、深化

---

① [德]马克思著. 政治经济学批判大纲(草稿)(第三分册)[M]. 刘潇然译. 北京:人民出版社,1963:349.
② 伯顿·克拉克. 高等教育系统——学术组织的跨国研究[M]. 杭州:杭州大学出版社,1994:13.
③ 理查德·惠特利. 科学的智力组织和社会组织[M]. 北京:北京大学出版社,2011:5.
④ 武学超. 模式3知识生产的理论阐释——内涵、情境、特质与大学向度[J]. 科学学研究,2014(9):1297-1305.

学习,实现高水平应用科学研究与高质量人才培养相互促进、同步提升。正如洪堡提出的"由科学而达至修养"的教育原则,科学研究被视为培养人才的重要手段,不通过科学研究,大学就培养不出"完人"。服务社会经济发展更离不开高水平应用性科研的支撑。应用型大学的科研要主动聚焦地方社会发展的关键领域、主导产业,聚焦地方产业共性问题和关键技术难题,为企业提供技术支持,积极参与地方社会经济、文化建设。应用型科研和社会服务能够有效促进产教融合和校企结合的深入开展,能够有力提升教师的实践能力,因而能够实质性地促进人才培养的质量。

(四)打造高水平师资队伍是应用型大学高质量发展的关键举措

"所谓大学者,非谓有大楼之谓也,有大师之谓也。"人才培养,关键在教师。考察国内定位于应用型大学的高校可以发现,这些大学在人才培养体系以及课程体系上已经较好地体现了应用型的特色和要求,但是这种设计还仅仅停留在字面上,停留在教学档案中,而难以真正落实于教学实践。究其原因,主要还是缺乏既懂理论又有实践经验的高水平师资队伍。应用型大学突出培养学生的实践能力、综合应用能力和集成创新能力,人才培养的行业性、职业性特征比较明显,即既重视对专业基础理论的学习,又强调对未来职业发展所需能力的训练,从而满足社会对人才的需求。可见,应用型大学强调的是理论教学与实践训练融为一体,强调的是要将课堂知识传授与实际生产场景结合起来,将理论知识与生产项目联系起来,将课程考核与分析问题、解决问题的能力挂起钩来。从应用型大学的人才培养规格,可以反向推导出应用型大学的教师应当具备的能力结构特征。然而应用型大学在招聘教师时,对应聘者的硬性指标要求依然是聚焦其学历和学术,"对企业实践经验"方面的要求可有可无。这就导致应用型大学的师资队伍结构依然是学术主导型,这些拥有博士学位的教师们接受过严格的学术训练,却缺乏具体的实践经验,在教学中难以做到理论与实践相结合。2015年,教育部、发改委、财政部联合印发的《关于引导部分地方普通本科高校向应用型转变的指导意见》提出,要加强"双师双能型"教师队伍建设。双师双能型教师是"既懂理论,又懂实践;既懂科学,又懂技术;既懂原理,又懂操作;既教得好,又做得好",是能实现专业理论知识和专业实践能力有机整合,并能有效地将其传授给学生的新型教师。[①] 应用型大学教师的高水平体现在,他们既要是学术理论方面的高手,又要是实践应用方面的能手。德国《高等教育

---

① 祝成林. 高职院校教师的身份及其文化建构[J]. 教师教育研究,2017(5):19-22.

总法》就曾规定:除了拥有博士学位,担任应用技术大学的教授还必须拥有相关领域不少于五年的实践工作经历,并且其中至少有三年是学术性机构之外的工作。这比其他类型高校教师有着更高的要求。①

三、应用型大学高质量发展的实践路径
——以 YC 学院为例

(一)产教城互融:应用型大学高质量发展的办学定位使然

我国应用型大学的分布具有鲜明的属地性,绝大部分应用型大学归属省市地方政府管理,服务地方经济发展,与地方产业互动、与城市发展同向,实现城市与大学共生共荣,是应用型大学的必然选择,也是应用型大学高质量发展的办学定位使然。应用型大学诞生于地方,着力于培养应用型人才、开展应用性研究,是应用型人才和应用性知识成果的聚集地,在推动地方高质量发展中具有天然的地域优势。考察世界大学与城市的发展史不难发现,中世纪的大学与城市既相互依赖,又存在矛盾冲突,但随着大学与城市利益纽带的不断加强,互促共生、互动共赢已成为当今大学与城市关系的主旋律和大趋势。② 越来越多的地方政府认识到,建设一流应用型大学关系到核心引擎功能的发挥,关系到创新驱动发展战略的落实。地方政府是地方应用型大学高质量发展的坚强后盾,地方应用型大学给地方高质量发展提供人才和智力支撑。因此,地方应用型大学要结合自身办学历史和特点,根据所在区域的发展规划、功能定位、经济结构,找准与地方融合发展的契合点,主动加强与地方合作,加快专业设置调整、课程和教学体系改革、科研攻关方向,在专业设置上要面向地方主导产业和支柱产业,为其提供急需的高层次应用型人才供给,在人才培养过程中要联合企业深度参与,使人才培养标准满足产业现实需求;在科学研究上要聚焦地方产业共性问题和关键技术难题,为企业提供技术支持,积极参与地方社会经济、文化建设,使应用型大学成为推进地方高质量发展的人才库和智囊团。

(二)经科教联动:应用型大学高质量发展的内在属性

服务地方社会经济高质量发展,是应用型大学高质量发展的必然要求。地

---

① 汪福俊,叶美兰,洪林. 理念重塑与定位型塑——地方高校应用型发展之道[J]. 应用型高等教育研究,2017(02):11-16.
② 马海泉,樊秀娣. 知识创新能力:大学的核心价值[J]. 中国高校科技,2019(5):4-9.

方政府在大力发展地方高等教育的同时,也在以"经、科、教"联动的方式打造科教创新园区。正处于转型发展关键时期的苏北某中心城市,对创新第一动力和人才第一资源表现出前所未有的渴求。近年来,该市坚持走资源共享、集约发展之路,注重创新,积极探索,将过去的"教育资源共享"转变为"科教资源集成共享",其汽车、大数据、新能源、电子信息等优势产业,为地方应用型高校发展及其师生的前沿性、探索性创新创业提供了广阔空间。政府致力于搭建教育、科技和社会共享的公共教育平台,集中建设智能制造、新能源汽车等与产业密切相关的特色项目,建设科教创新联盟、产业测试中心、技术产权交易市场,以及面向社会的培训中心等科教中介服务系统。其科教创新园区高度重视对应用型人才培养模式的探索与实践,针对产业需求设置专业,针对行业需要定标准,努力使学生的能力更强、教育的适应性更高。该地的省市共建高校YC学院,依托科教创新园平台,让教师和科研人员"在校内创新、去园区创业",为园区企业特别是中小企业科技产品研发、科技成果转化提供技术支撑和智力服务,为师生参与创新创业提供了良好环境。

(三)校政企协作:应用型大学高水平办学的必由之路

应用型大学的人才培养、科学研究、社会服务,要立足地方、融入地方、服务地方,主动适应地方高质量发展所带来的产业结构调整对人才、科技需求的变化,设置面向地方和行业需求的专业方向,加强与地方政府、行业领军企业的合作,谋划高水平应用型大学建设。近年来,YC学院聚焦地方主导产业和战略性新兴产业,与政府、企业合作共建了新能源学院、悦达汽车学院、卓越环保学院、应急管理与安全工程学院、华为信息与网络技术学院等一批产业学院,坚持技术研发与人才培养并重,以科研支撑教学的办学理念,创新"面向产业,对接企业,校地联合,知行耦合"的人才培养模式。学校与地方政府、中国华能集团、国家电投集团合作建设的新能源学院,成为所在省份首批15个省级重点产业学院之一,促进了教育链、人才链与产业链、创新链的有机衔接。实践表明,企业深度参与大学教学,将企业创新元素引入教学环节,将企业规范、质量观念与创新意识等职业素养贯穿于人才培养过程,对培养高素质应用型人才、办高水平应用型大学具有重要意义。YC学院就曾以工业企业合作项目开发为纽带,让企业工程师与学校专任教师一起实施项目攻关,引进消化吸收企业的开发工具、知识组件,促进了教学内容的多元化。同时让学生深入企业工作场所学习,紧跟工业企业技术前沿,促进学生实践能力向高端化发展。通过政府产业政策的实施、高校教师"在校内创新,在企业创业"等人才共享模式的构建,形成了合理的利益驱动机制,并使这种机制成为推动校企合作有效开展的动力、维系校企合作良性运转的纽带,成为多元个体同生共长的重要基础。

(四)产学研结合:应用型大学构建人才培养体系的客观要求

地方应用型大学的人才培养与地方产业发展之间的"时差",常常适应不了地方对应用型人才"质"与"量"的需求。紧随科技进步,紧贴产业发展,以地方产业快速迭代带来的高层次应用型人才需求为导向,将教学改革的关口前移到人才供需的"缺口"上,通过产教深度融合、校企密切合作,构建起基于产学研结合的应用型人才培养新体系,实现人才培养由被动适应向主动调整的转变,是地方产业转型升级的需要,也是应用型大学自身高质量发展的需要。构建应用型大学人才培养体系:一是要构建起"高适切、强对接"的专业调控机制。地方战略性新兴产业,为地方应用型大学调整专业设置、更新人才培养标准提供了牵引。要通过调整教学组织机构,与地方特色产业园区共建专业集群;要根据新的人才培养标准修订课程标准,形成产学研结合的人才培养方案;要通过构建"校地定专业、校企定规格"的专业协同调整机制,形成与产业"高适切、强对接"的专业体系。二是要构建起"立体化、多纬度"的教学提质路径。地方应用型高校与地方龙头标杆企业密切合作,提供学生真实的环境、真实的岗位、真实的项目、真实的压力、真实的机会,立足"学"的质量和"用"的成效,推进"产学研用"深度融合,为应用型人才培养构筑起最优生态。三是要构建起"全方位、深融合"协同保障体系。各二级学院面向地方政府和地方重点产业企业,分别搭建起校地合作委员会和校企合作委员会平台;学校层面牵头成立地方应用型高等教育与职业高等教育合作联盟,交流完善应用型人才培养体系;通过"创新在学校、创业在园区"人才项目的实施,促进校地、校企高层次人才队伍共建共享。

普通高校县域办学现象研议:江苏实践与思考

杨新春 尹 霞[①]

摘 要:普通高校县域办学已成为江苏县域经济社会高质量发展的重要地标,目前县域办学呈现偏向经济社会发达程度较高区域、覆盖全日制高等教育所有办学层次、饱含县市政府深度参与等特征。江苏地区之所以普通高校县域办学现象盛行,既有国家政策要求的强大助推力,也有县域经济社会发达的外在吸引力,更有校地双方谋求高质量融合发展的内在驱动力。但在具体办学过程中遭遇顶层设计、融合发展、协同治理等发展瓶颈问题,亟需多方协同治理达成校地双方高度融合发展。

关键词:普通高校;政府;县域办学;融合发展

现代社会高等教育发展的一个新趋势和新现象是高等学校正在成为一个地方或区域社会经济和文化发展的地标。[②] 目前,高等教育已成为区域经济社会发展的新地标,普通高校县域办学已成为高等教育发展地方化的新动向。自1999年高考扩招以来,我国普通高校数量及在校生大幅度规模递增,高校空间布局最显著的变化就是逐渐从中心城市、次中心城市下移至地级市非核心城区的各县域(含部分新设的区)。与此同时,普通高校县域办学立足于、服务于县域经济社会发展的大背景下,逐渐达成与县域的不断融合、和谐共生的局面,其支撑、服务、引领区域经济社会发展能力不断增强,这也是普通高校地方化发展的最好结果。纵观全国普通高校县域办学现象,尤以江苏地区最为突出。研议普通高校县域办学现象,探寻普通高校县域办学的动因与困境,并进一步提出校地深度合作办学的对策,以期构建层次结构合理的区域高等教育体系,更好地服务于区域经济社会高质量发展。

---

① 作者简介:杨新春,江苏理工学院副研究员,研究方向为高等教育管理、高等学校布局;尹霞,女,江苏理工学院助理研究员,研究方向为高等教育管理。
② 谢维和. 高等教育:区域发展的新地标[J]. 中国高教研究,2018(04):12-15.

一、县域办学研究综述

1984年7月3日,江苏省政府行文(苏政复〔1984〕104号)同意创建"沙洲职业工学院",诞生了全国第一所县办高校,至此就有学者开始关注县域举办普通高校,并将普通高校县域办学现象作为其研究对象。时至今日学者们研究对象不仅仅是专科学历层次高等教育县域办学,更多的将研究范围扩展至本科学历层次高等教育县域办学。

在中国知网分别输入"高校""县域办学"或"县办高校"等关键词,共出现文章25篇(含博士论文1篇、硕士论文2篇),主要集中在江浙学者的论述中。江苏学者分析了普通高校县域办学的原因及类型。叶春生(1993)回顾了江苏县域举办专科层次高等职业技术院校现象,他指出经济发达市(县)举办高校是时代发展的必然。周丕创(1995)分析了江苏县域办学发展壮大的原因及发展前途,还创造性地提出普通高校县域办学不是专科一个层次所能满足的。丁三青等学者(2008)认为,县域高等教育就是指在县域开展的学历教育和非学历教育。浙江学者注重以案例法全面解读高职和独立学院县域办学的动因、挑战及对策。熊惠平(2012)提出,高职教育"下移"至县域办学是工业化、城镇化发展至特定阶段下的产物。徐军伟(2017)认为,县域办学是浙江独立学院目前转型发展的必经路径。袁金祥(2019)提出独立学院迁建县域办学,既包含高校自身可持续发展的理性选择,也包含发达县域经济的有力吸引,更是包含校地双方持续、多方博弈的过程。蔡真亮(2019)再次强调高校县域办学既反映了其自身寻求生存空间的诉求,又呼应了乡村振兴的现实需要,同时他认为校地双方必须要有清醒的认识,要从多个角度科学论证、理性决策。

纵观上述研究,我们发现研究者们大多围绕高等教育县域办学的必要性、可行性以及现实问题等方面内容阐述观点,为此次研究提供了可资借鉴的论据。基于以上各位学者的研究成果,此次以城镇化和高等教育普及化程度较高的江苏地区为例,探究普通高校县域办学现象。首先,此次研究涵盖了各类办学层次,较之以前扩大了普通高校研究范围。其次,此次对普通高校县域办学的主体进行了分类。再次,探究普通高校县域办学现象,既要研究其产生的时代背景及动因,也要预见其可能会遭遇的困境。最后,因时因地制宜提出应对之策,进而为我国高等教育进入普及化阶段后,普通高校如何空间布局且进一步优化层次结构方面提供参考。

二、相关概念阐释

何谓"普通高校县域办学"？就本研究来说，所谓的"普通高校县域办学"，指的是普通高校迁址、分设校区或新建普通高校至中心城市非中心城区的县（市、区）开展办学活动，亦包含县（市、区）政府独立举办或参与举办高等教育的活动，不属于教育部明令禁止的"高校跨省开展异地办学"[①]。目前，江苏普通高校县域办学主要有三种形式：普通高校主校区直接设在县域办学、普通高校分校区办学、独立学院迁址办学。关于县（市、区）政府独立举办或参与举办普通高校，按成立时间先后且有据可查的有沙洲职业工学院（张家港市）、顺德职业技术学院（佛山市顺德区）、江阴职业技术学院（江阴市）、苏州健雄职业技术学院（太仓市）、义乌工商职业技术学院（义乌市）、江苏科技大学苏州理工学院（张家港市）、昆山杜克大学（昆山市）等。因此，本文研究的普通高校县域办学主体有两个：一是普通高校，二是县（市、区）级政府。

本文所涉"普通高校"指的是专科教育层次高等学校（高等专科学校和高等职业学校）和本科教育层次高等学校（独立设置本科高校和独立学院）。普通高校既可以分为公办高校与民办高校，也可以分为独立设置普通高校与独立学院。另外，此处的"县（市、区）域"指的是县级行政区域，含部分新设的区（如南京市高淳区和溧水区、常州市金坛区、苏州市吴江区等）。

三、县域办学现状

近十年来，我国普通高校县域办学逐步发展成为高等教育地方化发展的新方向，或者说普通高校县域办学已成为县域经济社会发展的新地标，以江苏为例呈现出如下特征：

（一）偏向经济社会发达程度较高的县域

县域经济社会发达程度是江浙地区普通高校县域办学的重要基础。根据人民日报社发布的 2020 年中国县域经济百强榜[②]，江苏 25 个县市上榜（见表1），占全国百强县市的四分之一强，其中 7 个县市占榜前十、4 个县市 GDP 超过

[①]《教育部关于"十四五"时期高等学校设置工作的意见》（教发〔2021〕10 号）.
[②] 李睿哲，王建朋. 2020 年中国县域经济百强榜发布江苏占四分之一. http://www.js.xinhuanet.com/2020-05/09/c_1125959678.htm.

2 000亿、13个县市GDP超过千亿大关,与此同时进入排名前十的县市均地处苏南地区。这些数据充分体现了江苏地区县域经济在长三角地区乃至全国经济社会发展中的重要地位,江苏县域经济的高度活跃发达也为县域高等教育的发展奠定了坚实的物质基础。据江苏各普通高校官方可查数据,江苏目前共有有31所普通高校独立或分设校区在县域办学(见表2),其中24所普通高校选择在县域经济全国百强县市办学,占县域办学高校总数的四分之三强,尤以5所普通高校在昆山独立办学最为抢眼。由此可见,普通高校县域办学分布状况与地方经济社会发展水平高度契合。

表1　江苏2020年县域经济全国百强县市名单(单位:亿元)

县市	全国排名	2019年GDP	县市	全国排名	2019年GDP
昆山市	1	4 045.06	溧阳市	33	1 010.50
江阴市	2	4 001.12	靖江市	35	979.57
张家港市	3	2 850.00	邳州市	37	959.70
常熟市	5	2 470.00	沭阳县	39	950.17
宜兴市	7	1 770.12	东台市	40	940.00
太仓市	10	1 410.00	兴化市	44	871.82
海门市	13	1 352.37	高邮市	47	818.73
如皋市	19	1 221.00	沛县	52	800.00
启东市	23	1 160.00	仪征市	53	791.72
海安市	25	1 133.21	新沂市	67	686.40
丹阳市	26	1 121.99	句容市	73	661.48
泰兴市	28	1 083.90	射阳县	97	563.87
如东县	30	1 052.42			

数据来源:各地国民经济和社会发展统计公报(截至2020年4月30日)

表2　江苏普通高校县域办学情况

学校名称	主校区	县域办学情况	层次	备注
南京航空航天大学	南京	溧阳校区	本科	
南京理工大学	南京	江阴、盱眙校区	本科	
江苏科技大学	镇江	张家港校区	本科	

续　表

学校名称	主校区	县域办学情况	层次	备注
河海大学	南京	金坛校区	本科	
江南大学	无锡	宜兴、江阴校区	本科	
南京林业大学	南京	句容校区	本科	
常熟理工学院	常熟	常熟	本科	
泰州学院	泰州	泰兴校区	本科	
江苏第二师范学院	南京	溧水校区	本科	
南通理工学院	南通	海安校区	本科	民办
南京师范大学中北学院	丹阳	丹阳	本科	独立学院
苏州大学应用技术学院	昆山	昆山	本科	独立学院
南京财经大学红山学院	南京	高淳	本科	独立学院
江苏科技大学苏州理工学院	张家港	张家港	本科	独立学院
常州大学怀德学院	靖江	靖江	本科	独立学院
南通大学杏林学院	启东	启东	本科	独立学院
西交利物浦大学	苏州	太仓校区	本科	中外合作办学
昆山杜克大学	昆山	昆山	本科	中外合作办学
明达职业技术学院	射阳	射阳	专科	民办
镇江市高等专科学校	镇江	丹阳校区	专科	
沙洲职业工学院	张家港	张家港	专科	
硅湖职业技术学院	昆山	昆山	专科	民办
苏州托普信息职业技术学院	昆山	昆山	专科	民办
江苏农林职业技术学院	句容	句容	专科	
江阴职业技术学院	江阴	江阴	专科	
无锡工艺职业技术学院	宜兴	宜兴	专科	
金山职业技术学院	扬中	扬中	专科	民办
苏州健雄职业技术学院	太仓	太仓	专科	

续 表

学校名称	主校区	县域办学情况	层次	备注
昆山登云科技职业学院	昆山	昆山	专科	民办
苏州信息职业技术学院	吴江	吴江	专科	
南通师范高等专科学校	南通	如皋校区	专科	

数据来源:各高校官方网站学校介绍(截至2021年12月31日)

(二)覆盖全日制高等教育所有办学层次

从江苏31所普通高校县域办学情况来看(见表2),涵盖了普通本科高校、独立学院和高职高专院校,呈现出了以地方高校为主、中央部委高校为辅的阶段性特征,其中18所高校将主校区设在县市。31所高校覆盖全日制高等教育所有办学层次:一是博硕授权单位高校8所:既有中央部委高校、博硕授权单位南京航空航天大学、南京理工大学、河海大学、江南大学,也有地方高校、博硕授权单位江苏科技大学、南京林业大学,还有中外合作办学西交利物浦大学、昆山杜克大学(目前两校已获教育部批准可从事研究生教育);二是学士学位授权单位高校10所:这其中包含普通本科高校4所(含民办本科高校1所)、独立学院6所;三是高职高专高校13所:这其中包含高专2所、高职11所(含民办高职5所)。尤以昆山杜克大学为标志的高起点办学,引人注目。

(三)饱含县市政府的深度参与

江苏普通高校县域办学发展历史就是一部县市政府坚持独立举办或积极参与举办高等教育的奋斗史,每一所普通高校在县域新建主校区或分设校区办学都是县市政府深度参与的结果。据此,江苏普通高校县域办学饱含县市政府的深度参与,其中有两个明显特征:一是县市政府作为举办者,独立举办高等教育,如沙洲职业工学院、江阴职业技术学院、苏州健雄职业技术学院、苏州信息职业技术学院。二是县市政府作为参与者,积极支持新建普通高校、普通高校新设校区,如在政策、办学场地、资金等关键性办学资源方面给予强有力支持,如昆山市政府参与创建中国县级市第一所国际大学昆山杜克大学,张家港市政府支持江苏科技大学设立张家港校区、支持南徐学院迁址张家港办学并更名江苏科技大学苏州理工学院,溧阳市政府引进南京航空航天大学建设溧阳天目湖校区。

四、县域办学动因

综合考量江苏 31 所普通高校县域办学情况,或由县市政府独立举办高等教育,或由县市政府深度参与举办高等教育,或由县市政府支持引进本科高校设立分校区。江苏地区之所以普通高校县域办学现象盛行,既有国家政策要求的强大助推力,也有县域经济社会发达的外在吸引力,更有校地双方谋求高质量融合发展的内在驱动力(见图1)。

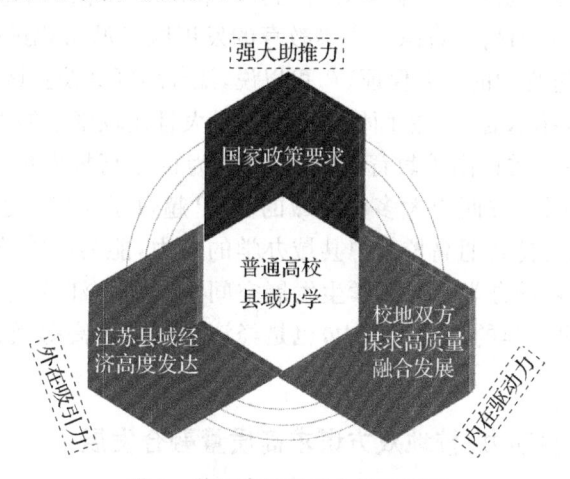

图 1 普通高校县域办学关系图

(一) 强大助推力:国家政策要求

高校延伸到县域办学,国家政策要求是其主要"推力"因素。[1] 根据《普通本科学校设置暂行规定》要求,新建本科学校必须达到 500 亩、生均占地面积应达到 60 平方米以上。《独立学院设置与管理办法》颁布以来,教育部尤其对独立学院提出了严格的要求,明确了独立学院办学必须具有独立的校园和基本办学设施。与此同时,独立学院转设要达到《普通本科学校设置暂行规定》等文件规定的设置标准,学校各项办学条件指标,均须具备相关证明材料。这其中最核心的指标就是办学面积不得少于 500 亩,而且必须过户到学校名下。现实困境就是中心城区的土地资源不仅稀缺而且极其昂贵,新建高校和独立学院转设几

---

[1] 蔡真亮,陈民伟,吕慈仙. 高校延伸至县域办学的现象分析——基于"推拉理论"的视角[J]. 中国高教研究,2017(10):31-35.

乎不可能有机会在中心城区谋求土地等稀缺办学资源。江苏近三分之二涉及县域办学的高校属于独立学院迁址办学或新建高校情况。由此可见,普通高校县域办学切实地解决了土地等办学资源短缺的问题。

(二) 外在吸引力:江苏县域经济高度发达

根据国外发达国家经验,当地区人口达到50万时就具备了创办大学的条件,从当前我国经济的发展水平来看,一些经济发达的县域已经具备发展高等教育的条件。① 从江苏已布局高等教育的县域来看,城市化水平较高、经济高度发达的县域更受普通高校青睐。高等教育的发展既是城市化进程中的重要内容,也是城市化进程中的重要保证。② 可以说,江苏地区高校县域办学与县域快速城镇化是一脉相承的。一方面他们拥有数量大且比较密集的人口,有着越来越多追求享受更高质量高等教育的学龄人口,为普通高校发展县域办学提供了稳定的生源;另一方面绝大多数县域的GDP超过了1 000亿人民币(见图1),具备创办或支持普通高校落户县域办学的能力,能为高等教育机构"下沉式发展"提供丰裕的办学资源和学生发展空间。这既是江苏经济发达的县域对普通高校落户办学的外在吸引力,也是经济发达地区高等教育地方化的新探索。

(三) 内在驱动力:校地双方谋求高质量融合发展

县域高等教育是经济社会发展的重要驱动力,也是县域人力资源开发和利用的重要途径。高等教育有助于提高人口质量,加快人口流动,改变人口结构,促进人的全面协调发展。③ 首先,县域可以借助普通高校科技、人才和智力优势,推动县域新旧动能转换和创新驱动发展,提升高质量发展水平。其次,普通高校县域办学有助于优化高等教育结构布局、提升县域高等教育的综合实力。最后,有助于实现普通高校科技、人才、学科优势与县域区位、资源、产业优势精准对接,增强高校服务区域经济社会发展的能力,进而高校可以获取更多的资源支持。另外,对于诸如昆山、江阴、张家港等发达地区县市政府而言,"引进高校对于城市整体竞争力、社会知名度的提高以及排名的提升意义重大,也是具

---

① 蒋国良. 县域发展高等教育需要解决的几个问题[C]. 江苏省高等教育学会编:江苏高教评论2009. 苏州:苏州大学出版社,2010:268-269.
② 徐军伟. 县域办学:浙江省高等教育第三次布局调整研究[D]. 厦门大学,2018.
③ 丁三青,张铭钟,张阳. 江苏省县域高等教育研究[J]. 煤炭高等教育,2008(03):43-47.

有显著意义的政绩工程"①。因此,普通高校扎根县域办学的格局也进一步加强了高等教育与县域经济社会发展的深度融合发展。

五、县域办学审思

教育必须与社会发展相适应,一方面教育要受一定社会的政治、经济、文化科学所制约;另一方面教育必须为一定社会的政治、经济、文化科学的发展服务。② 在我国全面建成小康社会和进入高等教育普及化的背景下,普通高校县域办学是高校主动适应区域经济社会发展新要求,建构高等教育地方化发展的革新之路,无论办学主体是普通高校抑或是地方政府,普通高校县域办学是适应国家、社会以及学校自身追求高质量发展的必然结果,也是区域经济社会发展的必然趋势。但在具体普通高校县域办学过程中,也遭遇许多瓶颈问题,亟需多方利益主体协同治理。

(一) 现实问题

1. 顶层设计问题

顶层设计涉及两个问题:一是国家或省级政府政策及时有效供给;二是地方县市政府政策与规划保持一定时期内的连续性。从协同治理的视角来看,目前普通高校县域办学现象并不是处于高等教育资源配置的自觉状态,"仍缺乏国家或省级层面的统筹协同,在发展目标与规划、资源配置以及治理体制机制等方面很不到位,同时政府与高校之间有着各自的价值取向,存在不同的理性选择与利益诉求,进而在合作过程中引发主体之间的行动偏差甚至行动冲突"③。一方面,省级层面的统筹协调职能还是缺位的,目前对高等教育布局县域缺乏足够成熟的考虑与政策安排;另一方面,由于地方政府与普通高校的目标不尽相同,地方政府层面对于县域办学缺乏政策与规划的连续性。县市政府主要领导或者领导班子的决策意见直接决定合作顺利与否及深入程度,时常会因为主要负责人调整导致县域办学政策与发展规划的朝令夕改。因此,在当前县市政府主导的模式下,县市政府对县域办学的决策能力及执行能力非常重

---

① 王文龙. 中国高校异地办学的类型、原因与利弊分析[J]. 北京社会科学,2020(06):28-36.
② 潘懋元. 教育外部关系规律辨析[J]. 厦门大学学报(哲学社会科学版),1990(2):1-7.
③ 蔡真亮. 高校与县域合作办学的协同治理研究[J]. 宁波大学学报(教育科学版),2019,41(02):63-68.

要,直接决定着普通高校县域办学成功与否。

2. 融合发展问题

普通高校县域办学也同时面临融合发展问题,主要体现在高校融入县域经济社会发展主动性不足。如2013年以后江苏部分独立学院整体迁建县域办学就是由于受到国家独立学院的推力和囿于本身原址办学资源匮乏而采取的应对策略,实际上就是办学地点的更换,原有的学科专业照搬过来,很少能依据县域经济社会实际发展情况来调整学科专科设置,如南京师范大学中北学院现有39个本科专业,其中只有眼视光学专业深度契合丹阳打造世界眼镜之都的长远规划。另外,短时间建成的新建校区,其在教学科研设施配套、生活工作条件等方面很难完善,难以引进和打造与当地经济社会发展相匹配的教师队伍。由此沿袭传统的办学模式和人才培养模式很难在短时间内有较大的变革,直接导致人才培养规格不能满足县域经济社会发展需要,还有就是毕业生流入其他地方工作生活。由此可见,普通高校县域办学与县域融合发展问题日益凸显,尤其与县域经济社会发展互动不强、服务县域经济社会发展能力不足,已成为制约普通高校县域可持续、高质量发展的重大问题。

3. 协同治理问题

普通高校县域办学涉及多个利益主体,如省级政府、地市级政府、县(市)级政府、普通高校、教职工、学生、家长等,由此普通高校县域办学需要多主体协同治理,而协同治理工作机制直接影响协作治理的效力和效率。以江苏普通高校县域办学为例,存在着"三级办学、二级管理"的高等教育管理体制,即由中央、省(直辖市)、县(市)三级政府办学,普通高校县域办学管理主要集中在省和地级市一级管理,也有少数普通高校虽然面上由地级市管理,实际运行却是由县市政府管理(如沙洲职业工学院、江阴职业技术学院、苏州健雄职业技术学院),即使"县(区)级政府作为普通高校县域办学的投资主体,主要承担财政投入义务,却又不作为一级管理层次,不具备完全管理权力,使学校面临一系列办学困难"[1]。总而言之,目前省级政府、地市级政府、县市政府与普通高校之间尚未形成有效的、上下联动的协同治理工作机制,县市政府管理权限与职责不清。县市政府考虑的是短期内能收到立竿见影的效果,如拉动县域房产消费等行业发展,而很少考虑或者力图影响普通高校科学规划学科专业设置及长远发展。因

---

[1] 潘懋元. 新建本科院校的办学定位与特色发展[J]. 荆门职业技术学院学报,2007(7):1-4.

此,多元利益主体交织的公共事务治理,亟需进一步建立健全多元主体协同治理工作机制。

(二) 对策建议

高校与城市之间的双向赋能、双向服务是互动发展、融合发展的关键。[①] 的确如此,普通高校与所在县域只有双向赋能与服务,才能达到互动发展与融合发展,其中离不开各利益主体的积极作为。

1. 省市县政府:政策供给,统筹规划

当前江苏高等教育已经进入普及化阶段,普通高校县域办学已成为江苏高等教育体系的重要组成部分。"城市是国家现代化的先行者,城市发展中人口的聚集和流动、产业的集聚和升级,都会对高等教育布局调整产生较大影响。"[②]同样,江苏尤其苏南县域经济社会发达程度高、人口聚集及产业结构不断调整升级,已经对省内高等教育布局产生了影响,充分反映了市场这只看不见的"手"影响高等教育资源配置状态。根据西方发达国家高等学校的布局经验,每50万人口就可设置一所大学,用以支撑服务区域可持续发展。基于此,国家教育行政主管部门要明确规定普通高校县域办学的相关审批程序,省级政府要协同地市级政府、县市政府做好高等教育布局县域的顶层设计和长期规划,逐步将普通高校县域办学扎根于培养与培训区域经济社会发展急需高层次技术技能人才、创新与创业及传承与引领文化的主阵地。借此,省市县政府通过政策供给、统筹规划来实现普通高校县域办学治理能力的提升,实现普通高校扎根县域、服务县域、引领县域的多赢局面。

2. 普通高校:立足地方,凝练特色

普通高校县域办学基本问题与目标指向就是高校如何满足区域经济社会发展对高层次技术技能人才的需要。"地方高校的发展,必须针对本地区经济社会发展的水平和特点,为本地区经济建设服务,形成各自的特色,更好地促进本地区的科技、经济、社会的协调发展。"[③]普通高校落户县域首先依托的是传统优势学科,同时也要充分考虑县域经济社会发展特色与实际,将学校先天优势

---

① 张大良. 城市与高校共开绚丽之花[J]. 中外建筑,2021(01):6-7.
② 高书国,李捷,石特. 新时代中国高等教育结构调整的战略研究[J]. 高校教育管理,2019,13(03):1-9.
③ 房剑森. 高等教育发展论[M]. 南宁:广西师范大学出版社,2001:241.

与区域发展需求有机结合,有计划有步骤地处理好政府、高等教育与市场的关系。就江苏涉及在县域办学的普通高校而言,县域环境为普通高校县域办学的学科特色成长提供了肥沃的土壤,普通高校要紧扣县域经济社会发展重大需求,不失时机地将县域优势逐步转化为学科优势,找准与县域最佳结合点,立足县域布局学科专业,"重点建设一批服务地方能力强的优势学科和学科群,并在为地方服务的过程中不断提高学科的发展水平"[①]。除此之外,普通高校县域办学还应不断凝练并形成自己的学科专业特色。新时代普通高校精准发力、立足县域扎实办学,支撑服务县域经济社会发展,选择独特领域成就优势学科,使之成为普通高校办学实现新的增长点,进而可以在全国全省同类学校获得新的话语权。

3. 政校双方:完善机制,协同治理

中国大学的前程,取决于利益相关者的价值共识、扎根中国大地的办学自觉和基于确信的战略定力。[②]的确普通高校县域办学涉及众多利益相关者,县域高等教育治理方式已向多元主体治理发展,而多元治理旨在通过多利益主体积极参与治理过程,使得各利益主体达到和谐共生的良好生态,这其中影响力最强的利益主体当属各级政府与普通高校。有效推进普通高校县域办学,政校双方就是要进一步完善有效治理工作机制、提升协同治理的意识与能力。就江苏政校双方治理县域办学现状而言:首先,要建立健全与普通高校县域办学相适应的地方政策法规,用制度来规范、约束和固定政校双方的合作关系,尤其地级市和县市政府要把支持本区域高等教育事业发展纳入经济社会发展规划中。借此夯实市场经济背景下政校双方的契约关系,确定地方政府与普通高校之间的权利义务,避免政府领导变动对县域办学产生冲击,使得普通高校在县域办学的过程中能获得稳定持续的地方政府支持,加速形成普通高校与县域经济社会融合发展的局面。其次,要进一步厘清普通高校县域办学管理体制,优化协同治理机制,落实和扩大普通高校的办学自主权,"应将'省管县'的改革试点、教育体制改革与县域高等教育发展的前瞻性规划相结合,构建新型的县域高等教育治理体系"[③]。

---

① 徐军伟,胡坤. 县域办学:经济发达地区高等教育地方化的新探索[J]. 宁波大学学报(教育科学版),2018,40(02):35-40.
② 袁靖宇. 大学的前程——基于本土和国际视野的怀想[J]. 中国大学教学,2021(05):4-9.
③ 胡坤,徐军伟. 县域办学:浙江省独立学院转型发展路径探析[J]. 宁波大学学报(教育科学版),2017,39(01):51-55.

六、结　语

江苏普通高校县域办学的独特现象,既有国家教育行政主管部门的政策推动,又是普通高校自身发展的理性选择与现实需要,还有转型中的县市政府基于地方高质量发展的政治考量与现实考量。因此,可以说普通高校县域办学是我国区域经济社会与高等教育快速发展的产物,具有鲜明的地域特色,在助推地方经济社会高质量发展方面发挥了重要作用。但普通高校县域办学不仅面临来自地方政府、市场与普通高校的需求平衡,还面临种种难题和挑战。要解决这些难题和挑战,需要政府与高校要双向赋能,处理好政府、高校与市场的关系,尤其高校要与时俱进走出一条与地方高度融合发展的特色道路。

产教融合:本科层次高等职业学校发展的机遇与挑战

刘任熊　钱丽云　黄利文　蒋才锋

摘　要:对于是否开办职业本科教育,我国一度面临院校的冲动、学生的诉求、社会的期盼、学者的分歧、政府的顾虑等不同利益相关方观点和行为的僵持局面。全国职业教育大会确定了稳步发展职业本科教育基调,将职业本科教育推至发展新风口。通过稳步发展职业本科教育来加快构建现代职教体系,确立一套科学的本科层次职业高等学校设置指标体系是当务之急,依据标准和程序遴选设置一批本科层次职业高等学校为关键一招。对高等教育法和职业教育法进行文本分析,基于高职院校人才培养状态数据对本科层次职业高等学校和普通高等院校设置指标进行比对,就已有本科层次职业高等学校办学条件进行梳理剖析,结果均显示,产教融合度是本科层次职业高等学校设置的主要壁垒,也是优化职业教育类型定位之主要表征。设置、兴办和评估本科层次职业高等学校,均应将产教融合视为重要突破口和关键绩点。

关键词:职业本科;产教融合;文本分析;机遇与挑战

我国职业教育发展源远流长。《孟子·滕文公》记载的"后稷教民稼穑,树艺五谷;五谷熟,而民人育",可谓是我国职业教育开端。及至1917年,得到当时教育、实业两界知名人士鼎力支持的中华职教社在上海成立,并把"使无业者有业,使有业者乐业"设为结社目标,翌年,中华职教社在上海创立了我国近代教育史上第一所职业学校——中华职业学校,开启有意识成规模地开办职业教

---

① 基金项目:2020年中国职业技术教育学会课题"类型教育定位下职业教育一体化质量评价体系研究"(项目编号:2020B0150);2022年度江苏高校哲学社会科学研究重大项目:破"五唯"与立多维:职业教育质量评价机制研究(项目编号:2022SJZD036);2022年度江苏省社科基金项目:新时代职业教育质量评价数字化转型研究(项目编号:22JYB003)。

② 作者简介:刘任熊,江苏经贸职业技术学院机关党总支书记兼党委组织部副部长,研究员,研究方向为高等职业教育改革与发展;钱丽云,江苏经贸职业技术学院助理研究员,研究方向为教育管理;黄利文,江苏经贸职业技术学院研究员,研究方向为工商管理和教育管理;蒋才锋,无锡工艺职业技术学院助理研究员,研究方向为教育事业统计等。

育的大幕。新中国成立后,职业教育一直作为我国国民教育体系的组成部分,在适应经济与社会发展和全体社会成员自身全面发展需要方面发挥着重要作用。2019年,《国家职业教育改革实施方案》提出"开展本科层次职业教育试点",职业本科教育开始成为一种新的职业教育办学实践样态。2020年前后,关于职业本科教育的讨论,在国家政策层面、院校操作层面、学术研讨层面都成为热点话题,成为教育界乃至全社会关注的一个焦点。在职业本科教育风起云涌的当下,本科层次职业高等学校作为实施职业本科教育之主要阵地,其设置何以成为可能?本科层次职业高等学校要独立为"不同类型、同等重要"之高等学校,其设置标准和普通高等学校相较,又有何差异点?本文试就此予以探磧。

一、开办本科职业教育:利益相关方的博弈与调和

如果不算1980年成立的新中国第一所职业大学——金陵职业大学,我国职业高等学校于2000年前后以专科层次高职院校形式集体登上历史舞台,其后我国高等职业教育历经发轫—探索—成型—提升的发展过程。20多年后,在我国曾经有过的职业教育发展之辩再次兴起,所不同的是,20年前辩论的主题是专科层次高等职业院校的出现,而现在的焦点话题是本科层次职业教育。如果仅从职业教育办学层次上移视角审视,这是乐观的发展趋势,因为这印证了我国经济社会向前发展,不管是出于产业转型升级对劳动力这一生产要素的要求提升,还是因为社会进步,人民对美好生活的向往和马斯洛需求层次上移,这都符合事物发展规律。

自专科层次职业高等学校出现之日起,就一直有高职院校、学生及家长、用人单位和部分社会舆论呼吁兴办本科层次职业高等学校,但做出最终决策的教育行政部门迟迟没有放开设置。一直到2018年底,国务院以建立职业教育工作部际联席会议制度为风向标,中央政府才对兴办职业本科教育态度有所松动。是否发展职业本科教育是各利益相关方的一个博弈过程,最终形成"稳步发展职业本科教育"[①]的共识。这既是我国为实现从人口红利向人才红利转变,不断提高全民受教育程度,提升劳动年龄人口平均受教育年限,实现《中华人民共和国国民经济和社会发展第十四个五年规划和二〇三五年远景目标纲要》提出的"全员劳动生产率增长高于国内生产总值增长"目标,让劳动者实现更加充分和更高质量就业的发展需要,也是职业教育发展在各种利益调和之后达成新

---

① 习近平对职业教育工作作出重要指示[EB/OL]. (2021-04-13)[2021-07-05]. http://www.gov.cn/xinwen/2021-04/13/content_5599267.htm.

的动态平衡的结果。

（一）院校的冲动

我国现有绝大多数公办专科层次高职院校大多由优质中等职业学校单独升格或合并转设而来，这批学校在规模扩展的同时，历经高职高专人才培养工作水平评估、省级示范性高职院校建设、国家示范（骨干）高职院校建设、省高水平（卓越）高职院校建设、国家"双高计划"建设等内涵建设项目洗礼，在人才培养、科学研究、社会服务、文化传承创新、国际交流合作等方面，均取得不俗的办学业绩，涌现出以深圳职业技术学院等为代表的一批高水平专科层次高职院校，逐步形成结构合理、功能完善、质量优良的高等职业教育体系。这批院校基于对进一步提升自身办学实力、拓展学校发展空间、展示职业教育特色等多重需要，具有提升学校办学层次的浓郁情结和强烈冲动。如，2013年一项针对120名高职院校书记、校长的调研分析显示，高职院校管理者有"高等职业教育不能仅仅停留在专科层次，而要培养专业学士、专业硕士和专业博士"[1]的期待。事实上，院校这股冲动如此强劲，以致在政府实施项目时，要有专门约束条款。例如，在2006年和2010年分两轮启动的国家示范（骨干）高职院校项目遴选时，均要求申报单位做出承诺，在立项建设后一定期限内不升格为本科。

（二）学生的诉求

在我国现代职业教育体系"立交桥"还不够畅通的当下，现有高职院校的绝大多数毕业生，毕业时只能获得大学专科毕业文凭。这批学生在毕业后升学就业、进编落户、考公考研时都因学历局限而受到诸多限制，有的甚至直接丧失机会，造成一种隐形的机会不公平，进而导致结果不公平。即使一些发展后劲足的高职院校毕业生，通过自己在校期间的努力，借助自学考试、专接本、专升本等方式接受了本科教育并最终获得本科文凭，但因他们第一学历被注明是专科，在考公时，依然面临很大障碍。因此，这部分学生及其背后的家庭，出于切身利益，一直以来，都是高职院校升格本科的积极拥趸，并因他们是这一改革举措的主要当事方和直接受益者，所阐述的观点和诉求最终成为促成改革实施的一大动因。

（三）社会的期盼

如果用市场经济中的供需关系来对比，前两个职业教育利益相关者合二为

---

[1] 佛朝晖. 转型期高职院校发展的政策期待[J]. 职业技术教育, 2013(1): 16-19.

一成为高素质技术技能人才供给方,包含用人单位在内的社会则作为需求方,对技术技能人才在"高素质"之外,提出了"高层次"的规格需要。改革开放40多年,我国职业教育培养了大量高素质劳动者和技术技能人才,形成了适应工业化中期需要的职业教育模式。随着以智能化为核心的新一轮产业革命的来临,大量的操作性岗位甚至部分脑力劳动的岗位会消失,产业一线更多地需要具有创新能力、智能设备维护能力、规划设计和组织管理能力的人才。特别是我国进入后工业化时代,现代服务业成为拉动国民经济增长的重要引擎,迫切需要对传统服务业进行数字化、智能化改造和升级,这进一步加剧了对高端产业和产业高端的高层次技术技能人才的需求。现有三年学制的高等职业院校所培养的人才存在着学生对接行业企业的职业能力弱、综合素养与工匠精神相对缺乏等缺陷。社会期盼职业教育领域落实立德树人根本任务,健全德技并修、工学结合育人机制,构建德智体美劳全面发展的人才培养体系,职业院校培养的人才能满足"支撑制造业高端攀升"和"满足群众高品质生活需求"两大目标。

(四)学者的分歧

早在2008年,就出现职业教育类型与层次辩[①],有学者预判"近几年职教规模发展的重心仍然以中职和专科层次为主,估计再过六七年,重心上移将成为一个必然趋势"[②],形成发展本科层次高等职业教育是我国经济发展的需要、实现阶层良性流动的需要、高等教育市场国际竞争的需要的基本认识。[③] 以"职业本科教育""本科职业教育"等为关键词,查询中国知网、《光明日报》《中国青年报》《人民政协报》等平台和媒体内容发现,近些年来,关于职业本科教育的研究文章逐渐增多。从刊发的文章观点总体而言,学者对兴办职业本科教育的结论趋同,大多持肯定态度。分歧在于兴办职业本科教育的主体、路径、时机和区域。如有学者基于高职"升格与升级,哪个更实际"的困惑,提出"确定职教体系内部不同层级职业院校的发展方向"[④]的政策建议。还有学者认为,在职业教育中,允许升本,建立"由中等职业学校、职业专科院校和职业本科院校/技术应用型本科院校构成的三级职业学校体系",可以在一定程度上缓解职业院校基本

---

① 姜大源.职业教育:类型与层次辩[J].教育与职业,2008(1):1+34.
② 马树超.对职业教育发展未来30年的展望[J].教育与职业,2008(27):11-13.
③ 梁艳清,等.关于发展本科层次高等职业教育的几点思考[J].教育与职业,2008(27):5-7.
④ 邢晖.当前职业院校的定位困惑与政策建议[J].中国职业技术教育,2016(3):52-54.

生存的"集体忧虑"。① 职业教育资源的空间分布仍有改善的余地……在东部接受职业教育,这样做能够提高职业教育的总体效率。② 有学者更进一步指出,发展职业本科教育不只是能为毕业生提供一张本科文凭,更核心的是要触发培养方案、课程设置和教师发展的一系列深刻改革。③

(五) 政府的顾虑

在开办职业本科教育一事上,院校、学生、社会、学术界各有其利益诉求,从各自视角出发,大体持积极开放态度。而政府因拥有社会资源配置权,出台教育领域的公共政策时,既要考虑教育领域现有办学基础条件达标情况和院校发展诉求,更要兼顾国家经济发展、人才类型结构、科技社会服务等综合因素。正因如此,政府对是否放开职业本科教育,在更深层面综合评估后,一直态度审慎。

2018年之前,中央政府对发展职业本科教育总体持否定或犹疑态度,如《现代职业教育体系建设规划(2014—2020年)》和《国务院关于加快发展现代职业教育的决定》中明文规定"原则上专科高等职业院校不升格为或并入本科高等学校"。这既有中央政府基于全国教育结构布局的系统考虑,又和中央政府构建现代职教体系的不同战术有关。在构建现代职教体系方面,教育部曾将引导国内地方本科高校转型作为实施本科层次职业教育的主要途径,并于2014年作出专门部署,试图推进1998年前后设立的600多所地方本科院校逐步转型,只是地方本科院校认为转型举办职业教育是办学"降格",导致响应者寥寥。

从地方政府视角看,其顾虑有二:一是在我国现行管理体制下,地方政府虽然对本地高素质高层次技术技能人才需求最迫切,也最了解本地专科层次职业高等学校办学实力,但对设置本科层次高等学校,只有推荐权或者说动议权,最终设置与否,决定权在中央政府(以教育部代使职权)。二是地方政府在发挥省级统筹功能时更加考虑教育投资的收益率。对地方政府而言,设置一所本科院校,是一项重要投资决策,而"教育资源对地方人力资源的影响存在滞后效应,对经济增长的影响也存在一定的滞后性"④。从长期看,这项投资可以直接增加

---

① 徐国庆.职业教育实现现代化的关键是完善国家基本制度[J].华东师范大学学报,2021(2):1-14.

② 陈钊,冯净冰.应该在哪里接受职业教育:来自教育回报空间差异的证据[J].世界经济,2015(8):132-149.

③ 蔡基刚.警惕职业教育"本科化"退化为"文凭化"[N].光明日报,2021-04-29(6).

④ 陆铭.大国大城[M].上海:上海人民出版社,2016:141.

当地人才供给,并且根据人力资本具有正外部性特点,可以持续放大该项投资收益。但就短期而言,地方政府必须为举办本科职业高等学校提供发展规划、办学空间、机构和人员编制、办学经费等政策支持措施,这势必影响地方政府当年整体行政成效。上述两重顾虑导致地方政府对兴办职业本科教育心有余而力不足。

进入新时代,面对高质量发展要求,作为对发展起至关重要作用的劳动力生产要素,我国正在失去人口红利,需要从人口红利转向人才红利,实现"全员劳动生产率增长高于国内生产总值增长",这就必须不断提高全民受教育程度,提升劳动年龄人口平均受教育年限,让劳动者实现更加充分和更高质量就业,迫切需要"加快构建现代职业教育体系,培养更多高素质技术技能人才、能工巧匠、大国工匠……为全面建设社会主义现代化国家、实现中华民族伟大复兴的中国梦提供有力人才和技能支撑"[①]。

二、本科层次职业高等学校:
职业教育高质量发展的机遇与路径

教育部公布的 2020 年全国教育事业统计结果显示:我国共有中等职业学校 9 896 所,在校生 1 663.37 万人;高职(专科)院校 1 468 所,在校生 1 459.86 万人。职业教育作为改善我国人力资源结构的一个"调节器",成为"培养技术技能人才、促进就业创业创新、推动中国制造和服务上水平的重要基础"。职业教育能有效提升劳动者技能,形成人力资本提升和产业转型升级良性循环,其发展节奏和规律,与我国经济社会发展松散耦合[②],实现"同频共振":20 世纪 80 年代初到 90 年代中期,我国经济建设处于百废待兴、人才急缺时期,以初中毕业生为生源的普通中专(四年学制为主)为国家培养了大批拥有专业知识的"栋梁之才";2000 年前后,我国按世界银行标准迈入中等收入国家行列,一大批专科层次职业高等学校应运而生,为我国经济社会转型提供了大批高素质技术技能人才;而今,在我国有望跨过"中等收入陷阱",实现"人均国内生产总值达到中等发达国家水平"目标之际,本科职业教育横空出世。

聚焦 2021 年,我国在职业教育领域相继释放重大利好,职业教育发展迎来重大机遇期。先是教育部于 2021 年 1 月 22 日,出台《本科层次职业教育专业

---

① 习近平对职业教育工作作出重要指示[EB/OL].(2021-04-13)[2021-07-05].http://www.gov.cn/xinwen/2021-04/13/content_5599267.htm.
② 周光礼.国家工业化与现代职业教育[J].高等工程教育研究,2014(3):55-61.

设置管理办法(试行)》。继而教育部于3月12日发布《职业教育专业目录(2021年)》,该版目录体现"一体化"职业教育思维,设置了"两等三层"专业:中等职业教育专业,对应中专层次职业教育;高等职业教育专科专业,对应现在绝大部分高职院校实施的专科层次职业教育;高等职业教育本科专业,对应即将逐步扩大试点的本科层次职业教育。此后,3月24日召开的国务院常务会议,审议通过《中华人民共和国职业教育法(修订草案)》,这部25年前制定的法律,将在全国人大常委会审议通过后,成为指导我国职业教育科学规范发展的法律文件。5月3日,代表中国优秀青年的最高荣誉、集中反映当代青年的精神品格和价值追求的"中国青年五四奖章"表彰名单公布,包含高级技师、桥吊司机、邮政投递员、特级技师、世界技能大赛金牌获得者在内的5位技术技能人才入榜,占比16.66%,这在一定程度上反映出社会对高素质技术技能人才贡献度的认可,也释放了国家将进一步提高技术技能人才社会地位、高度重视建设技能型社会的明确信号。

  2021年4月召开的全国职业教育大会,正式宣告职业教育发展新风口的到来。会上传来一系列让职业教育界深感振奋的讯息,其中,关于职业本科教育的提法尤其让现有专科层次职业高等学校亢奋。如,习近平总书记做出的"稳步发展职业本科教育"重要指示;李克强总理"努力建设高水平、高层次的技术技能人才培养体系"的批示;孙春兰副总理"要一体化设计中职、高职、本科职业教育培养体系"的要求;以及经过大会讨论修改后待颁布的高规格文件。可以预期,全国各地陆续召开省级职业教育大会并将出台一系列方案,将全国职业教育大会精神落地生根、开花结果。

  事实上,从某种程度而言,设置本科层次职业高等学校已成各地新一轮院校设置的锦标赛,在地方政府支持下,一批专科层次职业高等学校先行试点,已先期建成一批本科层次职业高等学校,更有众多院校欲跻身本科层次职业高等学校行列。据不完全统计,截至目前,全国已设置32所本科层次职业高等学校;更多专科层次职业高等学校则借各种机遇争取升格,广东、山东、江西、甘肃、浙江、福建等更多省份积极推动专科层次职业高等学校升格打造"职教高地",等等。

  这些信息都隐约指向同一个事实:在我国,发展本科层次职业教育是新时代进一步优化教育结构、深化职业教育改革发展、完善现代职业教育体系的重要战略举措,是推动职业教育发展提质扩容的关键一招。这与其说是时代需求赋予了我国职业教育提升层级的一种可能,莫如说是在职业教育领域遵循了与现阶段我国经济社会发展相符的历史发展规律。从政策设计者意图来看,一条遵循试点先行、稳中求进总基调的"稳步发展职业本科教育"路径已依稀可见：先通过让民办专科层次高职院校升格、公办专科层次高职院校升格、独立学院与专科层次高职院校合并转设等多种路径，从学校层面允许少部分学校"试水"兴办职业本科教育；继而较大面积遴选设置本科层次职业教育专业，从专业层面逐步积累兴办职业本科教育的经验，同时扩大本科层次职业教育举办主体"蓄水池"；待发展职业教育本科的系列政策进一步配套完善和高层次技术技能人才需求进一步旺盛时，再有序放开本科层次职业高等学校设置工作；最后，根据前期办学实践和国民经济社会发展需要，对本科层次职业高等学校开展教学和办学水平评估，使我国本科层次职业高等学校办学模式最终定型。以此路径预判，在"十四五"期间，我国可能将出现近100所本科层次的职业高等学校，届时我国现代职教体系将在专业层面形成纺锤体型、在学校层面形成金字塔型格局(表1、表2)。

表1 "十四五"期间我国职业教育"两等三层"院校结构趋势

等次	层 级	院校数
中等	中等职业学校	10 000所左右
高等	专科层次高等职业学校	1 400所左右
	本科层次高等职业学校	100所左右

注：本科层次高等职业学校数未包含已经省级人民政府推荐但尚未经教育部批复同意的院校。

表2 我国职业教育"两等三层"专业结构

等次	层 级	专业数
中等	中等职业教育专业	358个
高等	高等职业教育专科专业	744个
	本科层次高等职业学校	247个

三、产教融合：本科层次职业高等学校的壁垒与突破

职业本科教育的诞生、发展和壮大，必须始终坚持服务于复合型人才成长、服务于知识技能积累、服务于产业发展需求的导向。脱离这三个导向，则职业本科教育将演变为畸形的普通本科教育，不但令率先升格的那批本科层次职业高等学校特色尽失，"泯然众人矣"，也必将严重影响整个职业教育的发展。职业教育需要高质量发展，产教融合、校企合作是实现的核心路径和有力措施，也

是衡量的关键指标和量度，是职业教育区别于普通教育的本质特征之一。① 在遴选设置本科层次职业高等学校过程中，应在政策导向、院校指标体系设计、专家现场考察、办学水平评估等多环节，将产教融合设为壁垒，逼迫欲升格的专科层次高等职业学校突破壁垒，改变校企合作关系浅层次松散状态，形成校企"双主体"育人格局，做大做强职业本科教育。

（一）锚定产教融合是本科层次职业高等学校的应然职责

职业教育与高等教育的重叠交叉不断增加②，高等职业学校教育是高等教育的重要部分。在我国现有法律中，《中华人民共和国高等教育法》《中华人民共和国职业教育法》均为指导高等职业学校办学的法律。

《中华人民共和国高等教育法》(2015年修订)主要用于规范我国普通高等教育领域相关事宜，将高等学历教育分为专科教育、本科教育和研究生教育，专科教育由高等专科学校实施，本科及本科以上教育主要由大学、独立设置的学院实施。该法在第一章第五条规定："高等教育的任务是培养具有社会责任感、创新精神和实践能力的高级专门人才。"本科层次普通高等学校设置遵循《普通本科学校设置暂行规定》，该规定诸多条款设定的产教融合指标，对设置本科层次职业高等学校有约束作用。

《中华人民共和国职业教育法》(1996年)条款规定："实施职业教育必须贯彻国家教育方针，对受教育者进行思想政治教育和职业道德教育，传授职业知识，培养职业技能，进行职业指导，全面提高受教育者的素质。"《中华人民共和国职业教育法》(2019年征求意见稿)鼓励有条件的企业根据自身生产经营需求，利用资本、技术、知识、设施、设备和管理等要素，单独举办或者联合举办职业学校、职业培训机构，并从国家层面建立产教融合型企业认定制度。

（二）彰显产教融合是已有本科层次职业高等学校的实然映照

据不完全统计，自2019年以来，我国审批设置本科层次职业高等学校43所(含经省级以上教育行政部门公示的16所)(表3)。2020年之前，所设置本科层次职业高等学校性质大多为民办。国家先从民办教育领域，以小切口"试水"本科职业教育，这一部署亦看出国家对开办本科职业教育的审慎态度。2020年之后，国家加快推动独立学院转设，允许优质专科层次高职院校与独立

---

① 刘任熊，等.从独角戏到双主体：职业教育产教融合制度演进脉[J].中国职业技术教育，2021(6)：33-43.

② 马陆亭.职业教育高质量发展必须抓牢类型特征[J].中国职业技术教育，2021(3)：5-11+18.

学院合并转设为省属公办本科层次职业学校,专科层次职业高等学校迎来一段难得的升格"窗口期",这一举措既可推进独立学院转设,又可在前期试点基础上进一步推进本科职业教育试点,可获一举两得之功效。

表3 我国现有本科层次职业高等学校名单

序	学校名称	性质	设置日期
1	泉州职业技术大学	民办	2019.5.29
2	南昌职业大学	民办	2019.5.29
3	江西软件职业技术大学	民办	2019.5.29
4	山东外国语职业技术大学	民办	2019.5.29
5	山东工程职业技术大学	民办	2019.5.29
6	山东外事职业大学	民办	2019.5.29
7	河南科技职业大学	民办	2019.5.29
8	广东工商职业技术大学	民办	2019.5.29
9	广西城市职业大学	民办	2019.5.29
10	海南科技职业大学	民办	2019.5.29
11	重庆机电职业技术大学	民办	2019.5.29
12	成都艺术职业大学	民办	2019.5.29
13	广州科技职业技术大学	民办	2019.5.30
14	西安信息职业大学	民办	2019.5.30
15	西安汽车职业大学	民办	2019.5.30
16	南京工业职业技术大学	公办	2019.12.27
17	辽宁理工职业大学	民办	2020.6.21
18	运城职业技术大学	民办	2020.6.21
19	浙江广厦建设职业技术大学	民办	2020.6.21
20	新疆天山职业技术大学	民办	2020.6.21
21	上海中侨职业技术大学	民办	2020.6.21
22	湖南软件职业大学	民办	2020.7.3
23	山西工程科技职业大学	公办	2020.12.18
24	景德镇艺术职业大学	民办	2020.12.24

续 表

序	学校名称	性质	设置日期
25	河北工业职业技术大学	公办	2021.1.27
26	河北石油职业技术大学	公办	2021.1.27
27	河北科技工程职业技术大学	公办	2021.1.27
28	贵阳康养职业大学	公办	2021.5.17
29	广西农业职业技术大学	公办	2021.5.17
30	兰州资源环境职业技术大学	公办	2021.5.17
31	兰州石化职业技术大学	公办	2021.5.17
32	石家庄工程职业技术大学	公办	2021.5.17
33	浙江药科职业大学	公办	2021.5.17
34	南京经贸职业技术大学	公办	2021.6.4
35	江苏农牧科技职业大学	公办	2021.6.4
36	江苏农林职业技术大学	公办	2021.6.4
37	江苏医科职业技术大学	公办	2021.6.4
38	江苏工程职业技术大学	公办	2021.6.4
39	山东职业技术大学	公办	2021.6.4
40	湖南楚怡工业职业技术大学	公办	2021.5.6
41	长沙民政职业技术大学	公办	2021.5.25
42	湖南传媒艺术职业大学	公办	2021.5.25
43	湖南铁道职业技术大学	公办	2021.5.25

注：1. 以上数据统计截止时间为2021年6月4日；2. 序号28—39的12所学校，为进入教育部公示环节的省属公办本科层次职业高等学校；3. 序号40—43的4所学校均为经所在省推荐、待教育部审批的省属公办本科层次职业高等学校，校名为暂定名，设置日期为院校所在省教育厅公示日期。

根据对现有公办本科职业高等学校中典型院校产教融合特性取样分析（表4），发现在设置本科层次职业高等学校时，更加突出实验实训环境、师资队伍建设等方面产教融合因素，已然是题中应有之义。首先，建校基础更倾向于理工类专科层次高职院校。现有公办本科职业高等学校中，绝大多数为理工类院校，均具备较好的产教融合基础，大都建有大学科技园、校内外实训基地等，并借助虚拟仿真等技术，大力发展实训基地尤其是重点实验室。其次，硬件考核上更加注重产教融合因子。这批职业院校，大多是同层次同类型院校中的佼佼者,牵头成立省级及以上职教集团,联合企业共建企业学院,开展订单式人才培养,成立现代学徒制班等。再次,内涵方面更加突出校企合作。在师资队伍建设方面,注重从企业引聘能工巧匠建立专兼职结合的"双师"团队,专任教师队伍中"双师"素质比例高。

表4 现有公办本科层次职业高等学校产教融合特性

指标院校	南京工业职业技术大学	河北工业职业技术大学	湖南楚怡工业职业技术大学
整体实力	国家示范性职业院校（2006）	国家示范性职业院校（2006）	国家示范性职业院校（2008）
办学特色	全国高职院校育人成效50强、教学资源50强、服务贡献50强、国际影响力50强	全国高职院校育人成效50强、教学资源50强、服务贡献50强	对接工程机械、电工电器、汽车零部件等湖南装备制造优势产业办专业
校企合作	建有智能工程产业研究院、人工智能工业应用产业研究院、智能控制技术产业研究院、无人机产业研究院、轨道交通产业研究院、跨境电商产业研究院等6个产业研究院	校企共建国内唯一"冶金职业教育信息化研发培训中心"和钢铁冶金VR虚拟仿真实训中心	形成政校行企合作联盟的"联盟办学"式、以省级技术转移中心为纽带的"技术中介"式、以重点专业群为核心的"多元投入"式、与"国际标准引入"式等校企合作形式
实训基地	建有国家"十三五"产教融合发展工程规划项目、省发改委工程研究中心、省高校协同创新中心、省产教深度融合实训平台、省级大学科技园,与31家世界500强企业建立深度合作关系,与领军企业建立合作平台15个	建有3D打印中心等16个高水平专业化实训基地、国家职业教育实训基地6个、创新发展行动计划国家生产性实训基地2个,河北省材料细晶制备技术创新中心等省级技术研发平台5个	校企共建智能制造实训中心、机器人实训中心、3D打印实训中心、智能家电实训中心、数控实训中心、智能控制实训中心、网络通信、快速成型、物联网技术等校内实训室41个,在长株潭衡区域内校企合作新建校外实习实训基地超过141个
职教集团	牵头成立全国机械行业现代机电技术职教集团、江苏机电职业教育集团	牵头成立全国钢铁行业职业教育联盟、河北省钢铁焦化职业教育集团、河北省新一代人工智能产教融合联盟	牵头成立机械行业先进装备制造职业教育集团、湖南机械装备制造业职教集团

续 表

指标院校	南京工业职业技术大学	河北工业职业技术大学	湖南楚怡工业职业技术大学
师资队伍	拥有全国高校黄大年式教师团队1个、全国技术能手7人;专任教师中"双师素质"教师占比92.29%	校外兼职教师折合占比45.87%;专任教师中"双师素质"教师占比78.61%	聘任中国工程院院士、万人计划人才、长江学者、博导教授、技能大师、全国技术能手、劳动模范、行业企业专家等近80人为兼职教师

(三) 突出产教融合是新设本科层次职业高等学校的必然要求

现行设置本科层次职业高等学校的文件依据主要有三份,分别是教育部于2006年颁发的《普通本科学校设置暂行规定》(以下简称"18号文件")、2021年颁布的《本科层次职业学校设置标准(试行)》(以下简称"1号文件")和《本科层次职业教育专业设置管理办法(试行)》。从文件名可知,三份文件均冠以"试行""暂行"字样,体现国家对相关工作持总体审慎基调。其中,本科侧重设置本科层次职业教育专业,具体操作时,有可能出现申报学校将本单位相关资源计算在某几个专业,从而导致指标失真现象,故对设置本科层次职业高等学校实际指导意义不大。重点比对规范普通本科院校设置的18号文件和规范本科层次职业学校设置的1号文件,以比较两类同层次高等学校设置情况。

从一级指标名称看,1号文件和18号文件具备三个共性。其一,两份文件均设定定性指标和定量指标两类指标,其中,1号文件设置办学定位、治理水平、办学经费三个定性指标;18号文件设置领导班子、办学经费两个定性指标。在2006年出台18号文件时,我国设置普通本科院校已经积累了比较成熟的经验,这类高校的办学定位基本明确,故对该类学校办学定位不做特别强调。2021年,针对本科层次职业学校出台1号文件尚属新生事物,故在要求遵守法律法规之外,特意对本科层次职业学校做出"坚持面向市场、服务发展、促进就业的办学方向,坚定职业教育定位、属性和特色,培养国家和区域经济社会发展需要的高层次技术技能人才"的定位要求。其二,两份文件的定量指标名称基本一致,稍有差异的是在18号文件中出现的"教学与科研水平"指标,在1号文件中以"科研与社会服务"名称出现,昭示国家更加重视本科层次职业学校的社会服务能力。其三,职业本科教育与普通本科教育一致,体现了洪堡的"全人教育"思想,其实施的不仅仅是技能教育,不仅注重"制器",更重"育人"。

进一步分析二级指标,两份文件的指标条目有增删、指标内涵有变化、指标量度有增减，2006年出台的18号文件和2021年出台的1号文件有较大差异性。1号文件规定的指标体系融合了本科规范和职教特色，国家对本科层次职业高等学校赋予了与本科层次普通高等学校不一样的期望。在设置本科层次职业高等学校时，在专业设置、师资队伍、科研与社会服务三个主要指标中，更加注重产教融合、校企合作，充分体现了职业本科学校与普通本科学校人才培养在"工学结合、知行合一"方面的差异性。对本科层次职业学校而言，要按照职业教育办学规律实施本科教育，在其设置时壁垒是产教融合，办学成效突破点也是产教融合。

1. 专业设置

学科与专业建设是大学建设的根本。18号文件对称为学院和大学的普通本科学校仅从覆盖面做出规定，要求"称为学院的应拥有1个以上学科门类作为主要学科，称为大学的应拥有3个以上学科门类作为主要学科"。而在1号文件里，除对专业群和专业的个数做出明确规定外，还要求设置专业时，要"对接国家和区域主导产业、支柱产业和战略性新兴产业"，并要"建有专业随产业发展的动态调整机制"，确保学校紧密对接区域产业发展，并在专业建设过程中落实产教融合需求，达成"建设专业链对接产业链，围绕产业链部署创新链，围绕创新链培育产业链，做大产业链反哺专业链"的良性循环。唯其如此，方可"推动职业教育与产业发展有机衔接、深度融合""职业教育服务能力显著提升"[1]的目标。

2. 师资队伍

人才培养，关键在教师，教师队伍素质直接决定着办学能力和水平。努力建设一支政治素质过硬、业务能力精湛、育人水平高超的教师队伍，是办成类型特征特色鲜明的本科职业学校的关键。1号文件设置的指标，对本科职业学校师资队伍的规模、能力、结构均做出规范。在设置职业本科学校和普通本科学校时，均对兼任（兼职）教师做出25%的占比约束，不同的是，设置普通本科学校时，兼任教师人数应当不超过本校专任教师总数的1/4(25%)；设置职业本科学校时，来自行业企业一线的兼职教师占比不低于专任教师总数的25%，并且承担专业课教学任务授课课时占学校专业课总课时的20%以上。另外，对专任教师队伍的双师素质教师比例做出不低于50%的约束，以此确保学校形成一致专

---

[1] 中共中央国务院印发《中国教育现代化2035》[EB/OL]. (2019-02-23)[2021-06-30]. http://www.xinhuanet.com/politics/2019-02/23/c_1124154392.htm.

兼紧密结合、理论和实操能力互补的教师队伍,切实担负起培养高层次高素质人才队伍重任。事实上,欲升格的高职院校大都具备这个条件,如华东地区某高职院校在合并转设升本申报方案里,将专任教师"双师型"教师比例设定为85%以上,并聘请行业企业一线的兼职教师240人左右,其中行业企业领军人才、产业教授、大师名匠担任学校特聘教授、兼职教授达到100人。

3. 科研和社会服务

大学职能要求职业本科学校必须面向国家战略需求和科技发展前沿,积极构建科学研究与社会服务体系,不断提升科技创新能力,努力成为区域经济社会发展和产业经济转型升级的重要技术支撑基地。设置职业本科学校,除应近5年累计立项厅级及以上科研项目20项以上,体现传统的学科知识创新外,还必须注重"四技服务"和职业培训,落实学历教育与培训并举的法定职责。为此,1号文件从金额和人次两个层面设置近5年横向技术服务与培训年均到账经费1000万元以上、近5年年均非学历培训人次数不低于全日制在校生数的2倍的指标。

四、结论与讨论

国家"十四五"规划提出,将劳动年龄人口平均受教育年限提高到11.3年,全国常住人口城镇化率提高到65%。在这过程中,无论是从实现教育现代化,推动经济高质量发展,全面建设社会主义现代化国家角度,还是从促进人的全面发展,创造高品质生活,改善和保障民生,增进民生福祉角度,职业教育发挥的作用都占据极大权重,急需构建现代职业教育体系,增强职业教育适应性。发展本科层次职业教育,无疑是构建横向融通、纵向贯通的现代职业教育体系的关键一环。

稳步发展职业本科教育的必要性,简而言之,就是有助于服务区域经济发展和产业转型升级、有助于满足人民群众接受更高层次职业教育、有助于构建类型特色鲜明的现代职教体系、有助于打造中国特色的职业教育国际品牌。换言之,强化本科层次职业教育,可以更好地满足人民群众对优质本科教育需求,进一步完善现代职业教育体系、优化高等教育结构布局,推动职业教育走向国际舞台。将职业学校教育(对应职业培训)的层次提升至本科,是职业高等学校和职业教育的发展机遇,但同时也是挑战,从某种意义上而言,挑战大于机遇。在"构建中职—高职—职业本科—专业学位研究生的完整人才培养体系,动态调整专业结构,增强职业教育体系与社会的匹配度,大规模培养覆盖国民经济各个领域的高素质技术技能人才"[1]过程中,包含本科层次职业学校和专业在内的本科职业教育质量,直接决定着职业教育的质量。

设置本科层次职业高等学校,是对一个地区乃至全国职业教育资源的再配置。以设置本科层次职业高等学校为手段配置教育资源,应使一个地区乃至全国的职业教育资源配置达到帕累托最优或至少是在进行帕累托优化。政府要在鼓励基层创新的同时,做好顶层设计,"加大制度创新、政策供给、投入力度,弘扬工匠精神,提高技术技能人才社会地位"[2]。由国家教育行政部门会同地方政府,依据设置标准规定的条件和相关工作流程,考虑地方经济社会发展和人民群众需求,坚持类型教育定位,紧扣产教融合主线设置本科层次职业高等学校;企业发挥职业教育重要办学主体作用,积极参与本科层次职业教育办学活动;新成立的本科层次职业高等学校在缺乏范本的办学环境里,既要避开"职业专科教育延长版"的惯性,也要戒除办"普通本科教育照搬版"的惰性,坚守职业教育产教融合、校企合作、工学结合、知行合一特性,在开展教育教学活动时,要根据职业教育特点,深化专业教学模式改革,更加突出实验实训实习环节,在更高办学层次、更高水平上深化产教融合,面向产业高端和高端产业培养高层次技术技能人才,更好服务区域经济社会、服务产业转型升级。

---

[1] 张祺午."十四五"新发展格局中的职业教育使命[J]. 职业技术教育,2021,42(6):1.
[2] 习近平对职业教育工作作出重要指示[EB/OL]. (2021-04-13)[2021-07-05]. http://www.gov.cn/xinwen/2021-04/13/content_5599267.htm.

在产教融合中推进高职科技创新的实践探索
——以江苏无锡市为例[1]

杭建伟[2]

摘　要：在产教融合中推进高职科技创新是新时代深化产教融合的新课题，是高职高质量发展的必然选择。通过深化产教融合与科技创新关系分析和无锡产教融合推进高职科技创新的实践介绍，认为通过产教融合、校企合作推进高职科技创新是行之有效的途径，应该坚持并不断深化。

关键词：产教融合；科技创新；高职；无锡市；对策建议

2017年12月《国务院办公厅关于深化产教融合的若干意见》（国办发〔2017〕95号）指出，要将产教融合贯穿人才开发全过程，形成政府、企业、学校、行业、社会协同推进的工作格局。2019年2月国务院颁发的《国家职业教育改革实施方案》（国发〔2019〕4号）把"推进高等职业教育高质量发展"作为"完善国家职业教育制度体系"的重要内容之一来论述，提出："高等职业学校要培养服务区域发展的高素质技术技能人才，重点服务企业特别是中小微企业的技术研发和产品升级，加强社区教育和终身学习服务。"2021年10月中共中央办公厅、国务院办公厅印发的《关于推动现代职业教育高质量发展的意见》指出："职业学校要积极与优质企业开展双边多边技术协作，共建技术技能创新平台、专业化技术转移机构和大学科技园、科技企业孵化器、众创空间，服务地方中小微企业技术升级和产品研发。"这些重要文件都指出了要推进高职高质量发展，必须加强高职科技创新，从而提高服务区域经济发展和适应行业企业技术和产品研发和升级的能力。科技创新和高职高质量发展存在耦合关系，两者互相促进，相互协调，而深化产教融合是推动高职高质量发展的必由之路。本文以江苏省无锡市为例，就在产教融合中推进高职科技创新的实践探索作一简析。

---

[1] 基金项目：江苏省教育科学"十三五"规划2020年重点资助课题《科技创新与高职高质量发展的耦合研究及实践探索——以无锡市为例》（课题编号：B-a/2020/03/11）。

[2] 作者简介：杭建伟，江阴职业技术学院高教研究室主任、副教授，江苏省高等教育学会理事，主要从事高职教育与吴文化研究。

一、深化产教融合与科技创新关系分析

(一) 在产教融合中提高高职科技创新能力

随着我国产业转型和技术升级以及《中国制造 2025》战略的推进,对职业教育尤其是高职教育提出了新要求。深化产教融合是我国高职教育发展的不二选择。深化产教融合的基础是什么?笔者认为对高职院校来说就是要持续不断地提高科技创新能力。当企业尤其是中小微企业在技术方面遇到难题时,高职院校要有能力和水平帮助其解决,这样校企合作就不仅仅是一纸协议,而变成了实实在在的双向需求。由于我国高职原有基础薄弱和发展时间不长,其创新能力和科技服务水平和飞速发展的科技和区域经济发展需要还不相适应。据统计,2019 年全国高职院校纵向科研服务到款额,四分之三院校在 100 万元以下,四成院校在 10 万元以下,两成院校为 0;横向技术服务到款额,近四分之三的院校在 100 万元以下,半数院校在 10 万元以上,四成院校为 0。[1] 据对 20 所江苏省"双高计划"院校统计 2009—2018 年平均专利转化率仅为 1.89%。这和 2018 年全国高校科技专利转化率刚过 2%的结论基本吻合,和国外高职院校超过 30%的平均专利转化率存在很大差距,说明我国高职院校专利转化率十分低下。[2] 高职院校科技创新能力亟待提高,而提高的重要途径就是要通过深化产教融合、校企合作。

(二) 深化产教融合需要科技创新支持

深化产教融合依靠的是科技创新的支持。江苏省政府办公厅《关于深化产教融合的实施意见》(苏政办发〔2018〕48 号)指出,推动高校整合各类资源、平台、要素,与行业骨干企业、中小微创新创业型企业建立紧密协同的创新生态系统,增强集聚人才资源、牵引产业升级能力。要实现产业和教育的深度融合,离不开科技创新的支持。教育通过与产业融合提升品质,产业通过与教育融合寻求技术支撑,两者交融,实现知识、技术、人才等要素的合理流动。[3] 科技创新助

---

[1] 张森,邓晶晶."双高计划"视域下高职学校强化科技服务的关键问题探析[J]. 职业技术教育,2020(11):10-13.

[2] 商琦. 职业院校专利转化现状与效能提升——基于江苏"双高计划"院校数据分析[J]. 中国职业技术教育,2020(6):86-90.

[3] 张岩松. 新时期高职院校改革发展研究[M]. 大连:东北财经大学出版社,2017:56.

推产教融合,并不断提升产教融合层次。高职院校肩负着人才培养、科技创新、社会服务、文化传承四大职能,在这四大职能中,科技创新是高职院校内涵发展的永恒动力,也是实现其他三大职能的基础。科技创新有利于提高人才培养质量,有利于提高服务社会能力,有利于推进文化传承,总之,科技创新有利于促进高职高质量发展。要实现高职高质量发展,关键就是要深化产教融合,用科技创新不断推进产教融合向纵深发展。

(三) 无锡创新发展是产教融合的动力之源

高职科技创新离不开区域创新需求的推动。无锡市是位于江苏苏南的工商名城,近代以来工商业发达,是现代乡镇企业"苏南模式"的发源地,是长三角重要的经济中心城市。2020年实现地区生产总值(GDP)12 370.48亿元,排在中国城市第14位,人均GDP位居全国万亿级城市第一。《2020年无锡市国民经济和社会发展统计公报》显示,至2020年年底,登记在册的全市各类企业达36.96万户,世界500强企业中有104家在无锡投资兴办了209家外资企业。《2020长三角41城市创新生态指数报告》中无锡排名第六。全市科技进步贡献率达到66%,连续八年位居江苏省设区市第一。战略性新兴产业和高新技术产业产值占规模以上工业产值比重分别达34.9%和48.3%,9个产业集群规模超千亿元,高新技术企业达4 030家。作为苏南国家自主创新示范区、国家传感网示范区等国家战略支点城市,2015年以来无锡大力推进"产业强市"主导战略,以创新驱动作为核心战略,努力构建以新兴产业为主导、先进制造业为主体、现代服务业为支撑的产业发展体系,争当全省高质量发展领跑者。无锡创新发展是产教融合的动力之源。

无锡市现有独立设置的高职院校10所,数量位居江苏省地级市第三。其中国家示范高职校1所,江苏省示范高职校4所,校址设在县级市的2所,民办3所。2019年被教育部列入"双高计划"的有2所,其中无锡职业技术学院被立为全国高水平建设单位A档院校。作为全国"开展地方政府促进高等职业教育发展综合改革试点"城市、教育部首批现代学徒制试点城市和首批"江苏省职业教育创新发展实验区",近年来无锡市对职业教育发展高度重视,先后颁发了《无锡市现代职业教育发展规划(2015—2020年)》(锡政发〔2015〕294号)、《无锡市政府关于加强技能人才队伍建设促进产业转型升级的实施意见》(锡政发〔2015〕339号)、《中共无锡市委无锡市人民政府关于加快推进职业教育现代化的实施意见》(锡委发〔2018〕76号)、《关于实施无锡市职业教育质量提升攀登计划(2021—2025)加快建设国家职业教育高地城市的意见》等重要文件。无锡市通过建立职业院校产业发展贡献奖评选制度,引导职业院校主动融入全市产业科技创新体系建设,重点服务中小微企业技术开发和产品升级,提高对地方产业发展的贡献度。无锡高职教育坚持走产教融合之路,在产教融合中不断推进科技创新。

二、无锡产教融合推进高职科技创新的实践

(一)在产教融合中寻找科技创新课题

高职院校主要为区域经济社会提供科技和人才支撑,要能为本区域企业尤其是中小微企业解决技术难题,也只有能解决企业科技难题才能真正体现高职科研的价值,可以说企业是高职科技创新之源,要不断在产教融合中寻找科技创新课题。无锡职业技术学院与无锡沃格自动化科技股份有限公司合作,为其承担了智能制造单元桁架机械臂的手爪系统设计与应用研发项目,获科研经费106万元,该项目解决了企业在手爪数字化设计与仿真技术难题,通过三维扫描和模块化设计,联合研制出"铝膜成型机"入选江苏省首台(套)重大装备及关键部件,企业提升综合效益达2 800万元。无锡商业职业技术学院与无锡信捷电气股份有限公司以人才培养为核心,以资源共享为基础,以创新研发为推动力,共同创办信捷创新社团,开展精英人才订单培养;校企共同研发Ⅰ代、Ⅱ代以及Ⅲ代机器视觉与运动控制实训教学装置;共同申报并完成1项校级校企合作项目;共同申报专利15项;共同完成1项无锡市职业技能提升项目建设;共同申报建设江苏省"互联网+工业智能技术应用"产教深度融合实训平台,实现校企双方的互利互惠、共享共赢。无锡科技职业学院先后两次荣获"中国产学研合作促进奖"。该院紧密联系地方政府和行业企业,以技术研发和技术服务为导向,鼓励科研团队与教师根据市场需求,确定研究方向。校企合作案例《"嵌入教学,工学结合"企业经验实训课程项目实践》和《校企共建"航信学院"协同共育会计服务外包人才》入选《中国高校产学研合作优秀案例集(2014—2016)》。2019年,企业捐赠92.45万元,立项纵向科技项目37项,获批国家专利20项,其中发明专利5项,专利成果转化9项。江阴职业技术学院机电工程系许洪龙副教授以省高级访问工程师的身份,赴江苏华宏科技股份有限公司进行脱产研修,在华宏科技研发部任项目组长,为公司进行了新产品开发。从2017年9月至今,他为企业申报了专利7项,先后主持了华宏的"华宏科技机械装备智能物联网控制系统开发""630吨品字形液压多段龙门剪的设计与运动仿真"等多个

重要技术创新项目,并都实现了销售。

(二)在产教融合中提高师生科技创新能力

产教融合的目标是为了培养具有创新和实践能力强的高技能人才。在同企业合作中,师生身处真实环境,了解技术最新进展和工艺操作流程,易激发创新热情和灵感,培养科技创新意识。无锡工艺职业技术学院服装工程系与无锡德赛数码科技有限公司全面合作,企业先后投入价值57.8万元的数码印花设备免费在学校建立了数码印花项目工作室,师生共同参与产品项目的设计研发,学院将企业真实研发项目融入课程教学,并运用公司投入的先进设备进行产品制作,使师生能直接面向市场进行项目的研发和实践锻炼,企业技术人员参与课程建设和实践教学指导。另外学校在公司内设立了教师流动工作站,青年教师与企业技术骨干结对进行拜师学艺。通过引企入校,以真实产品研发项目为载体开展的产教深度融合,提高了企业的研发能力,学院教师掌握了当前服装面料印花的主流技术,教师实践工作能力与研发能力有了明显提升,促进了专业的建设和发展,学生的学习兴趣、创新意识和专业技能有了明显提高。江苏信息职业技术学院依托物联网产教融合平台,形成基于"创新工作室+创业团队"的双创孵化计划。铸造"感知苏信"专业创新工作室品牌,学生主持"智慧停车系统"等横向项目研发、职业院校技能大赛和大学生创新训练等工作,形成了校企双导师制、学分转换和选拔退出制等良性运行机制;成立安谷苏信创新创业中心,引入企业项目、企业导师,孵化学生创业团队,提高学生创新创业能力。2017年成功孵化2个创业公司、14个特色创新、创业项目,学生获得全国职业院校技能大赛"物联网技术应用"三连冠、2018年"挑战杯——彩虹人生"全国职业学校创新创效创业大赛特等。该院自2006年与SK海力士半导体(中国)有限公司签订校企合作协议,共建海力士冠名班,进行订单式人才培养,共同开发教学资源,共建产教融合实训平台,双方合作14周年来,在科技创新、人才培养方面都取得了丰硕的成果。

(三)在产教融合中融入区域科技创新体系

高职院校科技创新工作不应只是少数专业、部分教师的"单打独斗",而应成为高职院校的"集体行为",要在产教融合中融入区域科技创新体系,参与创新型城市建设。2016年无锡市颁发的《无锡市"十三五"科技创新规划》就提出"全面构建以市场为导向、企业为主体、高校院所为支撑的产业科技创新体系"。可见高校是区域科技创新体系的重要组成部分。无锡职业技术学院主动融合区域科技创新体系,以服务发展为宗旨,注重技术创新和服务企业,每年纵向科研经费到款额1 000万以上,横向技术服务到款额6 000万以上,2018年服务企业产生经济效益高达5.2亿元。位于无锡新吴区的无锡科技职业学院持续强化"科技引领、区校一体、产教融合"的办学特色,立足无锡高新区(新吴区),引进尚德太阳能组件、阿斯利康生产线等一批"教学工场",在高新区各专业园区共建教学基地,形成"园中院",在IBM、海辉软件等20多家企业建立实训教学区,打造"厂中校",促进"开放式"教学体系建设。江苏信息职业技术学院以服务区域智能制造服务产业项目为纽带,通过与海澜集团合作共建海澜电商运营实训中心,实现校企双导师互聘共培,根据岗位的职业标准制定培养方案,开展校企双主体现代学徒制人才培养模式改革。

三、在产教融合中推进科技创新的对策建议

在产教融合中推进科技创新是新时代深化产教融合的新课题,是高职高质量发展的必然选择。从以上无锡市的一些成功经验中可以看出,通过产教融合、校企合作推进科技创新是行之有效的途径,应该坚持并不断深化。

(一) 不断完善合作机制,实现校企共赢

在产教融合中推进科技创新,目前最大的问题是校企双方尚未建立起有效的合作机制。如何更好地调动企业的积极性,让企业真正成为产教融合的主体之一,增强和高职院校科技合作的意愿还需在实践中不断探索,政府在政策和制度上应给予支持,形成行之有效的合作机制。同时,科技创新涉及知识产权、技术保密及经费使用、利益分配等问题,这些也急需通过健全法规加以保障,以明晰双方的责权利。政府部门要制定相应的激励政策,无锡市通过评选职业院校产业发展贡献奖是一种有力的激励制度。

(二) 以协同育人培养创新型高技能人才

高新技术和新兴产业的迅猛发展要求高技能人才培养更加突出创新品质。要把产教融合推动科技创新工作和培养创新型高技能人才结合起来,做到校企协同育人。无锡工艺职业技术学院每年定向招收100名电线电缆制造技术专业学生,冠名为"远东电缆班"。校企共同制定培养计划、实施教学过程、评价人才质量,就业质量明显提升;共建"江苏省电线电缆制造实训基地"和"江苏省线缆材料与工艺工程技术研究开发中心",合作解决企业生产难题,助推企业技术

进步。这种人才培养和科技创新相结合的办学模式应该值得提倡。

(三)把科技创新作为提升产教融合的有力抓手

随着产业转型升级,产教融合也必然要提升层次,而科技创新无疑是推动产教融合发展的有力抓手。高职院校要高度认识科技创新对推动高职高质量发展的重要性,要主动将科技发展规划融入区域科技创新体系,融入产教融合全过程。从中看出,无锡高职院校科技创新围绕无锡"产业强市"目标积极为无锡产业发展服务,务实推进产教融合。要通过政策规划的制定和专业梯队等建设,加大科技创新工作在产教融合中的支持力度。

(四)切实提高教师的科技创新水平

对高职院校来说,推进科技创新的主体是教师,因此提高教师科技创新水平是关键。就无锡高职院校来说,因各校的科技发展水平不平衡,造成产教融合的成效也不一。高职院校要树立科技创新是助推高职高质量发展的重要引擎的观念,加大奖励力度,增加科研经费投入,引进产业教授和能工巧匠,支持科技人员深入企业从事项目的合作研发,不断提高高职院校教师在区域内行业企业界的科技知名度和影响力。

大中小思政课程建设主体的职能构成及发挥[①]

刘　峰　姜建成[②]

摘　要: 大中小学思政课程一体化建设是落实思想政治理论课立德树人的重要战略任务,也是加强和改进新时代学校思想政治理论课的重要战略课题。推进大中小思政课程一体化建设,需要明确大中小思政课程建设主体的有机构成,使大中小思政课程建设主体各司其职,各尽其能,分工合作,形成合力;需要厘清大中小学思政课程建设主体的共同性、差异性、联动性职能,整体规划各层次、各学段思政课建设的具体内容、运行方式和建设目标;需要更好发挥大中小学思政课程建设主体职能,统筹一体化的科学设计,强化一体化的交流联动,形成横向符合大中小学生成长特点,纵向符合思想政治理论课教育教学规律,从而紧密围绕培育德智体美劳全面发展的社会主义建设者和接班人的总要求、总任务,形成大中小各学段循序渐进、有效衔接、集约高效的思政课建设发展体系。

关键词: 思政课一体化;大中小建设;主体;职能发挥

当前,推进大中小学校思政课一体化建设,一个十分重要的课题就是要明晰大中小思政课程建设主体的有机构成,厘清大中小思政课程建设主体的主导职能、协同职能,坚持"育人"与"育才"相一致,"育德"与"育智"相统一,把握不同学段思政课建设的理论与实践、内容与方法、目标与任务,在大中小思政课程建设主体职能的发挥方面,统筹一体化的科学设计,强化一体化的交流联动,横向符合学生成长特征,纵向符合思想政治理论课教育教学发展规律,构建大中小各阶段有效衔接、同向发力、整体推进的思政课建设共同体。2019 年 3 月 18 日,习近平总书记在学校思想政治理论课教师座谈会上的讲话中指出:"我们党立志于中华民族千秋伟业,必须培养一代又一代拥护中国共产党领导和我国社

[①] 基金项目:本文获江苏省青蓝工程中青年学术带头人项目和江苏省高职院校教师专业带头人高端研修项目资助。2021 年江苏省高等教育教学改革研究课题(课题编号:2021JSJG509)研究成果。

[②] 作者简介:刘峰,苏州高博软件技术学院副教授,博士,苏州大学马克思主义学院高级访问学者,研究方向为马列主义公共课教研教法;姜建成,苏州大学马克思主义学院教授,博导,研究方向为思想政治教育理论与实践。

会主义制度、立志为中国特色社会主义事业奋斗终身的有用人才。"[①]在新时代，把学校思想政治理论课建设好、建设强，需要紧密围绕培育德智体美劳全面发展的社会主义建设者和接班人的总方向、总要求，从大中小学校抓起、从娃娃抓起，整体谋划、系统设计，立足新时代发展的历史方位，全面推动思想政治理论课高质量发展，引领与规范大中小思政课一体化教育实践，构建为党育人、为国育才的思政课建设新局面。

一、大中小思政课一体化建设主体的构成

思政课的根本任务是立德树人，这是一项系统而伟大的育人工程，也是办好中国特色社会主义教育的根本原则。如何打破传统的思维定式和工作模式，提升大中小思政课一体化教育教学整体水平，是摆在广大思政课教师、大中小学生、各级教育职能部门乃至全社会面前亟待解决的一个重大现实问题。探究与解决大中小思政课一体化建设问题，首先需要对大中小思政课建设主体进行再认识。大中小思政课一体化建设主体不仅包括大中小学思政课教师这个教学主导性主体，也包括大中小学生这个思政课学习自主性主体，更包括家庭、学校、社会支持大中小学思政课程建设的协同性主体。只有精准把握大中小学思政课一体化建设主体，才能形成思政课建设的强大合力，真正下功夫把年轻一代教育好、培养好。

（一）思政课教师是大中小思政课一体化建设的主导性主体

深化大中小思政课一体化建设，积极发挥思政课教师的主观能动性，必须充分肯定和体现思政课教师在构建一体化格局中不可或缺的主导性作用。习近平总书记以上率下、身体力行多次公开对教师，特别是一线思政课教师的工作和努力给予赞誉，学生在人格形成中，在教书育人场域建设中，在培育时代新人过程中，"遇到好老师"是关键中的关键。因此，办好思想政治理论课的关键在教师。推进大中小思政课一体化建设，首要的问题在于鼓励和调动广大思政课教师的积极性、主动性、创造性，需要教师们在一体化建设中做到明确定位、提高站位、强化地位。

首先是要深刻认识使命担当。思政课教师要给学生心灵埋下真善美的种子，引导学生扣好人生第一粒扣子。正如习近平总书记在与北京师范大学师生

[①] 习近平. 用新时代中国特色社会主义思想铸魂育人 贯彻党的教育方针落实立德树人根本任务[N]. 人民日报，2019-3-19.

代表座谈时强调的"三塑造",即塑造灵魂、塑造生命、塑造人。这不仅是对教师工作的主体任务做出的重要定位,同时也是对广大思政教师在教育教学中的主导性定位提出更高的要求,要"保持国家的永续发展和长治久安"[①],担起关系国家的战略任务,承担神圣使命。

其次是要切实提高政治站位。思政课是引领学生积极构建精神世界、培育科学世界观与科学方法论的一门特殊课程。教师为了打造学生心灵世界、精神世界的"盛宴",要提高自己的政治站位,寻找学生内心的切入口,用自己的崇高信仰引领学生的理想信念、道德观念、价值理念,在润物无声中,将道理春风化雨般地激荡出广大学生内心深处的真实情感和远大志向。

最后是要强化主体责任意识。大中小思政课一体化建设是广大思政课教师的分内事。建设好思政课,培养好新一代社会主义建设者和接班人,思政课教师人人有责,这是新时代赋予广大思政课教师的主体责任。大中小思政课教师要主动作为,教书育人,立德铸魂,自觉投入思政课一体化建设,结合思政课建设的最新发展变化,从教材体系到教学体系、从知识体系到信仰体系主动对接,坚守善学善用,认清责任地位,坚持守正创新,为思政课一体化建设奠定主导性基础。

(二) 思政课学生是大中小思政课一体化建设的自主性主体

学校思想政治理论课应遵循学生的身心发展规律,准确把握不同学段学生的身心发展特点,有的放矢,科学设计大中小学思政课一体化建设的工作方案,努力提升思政课一体化建设方案的实施质量。

学生主体性的形成,既是思政课教育教学的目的,也是思政课教育教学成功的条件。要加大对学生接受特点和认知规律的研究,发挥学生在探索新知、追求真理上的自主意识,要坚持灌输性和启发性相统一,引导和启发学生发现问题、思考问题、明辨问题,在不断实践与认识中让学生水到渠成形成科学观点,得出正确结论。学生提高自主性学习能力,是落实立德树人根本任务的重要内容之一,是适应终身发展学习和应对未来社会竞争的关键所在。

学生主体性的内在表现是自主学习,外显方式则以合作学习为主,成为学习的主人。以"社会主义核心价值观"的学习为例,对这 24 个字的理解每个学段的培养方法和践行路径都是各不相同的,但都必须回归到学习主体身上,因材施教。在小学阶段,学生普遍倾向于感性直观的传授式,在诵读的基础上鼓

---

① 韩震. 大中小学德育一体化思路下的德育教材体系建设[J]. 教育研究,2020(3):15.

励学生再现自己亲历的故事是比较恰当的;到中学阶段,学生思辨能力增强,在综合比较中鼓励学生发挥评判意识和独立思考的能力,以手绘图例或演讲等方式比较恰当,尤其是高中阶段,学习小组的研讨或是开放式的讨论比较适合;在大学阶段,丰富的学习资源和浓厚的校园文化为学生自主性的发挥提供契机,以线上研修、课下交流、社团讨论等多元的活动为自主学习平台,更为恰当。事实上,在大中小三个阶段,社会主义核心价值观的学习由表及里,由浅入深,各个阶段的适用选择也不是绝对的,实际上有很多共同性的方面是一以贯之、不断延续的。

(三) 家庭、学校、社会是大中小思政课一体化建设的协同性主体

大中小学思政课一体化建设,不仅仅由思政课教学实施者和教育对象来完成,而且与家庭、学校、社会息息相关。家庭、学校、社会对学生的成长教育都负有极其重要的职责,在学校思政课一体化建设中扮演着不同的角色,发挥着不可替代的作用。

家庭教育是根据一定的社会要求实施的养成教育活动。家庭是社会的细胞,是孩子人生成长的第一所学校。家庭教育的内容十分丰富,不仅仅是向孩子传授知识,每个家庭对孩子的身心发展、健康成长影响也很大,这在基础教育阶段体现得尤为明显。在良好的家庭氛围中,父母与子女之间通过各种教育形式增进互动教育和训练,孩子的行为规范、文明礼仪、求知技能、生活习惯、劳动精神等逐渐养成,在潜移默化中健全个人身心发展,理想信念、爱国主义、社会责任、道德修养、生命安全等在家庭熏陶中也得以引导生成。

推进大中小思政课一体化建设,需要沟通、协调学校教育与家庭教育的关系,持续关注学生健康成长,发挥家庭教育与学校教育在坚持立德树人,培育与践行社会主义核心价值观,弘扬中华优秀传统文化中的积极作用。为推进大中小思政课一体化建设,可以组建由学校和社会联合组成的家庭教育专家团队进街道、进社区、进家庭,为家长提供一手的科学陪伴孩子成长的育人资料、信息资源,帮助各年龄段的学生家长树立良好的育人理念,积极促进家校协同发展,打造家校协同育人的循环体系,为学生健康成长设计、提供学会学习、自觉学习、终身学习的舞台。

党的十八大以来,习近平总书记高度重视学校思政课一体化建设,特别强调家庭、学校、社会在思政课一体化建设中的重要作用,提出了一系列有关家庭、学校、社会协同育人的新举措。培养新时代中国特色社会主义建设者和接班人,没有旁观者,也没有局外人。作为思政课一体化建设协同主体,家庭、学

校、社会应主动投入、分工协作，有效弥补目前学校思政课针对性不强、实效性不足、各学段思政课教育教学脱节的短板，从而真正形成大中小思政课一体化建设的整体合力。

二、大中小思政课程建设主体的职能

推动大中小思政课一体化建设，需要积极探究与准确把握大中小学思政课建设主体之间既有共同性又有差异性还有联动性的具体职能，使参与思想政治理论课建设的各方主体各司其职、各尽其力、履责尽责。要打通大中小学思政课教育教学不同学段的边界和壁垒，形成一以贯之、行之有效的思政课建设目标和强大合力，规整出大中小思政课一体化建设的整体布局与切实可行的实施方案。

（一）共同性职能

习近平总书记在肯定新时代学校思想政治理论课建设意义时指出，"在大中小学循序渐进、螺旋上升地开设思想政治理论课非常必要，是培养一代又一代社会主义建设者和接班人的重要保障"[①]。我们必须坚持社会主义办学方针，坚持以学生成长成才为本，坚持立德树人，坚定"四个自信"，倾心倾情倾力培育实现国家富强、民族振兴、人民幸福的时代新人。

培育实现中国梦的时代新人，必须从幼儿园抓起，一直坚持到大学。著名教育家陶西平先生（1935—2020）生前多次强调，一体化德育是系统工程，要"从娃娃抓起，从基础抓起，从细节抓起"[②]。高校思想政治理论课与中小学思政课是基于学生相应学段学习内容和认知水平确立的核心课程，是一个入脑入心、润物无声的育人过程，也是一个围绕"立德树人"的综合性、立体化教育教学体系。

培养担当民族伟大复兴的时代新人，必须在有效培养学生好习惯、好品德方面下真功夫。推进大中小思政课一体化建设，需要力求避免各学段重复性教学，制定相互联系、有机统一的教学大纲，教材内容应根据不同的学习阶段具有逻辑性和衔接性，教学环节上实现由简到难、由浅入深，在尊重各学段教学特点

[①] 习近平．用新时代中国特色社会主义思想铸魂育人　贯彻党的教育方针落实立德树人根本任务[N]．人民日报，2019-3-19．

[②] 谢春风．实现教育过程整体优化落实立德树人根本任务——深情缅怀陶西平先生对大中小幼一体化德育体系建设的重要贡献[J]．北京教育（普教版），2020（10）：17．

的基础上,建立大中小思政课一体化建设标准与运行模式,从而使各学段的思政课教学既相对独立,又相互衔接,使大中小思政课真正成为一个有机整体,使广大学生成为思政课一体化建设的实际受益人。

(二)差异性职能

推进大中小思政课一体化建设,要深刻认识和精准把握不同学段、不同层次思政课教学目的、内容、评价、管理方面的差异,探寻各自的教育教学特色,积极推动大中小思政课一体化建设新格局。不同阶段的思政课内容在设置上应当充分考虑学生的不同特点,循序渐进,螺旋式上升,参考《关于深化新时代学校思想政治理论课改革创新的若干意见》中的有关举措,在推动大中小学思政理论课教学一体化建设格局过程中重视系统性构建,围绕不同学段、学校、课程和教师与学生的特点,打造丰富多彩、生动活泼的教学特色。

从上而下,国家层面出台大中小思政课一体化建设的指导性文件,统筹规划课堂内容、教材体系、教学教法、循环督导和实践养成等各环节建设,突出一体化建设成效导向,为实践操作提供全面指导。根据中共中央办公厅、国务院办公厅《关于深化新时代学校思想政治理论课改革创新的若干意见》精神,中央宣传部、教育部制定了《新时代学校思想政治理论课改革创新实施方案》,将学习贯彻习近平新时代中国特色社会主义思想体现在大中小学各学段的课程目标、课程设置和课程教材内容中,实现大中小思政课一体化建设培养目标、指导思想和改革举措的有机连接、有效贯通。

自下而上,学校应结合本校的实际情况与地域资源,探索课程呈现方式,形成各具风格的精品课程、品牌项目和建设工程等,带动思政课一体化建设的内涵式发展。例如潘晨聪在《同向同行,让思政育人走向深处——大中小思政一体化建设的虹口探索》中介绍了上海虹口结合自身区域历史打造"虹"课堂。虹口是上海"党的诞生地"的重要区域,借力于独特的红色历史资源,虹口为中小学生设计推出首批四条红色路线,颁发"虹"课堂地图册仪式,以"行走的课程"为实践探索模式持续培养学生的爱国心、报国情和强国志。[1] 此外,很多大学也纷纷"亮剑",师范院校特设的教师职业道德课程和医学院专业课程与思政课堂积极融合,打造思政课校际品牌特色。

---

[1] 潘晨聪. 同向同行,让思政育人走向深处——大中小思政一体化建设的虹口探索[J]. 上海教育,2020(33):7.

(三) 联动性职能

构建大中小思政课一体化建设框架,围绕"以了解学习、理解把握习近平新时代中国特色社会主义思想为课程主线,在政治认同、家国情怀、道德修养、法治意识、文化修养等方面提出明确要求"[1],打通区域、学段、校际思政课教育教学的边界和壁垒,积极推进东西部联盟一体化、社会联动一体化的教育"大场域"实施,为助推思政课一体化教学搭建更广阔、更有作为的平台。

针对大中小各学段间的有效衔接问题,全国多个省市积极开展思政课一体化建设工作,建立纵向各学段层层递进、横向各课程密切配合、必修课与选修课相互协调的课程教材体系。河南洛阳和四川成都等纷纷成立区域性大中小学思政教育联盟,甘肃高校开展对口支援民办高校思政课工作等举措,积极推动大中小思政课一体化联动发展格局。

针对完善思政课一体化沟通交流机制问题,全国思政教育联盟已在杭州惠兴中学、常山开化、贵州雷山、贵州锦屏、湖北恩施等地设立思政研究院分院,积极为大中小思政课一体化破局,搭建信息互通平台,交流各地各校有益做法和成功经验,为资源的有效共享打通路径,在相互配合、同向发力中实现优势互补。

针对政府与社会各方分工协作问题,目前,在中小学思政课一体化实施中普遍存在"投入多,产出少"的问题,教师在备课、授课方面严谨细致,精益求精,结合学生现有的认知特点组织育人,投入了大量的时间和精力,但在经验的提炼与普及方面,尤其是开展应用推广和上升为学术理论的能力较弱。[2] 为有效解决这一难题,需要形成政府搭台、学校组织、地方统筹的一体化联动方式,将大中小思政教师组织成相应一体化建设联盟或社联,大学老师学习中小学老师教学上的细致严密,并在经验锻造与科研能力提升方面给予指导,在"结对子"和"对口协作"等形式中有效夯实思政课教师的教育教学主导地位。

三、大中小思政课程建设主体职能的发挥

关注大中小学思政课一体化建设实践,完善大中小学思政课程建设主体合作形式,破解大中小思政课程建设主体建设的瓶颈制约,一个重要问题就是要

---

[1] 中共中央宣传部,教育部.关于印发《新时代学校思想政治理论课改革创新实施方案》的通知[N].中国教育报,2020-12-31.

[2] 刘芳.构建北京市大中小一体化德育课程体系[J].北京教育(普教版),2020(6):17.

有效调节、充分发挥大中小思政课程建设主体的职能。

（一）提升思政课教师的内在性职能

提升思政课教师的内在性职能，有助于大中小思政课教师科学定位思政课建设目标，合力设计思政课教学内容。思政课教师要突破思维定式和路径依赖，增强思政课的思想性、理论性和亲和力、针对性，关注学生成长中的思想堵点、疑点和痛点，关注不同学段学生思想与行为的变化，引导学生形成正确的世界观、人生观、价值观，关注大中小各个学段课程建设目标，兼顾邻近学段的课程建设目标，注重不同学段与学生之间的深度交往、相互沟通，以便帮助学生有效衔接上一阶段的学习内容和顺利进入并适应下一阶段的学习生活。

提升思政课教师的内在性职能，有助于构建"课程方案－课程标准－课程教学"一体化的科学架构。要挖掘思政教材体系中课程内容的学段纵向衔接，建立思政课学科"学情分析—教法学法—量化评估"教辅平台，把握不同学段学生特点和课程建设要点，组建思政课一体化教育教学团队，多学科协同发力，拓宽立德树人讲台，选择适合学生普遍共性的转化方法，制定针对个别学生的个性化方案，按照"知、情、意、行"的学习培养机制，寻找课程体系转化为教学体系、知识体系转化为信仰体系的最佳契合点。

提升思政课教师的内在性职能，有助于破解思政学科相关领域存在的协作差异。在教育主管部门和学校的大力支持下，找准思政课一体化发挥作用的合适定位和独特功能，充分发挥学校思想政治教育工作协同育人的优势。在教改实践中进一步强化多元合力效应，共同参与大中小一体化课程创建的策略，包括对课程目的与价值、课程内容与实施、课程考核与评价等多方面的思考及展望。

（二）注重大中小学生学习思政课的主体性职能

所谓学生主体性职能是指各级各类学生所应有的能力及在教学中所发挥的作用。学生的主体性职能主要表现为学习自主性、能动性、创造性，这既是学生自身发展的应尽职责，也是学生成长成才的主体性职能。

大中小学生的主体性职能表现为学习自主性。小学阶段以学生的生活为基础，重在进行道德启蒙和感性认知；初中阶段以学生的体验为基础，重在夯实成长基础和塑造人格；高中阶段以学生的认知为基础，重在提升素养和励志图强；大学阶段以价值引领为导向，重在树立理想信念与使命担当。思政课教师要积极引导各学段学生自主选择适合自己的学习方法，而具体内容和实施方法应该各有侧重,教师的指导绝不应该千篇一律,更不应该越俎代庖。

大中小学生的主体性职能表现为学习能动性。思想政治教育过程是一个循序渐进、不断上升的过程,教育的内容和方法必须随着科学技术的发展和学生身心特点的变化,在改进中加强、在创新中提高。大中小思政课一体化建设,不应将学生这个学习主体排除在外,而应尊重学生主体,聚焦学生综合素质提升,激发和调动个体学习积极性、主动性。

大中小学生的主体性职能表现为学习创造性。思政课教师要帮助学生厘清思政课与各类活动、校园文化、家庭教育等活动的关系与合力点,鼓励学生积极主动参与到实践学习活动中,培养学习兴趣,提升学习能力,做学习的小主人,做生活的有心人,在劳动体验和实践教育中加快正确行为习惯的养成,逐渐形成社会责任意识。

(三)强化思政课协同创新性职能

统筹推进大中小思政课一体化建设,是一项十分重要的系统工程。在探索推动思政课建设内涵式发展的前行路上,各地区、各校际、各学段更要突出政治认同,持续深化大中小学思政课一体化建设长效机制,并在此基础上,打造自身特色,锻造区域品牌,营造合力效应。

结合学情和地方资源,积极打造自身特色品牌。在实施思政课教学计划的过程中,首要的就是对学情进行分析,只有针对学生具体思想变化,才能界定好思政课教学重点、难点和应对策略。"一体化"建设不是激进的"一刀切",先要认识到各学段学生的生理和心理特点不同,个体差异较大,原有的认知基础也各不相同,在接受知识的过程中可能遇到的问题类型也较为复杂。尤其是在探索区域化思政课学习交流和评比中,对于"同备一堂课""同上一堂课"等形式,如何在落实"以学生为中心"的教育理念基础上,具体做好整合地方资源,开发校本资源,是打造特色课程和精品模块的重中之重。

探索教学智能化发展路径,搭起线上线下教育平台。只有把"一体化"的网络平台搭建好、管理好,实现最基础的线上线下教育融合闭环,才能使大中小思政课模式更好走向应用实践。很多学校的思政课都采用模块化、翻转课堂教学方式,这为构建大中小思政课一体化网络平台奠定重要基础。思政课一体化改革创新应注重借力现代网络技术,在平台上实现全功能模块按需组合的技术应用,支持各学段学生选择自己专属的个性化知识店铺,通过筛选所需由浅入深的功能模块,甚至可以同时满足线下授课场景的传统学习需要和线上平台场景的智能需要,从而覆盖思政课线上预习、课前小测、答疑辅导、课后考核的全过程,将线上线下相结合的探索理念转化为大中小思政课一体化教育教学改革创新的有效实践。

　　提高思政课一体化建设质量,强化党对思政课一体化建设的全面领导。为了更全面地实施大中小思政课程一体化建设方案,明晰思政课一体化建设工作思路,要建立党委统一领导、党政齐抓共管、相关部门信息对流、各负其责、全社会协同配合的工作格局。大中小思政课一体化建设的过程,是一个长期的沉淀经验的过程,需要在探索实践中及时捕捉出现的典型案例,总结思政课一体化建设的新鲜经验,对大中小思政课一体化建设取得成效的地方、学校和师生进行表彰奖励,及时做好宣传推广工作。对思政课一体化教学实践中涌现的好做法、好经验和好点子要积极帮扶,给予政策支持,而对负向的,甚至是反向的做法要进行责任追究。要建立思政课一体化建设目标管理责任制,防止思政课一体化建设中出现流于形式和理论空谈。

四、结　论

　　学校思想政治理论课不仅对我国经济发展、政治稳定、文化传承、社会和谐和生态文明建设产生十分重要的影响,而且在培养个体的政治理论素养、思想道德修养、法治建设涵养中发挥着不可替代的重大作用。新时代大中小思政课一体化建设,要放在建设社会主义现代化强国的战略高度来认识,摆在培养新时代中国特色社会主义事业建设者和接班人的历史高度来推进。全体思政课教师、学生、学校、家庭及全社会都应积极行动起来,在以习近平同志为核心的党中央坚强领导下,紧密围绕立德树人的根本任务,创新机制、整合资源,遵循思政课一体化教育教学发展规律,明确大中小思政课程建设主体的有机构成及职能,使大中小学思政课程建设主体各负其责,各展其长,分工合作,形成合力,开创具有架构科学、运行高效、推进有序、成效显著的新时代大中小思政课一体化建设新局面。

二、江苏省高质量高等教育体系建设实践研究

在40多年波澜壮阔的改革开放实践中，江苏高等教育事业经历了由小到大、由弱向强的辉煌历程，实现了由精英化向大众化、普及化的历史性跨越，经历了率先大扩招、大建设后进入提高质量、内涵发展的提升。2019年全省教育大会在南京召开，会议奋力开创江苏教育现代化新局面，明确"路线图"，让江苏成为国家教育现代化建设的排头兵、各方面优秀人才的聚集区、人人向往就学创业的理想地，在全国率先高水平实现教育现代化，到2035年全面实现教育现代化。一要提升职业教育发展层次，着眼于产业结构迈向中高端的时代需求，重点发展高职教育，推进产教融合，为高质量发展培养更多优秀人才，输送更多"能工巧匠""大

国工匠";二要推动高等教育内涵式发展,全力支持创建更多一流大学、一流学科,发挥高校作为创新源头和主阵地作用;三要深入推动教育领域改革开放,把让江苏的孩子都能有学上、上得起、上好学作为改革基本取向,深化教育领域"放管服"改革、评价体系改革,积极组织实施好新高考制度,扩大对外交流。

高职电子信息类专业"校行企融合育评改联动"人才培养体系的建构与实践

盛定高 徐义晗 杨 永 郭艾华[①]

摘 要: 新一代信息技术发展迅猛,产业链分工日益细化,已形成龙头企业掌握核心技术和标准,产业链企业提供代加工、分销和外包服务的格局,对人才要求的标准愈来愈高。高职人才培养对行业变化跟进相对滞后,存在着人才标准与实际需求的不匹配、毕业生核心能力与岗位要求的不满足、教学资源与技术升级的不同步等人才供给端与需求端的错位矛盾问题。江苏电子信息职业学院跟进产业发展和行业人才需求的新变化,结合高职学生生源特点,携手极具代表性的龙头企业及其产业链企业群组建"1+1+N"的育人联盟,构建了"校行企融合,育评改联动"IT产业链普适性高职人才培养体系,破解了高职电子信息类专业人才培养存在的难题,培养了大批行业认可的高素质技术技能型人才。

关键词: IT人才培养;育人联盟;工学结合;校企合作

21世纪以来,在全球互联网发展浪潮的推动下,在"科技强国""制造强国"等国家政策加持下,我国的电子信息产业取得了跨越式发展,增速明显超前于国民经济发展,成为国民经济的战略性、基础性和先导性支柱产业,是我国抢占国际经济制高点的重要引擎。产业规模的快速发展和技术加速融合创新,对人才的需求越来越多,质量要求也越来越高。职业教育作为电子信息技术技能人才重要供给端,已实现从规模发展到内涵发展理念转变,工学结合的人才培养也取得了一定的经验,但对人才培养质量的管控和持续改进还缺乏有效手段,行业企业(尤其是龙头企业)参与的深度不足,实际人才培养中存在人才标准与实际需求的不匹配、毕业生核心能力与岗位要求的不满足、教学资源与技术升级的不同步等问题,人才需求端与人才培养供给端的错位矛盾依然普遍存在。

---

① 作者简介:盛定高,江苏电子信息职业学院副校长、教授,研究方向为机电一体化技术、教育管理;徐义晗,江苏电子信息职业学院计算机与通信学院副教授,研究方向为软件工程、教育管理;杨永,江苏电子信息职业学院电子与网络学院教授,研究方向为电子信息工程技术、教育管理;郭艾华,江苏电子信息职业学院计算机与通信学院副教授,研究方向为软件工程、人工智能。

江苏电子信息职业学院通过构建"1+1+N"的育人联盟，吸纳龙头企业深度参与电子信息类人才培养、评价、改进的全过程，构建实施"校行企融合，育评改联动"的人才培养体系，取得良好成效。

一、电子信息类人才培养的现实问题

（一）传统"1→N"校企合作人才培养规格缺乏普适性和行业认可度

职业学校校企合作通行的做法是，1个专业与N家相关企业进行合作，往往针对单一项目或特定需求开展，合作是线性的"1对1模式"，忽略了企业间的关联性和共性需求，多家企业间缺乏凝聚和协同，资源整合不够，人才培养规格缺乏普适性，导致培养的人才行业认可度不高。借助龙头企业在行业技术和标准上的优势以及对其产业链企业的影响力和凝聚力，是解决这一问题的关键所在。

（二）人才培养过程缺乏多元协同的教学质量管控机制

根据职业教育技术技能型人才培养的特点，要求课程体系设计开发既要契合生产实际和岗位需求，又要符合职业能力发展规律，这也是职业教育持续探索的难题。在人才培养过程中，一般是成立校企混编师资团队，共同实施教学和达成度评价，标准制定、教学实施和评价改进工作的承担人员交叉度高，评价的客观性和改进的彻底性难以保证，培养目标达成度低。深入研究行业岗位技术要求趋势，把握职业能力成长特点以及能力发展影响因素，开发模块化、系统化和与时俱进的课程体系，构建有行业企业广泛参与的持续改进机制，是解决这一问题的有效措施。

（三）教学资源迭代慢的问题愈加突出

随着新一轮工业革命的迅猛发展，新一代信息技术与传统制造业、服务业等深度融合，行业技术迭代速度不断加快。与之相较，职业院校教学资源更新迭代慢，跟不上企业生产与应用技术升级的节奏，导致师资水平、实训条件、教学内容等方面与行业发展不同步，不能满足对接主流技术的技术技能人才培养的需要。学校主动吸纳在技术、标准有引领优势的龙头企业深度参与师资培养、教学设计、课程开发、教材编写、基地建设等各方面的工作，是解决这一问题的必然途径。

二、"校行企融合,育评改联动"的人才培养体系内涵

为有效解决上述问题,学校系统总结江苏省"十二五"重点专业群建设产教融合育人的实践经验,敏锐把握龙头企业出于对产品质量高标准考虑,从原来只关注产品(服务)质量延伸到对人才培养的支持和评价服务的新机遇,创新应用一系列现代职业教育理论,构建出"校行企融合,育评改联动"的人才培养体系。

该体系针对IT行业产品供应链和服务链通用的高职人才培养,引入行业龙头企业组建多个"1+1+N"三主体育人联盟,充分发挥龙头企业在行业技术和标准上的优势以及对其产业链企业的影响力和凝聚力,将学校、龙头企业、产业链企业群的资源深度融合,制定人才标准,创建"三主体四嵌入"的工学结合人才培养模式,共同培养行业认可人才;依据能力发展逻辑和设计导向思想,结合高职人才培养层次定位,按照IT企业技术技能人才"员1级——员2级——员3级——师1级"(员1—3级即技术员1—3级,师1级相当于助理工程师)发展路径,构建"四阶段递进"工学一体化课程体系;依据行动导向教学理论,融入企业项目重塑学习任务,创新实践"四任务引领"的教学方法,并依据人的全面

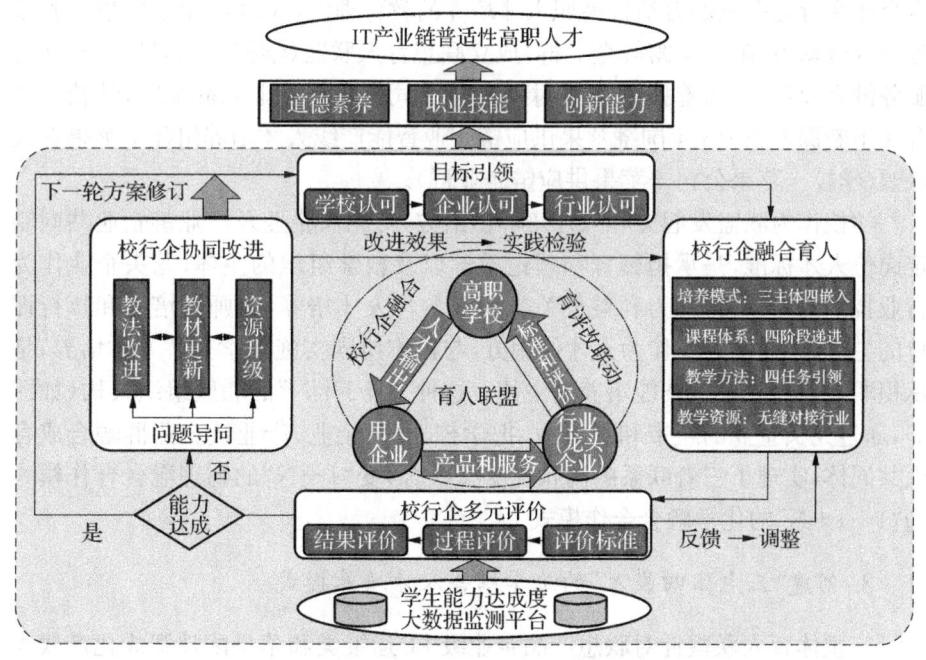

图1 "校行企融合,育评改联动"的人才培养体系

发展与教育同生产劳动相结合的马克思主义教育理念,开展"识岗、轮岗、跟岗、顶岗"模块化实践教学;依据 PDCA 循环理论,建立多元协同"三级循环管控"的育评改联动的育人机制,有效保障质量过程管控和持续改进;工作过程知识导向重构教学内容,汇聚联盟资源提速增效,共建与行业无缝对接的教学资源,有效应对教学资源更新与 IT 产业升级时间差。

三、"校行企融合,育评改联动"的人才培养体系实践

(一) 校行企融合,搭建服务 IT 产业链高职人才培养平台

1. 组建"1+1+N"三主体育人联盟

苹果供应链的立讯集团和鹏鼎控股等智能化产线关键岗位、联想服务链的阳光雨露和源晨动力等企业级 IT 运维关键岗位的人才标准在行业具有一定的代表性,其岗位人才标准在产业链企业间和产业链之外的同类企业中具有通用性。

学校在"十二五"省重点专业群建设期间,及时跟进 IT 产业新变化,提出龙头企业和行会引领的普适性高职人才培养的教育理念,2011 年牵手联想及其服务链源晨动力、阳光雨露等企业群,成立联想育人联盟(学校+联想集团+联想服务链企业群)。随着鹏鼎、富士康等苹果公司供应链企业入驻淮安,学校与之合作不断深入,2016 年围绕苹果供应链企业智能产线人才培养组建了苹果育人联盟(学校+苹果公司+苹果供应链企业群)。

学校作为联盟发起方和人才培养供给方,与龙头企业及产业链企业共同制定岗位人才标准,是承担德育和理论教学以及教学组织的主体;龙头企业作为行业技术的引领者,作为利益攸关方积极参与人才培养,是师资培训和执行评价的主体;产业链企业作为人才使用方,与校方协同实施工学交替人才培养,是承担职业素养和实践技能培养的主体。这种"1+1+N"的联盟组织架构(如图2),通过龙头企业的纽带和影响力,把学校、龙头企业、产业链企业群融合成育人共同体,实现了三者联系的网状化交叉融合,变"1→N"的物理混合合作模式为"1+1+N"的化学融合合作模式。

2. 创建"三主体四嵌入"的工学结合人才培养模式

三主体育人联盟针对联想产品企业级 IT 运维类和苹果配件智能化产线类 8 个典型岗位制定能力标准,协同实施"三主体四嵌入"培养模式,将岗位能力标

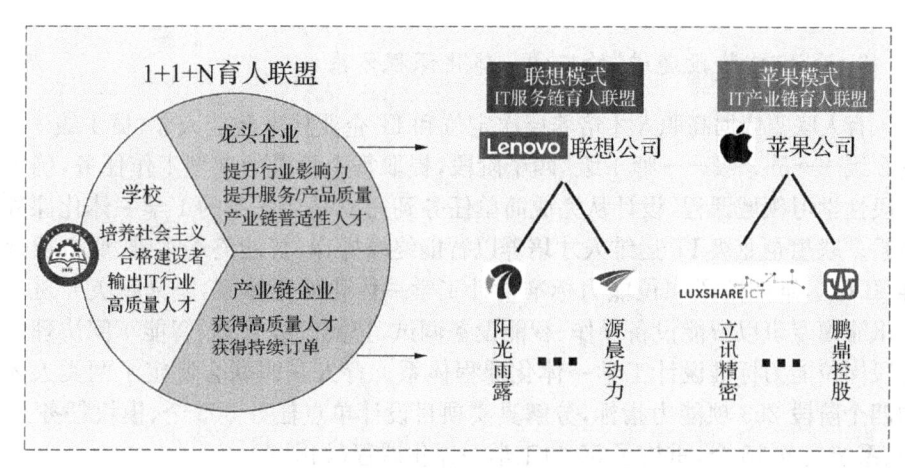

图2 "1＋1＋N"育人联盟

准嵌入课程体系,将行业标准嵌入课程内容,将行业职业素养嵌入素质教育体系,将企业认证嵌入评价体系。围绕联想 IT 服务链组建了 11 届"阳光精英班""源晨动力班",围绕苹果供应链组建了 5 届"鹏鼎鹏英班""立讯 A＋雏鹰"等为代表的学徒制专班(如图3),全过程工学结合培养人才。

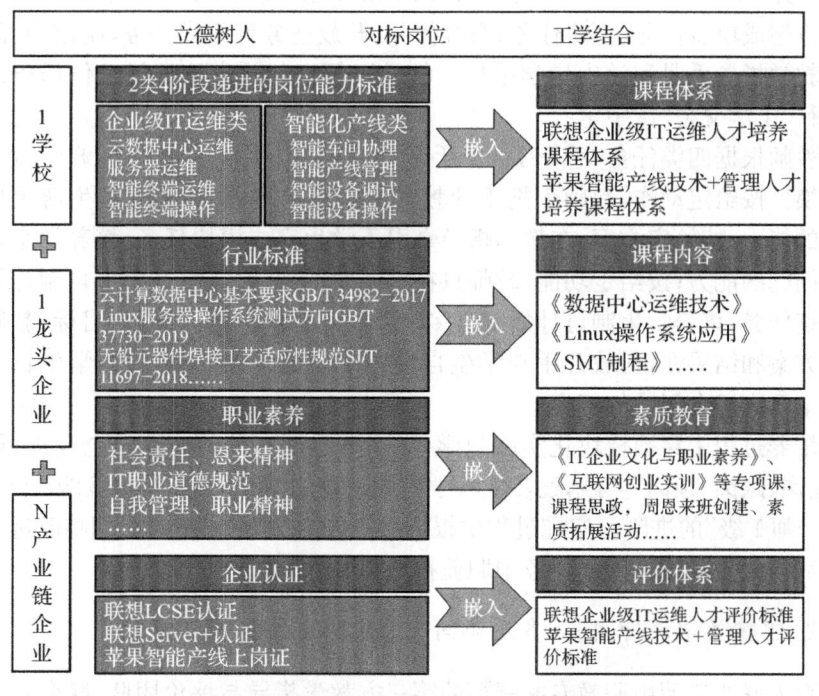

图3 "三主体四个嵌入"的人才培养模式

3. 设计"四阶段递进"的工学一体化课程体系

育人联盟依据高职人才培养层次定位和IT企业技术技能人才"员1级——员2级——员3级——师1级"四个阶段,提取每个阶段的典型工作任务,确定阶段性学习领域课程,设计从完成简单任务到完成复杂任务的工学一体化课程体系。联想企业级IT运维人才培养以智能终端操作、智能终端运维、服务器运维、IDC运维四阶段岗位能力标准设计工学一体化课程体系,鹏鼎鹏英专班与立讯雏鹰专班以智能设备操作、智能设备调试、智能产线管理、智能车间协理四阶段岗位能力标准设计工学一体化课程体系。育人联盟联合制定了两类人才的四个阶段253项能力指标,分解真实项目设计单点任务365个、模块任务98个、系统任务18个,重构了50门工学一体化课程(如图4)。

(二)育评改联动,构建人才培养质量保障机制

1. 成立专班教师团队,"四任务引领"教学培育职业技能

针对不同专班,学校与对应产业链企业成立混编师资团队。以实现"员1级——员2级——员3级——师1级"四个阶段能力进阶为主线,引进企业项目分解重塑成单点任务、模块任务、系统任务、开放任务等四类任务,制定50门课程的教学指导手册和学生导学手册。教学以师生共同实施项目工作任务的形式进行,工学交替"做中学"。

教师根据四类任务"手把手——手牵手——松开手——放开手"教学方式逐步变换。按给定动作,教师手把手地教学生完成单点任务,培养学生解决单个问题的能力;按给定方案,在教师指导牵引下学生完成模块任务,培养学生解决多个问题的能力;按给定功能,教师只在必要时纠偏,松开手让学生自制计划完成系统任务,培养学生制订计划解决多个关联问题的能力;按给定目标,教师只参与方案和结果评价,放开手让学生自设方案完成开放任务,培养学生自主设计方案解决综合问题的能力。

培养过程中穿插模块化实践教学,学生分学期在校外产业链企业进行"识岗、轮岗、跟岗、顶岗"实践,逐步实现学生职业能力"员1级——员2级——员3级——师1级"的进阶。实施过程中根据第三方的评价指导,及时调整改进。学生在完成由易到难的工作任务中职业技能提升进阶。

2. 组建教学评价团队,多元协同"三级循环管控"教学质量

育人联盟邀请由职教专家领衔的第三方教学指导与评价团队,联合育人联

图 4 "四阶段递进"的工学一体化课程体系

二、江苏省高质量高等教育体系建设实践研究盟教学团队教师(导师)代表,从模块课程目标、阶段任务目标、岗位能力目标共同对人才培养过程进行三级循环管控(如图5)。同时,建设学生职业能力监测大数据平台,对照校企联合绘制的具体岗位职业技能图谱,全过程记录学生的职业能力达成度。

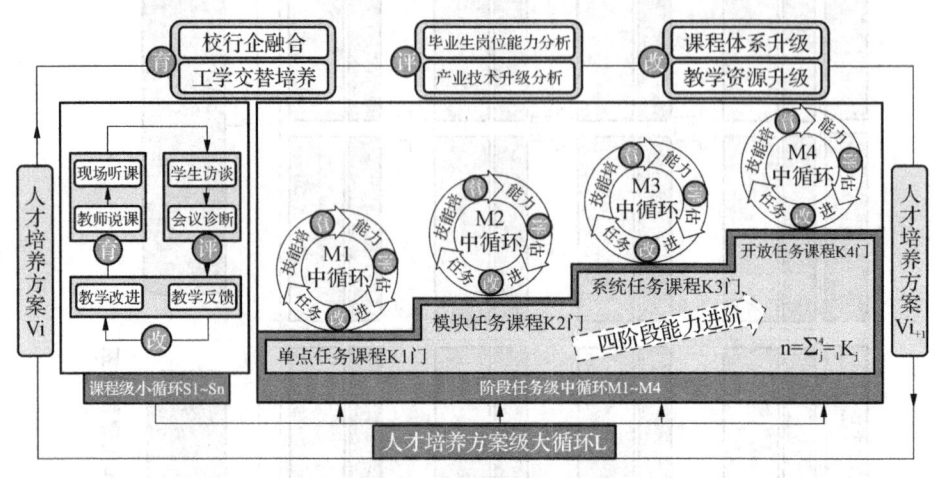

图 5 全过程育评改联动育人机制

聚焦课程教学目标达成度,按课程教学进程(一般每月1次)组织教学会诊活动,安排学校或企业主讲教师(师傅)现场授课,按照主讲说课——现场听课——学生访谈——会议诊断——教学反馈——改进建议等流程,持续优化课程群内涵建设,构建模块课程教学质量小循环评价改进机制。

聚焦四阶段任务培养目标达成度,每阶段任务组织1次岗位人才培养质量会诊会议,系统测试学生阶段性任务能力达成度,对每个阶段的课程设置、教学方法、培养路径提出改进建议,构建阶段任务教学质量中循环评价改进机制。

聚焦毕业生岗位能力达成度,每届学生毕业时,项目组对培养过程进行复盘,系统分析学生岗位胜任情况和产业技术升级,对教学计划的合理性、课程体系科学性进行系统会诊,提出改进建议,持续优化人才培养方案,构建人才培养目标达成度大循环评价改进机制。

(三)对标主流应用,建设与行业无缝对接的教学资源

1. 紧跟行业主流应用,建成完善先进的实训资源

为满足联想服务链企业主流应用型技能培养需求,聚焦数据中心运维岗位云计算领域,联想育人联盟投资2 800万元建设校内云计算运维产教融合实训中心;为满足苹果供应链企业主流应用型技能培养需要,聚焦嵌入式与人工智

能领域、电子制造技术先进制造领域,苹果育人联盟投资3 240万元建设智能制造车间及虚拟仿真实训中心。在两个联盟的实训基地建设中,企业持续投入1 902万元,设备保持与主流技术同步升级。

2. 对接行业技术标准,建成乐学好用的课程资源

对接云计算、人工智能与电子产品先进制造主流技术,三方联合开发工学一体化课程资源15 000余条,立体化教材38部,活页式实训讲义42本,项目化案例178个,结合行业技术不断更新。

3. 混编校行企力量,建成三种分工明确的团队

瞄准工学一体化教学实施的需要,根据"服务器运维"等不同课程模块组建相应的教学团队11支,瞄准技术融合创新打造跨领域科研协同创新团队6支,成立专门的信息化教学技术团队1支,并保证师资团队专业技术和教学能力的持续提升。

四、成效与启示

1. "校行企融合,育评改联动"人才培养体系的实践提升了人才培养质量

毕业生3年晋升率超75%。为阳光雨露、源晨动力等6家联想服务链企业输出产品售后服务人才728人,晋升到增值业务主管、技术业务主管、综合业务主管(站长)以上职位的302人。为鹏鼎、立讯等4家苹果供应链企业输出生产线技术+管理复合型人才642人,已全部成长为产线技术骨干和产线管理骨干。学生技能大赛获全国奖24项(一等奖12项)、省奖19项(一等奖13项),获省优秀毕业论文55项,完成省级大学生创新创业项目76项。

年均培训产业人才5 000人次,获批工信部人工智能和工业互联网重点领域人才能力评价机构、江苏省"英才名匠"产业人才培训基地、江苏省工业互联网应用人才实训基地,成为区域重要的电子信息产业人才输出基地。

2. "校行企融合,育评改联动"人才培养体系的实践提升了专业建设水平

专业建设获得省级以上专业建设项目14项。2011年应用电子技术和通信技术获评教育部提升专业服务产业发展能力项目;2012年电子信息专业群、软件技术服务外包专业群获评省"十二五"重点专业群;2015年通信技术、电子信息工程技术专业获批省品牌专业;2017年应用电子技术专业、软件技术专业获批省高水平骨干专业;2018年电子信息工程技术等4个专业获评教育部创新发展行动计划

骨干专业;2020年电子信息工程技术、软件技术专业群获评省高水平专业群。

3. "校行企融合,育评改联动"人才培养体系的实践提升了教学资源质量

校企合作建设教学资源成效显著,获评1个国家专业教学资源库。电子信息类各专业群建设工学一体化课程75门,获评国家在线开放课程3门,省在线开放课程13门;获国家规划教材26部、省重点教材9部。《电子制造技术与设备》国家专业教学资源库惠及国内200所院校,访问量排名全国39位。另参与共建7个国家教学资源库。

4. "校行企融合,育评改联动"人才培养体系的实践提升了师资团队水平

师资建设成效显著,获评省级以上优秀教学团队2个,省级科技创新团队3个,省高层次培养对象8人。教师在国家工信行指委(专指委)任职4人,参与4个专业的教学标准研制,参与5项1+X认证职业技能等级标准订制。

5. "校行企融合,育评改联动"人才培养体系的实践提升了专业影响力和服务力

经验示范效应显著,赢得同行、行业、媒体的认可、赞誉和报道。实践经验得到众多职教专家的高度评价,被13家兄弟院校学习借鉴,同行会议或培训交流25次;得到行业知名公司的高度认可,获"联想校企合作金奖"2次,获鹏鼎优秀合作院校,立讯精密优秀人才基地等称号;受到教育界关注,被中国教育报、教育厅网站等媒体报道30次,"电子信息工程技术专业人才培养方案"入选教育部百万扩招典型案例。

参考文献:

[1] 夏雯婷,苏炜. 基于KPO的高职院校产教融合模式创新的逻辑、机制与实施[J]. 教育与职业,2021(3):42-47.

[2] 张弛. 高等职业教育产教融合的"四链"逻辑建构——基于经济与教育的论域考证[J]. 职业技术教育,2019(7):6-13.

[3] 洪涛,王伟毅. 高职院校"产教创一体化"育人模式的构建——以江苏省高职院校为例[J]. 教育与职业,2020(11):51-56.

[4] 周俐萍,郭湘宇. 黄炎培产教融合思想的基本内涵及当代价值[J]. 教育与职业,2021(14):21-28.

[5] 潘海生,张蒙. 高职教育以学生为中心的人才培养体系的建构研究[J]. 职教论坛,2018(7):6-11.

[6] 张洪斌,徐义晗. 基于系统论构建高等职业教育人才培养过程模型的分析与研究[J]. 当代教育科学,2012(19):41-43.

苏锡常都市圈智能制造多元协同育人模式探析

顾 甲 吴慧媛 刘法虎[①]

摘 要: 区域经济的发展、产业结构的优化,推动了都市圈的形成与发展。都市圈发展导向复合型人才的新需求,已成为政产学研协同育人的新型内驱力。都市圈多元协同育人机制的建立,能够促进各地政府提升整体规划与协调,使学校、企业、科研机构更精准地服务社会、创新区域技术、整合人才资源,进而实现多元主体的有机协同发展。本文基于都市圈一体化发展理念,深入剖析新型区域共同体产学研协同育人的主要特点和存在问题,以苏锡常都市圈智能制造产业转型需求为导向,提出了具有区域共同体高质量发展特色的都市圈高职院校一体化多元协同育人新模式。

关键词: 协同育人;都市圈;智能制造;高职院校

随着经济全球化的深入发展,都市圈逐渐成为当今世界主要的竞争平台,推动了区域内城市之间深层次协同与高水平合作。2020年,教育部和江苏省人民政府联合发布《关于整体推进苏锡常都市圈职业教育改革创新打造高质量发展样板的实施意见》(以下简称《实施意见》),提出紧扣"一体化"和"高质量"两个要素,构建纵向贯通、横向融通、校企联通的现代职业教育体系。中国制造强国提出"紧密围绕重点制造领域关键环节,开展新一代信息技术与制造装备融合的集成创新和工程应用。支持政产学研用联合攻关,开发智能产品和自主可控的智能装置并实现产业化",这既是我国产业强国战略的行动纲领,也标志着我国打造世界制造业大国的决心。随着区域一体化整合趋势的推进,城市之间技术、知识、信息、人才等生产要素更趋于区域化空间的集聚与整合,都市圈已成为创新集聚和扩散的新空间载体。都市圈(Megalopolis)最早由法国地理学家 Gottmann 提出,指一个或多个核心城市以及与之具有紧密社会经济联系的

[①] 作者简介:顾甲,无锡职业技术学院讲师,博士,主要从事职业教育研究;吴慧媛,无锡职业技术学院副院长,教授,主要从事职业教育研究;刘法虎,无锡职业技术学院发展规划处副处长,副研究员,博士,主要研究教师发展、专业发展。

周围中小城市构成的城镇密集区域。① 作为一个指向更明确、定位更鲜明的区域综合体，都市圈既具有区域协调发展的传统优势，又具有新型经济社会共同体的独特优势。

一、都市圈多元协同育人的价值与特征

自20世纪80年代以来，政府主导产学研协同育人大致经历了起步探索阶段、协调发展阶段、战略转型以及重点突破四个不同阶段。② 构建都市圈多元协同育人模式是推进都市圈职业教育改革创新和高质量发展的重要任务，能有效组合、全面统筹资源，不仅有利于企业和学校整体提升科研力量、加速科研成果的研发、保证科研成果的转化，更是服务高端产业相关专业育人的内在需求和基本整合模式。都市圈多元协同育人具有区域性、行业性和松散性几大特征。

（一）区域性特征

职业院校长期致力于服务区域社会经济发展，随着长三角区域发展战略的深入推进，多元协同育人必然成为区域内职业教育复合型人才培养的发展趋势。苏州、无锡、常州三座城市均位于长三角核心地区，是我国先进制造业集聚的经济发达地区之一；苏锡常都市圈一体化建设理念的提出，有助于进一步发挥科技创新力量在区域经济转型升级中的支撑和引领作用，最大限度保证三地经济发展的互通互联，并在更大范围内作为一个整体板块承担地域分工角色。因此，需要建立适当的区域协同创新机制和育人机制，立足区域特色协调性、差异性和可操作性，加强政策引导，协调政行企校各方力量，带动各类科技创新要素在区域内自由流动，推动区域合作，实现优势互补，提升区域整体竞争力。

（二）行业性特征

我国高职院校普遍具有较为深厚的行业背景，如机械类院校常年扎根于机械行业，服务区域装备制造业的转型升级。在育人过程中，机械类院校需要进一步明确自身"智能制造特色校"的核心定位，加大与行业企业的紧密联系，在发挥理论教学优势的同时，探索更丰富多样化的实践教学模式。众所周知，智

---

① GOTTMANN J. Megalopolis, or the Urbanization of the Northeast-ern Seaboard[J]. Economic Geography, 1957, 33（3）: 189-200.
② 朱春奎. 以产学研协同创新为路径，推动经济高质量发展[EB/OL]. https://share.gmw.cn/www/xueshu/2019-02/26/content_32566983.htm, 2019-02-26.

能制造技术是智能制造业专业学生必须学会、必须掌握的课程，也是一门实用性较强的课程；其介于技术服务与开发创新之间，除了强调技术能力之外，还需掌握丰富的专业理论与知识技能，因而在教学方法上更应注重对人才的专业技能与实践能力的培养。都市圈行业特征与经济社会发展息息相关，与区域职业教育发展命运相连，职业教育如何始终保持与都市圈行业发展同频共振，如何有机融入都市圈一体化发展，对职业教育来说都是尤为重要的挑战。为了保证人才培养质量，提高学生实践能力，都市圈高职课程设置需要进一步提升区域行业适应性，强化行企主体作用，改革课堂教学模式，坚持以学生为中心，不断提升其学习参与程度和自主学习能力。

（三）松散性特征

现阶段政府主导协同育人仍然具有一定的松散性，各方在组织架构、管理机制等方面的差异明显，造成了合作关系的不稳定，资源分配和共享的力度也不符合预期。以江苏地区为例，长期以来，苏南地区获得了较多的重视与发展机遇，2019年，苏州、无锡、常州城镇化率平均已达75.8%，苏锡常都市圈城镇化建设进程的持续加快，导致周边地区人才的大量流失且以农民和受教育程度低的人群为主，该人群常受制于自身家庭及其他各种因素无法继续学业，整体素质水平不高，也少有机会得到提升。因此，在制定区域协同发展计划和协同创新机制时，都市圈各地政府应整合各地人才资源，寻求符合苏锡常地区发展优势的创新之路，既能充分借助都市圈发展的优势乘势而为，又能及时"补位"在都市圈发展中谋得一席之地，确保当地资源能够有机融入都市圈。

二、都市圈多元协同育人亟待解决的主要问题

多元协同育人将成为地方应用型大学和高职院校持续深入探索的一条育人路径。在都市圈经济结构快速调整、产业升级步伐加速和创新驱动发展战略稳步推进的变革进程中，人才供给与需求的关系不断发生着新变化，人才培养结构和质量的供给侧改革不能较好地适应经济结构调整和产业升级的需求侧变化，主要表现在以下几个方面。

（一）都市圈多元协同育人体制机制亟待健全

多元协同育人在很大程度上依赖一个相对完善的都市圈协同创新发展机制，尤其是建立科学高效的政产学研战略联盟，需要依托一个能够保障企业、高

校和科研院所顺利合作的中介协调机制,从而保障育人的预期成效。作为长三角区域经济一体化的重要组成部分,江苏特别是苏锡常都市圈与上海、浙江等地联系紧密,在区域以及都市圈综合科技创新能力方面长期位列全国前茅,但同时也存在研发投入相对不足、科技成果转化不够顺畅、外部创新资源利用能力整体有待提高等一些机制上的欠缺。完善政产学研协同育人机制,是深化产教融合、创新人才培养模式、实现职业教育转型升级的一条重要路径。

(二) 都市圈多元协同育人评价体系亟待完善

随着都市圈一体化进程的推进,行业企业对人才的多样性、复合性也相应提出了更高的要求,科技成果的顺利转化亦离不开全方位的人才支撑。目前,苏锡常都市圈对政府主导产学研协同育人的实用性和有效性的评价,尚未形成一个可供实际操作的标准。有些地方虽初步建立了产学研合作教育评估指标体系,但流于形式化和表面化,缺乏可操作性,难以对产学研合作教育起到必要的监控、导向、诊断、激励和推动作用。[①] 从全国以及都市圈建设角度来看,国家对产学研协同育人的成效仍缺乏一个具有较强指导性的评价指标体系,教学质量监控、督导和评价机制不健全,独立第三方评价的推进程度不够,提示教育管办评分离治理能力仍然不足。

(三) 都市圈多元协同育人主体分工亟待加强

《国家教育事业发展"十三五"规划》强调了产学研协同育人的重要性和必然性,然而目前很多院校仍然普遍存在着一种认识误区,即将政府主导产学研合作的内容与协同育人的概念混为一谈,这从根本上导致后续一系列制度和实践方面的问题。[②] 在传统校本实践教育教学资源为主的人才培养模式下,学生的实践能力和创新能力都难以满足社会多元需求。2019 年海克斯康制造智集团的一次企业质量人才需要调研结果显示,95%的被调研人群有学习六西格玛的意愿或想法,但只有 9%的人表示曾在学校课程中接触过六西格玛,超过一半的人表示是在工作过程中才接触到这个概念,可见当前学校教育与企业需求仍存在着较为严重的脱节和错位,高等院校急需为学生提供了解行业最新技术发展趋势的渠道,并适时开设有针对性的实用性教学课程。不难发现,在苏锡常都市圈传统的校企合作过程中,占主导和主动地位的往往是学校,企业则显得相对较为被动,更倾向于选择配合学校开展各项教学和实践活动。此外,出于

---

① 孙健. 地方高校产学研合作教育问题的探索[J]. 现代教育科学,2009(09):145-148.
② 刘学忠. 地方应用型大学协同育人体制机制创新探[J]. 国家教育行政学院学报,2017(09):67-72.

合作各方在资源配置、合作目标等方面的不均衡和不一致,合作过程中也常常会出现运行不畅等一系列问题。目前,在许多校企合作的项目中,长期性的合作较少,短期性的合作较多,这不利于人才的可持续发展能力培养。[①] 因此,需要在政府引导下,尽快厘清苏锡常都市圈多元协同育人的主体责任,进一步明确各方职责,大力吸引企业以及科研院所等主体共同参与人才培养,加快形成政产学研协同育人的人才培养模式[②]。

三、苏锡常都市圈智能制造政产学研多元协同育人的建设路径

协同学理论认为,系统内部各个要素在相互作用的过程中,会形成某一或某些变量,催化不同要素彼此结合、演变发展,并将主导系统向更高级有序的结构发展。[③] 都市圈视域下的政产学研协同发展从某种程度来看是人才和资源的整合,是在政府统筹下,以大学、企业、研究机构为核心要素,创新其资源的有效汇总,突破创新主体的空间形式,将原有的、看似没有联系的相关人员重新联系在一起,充分整合都市圈资源,保证其资源和创新结果能够有效进行汇总,形成一个新型创新发展共同体。在经历了经济发展活跃期之后,苏锡常都市圈面临着产业转型升级的重大机遇与重要挑战,在新时期如何优化资源配置,探索建立政府、行业、企业、院校与科研机构之间的合理分工与科学协作,是目前需要重点解决的关键性问题。

推进都市圈多元协同育人,须改革运行机制和合作模式,坚持以生为本的人才培养特色,以区域社会需求为导向,实现教育观念、培养模式和教学模式的转变,探究培养人才的合理路径。[④] 地方政府、高等院校、行业企业和研究机构围绕都市圈发展与协同育人,分工明确,充分发挥各自优势,建立一种融合发展的协同创新模式,通过各地政府主导汇聚区域资源,建立合理的评价机制,高职院校进一步明确复合型人才培养目标,建立人才培养体系,行业企业更进一步参与实践教学和专业标准的制定,科研机构进一步树立协同创新理念,建立应用导向的团队协调机制,以共同构建多元协同育人框架,如图 1 所示。多元协

---

① 王洪广,郑坤."三链对接,双元协同,多方共享"的产教融合育人平台的搭建与实践[J]. 中小企业管理与科技(下旬刊),2020(01):134-135+139.

② 林健,耿乐乐. 美英两国多方协同育人中的政府作为及典型模式研究[J]. 高等工程教育研究,2019(04):52-65.

③ Haken H. Synergetics: An Introduction[M]. 3nd ed. Berlin: Spring-Verlag, 1983.

④ 黄志刚,钟春玲. 构建政产学研协同育人模式 推进地方院校一流本科教育[J]. 教育与考试,2016(02):74-79.

同育人不仅可以发挥出超过 N 个 1 的加法效果,甚至未来可以发挥出"$N*N$"甚至"N^n"的广阔空间。以都市圈政府、企业、高校和科研机构四者为协同育人的主体,以市场为导向,建立优势互补、利益互享和风险互担的运行机制,共同推进人才培养和技术创新,在政府的引导下,形成从高等院校、科研机构到行业企业的产学研深度融合模式,创建面向产业发展需要的人才培养新模式,对接苏锡常都市圈智能制造产业链,为制造强国建设输送高水平技术技能复合型人才。

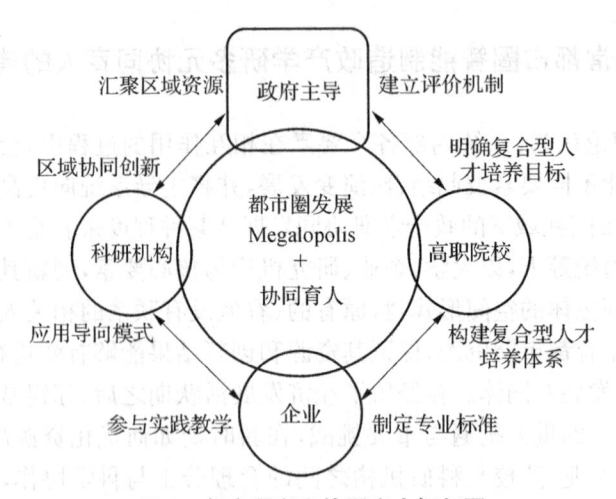

图 1 都市圈多元协同育人框架图

(一)加快构建苏锡常都市圈"共同体"特色管理保障制度

1. 协商制定苏锡常都市圈智能制造多元协同育人资源汇聚计划

《实施意见》中提到"职业教育与产业经济良性互动机制逐步成熟""多元化办学体制基本健全,校企协同育人模式全面推行,职业院校与企业普遍建立校企命运共同体"。大数据时代的智能制造领域需要更为复合化、更具创新力的人才,在打造符合区域经济发展要求的苏锡常都市圈过程中,需要三地政府相互协作、取长补短,发挥各自优势,制定一个完善的人才资源汇聚计划。各地政府、行业企业、高等院校和科研院所等多主体可协同建立区域统一的高标准人才培养模式,进行校企合作和产教融合的深度探索,共建学科专业、共建创新平台与实践基地,将各方资源整合为协同育人的教育教学资源,围绕都市圈智能制造专业标准的集群,根据职业方向发展不同和岗位不同进行分区教学,服务于区域新兴产业。三地要建立区域资源共享平台,整合智能制造领域方面的资源,从智能生产到智能物流形成一体化的发展方向和趋势。同时把重点放在资源转化方向上,从国际智能资源制造平台到内涵建设中的标准以及各方面管理制度的制定,再到最后的资源转换中心,围绕苏锡常都市圈智能制造业的中心和产品的全生命周期进行创新服务。此外,加快区域内科技团队的创新,力求建设一个高标准的科技团队,从而分别去管理和分配各个平台,进而实现管理模式的创新。①资源汇聚计划的实施,将有效节省人力资源和人才培养成本,充分实现学校、企业、科研机构的多元共赢,促进多方协作、互利互惠,共同培养兼具实践与创新能力的新型复合型人才,从而实现区域一体化高质量发展,共建苏锡常都市圈职业教育与技术创新服务高地。②

2. 建立健全苏锡常都市圈职业教育"一体化"创新发展与社会评价机制

《实施意见》提出"到2022年,苏锡常都市圈成为全国深化产教融合体制机制改革先行区、现代职业教育体系建设示范区和职业教育区域一体化发展标杆区"。首先,需要确保政产学研协同发展一体化创新流程符合规范,始终契合行业企业需求,校企协同制定人才培养标准和培养方案。其次,要定制区域内多校协同发展路线,共同打造省级和国家级优秀教师科研团队,实现校际取长补短、全面发展。学校与政府、企业和科研机构合作创新发展路径,培养行业发展所需的复合型人才,从而实现多方共赢。在创新发展中充分利用政产学研各方优势,形成完整的产业链为行业企业提供技术创新和服务,共同致力于为区域经济技术发展源源不断地输送高质量复合型人才。学校在与行业企业合作的同时,通过改革学校课程设置,增加实践课程比例,保证科研成果合理、有效的转化。再次,加快建立都市圈社会评估体系,一要结合应用型大学内部治理体系建设,帮助学校进行自身创新发展的评估,建立健全都市圈大学理事会和董事会制度,发挥其在社会合作、校企合作、协同创新领域参与方案制订、成效评价等方面的决策咨询作用,提升协同育人治理综合水平;二要结合校院两级管理体制改革,科学构建地方政府、行业企业、科研机构、高等院校等多方参与的都市圈专业建设指导委员会,指导专业建设规划与复合型人才培养方案的制定,产学研合作开发地方特色课程、合作打造高水平师资队伍;三要借鉴多方经验,充分发挥第三方评价组织作用,搭建利益相关方沟通平台,发挥专业化中介服务与协同育人"第三方"的监督评估作用,促进区域创新发展。

---

① 陈志平. 创新校企双元育人的实践研究与探索[J]. 辽宁省交通高等专科学校学报,2017,19(03):45-47.

② 龚方红. 面向职教"都市圈"开启改革新征程[J]. 江苏教育,2020(84):17-22+34.

(二）苏锡常都市圈行业企业要勇于承担都市圈协同育人主体教学责任

1. 加强都市圈"一体化"实践教学参与程度

行业企业作为苏锡常都市圈内的重要技术创新主体，需要加快形成与政府、高校、科研机构的长期、稳定的协作关系，积极"联合区域内应用型本科高校、职业学校和高端产业龙头企业，打造若干跨区跨校联合产业学院"。一是明确都市圈政产学研协同育人的教学目标，保证学生在掌握理论知识同时，又具备灵活解决实际问题的能力，在教学中，可以通过行业企业的多方位参与，采用"教""练"结合、抛锚式教学等多种教学方式改变以往以讲授为主的教学模式，加强实践教学的引入和融合，强化实践能力的培养。二是要加大都市圈产业行业企业承担实践操作类课程和开展项目教学的比例，合理整合与利用关键因素，提升其在人才培养过程中的持续参与程度。三是应加强与区域内企业的横向课题合作，并将之与教学相结合，在培养学生创新创业实践能力，开拓行业视野的同时进行技术的创新攻关，以更好地服务行业企业高质量发展。

2. 推进都市圈专业实践标准的创新发展

都市圈行业企业在参与教学过程中，应及时关注专业实践标准的新变化，除了培养学生基本的智能制造业技术知识以外，还要关注世界范围内技术创新的最新动态等，尤其是一些行业流程，如智能制造技术的创新、订单的核对、国际智能的模拟操作以及机械操作的审核等，着力提高学生的学习主观能动性。在实践操作训练时要注意培养学生沟通能力等通用职业能力，并且在专业的基础上进行规范化的训练，提升职业素养。在都市圈智能制造业人才培养过程中，教学与实践能力培养二者应该相辅相成、相互促进，这样才能培养出符合行业标准的复合型人才。同时，都市圈行业企业参与教学的人员，也需在教学过程中不断提升自身知识水平，把握行业最新发展态势以及实践标准的变化，提升科技研发与服务创新能力。

(三）苏锡常都市圈持续完善智能制造多元协同育人体系

1. 明确"一体化"智能制造复合型人才培养目标

苏锡常都市圈智能制造类院校传授学生专业性理论和专业性知识，基于校企合作、产教融合模式进行资源的整合,培养现代化的智能制造高精尖紧缺人才,着重培养学生良好的专业技能、技术服务能力和职业素养。在智能制造领域,技术服务是基础,科技创新是核心。高等职业院校必须明确职业教育当前的真实意义所在,究竟是为了升学还是就业。在培养过程中,应根据学生的不同类型、所学习的技术种类以及未来的培养方向来构建课程体系,职业定位不同,侧重点就不同,培养目标也有所区别。如侧重商务的智能制造业从业人员定位于售前等岗位,主要职责是保证在通顺的合作情况下,使得双方交易达成一致;侧重服务的智能制造业从业人员则无需借助商务的力量,直接为客户提供技术服务。在现代智能制造业背景下,亟需在苏锡常都市圈内构建一个覆盖全域、分工明确、优势互补的职业教育人才培养体系,苏锡常三地院校应紧密结合本地产业特色发展,以提升服务区域发展的能力和水平为出发点,培养专业化的智能制造业人才。2021年,《无锡市推进苏锡常都市圈职业教育改革创新打造高质量发展样板实施方案》中提到要"推动职业教育成为构成产业链、产品链、供应链、资金链、信息链的基本要素",将苏锡常都市圈职业教育纳入苏锡常一体化发展工作机制。以无锡职业技术学院为例,学校聚焦智能制造技术、工业大脑,主动服务产业需求,推动专业建设与产业发展相适应,形成了校企合作协同育人的长效机制。此外,将苏锡常都市圈区域文化、工匠精神融入职业教育,营造都市圈职业教育普遍共识与特色文化,提升社会对职业教育的认可度,亦是打造都市圈职业教育一体化发展的重要目的。

2. 构建"高质量"智能制造复合型人才培养体系

中国制造强国不仅对智能制造业复合型人才培养的数量有了更大的需求,同时也对人才的综合能力、创新能力和应用转换能力提出了更高的要求。对于苏锡常都市圈工业智能化转型所需的技术技能类人才的培养来讲,不仅要重视学生在校期间的就业前教育,还要重视学生终身学习意识和能力的培养,以适应技能型社会建设对未来劳动者提出的新要求。除专业技能与理论知识的培养,智能制造专业学生在文化素养和职业道德等方面的培养也十分重要,体现在其素质与人格的养成上。在区域化、都市圈、全球化等经济社会发展的趋势下,强化课程思政教学的设计,帮助学生树立正确的三观,使其成为一个积极向上、为社会做贡献的有用之才。苏锡常都市圈人才培养高地的建设需要多方协同共建,综合素质随着时代的发展成了毕业生的一项重要考核指标。对都市圈企业来说,引进综合能力强的毕业生,并通过与企业文化的有机结合,能有效提高企业员工的整体水平。在此基础上,校企携手开展多层次合作,充分发掘各自在人才培养过程中的资源优势,共同构建一个以需求为驱动的,以精准就业为导向的人才培养体系,遵循智能制造人才的成长规律,探索良性互动的人才培养新格局,是当下智能制造专业人才培养的可行路径。① 都市圈内各高职院校通过加强校际间的合作,分享交流经验,共同推动高水平技术技能人才的精准培养,实现职业教育政策协同制定、资源协同共享和管理协同对接,力促苏锡常都市圈职业教育"高原抬升、高峰耸立"。

(四)苏锡常都市圈科研机构积极探索协同创新方式

1. 树立都市圈协同创新发展新理念

都市圈的重要特性之一在于区域内产业结构呈现出综合性、多元性和开放性,具有较强的创新能力和结构转换能力。② 在苏锡常都市圈创建和创新过程中,科研机构起着不可替代的知识转化作用。有别于以论文发表和人才流动为主的传统成果转化模式,一个成功的创新型区域应基于一个线性模型,其中,企业衍生的战略需要与研究部门密切关联;此外,在这个模型中,须包含多个互动耦合的主体,如科研机构、技术转移部门、孵化器等,负责分析研究具有长期商业潜力的技术,并进行有效转化。③ 在此基础上,都市圈科研机构需要改变固有观念,将分散在不同主体之间的新技术和新知识进行有机整合,实现与企业合作联盟,完成新知识、新技术的产业化和商业化。

2. 建立基于应用导向的都市圈科研团队一体化协调机制

都市圈政府协商制定的科研保障制度,是推动科研创新和高质量发展的重要机制。在都市圈政府推动下,科研机构可以牵头组织、成立校企共同研发中心,以进一步加强高等院校和产业之间的紧密联系,促进科技成果的良好转化。以项目为导向,以企业实际发展需求为出发点,由企业、大学和科研机构的专业技术人员组成一体化研究团队,共同开展课题研究,同时也可以将符合企业要求的院校和科研机构已有科技成果进行转化或再次开发。都市圈一体化研究模式既可以提升企业参与政产学研协同育人的积极性,同时也为参与研究的教

---

① 陈桂梅. 高职院校多元结构化人才培养内部机制研究[J]. 中国职业技术教育,2021(06):75-83.
② 解学梅. 协同创新效应运行机理研究:一个都市圈视角[J]. 科学学研究,2013,31(12):1907-1920.
③ Etzkowitz H, Klofsten M. The Innovating Region: Toward a Theory of Knowledge-Based Regional Development[J]. R & D Management, 2005, 35(3): 243-255.

师和学生提供了高质量的实践教学基地。区域内创新资源要素的有效汇聚和合理配置,将在很大程度上保证科研成果的转化,使之朝着一体化的方向和趋势发展。① 都市圈院校、科研机构和企业在合作过程中,共用研究设施,共享研究资源;待合作完成后,亦可以让参与项目的学生优先就职于合作企业,这样既为院校解决了对口就业,又为企业输送了高质量人才,实现了一举两得。

四、结　语

随着苏锡常都市圈区域经济的不断发展,资源的汇聚融合已成为三地共建区域创新服务高地的重要目标和首要任务。工业4.0时代离不开智能制造业的发展,诸多基于时代变化所蓬勃发展起来的新兴信息技术企业,使得智能制造领域方面的人才需求量急剧增加,智能制造领域的科研成果也迫切需要得到高效率的转换。苏锡常三市应积极推进智能制造政产学研协同育人,发挥多元主体育人功能,在都市圈区域产业转型升级的潮流中扬长避短,为都市圈高质量发展提供复合型人才和精准智力支撑。都市圈多元协同育人是构建都市圈利益共同体的必然选择,亦是地方高水平高职院校转型发展的一条科学化路径。各主体应明确责任,提升核心竞争力,形成新的共识,并在适当时机成立智能制造政产学研战略联盟,实现为区域经济社会高质量、一体化发展提供强有力的人才支撑和机制保障。

---

① 任志宽,郑茜. 面向产业集群的区域科技创新平台发展探究[J]. 广东科技,2017,26(01):74-76.

戎装褪下笔执起：退役复学大学生的校园适应探析

郭淑娜[①]

摘　要：近些年，退役复学大学生逐渐成为高校新兴群体。通过对12名学生深度访谈，发现出于个人与客观环境的多元动机，他们选择携笔从戎，在军营中经历另一种人生。两年甚至更久的军营生活不同程度地使其身心产生变化。回归学校后，场域的剧变、文化冲突导致适应问题。不同类型的入伍动机、军营特质以及外部力量支持，成为影响某种适应过程产生的重要因素。从产生困境到突围过程中，退役复学大学生可能会经历以下三个时期：逃避期、悬浮期和突围期。每一时期呈现出的特征分为逃避型人群、悬浮型人群和整合型人群。展现退役复学大学生的不同群体样貌及生成机制，以期鼓励和帮助更多的退役复学大学生走出困境、走向精彩人生。

关键词：退役复学大学生；校园适应；学业；人际交往

一、引　言

党的十八大以来，习近平总书记做出了一系列关于改革强军的重要指示批示，强调要全力推进高校大学生征兵入伍工作。2021年上半年，随着北京市征兵工作的圆满结束，30名清华、北大学子携笔从戎，奔赴疆场。数据表明，截至2019年，在网上报名的大学生士兵人数已经超过124万人。[②] 越来越多的大学生选择以入伍的形式将青春与热血洒在祖国大地上。与此同时，戎装褪下回归校园的退役大学生逐渐成为高校新兴群体。

大学阶段的学生个体本身就处在人生的十字路口，复杂的环境和多样的选择性易使他们陷入困境之中，相对其他普通大学生，退役复学大学生更是一个

[①] 作者简介：郭淑娜，南京大学教育研究院高等教育学专业在读硕士研究生，研究方向为高等教育与社会。

[②] 蒋涛. 高校退伍复学大学生校园生活与就业再适应研究[J]. 就业与保障，2020(15)：161-162.

具有特殊性的群体。从校园到军营又回归校园,从学生到军人又回归学生,两年中身份角色、生活环境、文化氛围都发生了改变,军营与大学两大场域形成巨大反差,这对于退伍大学生回归校园的过程中造成了剧烈震荡,可能使他们在校园生活中面临学业困境、人际关系断层、心理不适等诸多困难。然而目前国内对退伍复学大学生系统而全面的研究偏少。这一亚文化群体是否切实存在适应问题?适应问题的产生到解决中经历了什么样变化过程?哪些因素在影响他们的适应过程?这些都成为我们需要回答的问题。通过分析适应表现、探析内部机制和原因,可以展现适应困境从产生到弱化(加强)可能经历的过程,也可以从不同影响因素着手,帮助这一群体借鉴和吸取建议,使其在校园中更好地适应和发展、实现自我人生价值,同时也有利于高校改善有关退役复学的管理政策和措施,有利于营造更加和谐的校园文化。

二、文献回顾:退役复学大学生的校园适应

(一) 校园适应中的问题

已有研究发现,退伍复学大学生回到校园的过程中会出现不同程度的不适应现象。[①] 退役复学大学生存在角色的转变带来不适感、学习压力造成心理负担过重、人际关系复杂造成心理失调、理想落空造成前途迷茫等问题。[②]

学业是个体在大学阶段需要完成的主要任务。退役复学大学生在军队服役期间很少有机会接触和学习自己的专业知识,容易出现知识断层。因此在复学之后,学业适应问题成为该群体需要克服的首要问题。大部分学生在退役复学后面临的不适应主要源于自身学习状态和专业课程设置。杜学敏的调查研究发现,52%的退役复学大学生感觉学习压力较大,两年"空白期"造成基础知识的遗忘和学习连续性的丧失为主要原因。[③] 有学者对南京市的退役复学大学生开展了问卷调查,发现退役复学大学生与普通大学生相比,不及格率较高,且不及格课程主要为英语课及专业课。也有很多同学由于自己年龄偏大,只想赶紧毕业参加工作,对专业的学习选择敷衍了事、消极对待。[④]

---

① 岳永杰,杨柳,巩茹敏. 退伍复学大学生校园适应现状及对策研究[J]. 学校党建与思想教育,2018(24):74-75.
② 戴仁卿. 退役复学大学生心理调适路径研究[J]. 法制博览,2017(21):288.
③ 杜学敏,谢悦,李蒙蒙. 退伍复学大学生的适应问题及应对措施[J]. 北京教育(高教),2019(02):86-88.
④ 何宁. 新时代大学生士兵思想政治教育研究[D]. 长江大学,2019.

在与大学高度异质的军旅文化的影响下,退役复学大学生成为校园内与没有服役经历的普通大学生区别明显的亚文化群体,其校园适应与融入问题频现。其中的人际关系适应问题尤为突出①,疏远、隔阂的人际关系使他们无法在班级中找到归属感,不能很好地融入集体生活②,从而陷入校园适应困境。

择业就业问题事关每位大学生的未来发展和人生方向,而现有研究结果并不乐观。赵田田对本校142名在校退役复学大学生进行了问卷调查,结果显示45％的同学对未来发展感到迷茫,对未来发展没有规划。③ 退役复学的大学生在年龄上较同届同学来说存在压力,并且缺乏职业生涯发展规划,就业形势严峻等问题加重了其择业时的压力。④

此外,消极心理和情绪问题会直接影响到退役复学大学生的心理健康。研究发现67％的退役复学大学生认为自己返校后心理落差很大,与同学的年龄差距导致自己与同学缺乏沟通,逐渐与群体脱离,成为一个孤独的人。⑤ 退役复学大学生与参军前的同学相比,其他人已经在工作岗位站稳脚跟,而自己却还要在严峻的就业形势下寻找机会,这些比较会使他们产生心理落差,质疑自身价值,诱发一系列的心理和情绪问题。⑥

(二)影响校园适应的因素

个人因素在退役复学大学生的学校适应中起到决定性作用。⑦ 年龄代沟、经历区别、生活习性、个人观念差异等都会对其学校适应产生影响。⑧ 对于普通大学生而言,个体的人口学因素如性别、家庭政经地位、是否独生子女等,以及个体的人格特质、心理资本、调节定向、生命意义感等因素均会对其学校适应产

---

① 胡俊宇,陈永光,李蒙蒙.大学生应征入伍及退役复学现状调查与研究[J].中国大学生就业,2016(18):44-49.
② 杜石清.新形势下高校退伍复学学生教育管理研究[J].晋城职业技术学院学报,2019,12(04):20-23.
③ 赵田田,徐邦玺,郭彤.民办高校退伍大学生思想状况与行为特点研究[J].创新创业理论研究与实践,2019,2(05):78-79.
④ 蔡蓉蓉.退役复学大学生心理健康现状研究[J].常州信息职业技术学院学报,2019,18(01):83-85.
⑤ 逯超,孙小燕.生存教育对解决高校退役大学生士兵生存问题的作用研究[J].农村经济与科技,2019,30(08):238+269.
⑥ 计璇.复员大学生角色转变中存在的问题及对策研究[J].理论导报,2009(11):59-60+63.
⑦ 卢立涛,王超.退役复学大学生学校适应问题:研究进展及评述[J].石家庄学院学报,2020,22(05):36-42.
⑧ 钟旭.退伍返校大学生学校生活重新融入问题研究[D].长春工业大学,2015.

生影响,那么这些因素在退役复学大学生中是否同样起到了作用,是否又有其他未知的影响因素,就需要后续研究进行深入探讨。①

高校教育管理也是影响退役复学大学生学校适应的因素之一。从高校角度分析来看,复学过程中大学生面临的学籍恢复、退伍学生安置政策等问题,高校党委武装部需要提出解决的对策。② 因而根据退伍大学生所建社团在国防教育中的实践,可以拓展高校开展大学生参与国防教育工作的思路。③ 高校应在学业帮扶、社团组织、就业规划等方向加强退伍复学学生教育管理的对策。④

国家政策的制定情况会对退役复学大学生的学校适应产生很大的影响。我国对于退役军人的安置保障有 2011 年发布实施的《退役士兵安置条例》作为支持,但是其中没有针对退役复学大学生的具体条款,与此同时相关的就业培训政策对于退役复学大学生来说也略显单调,吸引力不足。⑤ 退役复学大学生经过部队的培养,对入党问题更为关注,入党意愿较为强烈,但是目前也没有对于他们入党问题的相关政策。⑥

在解释退役复学大学生适应的问题类型时,现有研究多从直接影响因素展开分析。一方面,这些研究缺乏对影响因素背后的理论性解读,校园适应本质上是个体在两种异质性文化中不断调整、取得平衡的过程。另一方面,也容易忽视从问题产生到问题解决(未解决)的过程。冲突的解决或加强不是一蹴而就的,因此展现这一过程中的变化并分析缘何产生这种变化就显得至关重要。除此之外,现有研究忽略了退役复学大学生在军营文化中磨炼出的坚韧、乐观、心理素质强等群体特质,本研究以文化适应理论为着手点,通过质性访谈,试图描绘不同的群体样貌,展现困境产生后不同人群采取的策略及原因,搭建关于退役复学大学生在学校适应中理论与现实之间的桥梁。

---

① 卢立涛,王超. 退役复学大学生学校适应问题:研究进展及评述[J]. 石家庄学院学报,2020,22(05):36-42.
② 余封亮. 新时代发挥高校党委武装部在退伍大学生校园再融入作用研究[J]. 湖北开放职业学院学报,2020,33(06):34-35+40.
③ 刘茗飞,李强. 退伍复学大学生社团与高职院校的国防教育[J]. 文教资料,2019(33):141-142.
④ 杜石清. 新形势下高校退伍复学学生教育管理研究[J]. 晋城职业技术学院学报,2019,12(04):20-23.
⑤ 李霄娜. 大学生服兵役法律制度研究[D]. 河北大学,2019.
⑥ 赵田田,徐邦玺,郭彤. 民办高校退伍大学生思想状况与行为特点研究[J]. 创新创业理论研究与实践,2019,2(05):78-79.

三、理论基础

(一) Berry 文化适应策略模型

Berry 文化适应模型认为,虽然原有文化和主流文化都是被想象为一个单一的连续体,但是个体能够同时接受两种文化。也就是说,对一种文化的接受并不意味着要放弃另一种文化,即二维模型不赞同单维模型中的个体在移民过程中从无到有的假设。如果文化适应是一种状态的话,所有移民都将面临两个问题:是否保留原有的价值认同? 是否认同当地人及当地社会的价值观和行为规范,并与之建立亲密关系? 对这两个问题的不同回答,将移民的文化适应策略分为整合型(重视两种文化)、同化型(重视主流文化、轻视传统文化)、分离型(轻视主流文化、重视传统文化)、边缘型(轻视两种文化)。这四种策略中,前两种被认为是成功的,后两种则被认为是失败的。[①]

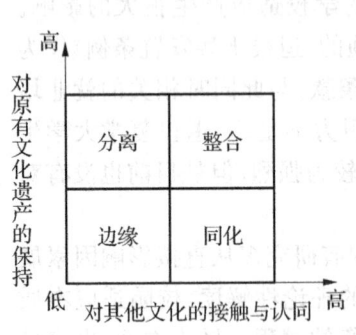

图 1 Berry 文化适应策略模型

(二) 奥伯格文化适应过程的 U 形模式

从文化适应的过程性来看,1960 年文化人类学家奥伯格(Oberg)首次提出"文化休克"(culture shock)概念。文化休克可以被用来进行关于外国人的文化适应问题追踪调查。奥伯格认为,跨文化适应的人存在情感适应的四个阶段:蜜月期、危机期、恢复期和适应期。[②] 如图 2 所示,该 U 形图直观地表达出个体进入主流文化后情感上所经历的不同阶段,即蜜月期、危机期、恢复期和适应期。蜜月期指的是人们在旅途开始时感到的兴奋和愉悦,旅居者因环境的改变而感到新鲜和好奇,这一阶段大约持续一到两个月。危机期是指经历蜜月期之后,旅居者在一个陌生的环境里开始面临身心挑战,以负面情绪和情感不适为主,体验文化休克,这一时期约三到四个月。恢复期的个体逐渐适应和熟悉新

---

① Berry J W. Acculturation stress. In W J Lonner, & R Malpass (Eds.), Psychology and culture [M]. Boston: Allyn and Bacon, 1993.

② Oberg K. Cultural Shock: Adjustment to new cultural environments. Practical Anthropology, 1960, 7(3): 177–182.

的环境,开始认同新环境的价值,接受该环境的思想和行为模式。在适应期阶段,个体开始在新异的环境中塑造和发展新的自我,并产生帮助其他"局外人"进入这种文化的满足感,开始发现新的思维模式和行为模式,并且重构个人对所在国社会的适应性。①

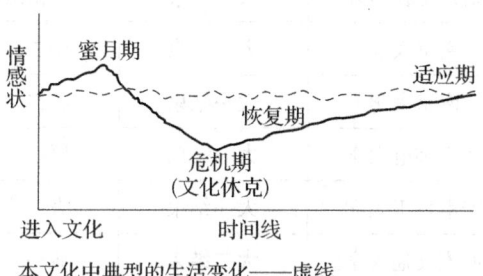

图 2 文化适应过程的 U 形模式②

四、研究过程

(一) 研究对象

本研究选取来自北京、山东和江苏省的 12 名退役复学大学生作为研究对象,其中 10 名男生 2 名女生,研究对象现所在年级包括大二、大三、研究生一、二年级。信息编码如表 1 所示。

表 1 访谈对象信息编码

编码	性别	学校	入伍前年级	现所在年级	入伍前学习情况
L-1	男	华北电力大学	大一结束	研一	班级前 5
Y-2	女	山东理工大学	大二结束	研二	班级 1/3 位置
X-3	男	南京工程学院	大二结束	大四	8 门挂科

---

① W B Gudykunst, Y Kim. Communicating with Strangers: An Approach to Intercultural Communication, 2ded. (New York: McGraw-Hill, 1992), 215.

② Oberg K. Cultural Shock: Adjustment to new cultural environments. Practical Anthropology, 1960, 7(3): 177-182.

续 表

编码	性别	学校	入伍前年级	现所在年级	入伍前学习情况
Z-4	男	华北电力大学	大二结束	研一	班级前五
W-5	男	南京工程学院	大二结束	大二（留级）	班级 2/3
H-6	男	南京大学	大一结束	研二	中等偏下
C-7	男	南京大学	大一结束	研二	中等偏上
Y-8	男	南京邮电大学	大一结束	研一	中等
X-9	男	安徽理工大学	大一结束	大三	班级中下游
W-10	男	西安交通大学	大二结束	研一	中等偏上
Z-11	女	南京大学	大三（专科升本）	研一	中等偏上
Y-12	男	东北林业大学	大一结束	大三	专业前五

（二）研究方法

采用质性研究方法，运用半结构式访谈，以线上腾讯会议、面谈的形式对受访者进行访谈，每次访谈时间约为 40—60 分钟，通过转录形成文本资料以便后续编码。访谈内容围绕基本信息、学业情况、退役复学后遇到的困难及应对方式、难忘的经历、心理变化及感受等。研究者主要以听故事的姿态听取受访者退役复学后的校园生活故事以及心理情绪的变化。访谈流程依据时间，从入伍前的个人状态、入伍动机到军营生活经历以及复学后的各个阶段。

五、研究发现

退伍复学大学生入伍前曾在校园生活学习过一段时间，出于个人经历、校园生活、文化符号、经济因素等各方面影响，他们选择携笔从戎，在军营中经历另一种人生。两年甚至更久的军营生活也不同程度地使其身心产生变化。研究发现，退役复学大学生回归学校后，因从军营到校园场域的激变而产生适应问题，不同类型的入伍动机、军营特质对其身心的影响、外部力量的支持，都成为影响他们为何经历某种或某些过程的重要因素。

(一) 影响适应过程的因素

1. 入伍动机

表2　入伍动机编码

开放式编码(节选)	主轴编码	选择式编码
学习状况非常不好	逃避现实	入伍动机多元
上大学后环境放松,找不到方向,想改变现状		
对当下环境没有改变的途径		
动机:成绩一般,怕考研考不上,寻找出路		
刚上大一整个人状态不好		
当兵,因为热情啊!男生就要出去锻炼	崇尚军营	
高中时就想入伍当军官		
锻炼个人身体和意志		
学校役前训练在两个半月时间里我体会到深厚的感情、喜欢这种氛围		
一直想去当兵,接触的周围人都是军人		
退伍费很高的,想挣钱	经济因素	
当兵意味着经济能力提升,不需要向父母要钱		
父亲是周总理夫人警卫员,感到自豪	文化符号	
受爷爷熏陶去部队施展才华学习本领		
阅兵仪式,觉得那才是青春该有的样子		

军营生活与日常生活存在巨大的反差和断裂,它也成为了在校大学生想象中的充满冒险、艰苦和磨砺的另一个世界。部分同学经过大一、大二的生活学习,并没有很好地适应大学生活,他们对未来充满迷茫和焦虑,对当下的生活状态不满意。尤其是学业成绩偏下的同学,经历过挂科、重修,找不到努力的方向,大学生活变成"混日子",所以他们迫切地渴望一种与当下生活断裂的方式,进入军营,打开的不仅是营门,更是与当下自己告别的大门。W-5说:"在学校混不下去了,继续这样的话以后考研也考不上。"X-3说:"参军的主要原因就是成绩太差,我大二时挂科七八门,怀疑自己能不能毕业,又不能全身心地去学习,感觉学校待不下去了,想跑路。"H-6说:"刚上大一时我整个人状态都不好,

对学校的生活也不满意。"X-9入伍前的学习状况处于班级中下游,放纵的大学生活让他迫切地希望换个环境,也对学校环境表达出强烈的不满。逃避现实的入伍动机深层原因是个人与校园文化的矛盾。一方面是学业表现与学生角色之间的矛盾,另一方面是个人意愿与学校宽松自由的文化氛围之间的矛盾。

几乎所有同学都或多或少地表达对入伍的热情。军营环境下有助于他们锻炼身体和意志、或是圆梦考取军校、满足个人及家庭期望、感受不同氛围等。"锻炼自己"在入伍原因中出现的频次最多。"参军前我的成绩中等偏上,我参军是因为崇拜军人,想锻炼自己。"(C-7)他们希望通过军队寻找自身锻炼与成长的机会,让青春更有意义。Y-12则是在学校组织的役前训练中"体会到人与人之间身后的感情,从而喜欢上这种氛围选择入伍"。L-1的家庭中,三代从军,他在爷爷和爸爸的从军经历中受到感召,家庭浓厚的部队文化和政治意识让他毅然决然选择去部队施展才华、学习本领。

另有一些人群出于一直以来接受的爱国主义教育以及对军旅文化,特别是与部队有关的仪式、社会关系网络、征兵宣传片中的符号和文化认同,从而选择参军。如:Y-2虽然从小就憧憬军营生活,但在抉择之际,真正推她一把的是电视上的阅兵仪式,"我看到国庆阅兵仪式,我觉得这才是青春该有的样子。"同时,她的父亲也深受军旅文化的感召并对她的选择给予支持和激励。"从小家里就希望我当兵,爸爸觉得一人当兵全家光荣。"还有一部分同学出于经济因素的考虑选择参军。因为参军和上学之间本身存在时间、精力的矛盾,大学生需要在二者之间权衡,中央、各级地方政府以及学校出台大量关于大学生入伍的优待政策,涵盖复学、升学、就业、经济补助(学费减免、优待金、退役金)诸多方面。政策的激励以及带来的实际经济利益也是入伍选择的重要砝码。

高校大学生的入伍动机在推力和拉力的作用下呈现多元化。不仅包含国家政策、社会关系网络的激励动员,也包含个人情感、既得利益的加持以及对现有环境的排斥和对军旅文化的认同。这其中涵盖国家、校园和家庭环境对主体选择参军入伍的影响,也反映出入伍动机是内在和外部激励交织的结果。这是一种将国家和社会的集体意识与个体自身的利益、追求、情感、认同桥接起来的行动选择。[1]

2. 军营特质

(1) 身心锻炼

访谈中谈及军营对自己的影响,每位受访者都提到"身心成长"。严格的军

---

[1] 李正新. 高校大学生参军入伍的动因和行动逻辑研究[J]. 青年探索,2021(05):102-112.

事训练、时刻紧绷的神经、高标准严要求地完成任务,这些是对大学生身体素质和意志的锻炼。同时面对的,还有班长的严厉批评甚至怒骂、战友之间的矛盾争吵以及突如其来的委屈、想念和压力,在日常训练生活中,指责、批评几乎每天都会发生,日复一日中,这些学生的脸皮"变厚"了,变得更有韧劲、更加成熟。军营是一个残酷的世界,这里没有父母的安慰没有学校的保护,这里拒绝矫情和软弱、集体利益高于个人利益。"现在小孩都娇生惯养的,刚开始到那肯定不舒服,训练又苦又累。"(L-1)"相比之下大学太安逸了像温室一样的感觉。军营是让你快速成长、身体和心理快速成熟的地方。"(X-3)在部队待了2年,哭了2次,第一次是和战友吵架受到委屈,倍感孤独。"到了部队,要学会牙打碎往肚子里咽。"第二次是和家人通话,因为想家在电话那头哭了起来。"生活不像你想得那么美好,有很多人都是很辛苦的,爸妈挺不容易的。"

(2) 工作性质

因军队工作的特殊性,在执行任务的过程中,工作态度得到提升,完成任务的自豪感、荣誉感油然而生。"有一次为了迎接习近平主席和上级领导检查,我们准备了很长时间,虽然主席最后没来,但是在此训练过程中我们都呈现了自己最好的状态。"(Z-4)"为了保障天舟一号发射会议的顺利进行,我被分配到某总部机关服役,和杨利伟在同一栋楼办公,也见过他几次。外人看来光鲜的工作需要承载很多心理压力,我们要背很多繁杂的保密条例,背不完不能睡。工作上也不能出现失误,因为失误即事故。"(Y-8)个人情感在工作中得到升华,个人成就动机在任务中得以加强,这种渴望和追求成功的内驱力量对复学后的状态适应起到了激励作用。

(二) 适应困境的产生

表3 适应困境编码

开放式编码	主轴编码	选择式编码
不知道如何高效利用大学时间	学业适应	适应困境
有学业心理负担,知识忘得差不多了,而且不确定学习能力		
回来后成绩下滑		
学习英语吃力		
面临的最大问题就是学习		
回来以后大家都知道学习重要,现在在学习上对自己可以很紧		

续 表

开放式编码	主轴编码	选择式编码
英语是最难的课程		
课程设置、培养方案混乱		
刚返校的时候感觉自己没有学习的状态,不能做到心无旁骛		
现在也有问题,没有学习动力,不能全神贯注		
学业问题到现在也没有适应好		
在部队时不太重视学业,从部队回来想多玩玩		
社会与我为敌,融不进去	人际交往适应	
年纪到了,会思考结婚挣钱,00后就想不到		
感觉学校里的人都是小孩子		
90后和00后遇事观点不一样		
不会主动融入新班级,但是有自己的老兵圈子		
和退伍的朋友聊得比较多		
觉得周围同学思想比较极端、偏激		
花了1个月调整与人交往的生活方式		

军营生活与日常生活存在巨大的反差与断裂。军营里,时刻强调服从意识、组织纪律、令行禁止、工作节奏紧张、以身体素质训练为主要内容、情绪情感甚至不能自由表达、个体被高度控制。而大学的校园鼓励多元文化、生活丰富多彩、观念与情感自由表达、强调民主与自由。军营与大学两大场域形成的巨大文化冲突,复学导致的场域激变,在退伍大学生回归校园的过程中造成剧烈震荡,从而产生适应困境。"刚回来的时候感慨自己就像外星人。"(Y-2)"回来后不知道如何利用这么多时间了。"(Y-8)"回来后觉得世界好乱,马路上我看到自行车乱放,就产生冲动想把它们摆正。"(W-10)

通过对12份访谈资料的原始整理和编码,发现退役复学大学生的校园适应问题主要来自两个维度:学业困境和人际关系困境。访谈中所有对象均提到学业压力、知识断层、找不到学习状态等有关学业方面的问题。与此同时,与原有人际关系的断裂以及在新人际关系圈中的悬浮成为人际关系上需要跨越的另一道门槛。如Z-4表示:"不会主动融入新班级,但是有自己的老兵圈子。"Y-2表示:"熟悉的同学已经毕业,朋友圈越来越小。"(Y-12)说:"和同学维持正常交流,不会交心。"

(三) 适应过程机制

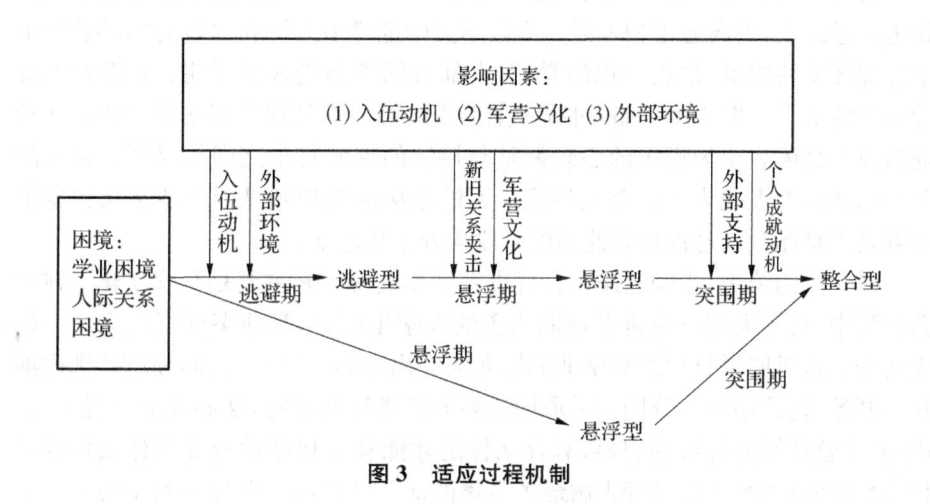

```
                    影响因素:
                (1) 入伍动机  (2) 军营文化  (3) 外部环境

        入伍  外部      新旧  军营         外部  个人
        动机  环境      关系  文化         支持  成就
                      夹击                     动机
困境:
学业困境  →  逃避型  →  悬浮型  →  整合型
人际关系   逃避期      悬浮期      突围期
困境
            ↘         悬浮型  ↗
              悬浮期          突围期
```

图3 适应过程机制

1. 逃避期

当意识到学业和人际关系困境出现后,退役复学大学生可能首先拒绝融入主流(校园)文化,表现为逃避型人群。逃避型人群在学业表现特征上尤为明显。具体为申请退学、中止学业或是无心学业、挂科甚至多门课程重修,无法顺利毕业。从遇见困境走向逃避型状态这一阶段即为逃避期。

每个人的性格、意愿、入伍动机和客观环境不同,面临的适应问题越复杂,越可能经历逃避期。其中入伍动机是影响他们经历这一过程的因素之一。以逃避现实为主导的入伍动机更有可能经历这一过程。由于原始状态(入伍前)中就对学校氛围和学业压力表现出极大的逃避心理,因而在复学后,在面对更加严重的学业困境时,他们的逃避心理会愈加强烈。另外,军营严苛的封闭文化也是影响因素之一,部分同学在部队被长期约束和管制,复学后在宽松自由的氛围里如同"久旱逢甘霖",因而在短期甚至长期内难以回归学生身份,在逃避心理和校园"温床"的双重作用下,进入逃避期。在该阶段中,"玩"代替了学习,"社会人"代替了学生。"他们出来后就不学习了,抽烟喝酒熬夜,报复性消费。我知道最严重的一个是熬夜玩游戏,结果猝死了。"Z-11在回忆时说道。

2. 悬浮期

访谈对象中处于逃避型的人群非常少。即大部分同学面临困境后能够直接进入悬浮期，走向悬浮型人群。为数不多的逃避型人群在短暂的"放纵"后由于外部环境的约束、自我意识的觉醒，大部分同学会进入悬浮期。悬浮型人群的基本特征是采取主动策略，过程中主动策略可能受到现实因素的制约。在学业适应上具体表现为积极的心理调整与持续的现实打击之间的反复。在人际关系的适应上表现为表面融入特征。无论是从逃避型到悬浮型还是从遇见困境到处于悬浮型。悬浮型及此前的阶段均处于悬浮期。

在学业困境中，影响逃避人群进入悬浮期的因素主要是军营文化。在军营生活中，对于大部分逃避学业而入伍的大学生而言，学业态度可能会产生极大转变。该类同学复学之后学业问题尤为突出，但是经历短暂的"放纵"逃避期从一开始，访谈中大部分同学采取的首要方式是转变心态，从心理上重视学习。因为"军营环境的等级制明显，有什么样的才能和文化就被分配到什么样的岗位，没学问没本事就会分配去做最苦最累的活"。(H-6)一些原本对学习并不重视的同学在军营经过敲打和磨炼后认识到学习的重要性，进而转变学习态度。"入伍前在学习上混的成分大，回来后知道艺多不压身，肚子里要有墨水。"(H-6)

对于部分原本成绩不错即更有可能出于崇尚军营而入伍的同学来讲，复学后也同样遇到学业困境，"上第一节课就听不懂""写字都不习惯"(W-10)他们往往采取积极的心理暗示进行调整。然而心态的调整和积极心理暗示并不一定能解决问题。尤其是复学后已经处于高年级的同学，他们在学业上需要迅速应对专业课以及未来升学的成绩要求，因而遭遇的困境更加明显。"参军前大一我的成绩专业前五，是可以保研的成绩；回来后第一学期成绩就十分惨淡，现在也勉强只维持在专业十几名，在保研名额之外。我会规定学习任务和计划，和退伍同学一起去图书馆自习，但是直到现在我也没有找到很好的学习状态。"(Y-12)主观能动作用在年级、专业知识等现实因素中受到制约，从而影响自我心态，在积极地心态调整和不断的现实打击中，该类人群在校园文化中悬浮，正在努力却未能突破适应困境。

在人际交往上，悬浮期形成的主要原因是原校园关系和新校园关系的共同夹击。一方面，刚退伍回来的大学生在过去的关系网络里处于一种尴尬的境地，退役回来后原来相处熟悉的同学已经毕业、升学或者正在找工作，加上宿舍安排变化、课业不同等影响，他们已经与原同学关系网络渐行渐远，朋友圈骤然变小。另一方面，在新的班集体中，他们是带着"退伍军人"标签的外来者。当意识到自己特定的身份时,个人往往在这个身份的框架内来感知周围的世界。[①]在和班级同学进行必要交流以及在班级学习的过程中,他们渐渐觉得"学校里都是小孩子",尤其是受到年龄、共同话题、代沟等因素影响,在心理上更是无法深层融入新班级,如 X-3 表示"我年纪也到了,会思考结婚、挣钱这些事情,但是我身边的 00 后同学,他们就想不到这些或者没我想的这么深入。"在双向夹击的关系里,他们倾向于选择军营中形成的战友关系作为情感依靠。"遇到烦心事我就跑步,或者跟一起退伍回来的战友聊聊,我们经常聚在一起聊心事。"(W-5)"学校里有退伍组织,有困难不习惯的话我可以找他们帮忙。"(C-7)研究发现,对"退伍军人"身份的高认同感使他们在复学后依然保持一个具有凝聚力的共同体,并或多或少地保留了军队特有的价值观念和生活习惯,在校园里,退伍回来的学生通过社团、学生会组织自发地聚集在一起。他们往往以"战友""兄弟"相称并认同自身被赋予的文化符号和身份标签,也不愿意改变。久而久之,校园里的"退伍军人圈"成为在新旧关系夹击里的"保护罩",变成悬浮型人群最重要的人际支持。在校园中,军旅文化也在一定程度上内化为他们的文化精神和价值观念,成为该群体的制度形态的文化资本。[②] 在他们眼里,未经历部队生活的大学生幼稚、思想容易极端或偏激,在与这些同学交往的过程中,他们为了避免发生冲突和矛盾而往往选择被动社交策略或是回避自己的想法。但是当面对有相似经历和回忆的退役军人时,他们更倾向于积极地与之建立人际关系,表达情感抒发情绪。整个群体在双向夹击和战友情感支持下呈现悬浮状态。

3. 突围期

从困境的产生到打破的过程中,整合型人群的适应状态最为良好。整合型人群的基本特征在学业适应上具有强烈的个人成就动机并发挥主观能动作用,学业适应呈良好状态;在人际关系适应上表现为深层融入特征。悬浮型人群到整合型人群,必然要经历突围期。突围期的形成在学业和人际上均可能受到军营文化的影响以及外部支持的作用。

在学业上,进入突围期的同学较悬浮期而言有更加强烈的个人成就动机。此种动机产生于部分人特殊的军队工作性质。"有一次迎接上级领导检查,我

[①] 吴小勇,杨红升,程蕾,黄希庭. 身份凸显性:启动自我的开关[J]. 心理科学进展,2011,19(05):712-722.

[②] 栾正伟,张和峰,张再云. 浅层融入与深层区隔:退役复学大学生的人际关系适应[J]. 湖南广播电视大学学报,2021(02):14-19.

们准备了很长时间,在这训练过程中我们都呈现了自己最好的状态。"(Z-4)因军队工作的特殊性,在完成任务的过程中,个人自豪感、荣誉感油然而生。个人成就动机在任务中得以加强,这种渴望和追求成功的内驱力量促使他们追求更高的学业目标。"当兵前不会想考研这件事,退伍的那一刻,我告诉自己我要考研。""退伍老兵的身份让我必须做得更好,因为别人看来,退伍老兵做得好是应该的。"(Z-4)在行动上,进入突围期的同学较悬浮期而言,他们更倾向于主动和新关系中的学长姐、老师以及同学交流,向他们寻求建议和帮助。并且制定明确的学业规划和学习目标,对学习弱点反复训练和强化。还有同学采取以退为进的策略,如(W-5)选择留级一年作为学业缓冲期,以便取得更好的成绩。他们将军营文化中对待工作的态度和策略带入学习,并结合其他人的经验发展出适用新环境的应对策略。从文化的角度来看,突围期的同学能够在军营文化和校园文化中取得较为良好的平衡,呈现整合型人群的特点。

在人际交往上,班级自身良好的凝聚力、宿舍满意度、新人际圈的主动接纳等外部力量有效缓解了悬浮期中新人际关系网络的夹击。与此同时,部分同学因个人特质如性格(外向)、人际交往能力,以及主动交往意愿原因能够采取主动社交策略。通过在新班级成立组织、和师生交流,建立新的人际关系网络。如(X-9)在谈到如何融入新集体时说:"我在班上做他们的大哥,回来以后没多久就在班上建立了一个足球队,平时没事我们会约着一起踢球,所以处得很好。""我花了一个月调整与别人的交往方式。因为在部队里我们习惯令行禁止,但是在外面交往就比较随意,不能以命令的方式。"(W-10)在校园中建立新的人际关系网络成为他们重要的社会资本,在新人际关系的支持下,他们可以更快地享有学习资源、生活资源,提升校园归属感。从悬浮期到突围期,外部力量的支持结合个体的主观能动性,较悬浮期而言有效地弱化了"退伍军人"的身份,同时也弱化了退伍大学生群体与其他群体的边界。

尤其值得一提的是,访谈对象中2位女生均表示,性格在军营中发生了变化。入伍前的性格比较内向、高冷。生活中不喜欢打扰麻烦别人也不喜欢被别人打扰。当兵之后变得外向、随和,善于交际。因为部队是一个非常强调集体意识的地方。"一人犯错全家吃药"(Z-11)在这样一种连带责任制度体系中,默认大家是一种被迫亲密的关系。"我们必须接受别人随时犯错,也不能保证自己不犯错,无论是不是自己的原因都会受罚,所以必须放下自己的骄傲。"可见军营集体主义文化可以改变一个人沟通和交往的方式甚至改变性格,在个人生命历程中留下浓墨重彩的一笔。

综上所述,从困境的产生到突围的过程中,退役复学大学生可能会经历以下三个时期：逃避期、悬浮期、突围期。根据每一时期的特征呈现为逃避型人群、悬浮型人群、整合型人群。每一状态的人群可能会不同程度地受到入伍动机、军营文化以及其他外部力量的因素影响，从而进入不同的时期。

要特别说明的是，以上人群类型并不是适应的最终结果，适应过程持续发生，状态也可能会发生变化。除此之外，并非所有人都会经历完整的三个时期，研究中已发现大部分人可能会跳过逃避期直接进入悬浮期。突围期作为走向整合状态的必要过程，不可或缺。

六、总结与讨论

（一）总结

当我们谈论退役复学大学生的校园适应时，首先想到了场域突变后，这群学生要面对的一系列复杂问题与挑战。从学生到军人再到学生，从校园到部队回归校园，大学生在封闭的军营和开放的校园中完成一场特别的成人礼。本研究发现在入伍动机上，主要有逃避现实和主观崇尚军营文化两种类型；在军营中磨炼了该群体的韧劲、性格、交往能力、心理素质等群体特质；复学后的校园适应中主要存在学业困境和人际关系困境。

从学业困境的产生到突围的过程中，逃避型入伍动机和严苛的军营管理文化容易导致部分人群进入逃避期。大部分同学面临困境后能够直接进入悬浮期，走向悬浮型人群。为数不多的逃避型人群在短暂的"放纵"后由于外部环境的约束、自我意识的觉醒，进入悬浮期。在学业困境中，影响逃避型人群进入悬浮期的因素主要军营文化。对于大部分逃避学业而入伍的大学生而言，学业态度可能会产生极大转变。在人际交往时，悬浮期形成的主要原因是原校园关系和新校园关系的共同夹击。更加强烈的个人成就动机影响部分人离开悬浮期进入突围期。此种动机产生于特殊的军队工作性质。人际交往上，从悬浮期到突围期，外部力量的支持结合个体的主观能动性，较悬浮期而言有效地弱化了"退伍军人"的身份，同时也弱化了退伍大学生群体与其他群体的边界。

本研究试图展现退役复学大学生的不同群体画像及生成机制。一方面希望让更多处于逃避、悬浮型的退役复学大学生群体完善适应策略，更好地融入校园文化。另一方面希望该群体在经历军营这一段独特的生命历程后，能够取其精华，融合其文化特质使之成为宝贵的精神财富。与此同时，高校应当建立专门国防教育中心，不仅要发挥征兵作用，更要在这群人戎装褪下归来之后，建立完整的保障体系,通过与各学院老师合作,针对这一群体开展专门的学业答疑等,帮助退役复学大学生更坦然地走出学业困境。通过社团、小组、加强班级凝聚力等外部力量,鼓励更多的退役复学大学生发展新关系,走出人际关系困境。

(二) 讨论

作为尝试,未来该主题的研究包含以下几方面的完善和展望。第一,存在效度威胁。研究者在访谈过程中会选择自己想听、感兴趣的内容从而忽略其他语料。第二,访谈样本不足。由于受访者现都为学生,缺少就业样本,可能导致分析的维度不充分,并且理论饱和度检验也不完善。第三,目前的分析仍不够深入,接下来可引入情绪量表、大学生适应量表等工具,针对三种整合水平的人群进行定量研究,探讨情绪、性格、抗逆力等对整合水平的影响。第四,由于受访者均为退役复学一年以上的对象,其中对于整合水平较低的同学而言,现阶段在校园适应中遇到的问题、消极情绪属于跨文化过程导致,还是其本身就存在的难以克服的问题。对于上述讨论还需进一步深入研究。

三、高质量本科教育体系研究

> 高教大计、本科为本,本科不牢、地动山摇。人才培养是大学的本质职能,本科教育是大学的根和本,在高等教育中是具有战略地位的教育、是纲举目张的教育。高等教育战线要树立"不抓本科教育的高校不是合格的高校""不重视本科教育的校长不是合格的校长""不参与本科教育的教授不是合格的教授"的理念,坚持"以本为本",把本科教育放在人才培养的核心地位、教育教学的基础地位、新时代教育发展的前沿地位。高校领导注意力要首先在本科聚焦,教师精力要首先在本科集中,学校资源要首先在本科配置,教学条件要首先在本科使用,教学方法和激励机制要首先在本科创新,核心竞争力和教学质量要首先在本科显现,发展战略和办学理念要首先在本科实践,核心价值体系要首先在本科确立。要推进"四个回归"——回归常识、回归本分、回归初心、回归梦想,把人才培养的质量和效果作为检验一切工作的根本标准。建设高水平本科教育,要推动重点领域、关键环节改革不断取得突破。

工程教育专业认证研究的知识图景及趋势
——基于科学引文数据库1991—2021年研究文献的分析

郝龙飞　韩映雄[①]

摘　要：研究基于科学引文数据库1991—2021年的文献数据，使用文献计量方法和传统文献法对工程教育专业认证研究的时空分布、研究热点、知识基础和研究趋势进行探究。从时空分布看，当前工程教育专业认证研究仍处于成长期，缺乏持续关注此领域的学者，整体呈现乏力状态；美国作为领头羊在工程教育专业认证领域发挥着关键作用。从热点内容看，研究主要聚焦于为何认证、如何认证、认证的范围和认证的影响等方面。从知识基础看，学生学习结果、能力素养和课程教学构成工程教育专业认证研究的知识基础。从研究趋势看，工具开发将成为获得认证的着力点、毕业生能力的细化研究将成为探究的重点。此外，未来研究者还应注重理论分析框架的作用，关注工程教育专业认证在院校内部的落实情况以及在线认证的可行性与有效性。

关键词：工程教育专业认证；研究热点；知识基础；研究趋势；文献计量

工程教育专业认证是保证工程专业人才培养质量，满足行业高质量发展的重要手段。在此理念影响下，世界各国为保障本国工程专业人员人才培养质量以满足行业发展需求，促进工程专业人员资格国际互认以扩展本国工程专业的国际影响力，纷纷在引入工程专业认证理念、标准和程序的同时，积极加入国际公认的工程专业认证协议《华盛顿协议》。我国于2016年加入该组织。由此，世界范围内掀起了一场工程教育专业认证的研究热潮，有力推动了工程教育专业认证的实践进展，丰富了工程教育专业认证研究的文化多样性。面对这一具有浓厚国际色彩的研究领域，准确把握其研究现状、发展脉络、前沿知识基础和未来发展趋势，对于我国开展具有特色的工程认证实践探索具有重要的现实参考意义。鉴于此，本研究运用科学计量学方法和传统的文献法，对国际工程教育专业认证的研究文献进行分析，以描绘该领域研究的国际图景，为我国学者和认证实践工作者提供借鉴。

[①] 作者简介：郝龙飞，华东师范大学高等教育研究所博士研究生，从事高等教育评价研究；韩映雄，华东师范大学高等教育研究所教授，博士生导师，从事教育评价、教育质量管理研究。

一、研究设计

（一）研究方法与工具

科学知识图谱（Mapping Knowledge Domains，MKD）是以知识域为对象，显示科学知识发展进程与关系的一种图像。[①] 这种文献计量方式近年来在教育领域得到了广泛应用，为基本教育问题研究提供了独特的技术策略。[②] 研究采用定量与定性相结合的方式，一方面通过文献计量软件 CiteSpace 5.7 对工程教育专业认证研究领域的文献进行计量分析，如施引文献的合作图谱与共现图谱，被引文献的共引图谱等；另一方面通过质性方式对文献内容进行分析，挖掘知识图谱背后的深层含义。

（二）数据来源

本研究数据来源于科学引文数据库（Web of Science，WoS）中的核心合集数据库，检索日期为 2021 年 10 月 20 日。鉴于工程教育研究已成为相对独立的研究领域，工程教育专业认证作为其中一个具体研究方向，其概念名称相对宽泛，如工程认证、工程教育认证等，本研究根据"主题检索"，将检索主题词设定为"engineering education accreditation"，以最大限度地获取文献数量。由于工程教育专业认证研究历史跨度不大，研究将检索时间区间设定为数据库所能支持的最大时间跨度 1991—2021 年，初步筛选结果为 393 篇，经进一步设定筛选标准如文献类型为论文、语言为英语等，最终得到研究所需的文献 359 篇。

二、基于时空分布的现状概览

（一）文献的时间分布

研究将检索的 359 篇文献整理成时间与发文量交叉的柱状图（见图 1）。从单年文献发表量来看，工程教育专业认证研究整体呈现波动增长的趋势。检索结果显示，首篇工程教育专业认证研究文献出现在 1991 年，到 20 世纪末该领

[①] 李杰,陈超美. CiteSpace[M]. 北京:首都经济贸易大学出版社,2017:2-8.
[②] 蔡建东,汪基德,马婧. 教育理论研究的量化与技术化路径——科学计量学方法与技术在教育理论研究中的应用[J]. 教育研究,2013,34(6):17-23.

域研究仍处于低迷状态且极不稳定;2000年至2009年的十年间,文献数量虽有所增加但仍处于波动状态;2010年至今,研究文献整体呈现积极的发展趋势,工程教育专业认证研究正在引起越来越多研究者的关注。

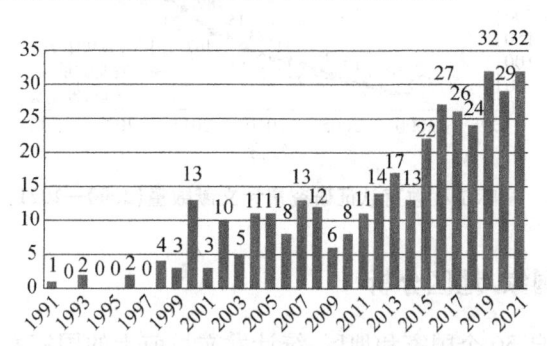

图1 工程教育专业认证研究单年发文数量

为进一步探究科学文献增长的规律,研究根据普赖斯(Price,D.)的科学增长曲线(logistic curve)[①]将工程教育专业认证领域的知识发展划分为四个阶段:稳定状态的萌芽阶段、指数增长的成长阶段、线性增长的成熟阶段、饱和状态阶段。[②] 由图2可知,1991—1999年文献数量总体很少且增长极不稳定,表现出科学文献增长第一阶段的特征,此时国际上对工程教育专业认证的研究刚刚起步,处于"萌芽期"。2000年至今,文献累计曲线较严格地服从指数增长状态,指数模型回归拟合 R^2 为0.982,表明该时期工程教育专业认证领域的研究正处于逐步壮大的"成长期",但整体呈现一种乏力状态,其"成长期"仍要持续一段时间。据此可知,当前国际范围内工程教育专业认证研究方兴未艾,需要更多研究者关注并投身其中。

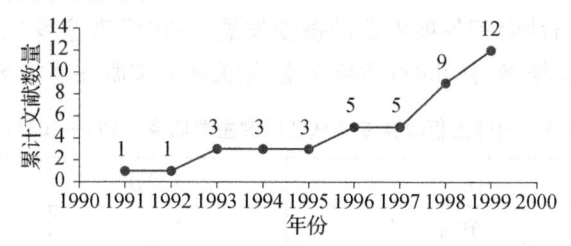

图2 国际工程教育认证研究累计文献数量(1991—1999年)

---

① De Solla Price, D. J. Principles for Projecting Funding of Academic Science in the 1970s[J]. Social Studies of Science,1971,1(1),85-94.

② 王文,王纾.学习投入研究的知识图景及趋势——基于科学引文数据库的分析[J].教育研究,2021,42(08):78-91.

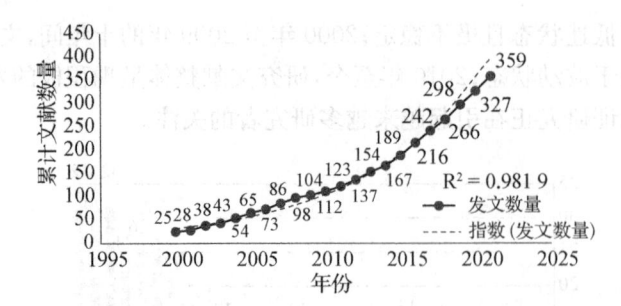

图3　国际工程教育认证研究累计文献数量(2000—2021年)

(二)发文国家/地区分析

研究文献来自60个国家和地区,统计发文量前十的国家发现,文献累积达260篇,占发文总量的72.4%(见表1)。其中,美国发文量最高,共137篇,占发文总量的38.2%,遥遥领先于第二名的沙特阿拉伯。美国作为最早开展工程教育专业认证以及《华盛顿协议》的初始签约国家之一,其认证实践的深入开展为系统的研究提供了坚实的基础。[1] 发文量第二的是沙特阿拉伯,总占比6%。沙特地区以石油开发为主,需要大批工程技术人才,这一内生需求催生了工程教育的实践和研究发展。同时,为了实现工程课程和学分的国际实质等效,保证其毕业生获得国际互认资格,沙特阿拉伯积极寻求ABET认证[2],进一步推动了工程认证的研究进展。排名第三至第五发文量不相上下,其中澳大利亚作为《华盛顿协议》的初始签约国,该领域研究具有较长的历史;英国和西班牙作为博洛尼亚进程(Bologna Process)成员国,共同致力于工程教育的探究。检索的文献中,我国的研究最早出现于2000年,由香港科技大学学者发表。此后,随着政治、经济与社会等各项事业的蓬勃发展,国内学者愈发关注工程教育专业认证领域,并积极参与国际对话与交流,相关研究文献逐步增多。

表1　国际工程教育专业认证研究主要国家(1991—2021)

序号	国家	发文频次	中介中心性
01	美国	137	0.37
02	沙特阿拉伯	22	0.11

[1] 韩晓燕,张彦通,王伟.高等工程教育专业认证研究综述[J].高等工程教育研究,2006(06):6-10.
[2] Ahmad N, Qahmash A. Implementing Fuzzy AHP and FUCOM to evaluate critical success factors for sustained academic quality assurance and ABET accreditation[J]. PLOS ONE, 2020, 15(9).

续　表

序号	国家	发文频次	中介中心性
03	澳大利亚	18	0.14
04	英国	17	0.07
05	西班牙	17	0.01
06	中国	16	0.02
07	马来西亚	16	0
08	加拿大	15	0
09	哥伦比亚	10	0
10	阿拉伯联合酋长国	9	0.17
总计		260	72.4%

注：发文频次根据 WoS 检索结果整理而成，中介中心性由 CiteSpace 计算得出。

研究的国际合作情况。研究检索的文献共包含 545 条国家、地区信息，平均每篇文章由 1.52 个国家和地区的学者合作完成，表明此领域存在较为广泛的国际合作。在国家、地区的发文网络中，美国、沙特阿拉伯和澳大利亚的中介中心性（betweenness centrality）均大于 0.1，这表明它们是研究网络的关键节点，是该领域合作网络的重要枢纽，承担着重要的连接作用。中国学者共发表 16 文章，其介中心性为 0.02，远低于 0.1，表明我国学者缺乏与国外学者的合作与交流，在国际工程教育专业认证研究领域中的影响力不足。

（三）主要研究者分析

研究检索的文献共包含 515 位作者信息。发文量排名前 10 位的作者分别来自 5 个国家，共发表 32 篇。其中，三位来自美国，共发表 8 篇；两位来自博茨瓦纳共和国，共发表 12 篇文章；两位来自丹麦，共发表 5 篇；两位来自巴基斯坦，共发表 5 篇，1 位来自马来西亚，发表 2 篇。值得注意的是，在所有发文者中，从第七名（不考虑并列排名）到第二十五名均发表 2 篇文章，但其中并未见到中国学者。通过对所有研究者发表年限的分析，发现很少有研究者能够持续关注并研究工程教育专业认证，我国学者亦是如此。并且，一些学者通常以第二、三作者的身份参与某项工程教育专业认证的研究，而非真正深耕于此领域。

表2 国际工程教育专业认证研究的重要作者

作者	国家	机构	数量	发文年份
Jacek Uziak	博茨瓦纳共和国（南非内陆国）	卢布林农学院（University of Life Sciences in Lublin） 博茨瓦纳大学（University of Botswana）	6	2009、2013、2014、2015、2017、2021（全1作）
M Tunde Oladiran	博茨瓦纳共和国（南非内陆国）	博茨瓦纳理工学院（Botswana Polytechnic） 博茨瓦纳大学（University of Botswana） 博茨瓦纳国际科技大学（Botswana International University of science and technology）	6	2009、2013、2014、2015、2017、2021（1篇1作）
Lisa R Lattuca	美国	密歇根大学（University of Michigan） 宾夕法尼亚州立大学（Pennsylvania State University）	3	2007、2008、2013（1篇1作）
E Koehn	美国	拉马尔大学（Lamar University）	3	2004、2005、2006（全1作）
Aida Guerra	丹麦	奥尔堡大学（Aalborg University）	3	2016(2)、2017(1篇1作)
Arif A Anwar	巴基斯坦	南安普敦大学（University of Southampton） 巴基斯坦国际水管理研究所（International Water Management Institute Pakistan Off） 国际水管理研究所（International Water Management Institute）	3	2013、2105、2018（全1作）
Sajjad Hussain	巴基斯坦	格拉斯哥大学（University of Glasgow） 南洋理工大学（Nanyang Technological University） 电子科技大学（University of Electronic Science & Technology of China） 巴基斯坦核科学与技术研究所（Pakistan Institute of Nuclear Science & Technology）	2	2021(2)(无1作)

续 表

作者	国家	机构	数量	发文年份
Abdul Rahman Mohd Yusoff	马来西亚	马来西亚基邦萨大学（Universiti Kebangsaan Malaysia）马来西亚工艺大学（Universiti Teknologi Malaysia）马来西亚彭亨大学（Universiti Malaysia Pahang）	2	2016(2)(1篇1作)
Anette Kolmos	丹麦	皇家理工学院（Royal Institute of Technology）南丹麦大学（University of Southern Denmark）奥尔堡大学（Aalborg University）	2	2016、2017(无一作)
David J Richards	美国	南安普敦大学（University of Southampton）	2	2015、2018(无一作)

三、基于特征词的热点分析

（一）关键词词频图谱分析

为全面反映文献包含的信息，研究将关键词锁定在文献的题目、摘要、作者给定的关键词以及附加的关键词。同时，为清晰地呈现国际工程教育专业认证领域的研究热点，研究筛选频次大于等于10的关键词，并得到关键词频次表（见表3）。

表3 国际工程教育专业认证研究的关键词频次表

序号	频次	中心性	关键词	序号	频次	中心性	关键词
01	87	0.31	accreditation	07	24	0.11	assessment
02	81	0.42	engineering education	08	21	0.1	student
03	37	0.32	curriculum	09	18	0.09	design
04	32	0.21	abet accreditation	10	17	0.09	competence
05	32	0.07	quality assurance	11	15	0.06	higher education
06	28	0.08	learning outcome	12	12	0.06	sustainability

表3中，accreditation、engineering education、curriculum、quality assurance

和 abet accreditation 等关键词的频次较高,表明学者们的研究关注点主要聚焦在与此相关的研究主题上。此外,关键词频次与其所在节点的中心性并非线性相关,综合考虑关键词所在节点的中心性后发现,上述关键词并非零散无序,而是具有相对清晰的逻辑主线:工程教育专业认证作为高等教育(higher education)的一个重要议题,其是在工程教育领域(engineering education)围绕美国工程与技术认证委员会(ABET)的认证标准(abet accreditation,EC2000),对工程教育领域的专业课程(curriculum)和学生学习成果(learning outcome)达成度等进行的专门评估(assessment)与认证(accreditation)[1],从而实现"提升高校工程专业人才的能力和技能(competence)"这一外部质量保障目标(quality assurance);这种基于 OBE 教育理念设计的标准要求高校转变教学理念,真正贯彻以学生为中心(student)的教育范式[2],而高校为获得工程专业项目认证的资格会根据认证要求进行专业设计(design);同时,随着工程教育的发展,认证的可持续性(sustainability)愈发成为关注的重点,并引起高校和工程行业的重视。[3]

(二) 关键词聚类分析

研究通过关键词聚类对工程教育专业认证领域的热点进行分析。选择共现频次不低于 10 次的关键词,合并单复数同义词,如 curriculum 和 curricula,剔除 education 等含义宽泛的关键词后,得到 8 个高频关键词 accreditation、bologna process、automatics test administration、flipped class、competencies、scope、industrial robotics 和 instructional materials development。由于聚类名称含义宽泛,通过单一审视聚类名称难以发现当前研究热点间的联系及其具体内容。因此,研究进一步阅读和分析文献,并发现上述聚类结果主要聚焦四个方面:为什么认证、如何认证、认证的范围和认证的影响。

工程教育专业认证的研究首先聚焦"为什么认证"。对于为什么进行工程教育专业认证,学界和相关组织已达成共识,即认证是为了从外部保障工程教

---

[1] Heydt G T, Bohmann L J. The Impact of ABET Accreditation on Power Engineering Educational Programs[C]//2020 52nd North American Power Symposium (NAPS),2021:1-5.

[2] Wang C, Cao Y. Difference between Engineering Program Accreditations at Baccalaureate and Master's Level: Case Study Based on ABET[J]. International Journal of Emerging Technologies in Learning (iJET),2019,14(8):155.

[3] Bilec, Melissa, M, et al. Sustainable Engineering Cognitive Outcomes: Examining Different Approaches for Curriculum Integration[J]. Journal of professional issues in engineering education and practice,2017,143(3):4017002.1.

育专业的人才培养质量,保证工程专业毕业生的能力能够适应相应行业的用人标准,满足市场对工程人才的需求。① 为此,有研究者在专门对质量保证的性质和范围进行讨论的基础上,比较认证与认可的适用情境,从而为实施认证的合理性进行辩护。② 此外,《华盛顿协议》的签订使工程教育专业认证制度具备了学位上的实质等效功能,实现了工程专业毕业生在国际就业市场上的资格互认与流动,满足了国际市场的需求。③ 由此可知,工程教育专业认证的核心价值和功能在于其外部质量保障功能④,工程人才国际流动是核心功能的衍生物。但同时应注意,工程教育专业认证的质量保障仅是在底线基础上控制工程专业的质量,其扮演的是工程教育质量的"守门员"角色,因此是否获得认证不能作为评判不同院校工程专业质量高低的依据。⑤

"如何认证"是工程教育专业认证研究的另一主题。对于"如何认证"主要包含三个方面:第一,不同国家或地区的相关组织根据自身情况设计相关认证程序与体系对本国或地区的工程教育专业项目进行认证,如俄罗斯工程教育协会(AEER)依据国际工程教育认证标准设计国家专业认证体系,并在此指导下开展本国工程专业的认证工作⑥;与其不同,加拿大在国际工程教育认证标准指导下通过民间认证机构设计的程序开展认证工作⑦。第二,在认证规则体系的指导下,高等院校的相关工程专业为获得认证资格,会依据认证标准和理念要求作出合乎规则的反应,如南非约翰内斯堡大学的机械工程专业为获得认证资

---

① Said S M, Chow C O, Mokhtar N, et al. Accreditation of engineering programs: an evaluation of current practices in Malaysia[J]. International Journal of Technology & Design Education, 2013,23(2): 313-328.

② Augusti G, Bricola V, Heitmann G. Glossary of terms relevant for engineering education[J]. E4 Thematic Network: Enhancing Engineering Education in Europe, 2003: 1-35.

③ Heydt G T, Bohmann L J. The Impact of ABET Accreditation on Power Engineering Educational Programs[C]//2020 52nd North American Power Symposium(NAPS),2021:1-5.

④ Augusti G. Trans-national recognition and accreditation of engineering educational programmes in Europe: recent developments[J]. European journal of engineering education, 2005, 30(4): 417-422.

⑤ 李志义.对我国工程教育专业认证十年的回顾与反思之二:我们应该防止和摒弃什么[J].中国大学教学,2017(01):8-14.

⑥ Chuchalin A, Shamritskaya P. Engineering programs accreditation in Russia: An academic view[C]//2016 IEEE Global Engineering Education Conference (EDUCON). IEEE,2016:171-174.

⑦ Mathur R M, Venter R D. Quality Assurance of Engineering Education in Canada: its suitability for graduates working in global markets[J]. International Journal of Engineering Education, 2000, 16(2):104-108.

质，依据认证标准和理念要求设计本专业的课程体系①，另有高校为获得认证进行专业教材开发②。为获得认证资质，还有高校开发了相关程序和工具来推进认证工作，如意大利的都灵理工学院开发了一种基于 Web 的工科学生自动评价系统③，西班牙特拉萨工程学院通过在学校构建内部质量保障体系促进该校工程专业的认证④。同时，为提高认证工作的效率和有效性，另有研究者专门开发了有助于认证的最大相互性模型⑤。第三，高校教师受认证标准和理念的影响纷纷进行课程和教学计划等的调整，开发新的课程教学模式和辅助工具⑥，如引进翻转课堂教学⑦、机器人辅助教学⑧等。在此情况下，教师由于需耗费大量时间精力准备认证而负担过重，不利于认证工作的顺利开展。为此，有研究者开发了相关工具减轻教师负担⑨。

对于"认证的范围"，现有的研究焦点主要集中在四个方面：第一，认证领域学科范围的扩展。由于传统工程学科和应用科学之间的界限愈渐模糊，工程教

---

① Maneschijn A, Bester C R. Undergraduate mechanical engineering design courses at the University of Johannesburg from an accreditation perspective [C]//2016 IEEE Global Engineering Education Conference (EDUCON). IEEE, 2016：361-368.

② Yueh H P, Chen T L, Lin W, et al. Developing Digital Courseware for a Virtual Nano-Biotechnology Laboratory：A Design-based Research Approach[J]. Journal of Educational Technology & Society, 2014,17(2)：158-168.

③ Tartaglia A, Tresso E. An automatic evaluation system for technical education at the University level[J]. Education IEEE Transactions on, 2002, 45(3)：268-275.

④ M Dolores Álvarez, Mata M, Javeir Cañavate, et al. Accreditation of Spanish engineering programs, first experiences. The case of the Terrassa School of Engineering[J]. Multidisciplinary Journal for Education Social and Technological Sciences, 2016，3(1)：133.

⑤ Damaj I, Yousafzai J. A maximum mutuality model for continuous improvement in engineering departments[C]//2018 IEEE global engineering education conference (EDUCON). IEEE, 2018：988-992.

⑥ Hussain, W., Spady, W. G., Naqash, T., Khan, S. Z., Khawaja B. A. & Conner, L. ABET accreditation during and after covid19-navigating the digital age, in IEEE Access, doi：10.1109/ACCESS.2020.3041736[J]. IEEE Access, 2020：1-50.

⑦ Alkhatib, Omar J. An interactive and blended learning model for engineering education[J]. Journal of Computers in Education, 2018,5：19-48.

⑧ Garduno-Aparicio M, Rodriguez-Resendiz J, Macias-Bobadilla G, et al. A Multidisciplinary Industrial Robot Approach for Teaching Mechatronics-Related Courses[J]. IEEE Transactions on Education, 2018, PP(1)：1-8.

⑨ Miller J. Minimizing Effort for ABET Student Outcomes Assessment while Maintaining Effective Results[C]//2016 International Conference on Computational Science and Computational Intelligence (CSCI). IEEE, 2016：365-369.

育专业认证的学科范围向外扩展,由传统工程学科延伸到应用科学领域。[1] 为此,ABET 成立了专门的委员会——应用科学认证委员会(Applied Science Accreditation Commission,ASAC)负责各应用科学专业的认证。第二,认证层次的扩展。随着工程教育专业认证作为本科工程专业教育质量的重要保障手段成为大家的共识,越来越多的人呼吁将其质量保障范围扩展到研究生层次[2],并通过比较学士与硕士学位工程项目认证的差异来构建硕士学位工程认证体系[3]。第三,认证标准范围的扩展。世界范围内工程行业的发展对工程教育提出了更高的要求,可持续性理念逐步成为其考虑的重要因素,这一理念对工程教育专业的认证标准产生重要影响,并影响认证高校的课程设计。[4] 第四,认证地域范围的扩展。工程教育专业认证以 ABET 认证的影响力最大,作为独立于政府之外的民间认证机构,其以美国为中心逐步向外拓展,并且其作为欧洲影响力最大的认证协议——《华盛顿协议》——的初始发起者之一,与欧洲多国达成认证程序和效力的实质等效协议,使得 ABET 与《华盛顿协议》成为工程教育认证领域的"领头羊",其他国家纷纷以其认证标准为基准开展本国工程专业的认证准备与筹备工作。[5] 截至 2021 年,《华盛顿协议》的签约国已达 20 个,我国于 2016 年成为其成员国之一。

"认证的影响"的研究主要聚焦于效果方面,即工程教育专业认证是否达到了工程教育质量保障以及满足利益相关者需求的预期目标。对此,学界的观点和结论莫衷一是。有研究者指出工程教育专业认证基本达成了质量保障的预期目标,其促进了专业课程和教学实践的调整,对教师的教学、课程和人才培养产生了积极影响。[6] 具体而言,工程教育专业认证调动了教师的参与率,使学生

---

[1] Phillips W M, Peterson G D, Aberle K B. Quality Assurance for Engineering Education in a Changing World[J]. International Journal of Engineering Education, 2000, 16(2):97-103.

[2] Karapetrovic S. Why and how to develop a meaningful quality assurance system in engineering schools[J]. International Journal of Engineering Education, 2002, 18(3): 285-294.

[3] Wang C, Cao Y. Difference between Engineering Program Accreditations at Baccalaureate and Master's Level: Case Study Based on ABET[J]. International Journal of Emerging Technologies in Learning (iJET), 2019, 14(8):155.

[4] M Thürer, Tomaevi I, Stevenson M, et al. A Systematic Review of the Literature on Integrating Sustainability into Engineering Curricula[J]. Journal of Cleaner Production, 2017, 181:608-617.

[5] Phillips W M, Peterson G D, Aberle K B. Quality Assurance for Engineering Education in a Changing World[J]. International Journal of Engineering Education, 2000, 16(2):97-103.

[6] Al-Yahya S A, Abdel-Halim M. A Successful Experience of ABET Accreditation of an Electrical Engineering Program[J]. IEEE Transactions on Education, 2013, 56(2): 165-173.

能够在新的专业环境中提高学业表现并获得更好的技能[①],一定程度上消除了毕业生能力和就业单位要求之间错位的问题[②],满足了工程行业的用人需求。另有研究者认为工程教育专业认证并未实现预期目标。他们认为没有证据表明认证过程对机构、学术项目和毕业生有影响。[③] 并且,当前的认证由于数据不准确等原因导致认证结果的不可靠,同时认证产生了大量的物质成本,因此认证是一种不可靠、不划算的活动。[④] 还有研究者认为工程教育专业认证部分实现了预期目标。他们认为工程教育专业认证的效果有限[⑤],参与认证的工作人员只是为了应付规则要求而采取行动[⑥],由此导致认证的结果与预期目标之间存在较大差距,具体表现在工程专业的毕业生在高等教育期间获得的能力与工作场所所需的能力之间存在差距[⑦]。

四、基于文献共被引文献的知识溯源

在文献计量学中,某一研究领域的知识基础和研究前沿主要由施引文献共同引用的文献的聚类构成[⑧],并且通过聚类形成的引文网络可以向前追溯知识

---

① Akhter F, Ibrahim Y. Intelligent accreditation system: A survey of the issues, challenges, and solution[J]. International Journal of Advanced Computer Science and Applications, 2016, 7(1): 477-484.

② Volkwein, J. F., Lattuca, L. R., Harper, B. J., & Domingo, R. J. measuring the impact of professional accreditation on student experiences and learning outcomes[J]. Research in Higher Education, 2007, 48(2), 251-282.

③ Volkwein J F, Lattuca L R, Harper B J, et al. Getting in Sync: The Impact of Accreditation on Student Experiences and Learning Outcomes[J]. Online Submission, 2006.

④ Kantemyrova R, Perevozniuk V. Accreditation of Higher Engineering Education in the USA: American Scientists' Estimation[C]//2019 IEEE International Conference on Modern Electrical and Energy Systems (MEES). IEEE, 2019: 430-433.

⑤ Abou-Zeid A, Taha M A. Accreditation process for engineering programs in Saudi Arabia: Challenges and lessons learned[C]//2014 IEEE Global Engineering Education Conference (EDUCON). IEEE, 2014: 1118-1125.

⑥ Akhter F, Ibrahim Y. Intelligent accreditation system: A survey of the issues, challenges, and solution[J]. International Journal of Advanced Computer Science and Applications, 2016, 7(1): 477-484.

⑦ Pais-Montes C, Freire-Seoane M J, López-Bermúdez B. Employability traits for engineers: A competencies-based approach[J]. Industry and Higher Education, 2019, 33(5): 308-326.

⑧ 陈超美,陈悦,侯剑华,等. CiteSpace II:科学文献中新趋势与新动态的识别与可视化[J]. 情报学报,2009(3):401-421.

的源头,向后可以把握知识发展的脉络[①]。研究检索的 359 篇施引文献共包括 807 篇被引文献。通过 CiteSpace 对共被引文献进行聚类,研究得到 5 个聚类(见表 4),聚类结果符合标准。为进一步把握聚类结果所包含的内容和信息,研究在结合施引文献与被引文献关键词的基础上,对文献内容进行进一步阅读。

表4 国际工程教育专业认证研究共被引文献聚类(1991—2021)

编号	文献数量	S值	平均年份	聚类名称
0	33	0.978	2015	program outcomes
2	27	0.993	2011	entry-level positions
4	20	0.989	2007	cultural competency
5	18	0.943	2015	content based education
9	15	0.982	2017	curricular alignment

表中包含的聚类结果具有一条清晰的逻辑主线,它构成了当前国际上工程教育专业认证研究领域的知识基础和研究范围,即工程教育专业认证是工程人才达到就业市场要求的准入门槛,其通过强调培养过程中学生的中心地位,并根据 OBE 和持续改进理念来进行课程的调整和设计,以保证工程专业的毕业生能够适应不同文化环境的岗位要求。

聚类结果中排序第一的是 0 号聚类"program outcomes",共包含 33 篇文献,平均发表于 2015 年。"program outcomes"中包含的被引文献集中体现了以"学生学习成果"为导向的认证理念,它既从结果层面规定了认证效果的衡量标准,也从过程层面一般性地限定了进行认证的实施路径,由此成为工程教育专业认证实践的指导方向和研究基础。基于"学生学习成果"的认证是 OBE 理念在工程教育领域延伸的具体体现,核心在于基于结果的学习和持续的质量改进[②],在其影响下所有为认证而开展的工作都要与此目标相契合。该理念于 1994 年由美国工程与技术认证委员会(ABET)引入工程领域,并成为工程教育专业认证标准 EC20000 的指导思想。这一理念的引入是由于之前的认证标准

[①] 李杰,陈超美.CiteSpace[M].北京:首都经济贸易大学出版社,2017:142.
[②] Ahmad N, Qahmash A. Implementing Fuzzy AHP and FUCOM to evaluate critical success factors for sustained academic quality assurance and ABET accreditation[J]. Plos one, 2020, 15(9): e0239140.

存在诸多不足[1],如标准过度详细且庞杂,导致认证所具有的外部质量保障功能被削弱。为解决这一问题,1994 年美国工程与技术认证委员会与国家科学基金会(NSF)和工业界联合研制了新的工程标准 EC2000,其包含 11 项学生学习成果,并从知识、行为和态度等层面对成果类型作了规定。[2]

排序第二的 2 号聚类"entry-level positions"和排名第三的 4 号聚类"cultural competency"内含着同一知识基础。其中 2 号聚类包含 27 篇文献,平均发表时间为 2011 年;4 号聚类包含 20 篇文献,平均发表时间为 2007 年。这两大聚类主要反映的是经过认证的工程专业毕业生所具备的能力是否与岗位要求相匹配以及如何使其匹配。在此,工程专业毕业生的能力、技能和素养构成了这一方向的知识基础,并成为研究的着力点。基于此,有研究者通过探究不同能力对专业实践的相对重要性后,将能力分为高阶能力群和低阶能力群[3];另有研究者以胜任力理论为支撑对工程专业的毕业生应具备的能力、技能和素养等进行探究,并在此基础上构建了与岗位要求相匹配的胜任力模型[4];还有研究者通过对能力形成过程的研究来为反思性和创新性课程设计提供证据[5]。值得注意的是,尽管这两大聚类分析共享同一知识基础,但本质上它们形似而神异,与 2 号聚类侧重行为和投入等方面的可习得能力和技能相比,4 号聚类更多反映的是工程专业毕业生的文化适应能力,包括适应多样化项目的能力[6]和适应工程团队文化氛围的能力[7]等。

5 号聚类"content based education"排名第四,包含 18 篇文献,平均发表时

---

[1] Yeargan J, Aldridge D, Jacobson I, et al. ABET engineering criteria 2000[C]//Proceedings Frontiers in Education 1995 25th Annual Conference. Engineering Education for the 21st Century. IEEE, 1995,2:3b6.1.

[2] Besterfield-Sacre M, Shuman L J, Wolfe H, Atman CJ, McGourty J, Miller RL, et al. Defining the out-comes: A framework for EC-2000. IEEE Trans Educ. 2000;43:100-110.

[3] Passow H J. Which ABET Competencies Do Engineering Graduates Find Most Important in their Work? [J]. Journal of Engineering Education, 2012, 101(1): 95-118.

[4] Male, S. A., Bush, M. B., & Chapman, E. S. An australian study of generic competencies required by engineers. European Journal of Engineering Education, 2011, 36(2), 151-163.

[5] Walther J, Kellam N, Sochacka N, et al. Engineering Competence? An Interpretive Investigation of Engineering Students' Professional Formation[J]. Journal of Engineering Education, 2011, 100(4): 703-740.

[6] Chubin, D. E., May, G. S., & Babco, E. L. Diversifying the engineering workforce[J]. Journal of Engineering Education (Washington, D. C.),2005,94(1), 73-86.

[7] Oladiran M T, Uziak J, Eisenberg M, et al. Global engineering teams-a programme promoting teamwork in engineering design and manufacturing[J]. European Journal of Engineering Education, 2011, 36(2): 173-186.

间为2015年。这一聚类中的被引文献主要体现认证的过程因素,即为获得认证高校工程专业的教师所采取的行动。这一模块的知识基础集中于课程与教学,并吸引众多研究者投身其中。有研究者通过对马来西亚工程专业认证过程的研究提出,应向学校灌输OBE教学的理念,将研究项目融入课程教学,实现科研与教学相融合的教学方式[1];另有研究者通过对工程教育百年历程的回顾提出,在新的认证理念和标准下应重点关注教与学的研究,并开发合作式学习和探究式学习方法以提高学生的参与度。[2]

排名第五的9号聚类"curricular alignment"包含15篇文献,平均发表时间为2017年。这一聚类与4号聚类一样,均反映出成为工程专业人员应该具备的文化能力,但与4号聚类强调适应不同情景和团队文化等能力不同,9号聚类更侧重工程专业人员应该具备的道德、伦理意识和行为能力。参考这两大聚类的平均发表时间可以发现,对工程专业人员文化和道德等软技能的要求实际上是随着工程行业环境的变化而增加的。由此,道德和伦理成为这一聚类模块的知识基础。有研究者通过将实用主义哲学和伦理学相结合,构建了工程伦理的实践框架,以期强化工程专业人员的道德行为,并进一步使工程专业人员在面对不确定和突发事件时能够具备采取谦逊行为的意识[3];另有研究者通过关乎道德意识如何预测道德行为,构建了道德意识与行为相结合的模型,以此来建立工程教育工作者的信心和学生的职业认同。[4]

五、基于文献突现节点的研究趋势预测

研究趋势指在特定领域内科学家积极引用文章的主要部分,并在某一时间段以突现文献为基础的一组文献所探究的科学专题。[5] 研究运用CiteSpace对检索得到的359篇文献进行共被引网络突现节点分析。突现节点表示某一文献在某一时间段内被引的频次忽高忽低,能够一定程度上呈现某一研究领域的

---

[1] Said S M, Chow C O, Mokhtar N, et al. Accreditation of engineering programs: an evaluation of current practices in Malaysia[J]. International Journal of Technology & Design Education, 2013, 23(2): 313-328.

[2] Froyd, J. E, Wankat, et al. Five Major Shifts in 100 Years of Engineering Education[J]. Proceedings of the IEEE, 2012, 100(Special): 1344-1360.

[3] Nair I, Bulleit W M. Pragmatism and Care in Engineering Ethics[J]. Science and Engineering Ethics, 2019, 26: 65-87.

[4] Bairaktarova D, Woodcock A. Engineering Student's Ethical Awareness and Behavior: A New Motivational Model[J]. Science & Engineering Ethics, 2017, 23: 1129-1157.

[5] 潘黎,孙莉. 国际生涯教育研究的主题、趋势与特征[J]. 教育研究, 2018, 39(11): 144-151.

研究走向。最终，研究在共被引网络中得到2篇高被引突现节点文献(见表5)。在结合文献内容和被引历史转折图(见图4)的基础上，对工程教育专业认证领域的国际研究趋势进行探究。

表5 国际工程教育专业认证突现节点文献

序号	被引频次	突现率	作者	年份	文献名称
1	13	4.4	Al-Yahya SA	2013	A Successful Experience of ABET Accreditation of an Electrical Engineering Program
2	9	4.24	Passow HJ	2012	Which ABET Competencies Do Engineering Graduates Find Most Important in their Work?

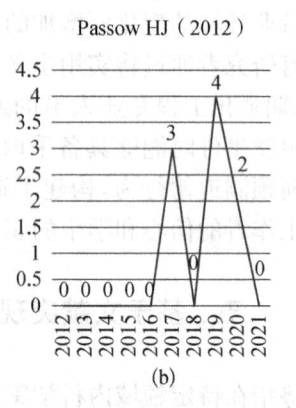

图4 国际工程教育专业认证最新趋势节点文献被引历史转折图

(一) 工具开发将成为获得认证的着力点

在国际工程教育专业认证研究共被引网络中，被引频次最高的文献是沙特阿拉伯学者苏莱曼A.亚希亚(Al-Yahya SA)于2013年发表的文章。该文对沙特阿拉伯达卡西姆大学工程学院获得ABET认证所遵循的程序和因素进行了说明，并且这种精心设计的程序工具是促进工程专业认证目标达成的重要因素。从被引历史转折图4(a)中可以看出，该文自2013年发表后，逐步引起其他国家的学者关注，并在2017年至2021年连续五年被引用，成为这段时期的研究热点。

通过对施引文献内容进一步阅读发现，所有施引文献关注的焦点均集中于"如何开发有利于获得认证资格的工具"方面，如有学者在评估了几种不同的流程和方法后,提出了一个新的基于过程要素的框架来满足认证需求[1];另有学者为认证过程开发了一种系统的评估数据收集方法以提高认证效率[2]。在此方面,中国学者也敏锐地把握住了这一研究动态,研究并开发了能够推动中国工程教育专业认证的工具,如中国的两位学者为支持工程专业认证,基于多色集合理论,合作构建了工程本科人才培养计划的信息模型和知识推理方法[3];此外,为进一步降低认证成本、提高认证效率和管理水平,他们在之前研究的基础上构建了一个更为复杂的人才培养计划信息管理系统[4],从而为我国其他工程专业进行认证提供了借鉴和参考。这些研究集中体现了中国在参与国际工程教育专业认证方面的见解,也体现了中国工程教育融入并走向国际的决心和努力,一定程度上拓展了国际工程教育专业认证研究的文化多样性。

(二) 毕业生能力的探究重点正在发生变化

工程专业毕业生所应获得的能力是认证标准中的一个重要组成部分,它从学生学习结果层面对能力作了明确的规定,主要包括硬技能(知识运用、设计开发和问题解决能力等)和软技能(沟通、道德和团队合作等),并且这些能力已被证明对工程专业人员和行业发展至关重要——能够有效解决能力和岗位之间的结构性错位问题,满足多方需求。发表于2012年的这篇文献便是在此共识基础上展开,主要内容是"对于工作而言,工程专业毕业生认为哪些能力最重要,哪些最不重要"。结果显示,工程专业毕业生对顶级能力群(团队合作、沟通、数据分析和问题解决)的重视程度远远高于底层能力群(当代问题、实验和理解工作的影响)。由此可以看出,工程专业毕业生所需的能力已成为共识性的内容,如何对不同能力做进一步细化探究将成为未来研究的重点。

这篇文献的高被引时期位于2017—2020年。结合施引文献内容可以发现,对于工程专业毕业生能力的探究正在逐步深入。我国学者首先把握住这一

---

[1] Rashideh W, Alshathry O A, Atawneh S, et al. A Successful Framework for the ABET Accreditation of an Information System Program[J]. INTELLIGENT AUTOMATION AND SOFT COMPUTING, 2020, 26(6): 1285-1306.

[2] Rashid M. A Systematic Approach of Data Preparation for ABET Accreditation[J]. International Journal of Engineering Education, 2021, 37(1): 1-13.

[3] Gao X, Wang X. Information System of Undergraduate Training Program for Engineering Education Accreditation[C]//2019 10th International Conference on Information Technology in Medicine and Education (ITME). IEEE, 2019: 404-408.

[4] Wang X, Gao X. Information modeling and system realization for supporting engineering education accreditation process based on polychromatic graph[J]. Aslib Journal of Information Management, 2021, 73(6): 921-945.

研究转向,从学生视角出发对通用技能学习与动机之间的关系进行探究,并在此基础上开发了通用技能认知量表,推动了通用技能概念框架的建立。① 此后,国外学者开始关注这一方面,但其主要侧重于能力相对重要性的划分,如有学者通过对工程行业的考察,确定了行业雇主对工程专业人才领导力的需求,并进一步对领导力包含的要素进行了排序:主动性/信心、沟通、人际互动、团队合作和参与度②;另有学者从学生角度出发,通过对 10 203 名工程专业毕业生的调查,将 ABET 能力分为专业能力和技术能力,并在此基础上对它们的相对重要性进行评级和排序。③

六、结论与展望

研究通过对 1991—2021 年科学引文数据库 359 篇相关文献的分析,对工程教育专业认证研究的国际图景和发展趋势进行探究。研究过程中,学者们关注的本质问题是如何推进工程教育专业认证的实践进程以保证工程专业人才培养的质量,满足行业发展需求。围绕这一核心议题,学者们纷纷以独立或合作形式展开本土和跨国研究,他们在学生学习结果、能力素养和课程教学等知识基础上,将研究内容聚焦于为什么认证、如何认证、认证的范围和认证的影响等方面,但如何开发有利于获得认证资格的工具以及如何进一步探究工程专业人员所需的能力素养将成为当前及未来一段时间的研究前沿。此外,在整体把握工程教育专业认证研究国际概况的同时,仍有几个方面的内容需要未来的研究者们注意。

首先,工程教育专业认证在院校内部的落实情况有待进一步探究。当前,研究主要关注不同的国家如何推进工程教育专业认证、工科院校及其专业为获得认证资格如何行动,但对于获得认证资格后院校如何落实认证理念和规则,即获得认证资格的工程专业是否能够继续按照认证的要求和之前设计的认证方案加以贯彻,此类研究成果寥寥,且研究仅关注落实过程中的某一方面,缺乏

---

① Chan C K Y, Zhao Y, Luk L Y Y. A Validated and Reliable Instrument Investigating Engineering Students' Perceptions of Competency in Generic Skills[J]. Journal of Engineering Education, 2017, 106(2):299-325.

② Hartmann B L, Stephens C M, Jahren C T. Validating the importance of leadership themes for entry-level engineering positions[J]. Journal of Professional Issues in Engineering Education and Practice, 2017, 143(1):04016016.

③ Passow H J. What Competencies Should Undergraduate Engineering Programs Emphasize? A Dilemma of Curricular Design that Practitioners' Opinions Can Inform[D]. 2008.

对整体落实过程以及落实过程中人的行动选择的关注。因此,认证在院校的落实情况应成为未来研究的关注点。

其次,研究应注重理论分析框架的作用。工程教育专业认证本身是一个系统,既涉及人、财、物等资源的配置,也涉及部门间的协调、规则体系的理解等,对其进行研究需构建合适的理论分析框架,从而由表及里地对认证活动进行剖析和思考。但已有研究缺乏相应的理论分析框架,使得研究停留在现象呈现层面,对现象背后深层信息的挖掘不够深入。因此,未来研究者应增强理论意识,通过构建合适的理论框架来对认证的相关内容进行分析。

最后,在线认证的可行性和有效性应引起学者的关注。当前全球已进入疫情常态化阶段,人类与病毒将在一段较长的时期内共存。在此环境下,工程专业认证的传统实践方式必须做出调整以适应常态化的疫情环境。对此,在线下认证之外,通过网络平台实施在线认证可成为适应并应对疫情的有效突破口,它一方面可以应对疫情等突发情况,另一方面能够节约认证产生的大量成本。因此,在线认证的可行性及有效性应引起研究者的关注。

中美大学生学情调查工具的比较分析及启示

陈静漪 张 慧[①]

摘 要：大学生学习情况是感知和评价高等教育质量的重要指标。21世纪以来国内外围绕"大学生学习"开发了多种调查工具，并获得广泛应用。其中NSSE、SERU、NSSE-China、NCSS、CCSEQ调查工具以促进大学生学习与发展为目标，围绕大学生学习的内、外因素构建了较为完善的指标体系。通过对这五个调查工具的比较分析发现，学生个人及家庭信息、高校学习环境、学业挑战、师生关系、学习参与度、学习主动性和学习收获等指标具有常模属性，是大学生学情调查工具的共性指标，同时各学情调查工具又呈现差异化特色。学情调查工具中的常模指标和特色指标对进一步开发和完善我国大学生学情调查工具具有重要参考价值，同时对提升我国本科人才培养质量也有重要的启示意义。

关键词：大学生学情；学情调查；指标体系；人才培养

2018年，为深入贯彻习近平新时代中国特色社会主义思想，加快形成高水平人才培养体系，教育部印发《关于加快建设高水平本科教育 全面提高人才培养能力的意见》（简称"新时代高教40条"），决定实施"六卓越一拔尖"计划2.0。[②]该文件要求高校秉持"以本为本"教学理念，把本科教育放在人才培养的核心地位。"以本为本"是由本科教育的基础地位作用决定的。本科教育是研究生教育的重要基础，没有优秀的本科毕业生，研究生教育就没有支撑，而且本科教育在高等教育体系中体量规模最大，本科生培养质量直接影响到我国高层次人才培养质量的整体水平。同时，"以本为本"是由本科教育的本质属性决定的。本科教育引导学生夯实知识基础，塑造价值观念，接受专业训练，练就独立工作能力[③]，为社会提供创新精神的高素质专门人才。另外，本科教育教学质量

[①] 作者简介：陈静漪，河海大学公共管理学院副教授，硕士生导师，教育学博士，研究方向为教育经济、高等教育管理；张慧，河海大学公共管理学院硕士研究生，研究方向为高等教育管理。

[②] 教育部关于加快建设高水平本科教育全面提高人才培养能力的意见[EB/OL].(2018-09-17)[2021-10-24].http://www.moe.gov.cn/srcsite/A08/s7056/201810/t20181017_351887.html.

[③] 陈宝生.在新时代全国高等学校本科教育工作会议上的讲话[J].中国高等教育,2018(Z3):4-10.

也是高校质量的基础,而教学质量的根本是学生的学习质量。大学生作为高等教育的主体,其学习质量是高校本科教学和人才培养的真实体现,也是高等教育质量提升的根本。[①] 因此,系统了解大学生学习情况、科学评价大学生学习质量、厘清大学生学习的影响因素成为教育理论和实践关注的核心问题。

自21世纪以来,发达国家都对大学生学习质量的影响因素进行了深入的研究,并把学情调查作为高等教育改革发展的参考依据。如美国"全国大学生学习性投入调查"(NSSE),其调查结果被广泛运用于高等院校改进教育质量、学生学校选择以及社会匹配认证等方面。[②] 各州高教评鉴系统也运用NSSE调查结果来衡量院校办学达标情况,比较不同院校间学生的表现,并利用这些评估数据追踪院校的教学改进等。英国每年开展的全国大学生调查(National Student Survey,简称NSS),已成为英国高等教育质量保障体系的重要组成部分。通过系统收集和分析应届本科毕业生的学习体验和评价数据:一方面为大学生提供院校培养质量信息以帮助其选择更适合的学校与专业;另一方面也为高校内部质量改进提供必要的信息帮助。[③]

相较于国外学情调查的深入开展,国内高校对学情的研究分析起步较晚,但发展速度较快。2007年,清华大学教育研究院与印第安纳大学启动NSSE的汉化工作,共同推动了"中国大学生学习性投入调查"(NSSE-China)的开发、试测和推广。全国先后共有一百多所院校参与了该调查,连续多年发布了《清华大学本科生教育学情调查报告》,对于改进学校教育过程,提高本科教育教学质量,起到了积极的促进作用。[④] 除此之外,还有厦门大学主持开展的全国大学生学习情况调查以及南京大学参与的国际研究型大学本科生学习经历调查等,越来越多的高校开始参与到大学生学情调查之中。但总体而言,我国对国外成熟学情调查工具的引入和修正,对本土学情调查工具的开发和应用都有待加强。

因此,本文从学情调查工具的指标体系与主题出发,对国内外具有代表性的学情调查工具进行系统的阐释与比较分析,归纳出具有普适性的学情调查工具常模和各个调查工具的特色。这一方面有助于完善我国大学生学情调查指标体系、开发更具本土特色的大学生学情调查工具;另一方面也有助于引导高校充分利用学情调查工具,重视本科人才培养,从关键指标上提升我国本科人才培养质量。

---

① 史秋衡,邢菊红. 国家大学生学习质量2013年度报告[J]. 中国高等教育评论,2014,5(00):39-63.
② KUH G D. The national survey of student engagement: Conceptual and empirical foundations[J]. New Directions for Institutional Research,2009,(141):5-20.
③ 邵宏润,迟景明. 基于学生体验的英国高等教育质量评价——"全国大学生调查"的形成、体系与问题解析[J]. 外国教育研究,2016,43(10):101-117.
④ 史静寰. 走向质量治理:中国大学生学情调查的现状与发展[J]. 中国高教研究,2016(02):37-41.

一、中美大学生学情调查工具阐释

纵观国内外,对大学生学情调查的工具丰富多样,本文基于可搜集资料的丰富度以及大学生的高质量学习角度,选取了当前中美两国使用率高、学情评价体系较成熟的五大学情调查工具。

(一) 全国大学生学习性投入调查(NSSE)工具分析

"全国大学生学习性投入调查"(National Survey of Student Engagement,简称 NSSE)是针对全美四年制本科院校学生投入高层次学习和发展程度的年度调查。1999 年由全美高等教育管理系统中心的八位专家组成研究团队开发而成,主要调查对象为四年制大学院校中的一年级和四年级学生。2013 年以来,NSSE 进行优化升级,评价指标细化、突出重点,主要包括四大维度及十项指标(详见表1)。

表 1 NSSE 学情调查指标体系

维度	指标	观测点
学业挑战	高阶性学习	所学知识具有挑战性
	反思性与整合性学习	探究知识相关性 理论知识运用于实际问题
	学习策略	运用有效方法学习
	逻辑推理	学习过程中将知识融会贯通
同伴学习互动	合作学习	与同学协作完成任务、请教学习问题
	多元化交流	同学间合作交流
教师经验	师生互动	师生探讨学术问题;共同参加活动
	有效教学实践	教师的教学准备
校园环境	交往互动质量	对学生学习、人际交往等方面提供帮助
	校园环境支持性	对学生服务社会、组织校园活动提供支持

资料来源:http://nsse.indiana.edu/NSSE-2013-results/index.cfm. NSSE's Conceptual Framework (2013)EB/OL.https://nsse.indiana.edu/nsse/about-nsse/conceptual-framework/index.html.

NSSE 构建了以学习目标为基础,学习动机和学习策略为途径,学习收获为结果的大学生学习性投入指标体系。其中在学习目标上,学业挑战指标关注学生的高阶性学习情况,包括学习过程中的知识运用、知识融通和学习策略等,旨在通过学生学习动机导向高质量的学习结果。在学习互动上,指出主动合作学习意味着学生自主投入学习,并积极地思考将所学知识运用于不同实际问题,学生学习互动性越强,其学习收获越多。教师经验指标关注学习过程中的师生互动情况,强调以学生为主体的、学生与教师之间相互影响促进的学习过程。最后在条件保障方面,校园环境支持指标既包括与学生学习直接相关联的资源条件,如图书馆、学生学习中心等,也包括学生学习软环境,如良好的校园文化、提升学生学习质量的制度规则等。校园环境作为学生学习发生的场所,在一定程度上决定了学生学习的有效性。

NSSE学情调查聚焦大学生的投入质量,关注学生真实的学习经历和大学期间的整个就读过程。[1] 通过对学生学习情况的综合评价,一方面高校可以了解学生的学习效果和发展现状,为学生下一步学习提供建议和指导;另一方面也有助于高校全面了解学校教学情况,明确自身的优势与不足。NSSE围绕学生的学习与发展,创新了高校人才培养质量信息采集的内容和途径,为高校诊断和改进本科教育质量、为学术界开展高等教育质量问题研究、为社会了解大学教育质量和大学生学习就读经验提供信息支持和咨询服务。[2]

(二) 研究型大学本科生学习经历调查(SERU)工具分析

2003年,美国加州大学教授与伯克利分校高等教育研究中心共同开发了"研究型大学本科生学习经历调查"(Student Experience in Research University,简称SERU),旨在了解研究型大学的教学水平,评价研究型大学本科生教育教学质量。[3] 该工具调查的内容主要包括背景信息、学生生活目标、时间分配、学习参与、师生互动、校园氛围、学生能力发展,以及收获满意度等多个指标,是对本科生就读期间学习成果的综合调查(详见表2)。

---

[1] KUH G D. Assessing What Really Matters to Student Learning: Inside the National Survey of Student Engagement[J]. Change, 2001, 33(3): 10-17.

[2] PIKE G R. NSSE Benchmarks and Institutional Outcomes: A Note on the Importance of Considering the Intended Uses of a Measure in Validity Studies[J]. Research in Higher Education, 2013, 54(2): 149-170.

[3] 程明明,常桐善,黄海涛. 美国加州大学本科生就读经验调查项目解析[J]. 清华大学教育研究,2009,30(06):95-103.

表 2 SERU 学情调查指标体系

维度	指标	观测点
输入	个人信息	学生性别、专业等个人基本信息
	家庭信息	父母受教育水平、家庭收入等
	教育经历	学生择校缘由、过往学习经历等
环境	学生生活和目标	校园生活感知;就读大学目标规划
	时间分配	课程学习;课外研习与社会实践;社区服务活动;休闲娱乐
	学习参与	挑战性学习;学习策略;与同伴、教师合作频度
	师生互动	有效教学实践;教师对学生的学习支持;师生探讨学术问题、共同参加课内外活动
	校园环境氛围	院校知名度;多样化学习环境;对学生关注度
输出	学习收获	学术研究能力;量化分析能力;网络技能;自我认知能力;口头表达能力;阅读写作能力;文化欣赏能力;共情能力;交往能力;领导能力
	学习满意度	学校认同感;大学学习经历满意度;大学社会经历满意度;院校服务满意度
	收获评价	对学校各方面的专业评价;自我能力评价

资料来源:SERU Survey Design EB/OL. https://cshe.berkeley.edu/seru/about-seru/seru-surveys/ugseru-survey-design.

  SERU 构建了以大学生能力增长为核心的学习收获评价指标体系。其中学生个人信息、教育经历和父母家庭背景为了解学生学习经历、分析其学习影响因素提供支持。时间分配体现学生在课内外活动中投入的时间与精力状况,与学习相关的活动投入越多,其学习质量则越佳;学生生活和目标是对学习就读目标的规划,是学生时间分配和学习参与程度的基础。明确的大学就读目标规划,体现了学生积极的学习动机,学生的学习参与度越强,则其能力发展越好,自我能力评价也就越高;师生间的交流互动以及校园所提供的学习氛围、教育资源对学生学习收获、能力发展有很强的相关性。良好的师生关系以及浓厚的学习氛围是学生人际交往能力、学术研究能力提升的基础。同时,学生能力发展、学习收获与就读院校满意度也有相关性。一般而言,学生的学习收获越高,学生对在读院校的满意度也越高。

基于增值评价理念，SERU 关注个体及校内外各种因素对学生学习成果和能力增值的变化，重点考察大学生学习结果情况。尤其注重对学生学术研究能力、实践应用能力、自我认知理解力以及社交表达能力的评价，旨在掌握本科生就读期间的体验与质量，体现了"研究性"特征。①

（三）全国大学生学习性投入调查(NSSE-China)工具分析

"全国大学生学习性投入调查"(National Survey of Student Engagement-China，简称 NSSE-China)，在借鉴 NSSE 可比指标的基础上，构建了我国本土化的学情调查指标体系，围绕"个体学习诊断""院校分析"和"体系分析"三个层次目标，为调查院校提供多维的人才培养质量监测和分析数据，为院校改进人才培养过程、构建内部质量保障体系提供支持。

从整体上看，NSSE-China 工具的核心概念是"学习投入"。一方面是学生主动投入学习活动中的精力和努力，主要包括主动合作学习、师生互动、教育经验丰富程度等要素；另一方面是院校为吸引学生参与学习活动中而做出的努力和制度支持，主要包括学术挑战度和校园环境支持度等要素（详见表3）。② 其中，学业挑战度是衡量大学生学习质量和大学教育质量的核心指标，富有挑战性的教育实践活动是高校鼓励大学生积极投入学习的重要表征。合作学习、师生互动和教育经历等指标主要关注大学生的学习过程，通过学生间的合作学习、师生间的有益互动以及大学生自身的教育经历，来进一步表征大学生学习投入的深度和广度。校园环境支持度既包含为学生提供学业支持，也包含师生、同伴之间人际交往支持。校园环境支持与学术挑战、同伴学习合作以及师生互动紧密相关。一般而言，校园支持度越高，学术挑战度越大；学生与教师、同伴之间的交流互动越频繁，学习投入度也越高。

表3　NSSE-China 学情调查指标体系

主题	指标观测点
学业挑战度	课程强调高阶知识的习得与运用； 课程强调知识融会贯通； 学生一学期内的写作量与阅读量； 学生在学习上投入大量时间

---

① SERU. SERU Advantage—Being True to the "DNA" of the Research University Expe-rience [EB/OL]. (2010-05-11)[2021-10-26]. http://cshe.berkeley.edu/research/seru/advantage.html.
② 杨立军,韩晓玲.基于 NSSE-CHINA 问卷的大学生学习投入结构研究[J].复旦教育论坛,2014,12(03):83-90.

续 表

主题	指标观测点
主动合作学习水平	课上主动提问、回答问题;主动学习并运用所学 课内外与同学交流探讨;主动帮助或辅导同学
生师互动	师生关系融洽度;主动向教师请教; 师生共同讨论、参加活动;教师有效教学实践
教育经历丰富程度	社会实践及志愿服务;参加学术交流、竞赛; 报考专业技能考试;外语掌握等海外学习经历
校园环境支持程度	师生学业沟通与成长沟通支持; 对学生学业、社交、生活的支持

资料来源:NSSE-China 2012 问卷使用手册[Z].清华大学教育研究院,2013:7.

随着国家对大学生学情的重视,清华大学通过重构指标体系、自主设计量表,正式开发出从入口到出口的大学生学习与发展追踪调查(Chinese College Student Survey,简称 CCSS)。相较于注重大学生学习投入过程的 NSSE-China,CCSS 通过构建综合分析指标、教育过程诊断指标、学习诊断指标和社会称许性四大指标主题,在内容上涵盖了学生基于个体和互动的行为投入、认知投入及情感投入,实现了从最初生源信息到在校学习过程再到就业的全覆盖。[①]

(四)国家大学生学习情况调查(NCSS)工具分析

"国家大学生学习情况调查"(National College Student Survey,简称 NCSS),是 2011 年由厦门大学史秋衡教授团队开发,主要关注我国大学生学习观、学习动机、学习策略以及学习收获等指标。通过开展全国性的调查,旨在探究大学生学习情况的影响因素及其结果。

NCSS 设计了六大评价维度,涵盖了大学生学习全过程,包括学习前置要素、过程要素和结果要素(详见表 4)。学习前置要素包含背景信息和学生的学习观念,其中学生背景信息关注学生个体特征、家庭信息以及入学前的经历。学习观关注学生个体对知识和学习的认知观念,为了解学生学习经历、分析其学习质量影响因素提供支持;学习过程要素包含学生对课堂环境感知、学习动机和学习策略,其中课堂环境感知关注教师教学方式、师生互动和学生之间交流情况。学习动机和学习策略关注学生面对学习任务时可能的动力倾向和采

---

① 王文.中国大学生学习投入的内涵变化和测量改进——来自"中国大学生学习与发展追踪调查"(CCSS)的探索[J].中国高教研究,2018(12):39-45.

取的处理措施,通过激发学生学习动机和高效学习策略以导向高质量的学习结果。学习结果要素主要指学习收获,关注学生在专业知识、实践技能以及人际交往、情感价值观等各方面所得收获,是大学教育效果的表征。学习前置要素、过程要素共同作用和影响学习结果要素,三者共同构建了大学生学习质量理论模型①,这为 NCSS 开展科学调查和研究提供了理论依据,也为国家高等教育质量提升和高校内涵发展提供了有效的抓手。

表4 NCSS 学情调查指标体系

维度	指标	观测点
背景信息	个人信息	性别、年级、专业、中学毕业院校等
	家庭信息	父母职业、受教育水平; 家庭经济收入与阶级层次
学习观	应用知识学习观	学习是提高综合能力; 在需要时运用知识解决问题
	记忆知识学习观	学习是记忆知识应付考试; 是单纯知识量的增加
课堂体验	教学方式	教师教学准备充分;考虑学生感受; 课上鼓励发言;启发学生思考; 组织小组讨论等
	学生主体	学生清楚教师教学目标; 教师积极反馈学生需求等
	师生关系	师生共同讨论学习;共同参加活动等
	学习自由度	学生自由选择学习任务、表达学术观点
学习动机	内在学习动机	基于浓厚学习兴趣;主动学习、提升能力
	外在学习动机	对学习无任何兴趣;应付考试、顺利毕业
学习策略	主动思考	主动思考、提出质疑; 习惯反思与学习定期总结
	消极学习	单纯记忆背诵; 从不进行反思和学习总结

---

① 史秋衡,王芳. 国家大学生学习质量提升路径研究[M]. 厦门:厦门大学出版社,2018:34-39.

续 表

维度	指标	观测点
学习收获	专业知识	专业理论知识与学术技能；问题分析能力
	通用技能	环境适应能力；人际交流合作能力；理解共情能力

资料来源：史秋衡，汪雅霜.国家大学生学情调查研究：大学生学习情况调查研究[M].北京：教育科学出版社，2015.

（五）中国大学生就读经验问卷调查(CCSEQ)工具分析

2001年，北京师范大学周作宇教授汉化修订出"中国大学生就读经验问卷"（Chinese College Student Experience Questionnaire，简称 CCSEQ），该学情调查工具主要测量的是大学生学习生活情况和就读经验收获，涵盖了影响学生学习成长和收获的四大变量：学生的背景信息、学生在校期间学习经验、学生对校园环境的感知以及学习收获和自我评价（详见表5）。

表5　CCSEQ学情调查指标体系

维度	指标	观测点
背景信息	个人基本信息	年龄、性别、年级、专业等
	家庭情况	父母职业、受教育程度、家庭年收入
	学校特征	招生层次、师生比、教育资源等
学习经历	课程学习	课堂学习主动性；阅读写作、学术研究完成度
	课外学习	课程相关拓展活动；志愿服务、社会实践等
	师生互动	向老师寻求学习帮助、交流学习问题
	同伴交往	与同学交流讨论、相处融洽度
校园环境感知	学术环境	学术研究氛围；强调学科和智力品质
	实用环境	相关硬件设施；强调职业发展胜任能力
	人际环境	同伴沟通交流、人际关系氛围；校园环境卫生

续 表

维度	指标	观测点
学习收获	通识能力发展	专业知识、学术研究能力
	实践能力发展	思维逻辑、实践操作技能
	科学技术能力发展	网络信息技术能力
	社会性发展	价值观、人际交往、就业能力
	就读收获评价	自身能力发展自我评价；学校对学生能力发展重视评价

资料来源：http://cesq.iub.edu/周廷勇、周作宇.高校学生发展影响因素的探索性研究[J].复旦教育论坛,2012(3):48-55.

首先,学生的背景特征主要包含个人、父母家庭以及学校教育层次等基本信息,为了解学生学习经历、学习行为提供支持。其次,大学生在校学习行为是其学习收获的表征,既包括学生的专业课程学习参与,也包括课外实践学习、师生交流互动和同伴合作学习。再者,大学生对校园环境的感知一方面体现在院校提供的与学生学习直接相关的资源条件,如学术论坛、学科讲座、职业技能培训等;另一方面也包含同伴交流等校园人际关系氛围和校园卫生环境。最后综合来看,大学生在校期间学习行为对学生的学习发展有直接的影响作用,而学生的背景特征、对校园学术及人际环境的感知则对其学习收获起间接作用,三者共同决定了大学生的成长与发展。

CCSEQ通过对大学生就读经验的分析和评价,揭示了高校教育过程"黑箱"中的具体情况[1],收集到不同背景学生在学习参与、师生交往、环境交互以及学习收获等方面的信息。这一方面有利于高校教师为提升大学生学习质量和发展水平提供专业指导和支持;另一方面也让高校充分了解了自身的教育过程及办学现状,积极改进大学生学习生活环境,提升学校教育教学管理水平。

二、中美大学生学情调查工具的对比分析

(一) 指标共性与工具常模

总体来看,中美大学生学情调查工具均遵循学生发展的相关理论,以学生

---

[1] 周作宇,周廷勇.大学生就读经验:评价高等教育质量的一个新视角[J].大学(研究与评价),2007(01):27-31.

为主体,以提升学生学习质量、促进学生发展为目的,在调查工具的主要指标上呈现出共性特征。其调查工具常模包括:一是学生背景信息,主要包括学生个人基本情况和家庭情况,常作为分析大学生学习行为和学习收获的自变量之一;二是学习环境,关注校园中的物理和人文环境对大学生学习和成长的支持;三是学业挑战,重点关注大学生课程挑战度、学习频率与学习策略,注重大学生高阶思维能力、反思与整合性学习以及综合能力的运用;四是学习参与,主要包括大学生学术参与、课内外实践活动与海外学习经历,重视大学生学术交流、课外研习以及志愿服务等;五是学习主动性,重点关注大学生朋辈合作、主动学习、积极探讨等学习性行为;六是师生互动,注重师生之间的双向互动、教师对学生的学业支持与有效教学实践;七是学习收获,包括大学生的学术研究与思维逻辑、表达写作、自我认知以及人际交往、工作就业等综合能力发展,重视大学生学习结果。八是满意度,包括对在读学校、学习经历以及校园生活的评价,其中重点关注大学生在校学习体验的满意度评价(见表6)。

表6 中美大学生学情调查工具主要指标比较

维度	指标	NSSE	NSSE-China (CCSS)	SERU	NCSS	CCSEQ
学生背景	个人基本情况	√	√	√	√	√
	父母情况	√	√	√	√	√
	家庭情况	√	√	√	√	√
学习环境	校园环境	√	√	√	√	√
	生活环境					√
学习观	提升能力				√	
	应付考试				√	
学业挑战	课程挑战度	√	√			
	深度学习	√		√		√
	学习策略	√	√	√		
	学习频率	√	√		√	
	综合能力运用	√	√			
学习参与	学术活动					
	课程准备		√	√	√	√
	课外研习	√	√	√	√	√
	志愿实践	√	√	√	√	√
	海外学习		√	√	√	√
	技能培训		√			

续 表

维度	指标	NSSE	NSSE-China (CCSS)	SERU	NCSS	CCSEQ
学习主动性	朋辈合作	✓	✓	✓	✓	✓
	主动学习	✓	✓	✓	✓	✓
	积极探讨	✓	✓	✓	✓	✓
师生互动	双向互动	✓	✓	✓	✓	✓
	学业支持	✓	✓	✓	✓	✓
	有效教学实践	✓	✓	✓		
学习收获	学术能力	✓	✓	✓	✓	✓
	思维能力	✓	✓	✓	✓	✓
	表达能力	✓	✓	✓	✓	✓
	认知能力	✓	✓	✓	✓	✓
	交往能力			✓	✓	✓
	就业能力			✓		
收获评价	自我能力发展评价			✓	✓	
	学校学习支持评价			✓		
满意度	对学校的满意度	✓	✓	✓		✓
	对学习经历满意度	✓	✓	✓	✓	
	对校园生活满意度					✓

（二）指标个性与工具特色

由于中美学情调查工具的目的和侧重点各不相同，所以每个调查工具在指标维度和观测点上呈现出各自的特色：NSSE关注大学生的学业挑战、SERU关注大学生学术能力的获得、NSSE-China关注大学生学习经历的丰富性、NCSS关注大学生学习观、CCSEQ关注大学生学习环境。

1. NSSE关注大学生的学业挑战

NSSE学情工具主要调查大学生投入高层次学习和发展的程度。与其他调查工具相比，NSSE更关注大学生的学业挑战度，重点考察大学生所学知识是否具有挑战性、学习方式是否具有探究性、理论知识是否应用于解决实际问题、学习中是否运用有效方法和策略、学习过程中是否将知识融会贯通等，注重对大学生高阶思维能力、反思与整合性学习以及拓展性学习经验的评价。

2. SERU 关注大学生学术能力的获得

SERU 学情调查工具在开发设计时便已蕴含着对大学生学术能力发展的关注。重视大学生系统化学习后学术研究能力、逻辑思维能力、表达能力、实践技能和人际交往能力的发展情况。不仅强调学生外在知识技能的收获,也注重大学生自我认知理解力的获得,通过认识自我、接纳自我来帮助学生实事求是评价自身,客观全面地认识自己的优势与不足,同时扬长避短,实现自我价值。

3. NSSE-China 关注大学生学习经历的丰富性

作为汉化版的学情调查工具,NSSE-China 对 NSSE 进行了适当的创新和本土化改造,关注大学生教育经历的丰富程度。NSSE-China 考察大学生在所学课程之外参加的各类拓展性学习活动,其中重点关注大学生的海外学习经历和技能提升。一方面考察大学生多门语言的掌握与国际理解能力的发展;另一方面也重视大学生参加课外技能培训,积极报考技能等级考试,以不断提升自我专业能力发展。

4. NCSS 关注大学生学习观

大学生对学习的认知及观念会直接影响其学习行为。因此,NCSS 重视对大学生学习观的调查,尤其注重大学生应用型学习观的形成,强调学习不是单纯记忆知识应付考试,而是为在需要时能够用到所学知识解决实际问题,提高综合能力,实现自我发展。以 NCSS 从影响学生学习行为的因素着手,将学习观念融入学情指标体系之中,期望学生树立正确的学习观念从而导向积极主动的学习投入行为。

5. CCSEQ 关注大学生学习环境

作为大学生就读经验学情调查,CCSEQ 自汉化引入时便侧重于考查学生对大学环境的认识与体验,强调学习环境对大学生成长和发展的重要作用,对可能影响大学生行为的校园学习环境和生活环境进行了全面的评价。不仅关注校园硬件设施支持与学术氛围潜移默化的影响,也注重校园卫生环境、食堂服务态度以及同伴沟通交流、宿舍人际关系等日常生活环境对大学生学习收获的影响。

三、启　示

综合来看,中美大学生学情调查工具以促进大学生学习与发展为目标,围绕大学生学习的内、外因素构建了较为完善的指标体系。学情调查工具中的常模指标和特色指标分析不仅对完善我国大学生学情调查工具具有重要的参考价值,同时对提升我国本科人才培养质量也有重要的启示意义。

(一) 进一步完善我国大学生学情调查工具

1. 自主开发本土化学情调查工具

目前,我国常用的大学生学情调查工具基本是国外已有调查工具的汉化版,基于我国大学生学情的自主调查工具设计还不充分。基于学术研究和高校教育管理改革的需要,未来需要自主开发中国本土化的、多样性的学情调查工具。在开发路径上,首先,系统化梳理国内外已有的大学生学情调查工具,通过比较分析厘定大学生学情调查工具常模指标和特色指标,为本土化的工具设计提供参考;其次,从我国院校自身的需求和大学生学习的实际情况出发,深入大学教育环境,系统了解大学生学习的主体、因素、环境以及相关因素的运行机制。在此基础上结合院校本科人才培养方案、质量评价标准、未来人才需求规格等开发出立足我国学情,与我国经济发展阶段、社会发展水平和文化场域相契合的大学生学情调查工具。

2. 完善我国大学生学情调查指标体系

整体来看,我国已有学情调查指标体系虽较完善,但仍需要进一步系统化:其一,丰富大学生学业挑战度指标。学业挑战度与大学生的学习内容密切相关,我国学情调查指标要重视大学生在学习投入中运用综合能力进行深度学习的状态。不仅要关注大学生自主投入在高层次、挑战性知识学习上的时间,还应注重大学生在学习过程中是否积极采取有效的学习方法和策略,是否对所学知识进行反思与整合性探究并融会贯通运用于实际问题的解决。其二,细化大学生能力发展指标。我国学情调查指标应重视大学生自我认知与理解共情能力的获得,从大学生自身的学术研究、思维逻辑、认知理解、文化欣赏、人际交往、工作就业等全方位考察学生的能力发展。

（二）从关键指标上提升我国本科人才培养质量

从大学生学情调查工具中的关键指标来看，要提升我国本科人才培养质量，可以从学生、教师、高校等质量相关主体出发：大学生要树立正向学习观念，采用深层学习方式；教师要关注课堂有效教学实践，构建师生学习共同体；对于高校而言，要以学习者为中心，通过相关举措激发学生学习的主动参与性，同时优化校园学习环境，营造良好育人氛围。

1. 树立正向学习观念，采用深层学习方式

大学生作为高校学习主体，其学习投入行为在教育活动中占据重要地位。因此，要提升我国本科人才培养质量，就必须落实到学生个人身上，这就要求首先要提升大学生的学习质量，在了解自身学习能力的基础上，大学生要明确好学习目标，树立正向学习观念。其次，发挥学习主体作用，转变原有学习方式，采用深层学习方式，不断优化学习策略，提高学习效率。① 最后培养自身内在学习兴趣，积极主动投入到各项学习活动中去，充分利用学校提供的资源与条件，促进深层学习②，丰富学习收获。

2. 关注课堂有效教学实践，构建师生学习共同体

有效教学实践主要是指课堂过程有效教学③，涉及教师教学理念、角色转变、教学内容以及教学策略四个方面。首先，教师要树立有效教学的理念，注重课堂有效教学活动，把学生学习的实效性作为衡量课堂教学质量的核心指标，落实"有效地教"。其次，教师要努力实现课堂角色的转变，以学生为主体，创新教学环节与内容设计。通过启发和问题引导学生积极思考，主动获取知识，提升学生的自主学习能力，实现"有效地学"。同时，高校要对学生与教师、学生与同伴之间的学习交流互动给予充分支持。一方面，通过学习和学术活动为师生创造对话和交流平台，构建师生学习共同体，强化师生有效的交流互动④，促进学生有意义的学习，实现教学相长；另一方面，创建良好、融洽的师生关系，在学习互动中引导学生采用深层学习方式，进而有效提升本科生学习，收获质量。

---

① 刘电芝. 高效学习的追求：学习策略的研究与实践[J]. 中国教育科学（中英文），2019,2(06)：81-99.

② 史秋衡，郭建鹏. 我国大学生学情状态与影响机制的实证分析[J]. 教育研究，2012,33(02)：109-121.

③ 罗祖兵. 有效教学的过程性阐释[J]. 教育研究，2017,38(09)：99-105.

④ 李腾子，蒋凯. 通过加强师生互动提升高校教学效果[J]. 中国高等教育，2020(10)：46-48.

3. 以学习者为中心,激发学生学习主动性

在本科人才培养方面,高校首先要以学生为中心。在学习内容上,设置最优学业挑战度,优化教学内容与课程体系,鼓励学生投入时间、精力进行知识的探求,满足不同年级、不同层次学生发展的需求。其次,以高质量课程建设为路径,培养学生应用型知识学习观,引导学生通过知识学习来提高自身综合能力,实现自我发展,激发学习主动性,提高学生的学习投入水平。① 最后在课程教学之外,高校要鼓励学生积极参与学术活动,主动进行深层次学习,提升学生高阶思维和实践创新能力。

此外,高校也要改革以学生成绩为主要指标的学习评价方式,对学生的学习评价转向重点关注教学过程中学生的学习投入行为、课堂表现以及知识运用、逻辑思维能力等方面的综合发展。把学生放在学习评价的中心,关注学生在校学习经历,以学生学习体验和结果为重,关注教育教学质量。② 同时,让学生和教师成为学习评价的主体,积极表达自身学习体验与满意度,重视学生对学校学习支持的评价、对教师教学能力的评价以及对自我能力发展的评价。

4. 优化校园生活环境,营造良好育人氛围

院校环境与学生的学习成长息息相关,因此,高校要充分发挥校园文化环境对学生潜移默化的影响。重视校园学风、文化建设,提供优质的教育教学资源和学习硬件设施,营造良好的育人氛围。注重学术讲座、科研兴趣等"软件"资源开发和建设的同时③,关注学生的生活需求,改善学生生活条件,保障校园衣食住行,为学生提供生活支持。此外,高校也要关注影响本科生心理健康的交往环境,如同伴之间、舍友之间的人际交往,通过提供及时的心理服务,积极反馈学生的情感诉求,有效引导学生健康成长。

---

① 郭丽君,胡何琼. 在线教学中教师关怀与大学生学习满意度的关系:学习投入的中介作用[J]. 当代教育论坛,2022(02):42-50.
② 夏欢欢. 大学生学习评价的前沿趋势与中国路径[J]. 中国高教研究,2022(02):42-47.
③ 包志梅. 高校学习环境的现状及其对本科生能力发展的影响[J]. 江苏高教,2020(03):15-22.

线上教学环境下工具感知对大学生深度学习的影响:教学感知、学习兴趣的中介作用

曹晓静[①]

摘 要:深度学习是有意义学习的代名词。大学生的在线深度学习是考察疫情背景下全面在线教学质量的关键指标。以环境感知—深度学习理论为基础,通过调查某研究型大学 2822 名本科生线上教学期间的学习情况,检验不同环境感知变量对大学生在线深度学习发挥作用的路径模型。发现:大学生在线深度学习情况良好。影响因素中,在线教学感知普遍较高,而在线工具感知和在线学习兴趣的均值相对低。线上教学环境下,大学生的工具感知、教学感知、学习兴趣均与在线深度学习呈显著相关关系。其中教学感知、学习兴趣在大学生工具感知和深度学习的关系中具有独立中介作用;同时,教学感知、学习兴趣在大学生工具感知和深度学习的关系中满足链式中介模型的条件。

关键词:在线深度学习;在线工具感知;在线教学感知;在线学习兴趣;多重中介作用

一、研究背景

未来教育图景中,在线教育往往不可或缺,承载着人类对未来教育一切可能性的期待。在高等教育研究领域,高质量在线学习的讨论常常关联着人工智能、开放教育资源、学习分析技术等的适用性改进。关于在线教育的研究已经发现,利用在线工具的教育可以更好地服务教师教学和学生学习,例如利用学习管理系统、学生信息系统、课程数据源等追踪与评估学生学习得以满足教师、教学顾问提供早期预警的需要等。[②] "技术的整体性突破"将为包括教育方式和

[①] 作者简介:曹晓静,南京大学教育研究院硕士研究生,研究方向为课程与教学论。
[②] 兰国帅,魏家财,张怡,郭倩,张巍方,孔雪柯,王志军.未来高等教育教学:宏观趋势、关键技术实践和未来发展场景——《2021 年地平线报告(教学版)》要点与思考[J].开放教育研究,2021,27(03):15-28.

学习方式在内的领域带来巨大变革的可能性。[①]

在此次疫情影响下,各级高等院校依托现代信息技术,实现了全面线上教学,[②]保障了大学生居家时按期完成学业,也加速了高校探索在线教学的进程。尽管仍处于初步发展阶段,但是从宏观管理到微观教学的全方位线上化,推进了教育技术的多层次渗透与大规模试验,这为观察线上教学环境下大学生对全新技术在场因素"在线教学工具"的体验提供了便利。

与此同时,"线上教学实质等效"的质量保障问题也成为必须考量的重大课题。有效教学必然落脚于学习者主体的有效学习,因此教学质量的保障可以从学生的学习质量这一视角加以切入。"深度学习"(Deep Learning)作为公认的大学生学习质量测量指标[③],成为探索在线教育质量提升之道、保障之径。

依托某研究型大学在2020年初春季学期对本科生的在线学习调查,本文拟对线上教学环境下在线深度学习及其影响因素展开探究,特别考察全新的技术在场因素"工具感知"和传统教育主体因素"教学感知"对深度学习的影响,并通过纳入学习主体的情绪动机"在线学习兴趣"加以检验,来深入考察"环境感知—深度学习"经典理论框架的内在作用机制,从而为今后在线教学实践提供更具针对性的改进建议。

二、概念界定与文献综述

(一) 核心概念界定

1. 在线工具感知

基于环境感知-深度学习的理论模型,本研究试图探讨影响在线深度学习的感知要素。其中"工具",即线上教学平台中的教学、管理、反馈等一系列网络系统,贯穿大学生的整个在线学习经历,成为全新且重要的环境变量。在线工具感知是指大学生对线上教学工具使用的总体感受。与传统线下课堂相比,随

[①] 伏彩瑞,关新,朱华勇,汤敏,项贤明,张逸中,库逸轩,袁振国."人工智能与未来教育"笔谈(下)[J]. 华东师范大学学报(教育科学版),2017,35(05):13-29.

[②] 疫情下的在线教学和我——清华大学学生线上教学及疫情影响调查问卷结果统计. [EB/OL]. http://www.rcoe.edu.cn/?p=4281. /2020-06-24. /2020-08-02.

[③] Biggs J. Teaching for Quality Learning at University: What the Students does[M]. //吕林海. 大学生深层学习的基本特征、影响因素及促进策略[J]. 中国大学教学,2016(11):70-76.

时在场的在线工具是此次线上教学背景下大学课堂变化最明显的体验之一。学生经由电脑、平板、手机等可接入网络的硬件设备连接到教师与课堂,并在课程前后借助在线系统与平台确认学习任务、完成资料下载、及时互动交流、提交作业与评价等。学生在受益于互联网便利的同时,也都或多或少经历了系统或平台带来的不同困扰。因此,这一在线教学工具"好不好用""有没有用"就成为必须首先关注的重点问题。例如,疫情暴发初期,因网络承载力有限而使参与者感受到的线上平台拥堵情况严重。同时已有研究对线上教学中不同家庭背景下其网络硬件设备存在差异而可能引起教育不公等问题表达了担忧。① 基于此,本研究将在相关理论"技术接受模型"支撑下,通过考察在线教学工具的易用性和有用性程度来考量大学生的在线工具感知。

2.在线深度学习

本研究的核心概念"深度学习"作为学界公认的关键的学习结果变量,来自学习方法中的"深层法"(A Deep Approach),它以理解思想和探寻意义为目的;达至深度学习的学生"对学习具有一种内在的兴趣并希望在学习过程中得到乐趣"。②③④ 本研究将沿用已有研究基于国内外深度学习研究梳理做出的界定,认为在线深度学习就是线上教学环境下,学习者以自身经验为起点,包含知识结的建构、对知识和观点的批判性检视、理解性记忆和不断反思以及自我监控的学习过程。⑥

(二) 文献综述

1.工具感知对大学生学习质量的影响研究

基于技术接受模型,本研究将大学生对在线工具的"感知有用性"与"感知

---

① 赵宏,蒋菲,汤学黎,甄志平.在线教育:数字鸿沟还是数字机遇?——基于疫情期间在线学习城乡差异分析[J].开放教育研究,2021,27(02):62-68.

② Biggs, J. B. (1987). Student Approaches to Learning and Studying. Camberwell, Vic.: Australian Council for Educational Research.

③ Ramsden, P. (1992). Learning to Teach in Higher Education. London: Routledge. https://doi.org/10.4324/9780203413937.

④ F. MARTON and R. SÄLJÖ. ON QUALITATIVE DIFFERENCES IN LEARNING: I—OUTCOME AND PROCESS*[J]. 1976, 46(1): 4-11.

⑤ Keith Trigwell and Michael Prosser and Fiona Waterhouse. Relations between teachers' approaches to teaching and students' approaches to learning[J]. Higher Education, 1999, 37(1): 57-70.

⑥ 吕林海.大学生深层学习的基本特征、影响因素及促进策略[J].中国大学教学,2016(11):70-76.

易用性"纳入"工具感知"考察范畴,这主要受技术接受理论及相关实证研究启发。"技术接受模型"(Technology Acceptance Model,TAM)最早由戴维斯(F. D.Davis,1986)提出。[1] 该模型基于理性行为理论研究用户的在线行为,认为由感知有用性和感知易用性表征的技术接受水平通过影响用户的行为态度、意图,最终决定用户的行为。[2] 作者指出,构建该模型的目的是为了解释或预测信息技术使用的普适模型,通过该理论框架可以了解技术使用者的态度、意图以及行为倾向。[3] 随着在线学习研究的兴起,国内外学者在对学生在线学习行为的研究中沿用了该模型,一系列实证研究结果表明学生的技术接受水平(感知有用性与感知易用性)会对其学习态度、学习行为、学习情绪、学习效果、学习满意度等诸多方面产生显著的影响。[4][5][6][7][8][9]

不过,与人类教师丰富的教育智慧和教学策略相比,现有教育技术的智能水平还是比较低的,能解决的教育问题也是有限的。[10] 即使人工智能大发展以后,机器亦不能代替人的价值、剥夺人的主体性,不能简单地将教育的权利和责任完全交给人工智能,不能因使用人工智能而使教育在这场"进步"运动中逐渐丧失自身"话语权",丧失教育的意义和价值。[11] 因此,需要进一步探索线上教学

---

[1] Davis, Fred. (1985). A Technology Acceptance Model for Empirically Testing New End-User Information Systems.

[2] Fred D. Davis and Richard P. Bagozzi and Paul R. Warshaw. User Acceptance of Computer Technology: A Comparison of Two Theoretical Models[J]. Management Science, 1989, 35(8).

[3] 高峰. 教育技术的接受和采纳:几个相关理论的比较[J]. 开放教育研究,2009,15(06):37-41.

[4] Viswanath Venkatesh and Fred D. Davis. A Theoretical Extension of the Technology Acceptance Model: Four Longitudinal Field Studies[J]. Management Science, 2000, 46(2).

[5] Shu-Sheng Liaw. Investigating students' perceived satisfaction, behavioral intention, and effectiveness of e-learning: A case study of the Blackboard system[J]. Computers & Education, 2007, 51(2):864-873.

[6] Personal Learning Environments Acceptance Model: The Role of Need for Cognition, e-Learning Satisfaction and Students' Perceptions[J]. Journal of Educational Technology & Society, 2015, 18(3):129-141.

[7] Personal Learning Environments Acceptance Model: The Role of Need for Cognition, e-Learning Satisfaction and Students' Perceptions[J]. Journal of Educational Technology & Society, 2015, 18(3):129-141.

[8] 郭婉璆,冯晓英,蔡旻君. 智慧学习环境下学习者的学习效果影响因素[J]. 现代教育技术,2020,30(12):69-75.

[9] 蔡晓东,董永权. MOOC平台功能体验对平台持续使用意向的影响研究[J]. 成人教育,2021,41(02):18-23.

[10] 本刊编辑部. 2020中国教育研究前沿与热点问题年度报告[J]. 教育研究,2021,42(03):26-40.

[11] 李芒,张华阳. 对人工智能在教育中应用的批判与主张[J]. 电化教育研究,2020(3).

期间大学生的在线工具体验情况,并检验在线工具感知究竟如何作用于大学生的在线深度学习。借此深入挖掘使有意义学习发生的学习者的主体能动性,即本研究所关注的环境感知-深度学习之间的内在路径。

2. 教学感知对大学生深度学习的影响研究

20世纪80年代,拉姆斯登(Ramsden,P)等学者的研究指出,学生对课堂环境所产生的主观的"课程感知"会最大程度地影响着他们是否采用"深度学习"的方法。处在相同情景下的学生会以不同的方式来体验同一教学情景,他们对同一情景的感知因人而异,而这种差异会影响其学习方法的选取。[1] 从"客观教学"走向"教学感知"才能真正找到"深度学习"的实现之道。因此,本研究对线上教学感知主要通过三个维度的教学感知情况来考察:对教师课前准备的感知、在线讲解感知、在线互动感知。

第一,在线学习内在地包含了"学生与教师、同学、学习资料"的三方面互动。其中,学生与学习资料的互动更多的是在课堂之外的自主学习过程中发生。休斯(Hughes,2012)提出,制作和收集学习材料,保证学生在课前获取,让学生在课前掌握课程内容是将讲授的课程移到课外的策略。[2] 有助于课上更高效的教学与学习开展。有研究表明,中国大学基本能力越强的同学,课前准备也做得越好。因此试提出如下假设:对教师课前准备的感知显著影响大学生深度学习。

第二,澳大利亚学者里左(Alfred Joseph Lizzio)基于拉姆斯顿和恩特维斯特尔(Noel Entwistle)于1983年开发的包含优质讲授(Good Teaching)、清晰的目标和标准(Clear Goals and Standards)、适当的评价(Approproate Assessment)、适当的工作负荷(Appropriate Workload)、强调自主性(Independence)5个教学感知要素的课程体验问卷(Course Experience Questionnaire,CEQ)进行了研究,发现只有"优质讲授"显著正向地影响深度学习,教师讲解或讲授的质量好坏深刻影响学生的深度学习。[3] 基于此,本研究将

---

[1] Keith Trigwell and Michael Prosser and Fiona Waterhouse. Relations between teachers' approaches to teaching and students' approaches to learning[J]. Higher Education, 1999, 37(1): 57-70.

[2] Hughes, H. Introduction to Flipping the College Classroom. In T. Amiel & B. Wilson (Eds.), Proceedings of World Conference on Educational Multimedia[C]. Hypermedia and Telecommunications, 2012.

[3] Lizzio A J, Wilsonk, Simonsr. University students' perceptions of the learning environment and academic outcomes: implications for theory and and practice[J]. Studies in higher education, 2002, 27(1): 27-52.

在线讲解感知纳入线上教学感知考察范畴,试验证在线讲解感知对大学生的深度学习的影响效应。

第三,学生如何看待教师的课堂教学,影响学生对该学科的兴趣程度以及他们的学业成就。[1] 面授教学无法实现时,在线互动成为异时空条件下教师与学生产生远距离连接的唯一方式。早期国际远程教育专家迈克尔·穆尔教授(Michael Moore,1989)认为,在线学习除了学习者与学习内容的互动之外,还包括学习者与教学者、学习者与学习者两种类型的互动。[2] 因此将线上教学期间的师生互动与生生互动纳入量表,以检验假设:在线互动感知显著影响深度学习。

3. 学习兴趣对大学生学习的影响研究

无论在教育学还是在心理学领域,"情感"是相对于认知、行为存在的研究视角。不少研究者强调,应重视情感、情绪在教育中的作用与价值,学习是由兴趣(或热情)驱动的。[3] 信息井喷时代,注意力的获取成为最具挑战的问题之一,诸如视频游戏社区这样的数字介导的亲和空间(Digital mediated affinity spaces)可能构成未来至关重要的学习场所。"我们希望能够引发学习",为了使学习者成功地进行知识转变,学习环境需要能够引发困惑或认知冲突,这可以通过"精心引入一组与学习者当前信念相矛盾的事实"来实现[4],也就是通过设置认知冲突开启问题空间,引发兴趣,为学习者进入全新的事物结构提供窗口。而这一过程内蕴了深度学习的目标。

"学习兴趣"是学习者学习动力最重要、最核心的构成要素,包含个人兴趣和情境兴趣两方面。学习兴趣与学习者的学习积极性和投入度存在显著正向关联,激发兴趣就是激发学习者的学习动力。[5][6] 与此类似的,许多实证研究将表征学习者学习兴趣的概念纳入学生学习投入、学习行为、学习动力、积极性、创

---

[1] 吴薇,姚蕊. 本科生在线课堂师生互动的满意度及其影响因素[J]. 大学教育科学,2020(04):95-104.

[2] Moore, M. G. Three Types of Interaction[J]. The American Journal of Distance Education, 1989(02):1-6.

[3] Gee, J. P. (2003). What video games have to teach us about learning and literacy. New York:Palgrave Macmillan. Retrieved from http://www.amazon.com/Video-Games-Teach-Learning-Literacy/dp/1403961697.

[4] Cooper, J. Cognitive dissonance: 50 years of a classic theory. London: Sage Publications,2007.

[5] [美]保罗·埃根,等. 教育心理学:课堂之窗[M]. 郑日昌,等译. 北京:北京大学出版社,2009:464.

[6] 吕林海,龚放. 求知旨趣:影响一流大学本科生学习经历质量的深层动力——基于中美八所大学SERU(2017—2018)调研数据的分析[J]. 江苏高教,2019(09):57-65.

新性、学习策略等的影响因素范畴进行考察并得到了验证。[1][2][3] 自然地,教学环境从线下切换到线上后,学习兴趣仍是深度学习应重点考察的影响因子之一。

同时,已有研究也包括对于学习兴趣影响因素进行的理论假设与实证检验。例如,基于中国大学生学习与发展追踪调查(CCSS)的研究发现,院校支持通过影响学生学习行为和学习兴趣间接正向影响学生发展[4];更多研究关注了教学行为或环境对学习兴趣的影响效应检验等[5][6][7],均为本研究提出"环境感知可能通过学习兴趣影响大学生的深度学习"这一线上教学背景下的影响路径假设提供了理论与实证经验支持。

4. 研究问题

纵观深度学习的研究与发展脉络,国内外教育研究者在前人研究基础上,通过大量理论与实证检验,逐步建立并拓展、深化了深度学习的研究空间。国内对于大学生深度学习的研究在近十年间越来越深入与完善,但对于线上教学环境下的大学生深度学习影响机制的相关研究仍留有较大的研究空间,尤其是围绕大学生感知的线上教学环境在深度学习建构机制中的位置仍不明确,聚焦"工具感知"的实证研究更多停留在在线平台的使用感受对用户的持续使用意愿或对于学生学习成绩、满意度等指标的影响上,其对于深度学习作为质量指标的影响效应研究非常少,而这正是本研究意在验证的一系列假设的起点。本文将通过考察线上教学环境下大学生的工具感知、深度学习、教学感知与学习兴趣情况,主要回答三个问题:① 线上教学期间,大学生的工具感知和深度学习情况具体怎么样?② 环境变量"工具感知、教学感知",大学生主体的动机要素"学习兴趣"与大学生的"在线深度学习"之间存在怎样的关系?③ 如何构建环

---

[1] 涂阳军. 论学习兴趣的养成:对西方近二十年来学习兴趣研究的反思[J]. 江苏高教,2013(01):38-40.

[2] 林培锦. 勒温场理论下当代大学生学习兴趣的培养探究[J]. 中国大学教学,2015(06):67-71.

[3] 陆一,冷帝豪. 中学超前学习经历对大学拔尖学生学习状态的影响[J]. 北京大学教育评论,2020,18(04):129-150.

[4] 连志鑫,史静寰. 院校支持对大学生学习与发展的影响机制研究——基于中国大学生学习与发展追踪调查(CCSS)数据的探索[J]. 教育发展研究,2020,40(23):1-8.

[5] 陆一,史静寰. 拔尖创新人才培养中影响学术志趣的教育因素探析——以清华大学生命科学专业本科生为例[J]. 教育研究,2015,36(05):38-47.

[6] 孙小坚,宋乃庆,梁学友. 感知的父母与教师支持与学生STEAM学习的持续性动机:学习兴趣和自我效能感的多重中介作用[J]. 心理与行为研究,2021,19(01):37-44.

[7] 徐瑾劼,李腾蛟. 亚欧四国(地区)学生课堂认知参与水平比较及启示——基于OECD全球教学洞察视频研究数据的实证分析[J]. 中国教育学刊,2021(05):20-25.

境变量对在线深度学习的影响机制模型?

三、研究工具与样本描述

(一) 研究工具

本研究以 SPSS 24.0 和 AMOS 26.0 作为主要研究工具,针对问卷调查结果展开数据分析。"在线深度学习"是核心结果变量,共设置 5 个题项。经检验,Cronbach's α 值为 0.855,各题项因子载荷为 0.753—0.845。原因变量由三个量表组成,其中"在线工具感知"包括"感知有用性"和"感知易用性"两个测量维度,共 4 个题项;"在线教学感知"包括"对教师课前准备感知""在线讲解感知"和"在线互动感知"三个测量维度,共计 12 个题项;"在线学习兴趣"由 3 个题项测量得到。通过因子分析和信度检验,上述变量的测量信度系数值均在 0.85 以上(见表1),因子载荷值基本都在 0.65 以上,因此,信效度指标达到了统计检验标准,可以进行后续的统计计量分析。

表1 各量表题项数量和信度得分情况

测量板块		题项数量	α系数	均值
在线深度学习		5	0.855	4.74
在线工具感知	感知易用性	2	0.914	4.83
	感知有用性	2	0.888	4.93
在线教学感知	课前准备感知	2	0.897	5.31
	在线讲解感知	5	0.933	5.02
	在线互动感知	5	0.896	5.01
在线学习兴趣		3	0.925	4.51

(二) 样本描述

本研究数据来源于 2020 年某研究型大学"疫情防控期间本科在线学习情况调查"。以本科生为调查对象,采用线上填写调查问卷的方式进行。在剔除无效样本后,最终获得有效样本 2 822 个。样本的性别、年级和学科比例分布为:男生 46.0%、女生 54.0%;一到四年级分别占比 39.6%、28.7%、21.2%、10.5%;人文社科 40.8%、理工科 59.2%。其他控制变量还包括:父母受教育水平的分布情况:"小学及以下"2.6%、"初中"14.4%、"高中或中专"22.4%、"大专或本科"51.8%、"研究型及以上"8.9%;父母学业期望水平的分布情况:"不高"3.3%、"一般"30.9%、"较高"55.9%、"非常高"9.9%;班级排名由"较差""中等偏下""中等""中等偏上"到"优秀"分别占比为6.4%、16.9%、35.0%、32.3%和9.4%;家庭经济状况从"低收入""中低收入""中等收入""较富裕"到"富裕"分别占比9.0%、21.2%、64.1%、5.5%和0.2%。除"年级"之外,其他变量的样本比例分布均与该研究型大学学生总体比例较为接近。

四、研究结果

(一)在线深度学习与在线工具感知的基本状况

1. 在线深度学习

表2 大学生在线深度学习5个题项的描述性统计信息

在线深度学习	样本量	均值	SD	Min	中位数	Max
1. 重视并认真完成在线阅读建议	2 822	4.93	1.049	1	5	6
2. 总带着问题进入在线课堂	2 822	3.96	1.194	1	4	6
3. 课后钻研以理解课堂内容	2 822	4.87	1.076	1	5	6
4. 与所学知识关联以便更深入理解	2 822	4.46	1.094	1	5	6
5. 在线学习目的是真正学有所获	2 822	5.30	0.929	1	6	6
各题项平均	2 822	4.74	0.852	1.0	4.8	6.0

线上教学期间大学生"在线深度学习"的总均值为4.74,处于"较符合"和"符合"之间,且更偏向"符合"。学生最认同"在线学习目的是真正学有所获",说明面对在线学习新模式,大学生普遍对在线学习抱有学习期待,希望"有所收获";"带着问题进课堂"均值最低,表明课前准备和自主学习意识有提升空间。

表3展示了大学生"在线深度学习"在不同背景变量上的差异。从性别的比较来看,差异仅存在于"相较女生,男生更倾向于通过知识关联的方式形成深层次的理解"。从年级的比较来看,差异主要在"随着年级升高,'问题意识'先下降,后提升"。本题是体现学生课前学习投入的指标,问题意识先逐年下降,某种意义上体现了学生课前准备不足和学习懈怠的倾向,到大四年级的回升说明这一问题有向好的趋势。从作息规律程度的比较来看,作息规律与否对大学

生"在线深度学习"具有显著的影响。作息规律的学生显然比不规律者在"深度学习"各个层面均表现更好。脱离了学校"三点一线"的环境,大学生保持规律的作息对于在线学习就十分重要。从学科的比较来看,文、理科大学生在线深度学习的差异只体现于"课后钻研以努力理解"上,即相较于文科生,理工科学生会在课后投入更多时间以消化理解在线课堂知识,但总体上,学科差异并不显著。

表3 不同性别、年级、作息、学科的大学生"在线深度学习"之差异比较

		性别		年级				作息规律与否		学科	
		男生	女生	大一	大二	大三	大四	是	否	文科	理科
1.重视并认真完成在线阅读建议	均值	4.91	4.95	4.94	4.88	4.93	5.01	5.06	4.55	4.94	4.92
	差异检验	$t=-0.971$		$F=1.131$				$t=10.381$		$t=0.418$	
	显著性	$P=0.332$		$P=0.335$				$P=0.000$		$P=0.676$	
2.总带着问题进入在线课堂	均值	3.98	3.94	3.99	3.96	3.83	4.09	4.08	3.58	3.98	3.94
	差异检验	$t=0.870$		$F=3.627$				$t=9.498$		$t=0.803$	
	显著性	$P=0.385$		$P=0.012$				$P=0.000$		$P=0.422$	
3.课后钻研以理解课堂内容	均值	4.88	4.86	4.89	4.90	4.84	4.73	5.02	4.41	4.80	4.92
	差异检验	$t=0.635$		$F=2.232$				$t=11.976$		$t=-2.945$	
	显著性	$P=0.525$		$P=0.083$				$P=0.000$		$P=0.003$	
4.与所学知识关联以便更深入理解	均值	4.73	4.61	4.68	4.64	4.63	4.76	4.79	4.29	4.64	4.68
	差异检验	$t=2.960$		$F=1.148$				$t=10.070$		$t=-0.995$	
	显著性	$P=0.003$		$P=0.328$				$P=0.000$		$P=0.320$	
5.在线学习目的是真正学有所获	均值	5.31	5.29	5.33	5.29	5.31	5.17	5.42	4.93	5.27	5.32
	差异检验	$t=0.342$		$F=2.397$				$t=10.586$		$t=-1.434$	
	显著性	$P=0.732$		$P=0.066$				$P=0.000$		$P=0.152$	
各题项平均	均值	4.76	4.73	4.77	4.73	4.71	4.75	4.87	4.35	4.72	4.76
	差异检验	$t=0.998$		$F=0.637$				$t=-13.037$		$t=-0.987$	
	显著性	$P=0.319$		$P=0.519$				$P=0.000$		$P=0.323$	

2. 在线工具感知

大学生的在线工具感知均值为 4.88,其中感知易用性略低于感知有用性,且离散程度更大。可见大学生在线学习期间对教学工具的体验感总体良好,但认为在线教学工具的易用性有待提高。

表 4　大学生在线工具感知二因子的描述性统计分析

在线工具感知	样本量	均值	SD	Min	中位数	Max
感知易用性	2 822	4.83	1.132	1	5	6
感知有用性	2 822	4.93	1.055	1	5	6
总体平均	2 822	4.88	1.048	1	5	6

由表 5 知,在线工具感知在不同性别、家庭收入、学习环境等方面存在显著差异。女生的在线教学工具体验显著高于男生,来自中高收入家庭学生的在线教学工具体验感也显著好于低收入家庭学生。另外,在有安静学习环境保证的条件下,学生的工具感知体验显著更优,但学科差异不明显。

表 5　不同性别、环境、学科、经济状况的大学生在线工具感知差异

在线工具感知		性别		安静学习环境		学科		家庭经济状况	
		男	女	有	没有	文科	理科	低收入	中高收入
感知易用性	均值	4.74	4.90	4.89	4.34	4.83	4.82	4.74	4.86
	差异检验	$t=-3.805^{***}$		$t=7.247^{***}$		$t=0.364$		$t=-2.685^{**}$	
	显著性	$P=0.000$		$P=0.000$		$P=0.716$		$P=0.007$	
感知有用性	均值	4.87	4.98	4.99	4.5	4.93	4.93	4.87	4.96
	差异检验	$t=-2.762^{**}$		$t=6.837^{***}$		$t=-0.098$		$t=-2.037^{*}$	
	显著性	$P=0.006$		$P=0.000$		$P=0.922$		$P=0.042$	
总体平均	均值	4.8	4.94	4.94	4.42	4.72	4.76	4.8	4.91
	差异检验	$t=-3.448^{**}$		$t=7.339^{***}$		$t=0.147$		$t=-2.475^{*}$	
	显著性	$P=0.001$		$P=0.000$		$P=0.883$		$P=0.013$	

（二）主要变量间相关分析与回归分析

1. 相关分析

皮尔逊相关系数结果显示，线上教学期间，大学生感知的在线工具、在线教学及其学习兴趣情况、深度学习情况之间均呈显著的正相关关系（见表6）。

表6　各变量的描述性统计和相关分析（$n=2\,822$）

序号	变量	M	SD	1	2	3	4
1	在线工具感知	4.878	1.048	1	.673**	.657**	.470**
2	在线教学感知	5.062	0.853	.673**	1	.668**	.584**
3	在线学习兴趣	4.505	1.218	.657**	.668**	1	.633**
4	在线深度学习	4.743	0.852	.470**	.584**	.633**	1

注：** 代表 p 小于 0.01。

2. 多变量回归分析结果

在对变量进行简单的相关分析后，本研究采用多元线性回归模型对变量之间的关系进行深入探讨。首先，通过比较相关性系数大小，推断出逐步分层的顺序；然后，在分层回归模型中逐层放入背景变量、在线工具感知、在线教学感知、在线学习兴趣，检验不同自变量对结果变量"在线深度学习"的影响效应及其变化情况。

表7　大学生在线深度学习影响因素的回归模型

	模型1		模型2		模型3	
	系数	SD	系数	SD	系数	SD
背景变量						
性别（以男生为参照）	0.052**	0.028	0.026***	0.026	0.056***	0.024
二年级（以一年级为参照）	−0.023	0.034	0.031	0.031	0.000	0.029
三年级（以一年级为参照）	−0.035	0.037	0.034	0.034	−0.008	0.032

续　表

	模型 1		模型 2		模型 3	
	系数	SD	系数	SD	系数	SD
四年级（以一年级为参照）	−0.012	0.048	0.045	0.045	−0.006	0.041
班级成绩排名（以中下为参照）	0.109***	0.029	0.026***	0.026	0.103***	0.024
父母受教育水平（高中及以下）	0.065***	0.029	0.026***	0.026	0.036**	0.024
父母的学业期望（一般及以下）	0.073***	0.030	0.027***	0.027	0.040**	0.025
自变量						
工具感知—有用性	0.379***	0.024	0.024	0.024	0.007	0.022
工具感知—易用性	0.111***	0.022	0.021	0.021	−0.026	0.019
在线教学感知—课前准备感知			0.018***	0.018	0.097***	0.017
在线教学感知—在线讲解感知			0.023***	0.023	0.138***	0.023
在线教学感知—在线互动感知			0.021***	0.021	0.112***	0.019
在线学习兴趣					0.437***	0.014
F			143.698***			
R^2			0.380			
调整后 R^2			0.378			

注：系数为标准化系数值；*** 代表 p 值<0.001；** 代表 p 值<0.01；* 代表 p 值<0.05。

由表 7 可知，多元线性回归模型通过 F 检验，模型拟合情况（R^2）较好，说明模型中的自变量整体对结果变量具有显著的线性关系，主要结果如下：

第一，背景变量中的性别、班级排名、父母期望和父母受教育水平均对在线深度学习的影响始终显著，但年级差异不明显。具体来说，与"父母接受过高等教育与否"这一天赋性客观因素相比，"父母的高学业期望"对在线深度学习的影响效应更大，前者显著正向影响后者。父母流露出对孩子的高期望的背后具有一定积极意义,一方面可起到良性施压的作用,另一方面孩子从父母期望中也能接收到来自家庭的肯定。当课堂从学校切换至家庭,尽管"父母受教育程度"这一具有家庭文化资本影响效力的因素对在线学习的影响不言而喻,但来自父母的期望对于大学生在线深度学习影响亦不可小觑,为家庭教育提供了正确且正向影响孩子学业的切入点。亦即线上教育期间,父母可以通过调整对孩子的期望水平,使大学生获得这一特殊类型的家庭文化资本的加持。

第二,在控制了背景变量后,分层逐步纳入在线工具感知二因子、在线教学感知三因子和在线学习兴趣。可以看到,在线教学感知纳入自变量后,在线工具感知中的"感知易用性"的影响效应不再显著;当纳入在线学习兴趣后,在线工具感知二因子均不再显著。这说明,大学生在线工具感知影响在线深度学习的关系中,存在可能的中介变量。这启发我们进一步考察在线教学感知和学习兴趣在大学生工具感知和深度学习之间的中介作用。

3. 在线工具感知影响在线深度学习的结构方程模型

借用AMOS26.0从结构效度、聚敛效度和区分效度方面进行验证性因子分析,进一步检验量表信效度。[①]

表8 整体拟合系数表

模型拟合指数	X2/df	RMSEA	CFI	AGFI	GFI	IFI
适配值理想	<5	<0.05	>0.9	>0.9	>0.9	>0.9
模型拟合值	5.155	0.038	0.991	0.975	0.985	0.991

由表8可知,各拟合指标基本达至适配值,说明本研究各量表的结构效度较好,结构方程测量模型构建合理。各变量的组合信度(Composite Reliability, CR)最低值为0.846,超过临界值0.7(见表9)。平均提取方差值(Average Variance Extracted, AVE)均大于0.5,说明因子与测量项之间有良好的对应关系,聚合效度较好。同时,各个变量的平均提取方差值的平方根最低值为0.740,都高于它们间的相关系数,说明量表具有良好的区分效度。由此可知,各量表设计有效,与其他测量同一变量的题项间存在相关,且与测量不同变量的题项间无关。因此,量表具有较好的信效度,能够有效地测量线上教学期间大学生的在线工具感知、在线教学感知、在线学习兴趣和在线深度学习情况等。

---

① 温忠麟,叶宝娟. 中介效应分析:方法和模型发展[J]. 心理科学进展,2014,22(05):731-745.

表9 聚敛效度检验结果

路径			变量名称	Estimate	AVE	CR
感知易用性	←	A	在线工具感知	0.878	0.839	0.912
感知有用性	←	A		0.952		
在线互动感知	←	B	在线教学感知	0.809	0.651	0.846
在线讲解感知	←	B		0.924		
课前准备感知	←	B		0.666		
在线学习兴趣3	←	F	在线学习兴趣	0.845	0.815	0.930
在线学习兴趣2	←	F		0.909		
在线学习兴趣1	←	F		0.951		
深度学习3	←	D	在线深度学习	0.807	0.547	0.857
深度学习2	←	D		0.715		
深度学习1	←	D		0.683		
深度学习4	←	D		0.791		
深度学习5	←	D		0.692		

注：AVE为平均提取方差值，CR为组合信度。

由表9可知，在线工具感知（A）、在线教学感知（B）、在线学习兴趣（F）和在线深度学习（D）各个潜变量所对应题目的因子荷载均大于0.65，说明其各个潜变量对应所属题目具有很高的代表性。另外，各个潜变量的平均方差变异AVE均大于0.5，且组合信度CR均大于0.8，说明本模型的聚敛效度较为理想。

表10 区分效度检验结果

		A	B	F	D
A	在线工具感知	0.839			
B	在线教学感知	0.591***	0.651		
F	在线学习兴趣	0.867***	0.716***	0.815	
D	在线深度学习	0.457***	0.450***	0.740***	0.547
	AVE平方根	0.916	0.807	0.903	0.740

注：*** 代表 p 值小于 0.001。

由表10知，各个潜变量之间均具有显著的相关性（$p<0.001$），另外相关性

系数绝对值均小于各自对应的 AVE 平方根，表明各个潜变量之间具有一定相关性，彼此之间又具有一定的区分度，证明量表数据的区分效度理想。

在验证模型可行性后，得到如图 1 所示的结构方程模型图：大学生的在线工具感知（潜变量 A）、在线教学感知（潜变量 B）、在线学习兴趣（潜变量 F）以及在线深度学习（潜变量 D）之间关系的多重中介模型图。通过偏差矫正的非参数百分位 Bootstrap 法检验中介效应，重复取样 5 000 次，并计算 95% 置信区间。

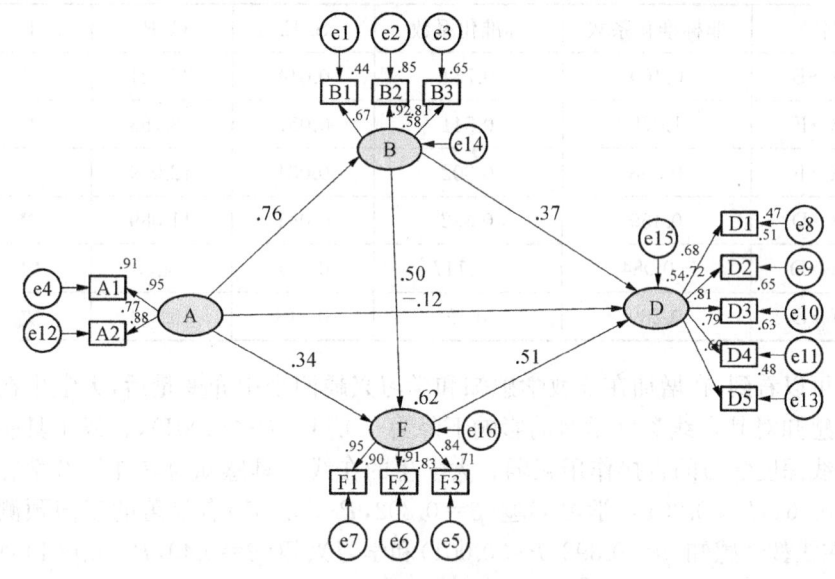

图 1 结构方程模型图

经检验，多重中介效应成立（表 11）。具体陈述如下：总间接效应为 0.467，在线教学感知和学习兴趣的独立中介效应分别为 0.3 和 0.148；在线教学感知和学习兴趣的链式中介效应为 0.2。

表 11 标准化的 Bootstrap 中介效应检验

路径	效应值	SE	Bias-corrected 95%CI Lower	Upper	P	Percenntile 95%CI Lower	Upper	P
stdInd B1	0.300	0.032	0.237	0.365	0.000	0.238	0.365	0.000
stdInd B2	0.203	0.018	0.168	0.241	0.000	0.168	0.240	0.000
stdInd B3	0.148	0.020	0.110	0.189	0.000	0.110	0.189	0.000
总间接效应	0.467		0.367	0.576		0.367	0.576	

注：stdInd B1：A-B-D；stdInd B2：A-B-F-D；stdInd B3：A-F-D。

各变量路径系数以及中介路径的效应值见表12。在线教学感知和学习兴趣的独立中介效应 A-B-D 和 A-F-D 的置信区间均不包括0,二者独立中介效应显著。大学生在线工具感知经由教学感知、学习兴趣到达其深度学习所形成的链式中介效应 A-B-F-D 的置信区间为[0.168,0.240],该区间不包括0,表明该模型的链式中介效应显著。①

表12 路径检验

路径	非标准化系数	标准化系数	S.E.	C.R.	P
A→B	0.469	0.764	0.014	33.221	***
B→F	1.075	0.541	0.057	18.753	***
A→F	0.368	0.302	0.031	12.039	***
B→D	0.459	0.392	0.041	11.089	***
A→D	－0.084	－0.117	0.021	－4.08	***
F→D	0.289	0.49	0.018	15.854	***

可以看到,在增加在线教学感知和学习兴趣两个中介变量后,大学生在线工具感知对其在线深度学习的影响下降为－0.117($P<0.001$),在线工具感知对在线深度学习的直接作用减弱。大学生的在线工具感知对其在线教学感知($\beta=0.764,P<0.001$)、学习兴趣($\beta=0.302,P<0.001$)有显著的正向预测作用,在线教学感知($\beta=0.392,P<0.001$)和学习兴趣($\beta=0.49,P<0.001$)对在线深度学习有显著的正向预测作用,在线教学感知对学习兴趣($\beta=0.541,P<0.001$)有显著的正向预测作用,这说明:在线教学感知和学习兴趣不仅在大学生在线工具感知和在线深度学习之间具有独立的中介作用,大学生的在线工具感知还可以通过影响其在线教学感知,进而影响其在线学习兴趣(动机),并最终作用于其学习质量"在线深度学习"这一指标。

五、结论与建议

1. 研究结论

(1)总体来看,突发性公共事件背景下,该研究型大学开展线上教学期间,

---

① 方杰,温忠麟,张敏强,孙配贞.基于结构方程模型的多重中介效应分析[J].心理科学,2014,37(03):735-741.

本科生的在线深度学习情况良好。在学生深度学习的影响因子中,在线教学感知普遍较高,而在线工具感知和在线学习兴趣的均值则相对较低。

(2) 回归分析结果表明,工具感知二因素、教学感知三因素与动机因素——学习兴趣均显著正向影响大学生的在线深度学习情况。在分层逐步纳入三种变量后发现,工具感知二因子逐渐不再显著。这一结果指向了可能存在中介效应。

(3) 通过构建结构方程模型,检验得知,包括独立中介效应和链式中介效应在内的多重中介效应均显著。在线工具感知对在线深度学习的影响链由此得到确定:线上教学期间,大学生的工具感知是通过影响其教学感知,激发出学生的学习兴趣,并最终作用于其在线深度学习。

2. 研究建议

本研究着重探究大学课堂"由线下转线上"变化中全新的技术在场因素"在线工具感知"对于大学生线上学习质量的影响路径。在线深度学习是线上教学发展需关注的关键学习质量指标,数据检验证明,显著影响大学生线上学习质量的因素中包括学习者对教学工具的感知,还有对在线教学的感知以及学生在线上学习过程中的兴趣是否得到激发。因此,要提升大学的在线教学质量,可以从制度保障、教学主体和学习主体三方面加以考虑。

第一,要推动大学生高质量学习的实现,高等教育在线教学必须在教学理念、教学范式、教学评价方面发生整体性变革。[①]"通过评价深度挖掘教师的潜能,积极提升其实践性知识与创造性智慧……是当前教师评价领域的基本观点和思想共识。"[②]因此,要利用好在线课堂教学的指挥棒"评价体系",以评促教,将大学生的在线深度学习情况纳入在线教学评价指标,就可以有效带动教师教学持续性的"意义"转向,提升教师对学生有意义学习的关注。以加州大学为例,通过将教学评价贯穿教师的聘任至晋升各环节,不断完善教学评价制度以捍卫教学在教师工作中基本地位,保障了教师的有效教学投入。[③] 这为高校以教学"评"价带领"教"学质量提升,为大学回归育人初心、回归教学提供了参考。

第二,学习者在线教学感知在其工具感知对深度学习的关系中存在显著的独立中介效应。同时回归检验也发现,在线讲解感知显著正向影响在线深度学

---

① 闫守轩,杨运. 新时代教学变革的价值确认、现实藩篱与实现路径[J]. 中国教育学刊,2020(10):77-81.

② 刘志军,王洪席,张红霞. 促进教师不断发展的评价体系构建[J]. 清华大学教育研究,2015,36(06):81-85.

③ 刘隽颖. 美国一流研究型大学教师教学评价中的基本原则——以加州大学系统为例[J]. 清华大学教育研究,2020,41(04):88-96.

习。可见教师的优质讲授深刻影响着大学生的在线深度学习,也恰好印证了"深度教学"引发"深度学习"的假设。学生是教师讲授过程中的信息接收者,教师的在线讲解透过其蕴含的知识价值、启发作用和心灵力量引领并激发大学生的在线深度学习。一个思路清晰、逻辑清楚、观点明确、有理有据的老师,传递的是成体系的知识,对学生来说,触发深思后的系统讲授既便于理解,也更容易纳入自身知识结构。这正是雅斯贝尔斯所称"最大限度调动学生的潜力并加以实现",使其"内部灵性与可能性充分地生成"。① 教学不仅仅是简单的讲授,而是以点燃、激发学生后续学习的热情为核心和标准。因此,应以教师的"教"带动学生的"学",充分发挥优质教学之于学生高质量学习的作用。

第三,在线工具感知直接而显著地影响着大学生的在线深度学习,但通过教学感知、进而激发学习兴趣所产生的对于学习结果的间接效应更具影响力。因而,学习兴趣才是对大学生有意义学习更本质的影响因素。这体现了大学生作为学习主体的能动性,学习是自我建构的过程,只有经过学生主动赋予意义的知识与能力,才是学习真正的实现。在《学习环境的理论基础》中,戴维·乔纳森建议,学习技术不是"教学机器",而应让其成为学习的支撑系统,用以建构和调节通过活动进行的学习。"学习技术的成功取决于它们在学习情景中的实际应用如何……取决于学习技术是如何被使用、在什么场合使用以及为什么使用",而不仅仅是制造"嘈杂的、极度模糊的混沌。"技术能够"改变用户的社会情境","让更强的社会临场感变得更加容易和快捷,某种学习工具可以指导学生完成科学课堂里的某一轮探究的所有步骤等"。② 因此,迈入"数字化"时代的今天,高等教育与现代技术的融合才是符合历史潮流的发展方向。同时,为了防止在线学习负面影响"知识碎片化",运用技术开展在线教育需要时常反思,并主动培养学生的信息识别、判断、分析、选择、处理、整合运用等能力,可以有效助力学生对信息和知识的主动建构。当然,最终落脚点仍在学习主体自身。学习者应深刻领会"有意义学习"的本质在于主动、自觉、自我建构学习的实现。也就是说,无论外界学习环境如何变化,只要充分地发挥主观能动性,"以学驭器",那么提升学习质量的关键就掌握在学生自己手中。再辅之以外界环境助力,发展技术教育的同时,教师充分利用"师者"独有的温度和情感理性关怀学生,弥补技术设备无法满足的学生个性化需求,软硬兼备、内外兼顾,真正有意义的学习会自然生发。

---

① [德]雅斯贝尔斯.什么是教育[M].童可依译.北京:三联书店,2021:3-4.
② [美]戴维·H.乔纳森,苏珊·M.兰德.学习环境的理论基础[M].徐世猛,等译.上海:华东师范大学出版社,2002.

四、高质量高等职业教育体系研究

当前,我国职业教育正处在提质培优、增值赋能机遇期和改革攻坚、爬坡过坎关键期,在这个"双期叠加"新阶段,新《职业教育法》出台。立法的重要作用是统筹、表达、平衡、调整社会利益。此次《职业教育法》全面修订,不但关照了各方利益诉求,解决了人民群众最关心、最直接、最现实的利益问题,体现了职教战线广大师生、院校和社会各界的意愿与关切,还充分反映了职业教育特色需要和现实需求,这必将有利于提升职业教育的认可度,塑造社会共识,为发展中国特色现代职业教育夯实法治基础。体系建设无疑也是这几十年职业教育改革发展的伟大成就之一,其最大的价值在于改变了职业教育在整个"大教育"体系中的定位，形成了教育体系典型的"双轨制"结构。新《职业教育法》从体现经济发展的需求性、体现终身学习的开放性、体现职业教育的系统性，以法律形式对现代职业教育体系建设作出了规范，特别是明确规定职业学校教育分为中等职业学校教育、高等职业学校教育，其中高等职业学校教育由专科、本科及以上教育层次的高等职业学校和普通高等学校实施。

批判性思维对提升高职院校
工程教育质量的探究

丁 雷[①]

摘 要：批判性思维对工程活动影响至深，但由于受到中国传统文化及教育机制的约束，高职学生普遍缺乏批判性思维意识，高职院校应将批判性思维纳入工程教育的教学目标，通过多种教学方法，着重训练学生的推理、判断、论证能力，培养学生的批判性思维技能，以及其批判性人格特质的养成，提升其职业竞争能力。

关键词：批判性思维；高职；工程教育；教学方法；能力培养

人类社会已进入第四次工业革命时期，我国也发布了中国制造 2025、互联网＋等制造强国、工业强国的战略行动纲领，要求在产业结构调整、自主创新发展、资源配置利用、经济质量效益等方面转型升级，实现跨越式发展，社会各行业对工程型人才的能力要求也越来越高。高职院校作为我国培养高素质应用型工程技术人员的主要场所，其人才培养质量关系着我国社会经济的发展水平，批判性思维作为国际上公认的人才核心能力之一，近年来也逐渐为国内高职院校所接受和重视。

一、批判性思维与工程活动

批判性思维是一种客观理性质疑、清晰思考判断、实践评价反省式的思维方式与技能，包含了有效沟通和问题解决能力，没有学科边界，如图 1 所示。这一概念最初源于哲学，在东西方的文明发展过程中皆有出现，如苏格拉底提出的"探究性质疑"，《中庸》里提出的"博学、审问、慎思、明辨、笃行"。到了现代社会，发达国家将批判性思维确立为教育特别是高等教育中认知活动的重要目标

---

① 作者简介：丁雷，江阴职业技术学院电子信息工程系副教授，研究方向为电子信息工程和职业教育。

之一,是与读、写一样重要的基本学习技能,对学生逻辑思维能力、决策力、创新创造精神的培养极具意义。

图 1 批判性思维的认知过程

工程活动是一个创造过程,需要参与者利用自身已具有的知识与经验去寻求一个或多个技术解决路径,运用合理的分析判断,选择执行一个最优的、能满足需求及解决问题的方案,达到预期目标,如图 2 所示。

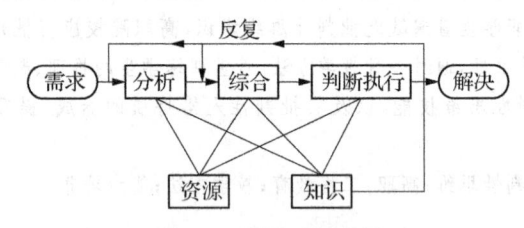

图 2 工程活动示意图

从图 1 和图 2 可看出批判性思维对工程活动的重要性。人类社会工业技术发展的过程就是对原始的、传统的、常规的技术、方法、手段、模式不断地进行否定、创新、颠覆和超越。尤其进入第四次工业革命时代后,人工智能、大数据、物联网、工业互联网等新技术与传统工业、经济领域交叉融合后,生产的方式与结构都发生了重大变化,且愈发复杂和综合,产生了大量的新场景和新领域,技术创新、新产品开发都需要批判性思维的支撑与应用,这就对工程技术人员的思维方式提出了更高的要求。高职院校毕业生多为工程活动的参与者和执行者,按照高校"标准化"批量培养出的学生已难以适应产业结构升级转型,以及以创新、效率驱动的经济发展,这也倒逼高校从人才供给侧进行改革,在工程教育过程中对学生开展更多的批判性思维培养。

二、高职学生批判性思维现状

我国高校对批判性思维的研究起步较晚,高职院校普遍未开设此类课程。从对高职在校学生的相关调查研究数据表明,他们的批判性思维能力明显不足,理工科学生甚至弱于文科学生,造成这种现象的主要内外因素包括:

（一）中国传统文化的影响

中国传统文化中的尊师重教及权威思想对学生产生了深远影响，不鼓励学生公开对教师及管理者的观点产生质疑和挑战。在中国的教育体系中，教师作为教学活动的中心，负责知识的传授及传承，学生顺从地接受教师所授知识，按照教师所指导的方法完成学习任务，并认为是正确的、不可批判的，并不会像西方教育那样学生可以在教学过程中自发地表达、提问甚至反驳教师的观点。长而久之，这种被动式的学习会让学生失去对知识的质疑及探究兴趣，形成不了独立的、反省式批判性思维。

（二）教育方式因素

长期以来，我国学生在中小学阶段接受的教育方法多为应试教育，教师完全控制教学内容、方式和过程，教科书式驱动，教学也多集中于学科知识的传递，而自主学习、思维方式、价值批判等内容却少有涉及。师生均以考试为中心，题海战术、熟能生巧，追求最终的成绩与结果。

尽管高职院校不断地在进行着教育改革与创新，教学与社会生产相融合，设备和技术在持续地更新，但学生很多时候面对的还是照本宣科、生搬硬套的传统知识传授模式，固化的人才培养模式缺乏对学生在批判性思维方面的意识和行为培养。被动机械式的学习习惯让很多学生在考试前最关心的依然是有没有考试范围，有没有标准答案，沉迷于短时的死记硬背，完全忽视学习过程中知识技能的积累、思考、总结和反馈。

（三）生源结构特点

随着我国人口数量和结构的变化及高考招生计划的不断提升，大学入学门槛逐年降低，部分省市地区的高考录取率超过了90%，甚至出现了招生计划多于报名人数的情况。而处于高等教育体系末端的高职院校受此原因影响，近年来的生源质量呈整体下滑趋势。[①]

相关研究表明，学校层次越高，其在校生批判性思维能力的增长效应越显著。而高职学生的学习主动性大多不足，课内课外普遍缺乏对专业知识技能进行探索专研的意志和精神。加之高职院校的社会认知度不高，管理远不如中小学那般严格，学术标准宽松，几乎所有学生课程都能及格，都能按期毕业，这也

---

① 布鲁克·诺埃尔·摩尔，理查德·帕克. 批判性思维(第10版)[M]. 朱素梅译. 北京:机械工业出版社,2018.

削弱了部分学生进行自我认知、反思探索的学习动机。

（四）价值理性的缺失

高职院校大多将学生当"工具人"而非"工程人"来进行培养，重视学生工具理性的训练而对其价值理性的塑造不足。随着工业社会的发展，高职毕业生多数已不再是生产流水线上的"螺丝钉"，需要他们解决更多的现场问题，参与更多的创造性工程活动，但高职院校对学生的价值情感、思维创新方面的关注相对不足。

三、批判性思维在工程教育中的重要性

在新工业革命时代，企业直接面向新技术、新产业、新经济的发展，特别需要按照产业周期全流程的要求培养工程技术人员。因此对于高职院校的工程教育来讲，不仅仅只是专业知识体系及实训设备、工艺的变化，更应强调的是整个工程教育理念、思维及文化的发展与更新，只有按照新经济时代工程发展的规律，才能培育出符合未来产业需求的高素质应用型工程技术人员。

（一）基于产业界的需求

科学技术的发展使得工程活动中出现了越来越多的跨学科知识，这就要求高职学生具备一定的跨界能力。批判性思维有助于高校打破学科之间的壁垒，加强通识教育，将多学科的知识能够交叉融合在一起，让学生理性地质疑、思考、辨别、选择、论证所学习的知识技能，吸收内化完善自身的知识体系结构，不断完成自我批判、自我更新、自我发展、自我成长。

（二）基于工程教育的要求

在目前的高等教育学科中，工科是批判性思维增值效应较为薄弱的学科，这是因为工科专业以确定性技术知识学习为主，不管是对教师还是学生，容易形成固化的思维模式，弱化了批判性思维的形成发展，但这并不利于学生创新创造能力的培养。

批判性思维需具备四种基础能力，即信息辨析识别、数据分析处理、评估论证结果、清晰有序表达。这是一种综合性能力，在工程教育过程中，可将具体的工程方案作为论证对象，方案的(不)可行性理由作为探讨依据，工程活动中的各类数据作为相关信息进行分类、识别、处理、取舍，而对方案的评价和选择会决定

工程活动的结果。因此批判性思维中强调的有效论证在工程教育中就表现为,现有所获的测量结果是否有足够的证据来支撑该方案作为最佳的工程活动方案。

在高职院校工程教育中融入批判性思维有助于其教学目标的塑造,将工程教育回归人性教育,重塑自我,回归工程本质,解决工程问题。经过批判性思维训练的学生具备更加细致、明晰的观察能力;独立、精确的分析能力;去伪、求真的辨别能力;全面、缜密的推理能力;笃实、变通的实践能力;开放、发散的创新能力;求知、探索的成长能力,能更好地将所学专业知识转化、运用到工程实践中,并承担相应的社会责任。[①]

(三) 基于学生能力培养的要求

面对纷繁复杂变化的社会信息和环境及多元文化,高职学生年龄正处于人生观、价值观形成的重要阶段,批判性思维是他们不可或缺的一种基础性学习能力,有助于他们形成独立开放、存疑求真的认知理念,对专业学科知识中的多种观点保持宽容的态度,缜密思考后作出选择判断,采用不同的方式来解决问题,提升自身的认知成熟度。但传统填鸭式的教育使得许多高职学生养成了一种被动、顺从的学习习惯,容易形成消极惰性的心态,专业学习中不想也不愿提问,问题越少思考就越少。如果把这种状态延续带入到企业的实习和就业,就会显现出学习和创新能力不足,难以独立自主地分析和解决工作中所遇到的问题。因此只有大力培养学生的批判性思维,使得他们乐于、勇于、善于提出疑问,积极探讨,认清问题的本质,对所获取的信息进行批判论证后作出自己的选择和结论,改善自我的学习和思维方式。

四、批判性思维在工程教育中的构建

基于批判性思维对学生成长的重要性,高职院校应将批判性思维纳入工程教育的教学目标,通过开设专门课程或学科渗透的方法,着重训练学生的推理、判断、论证能力,培养学生的批判性思维技能,以及其批判性人格特质的养成。教师可在理论授课与工程实践中通过启发、训练、实践等手段,潜移默化地将批判性思维渗透入教学的全过程。根据课程内容的难易度,一般可将教学分为通识基础、综合设计应用、创新实践这三大类,对学生的批判性思维和创新能力要求也是逐步推进与提高,如图3所示。

---

① 李娜,王日升. 批判性思维在工程教育中的价值及其运用[J]. 高教发展与评估,2018,34(4):9-19.

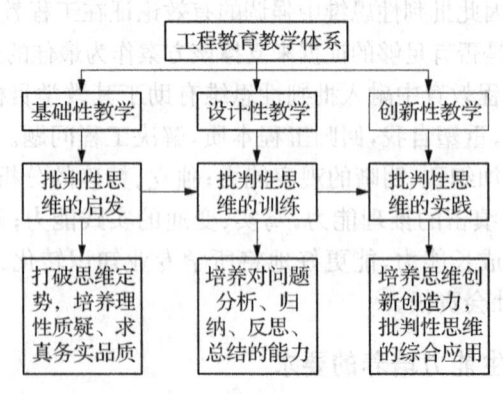

图 3 批判性思维在工程教育中的融入

(一) 批判性思维的启发

学生进入高职院校后,最先接触的一般都是一些基础知识教学,此时教师可选择如"翻转课堂"等先进、合适的教学理念与方法,对学生开展批判性思维的启发与引导。学生在学习过程中习惯将书本上的既有知识作为定论与标准答案,缺乏延伸性反思,不能对知识进行重构、加工、整理与吸收。因此要启发学生的批判性思维,教师可根据课程类型,通过问题的形式预备各类有针对性、开放式、无固定答案的课前预习资料,有意识地让学生使用批判性思维,引发学生积极思考,打破思维定式,提升学习兴趣,让学生明白知识的学习并非都是定论,要善于开展理性反思和判断。

一个开放式的可以自由表达自己学识观点的课堂对培养学生批判性思维尤为重要。在教学中,教师通过多种方法和形式引导学生参与课堂的展示、互动、讨论中来,鼓励学生对课程教学的内容和过程产生合理性质疑,不墨守成规,发表自己的观点,提出建设性、改善性意见,培养学生敢于质疑的勇气和习惯。

在课堂中经过提问、讨论和反思,教师可以选取部分具有代表性的学生观点(实验数据、图纸、作品等)来进行点评,对可借鉴之处及不完善的地方继续深入探讨,邀请同学和老师一起对这些结果来进行开放、公正的集中考核和评分,让每一位同学以求真、理性的态度去评价他人,反思自我,促进其批判性思维的养成,如图 4 所示。

图 4 批判性思维的启发

（二）批判性思维的训练

工程教育中的实践性环节多以工程实际作为背景，并融合多门学科知识，加强学生的专业素质与技能训练，在此过程中，可融入一些设计性环节教学，全方位引导学生积极参与，根据设计任务，主动的探索、发现、分析其中的问题并想办法解决。

在此过程中，教师可将学生分成若干小组，提前布置好教学任务，明确教学目标，让小组成员首先通过资料查阅、交流探讨来训练学生对问题的分析能力。在实践性环节的授课过程中，让每个小组根据自己事先设计好的预案进行操作，并要求组员全程做好分工，相互配合，意见交换，处理矛盾，以训练他们团队合作能力的有效性。等所有小组的结果（设计方案、图纸、实验数据等）出来后，教师召集学生，请每一组的代表根据本组实践的方法、过程、数据等对结果进行阐述。再组织所有学生对每一组的结果综合进行比较、分析、探讨，反思自我还有哪些不完善尚需改进的地方，让学生在讨论研究、相互批判、归纳总结的过程中发现自我认知的不足，继而进一步开拓思维的广度与深度，如图 5 所示。

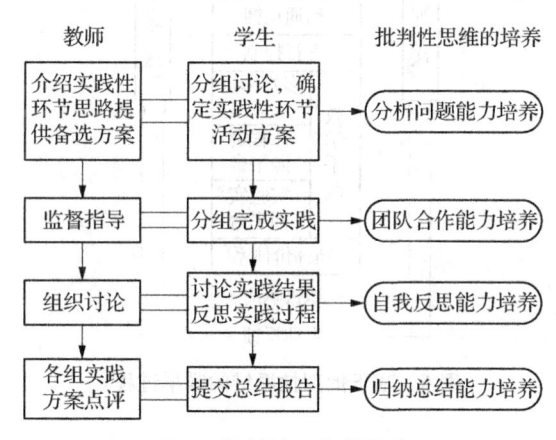

图 5　批判性思维的训练

（三）批判性思维的实践

经过前期对学生的引导和训练，一部分能力较强的同学就具备了一定的批判性思维素养，教师可以指导他们组队参加学生（教师）的科研项目团队或申报各级大学生创新项目，让学生根据自身所学的专业知识，从实际出发自主选择课题研究方向，制定实施方案，对研究过程中的信息、数据等资源进行共享，培养他们敏锐的观察能力和实事求是的学习态度,对产生的问题一起进行探讨、思辨、论证,挑战彼此的想法和理念,激发学生的想象力和创造力,形成良好的批判性思维氛围,促进学生思维方式的改变。①

五、批判性思维教学法研究

学生的批判性思维不是与生俱来的,教师需要采用多种教学方法,借助多个教学平台,进行合理的教学实施,通过有效的言行控制和评价机制,有意识地将批判性思维融入工程教育教学活动,创造出有利于批判性思维形成的学习氛围与情境,加强学生的教学参与度,使学生能主动地对教学内容进行思考,实现教师主体驱动,学生客体反馈,教学信息的双向交流互动,潜移默化地提升学生批判性思维能力,如图6所示。

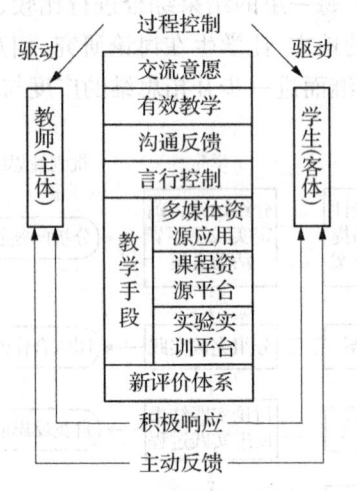

图6 基于批判性思维的教学过程

(一)问题教学法

问题教学法是一种以"问题"为中心的教学方法,提问者可以是教师或学生,学生在提问或回答的过程中可促进其批判性思维的成长。教学过程中,学生在"问题"的引导下产生浓厚的学习兴趣,发挥其主观能动性,积极展开思考,审视自我,在师生互动交流中了解自身的思维水平,在"问题"中产生知识,促进

---

① 陈波. 批判性思维与创新型人才的培养[J]. 中国大学教学,2017(3):22-28.

学生的思维发展和学习进步。

（二）课堂评估教学法

教师在课堂中的教学评估具有重要导向功能，可采用教师评估、小组评估、学生自评与互评等多种方式进行，教师通过准确得体、生动丰富、科学公正、画龙点睛式的课堂教学评估，让学生回答"本次课你觉得哪些内容最重要，哪个知识点你印象最深或还没有掌握"等问题，使学生了解自己在课程（专业）学习中的状态、知识掌握度、优缺点，找到课程（专业）学习的基点、方向与不足，有目的性和针对性地进行自我提升和改进，在评估过程中教师对学生批判性思维意识的转变要给予肯定、表扬及鼓励，激发学生学习的内在需求和动力，实现自我引导的反思、决策和评价。

（三）合作学习策略法

学生批判性思维的培养与成长是需要一定的教学情境，而将他们分组合作进行工程学习是一种很有效的方法。教师可以给小组设置一些问题，让学生讨论思考，给小组制造一些困难，让学生面对解决；给小组赋予一些权利，让学生合理支配；给小组创造一些机会，让学生把握创造。学生在相互理解与尊重的氛围中积极发言与倾听，了解不同的学术见解与观点。在小组学习的分工、合作、探讨过程中，学生可以不断地将自身的观点和同组学生进行展示、交流和碰撞，取长补短，整合统一，这样有利于他们从多种不同的角度来思考、判断、优化、重构自身的知识结构。

（四）模棱两可教学法

教师在课堂教学中，有时不要直接给出一目了然结论性的答案，而是创设出一些具有不确定性，甚至矛盾性的信息，让学生必须通过分析、推理、探讨、思考来寻找答案或解决问题，在此过程中，教师通过抽丝剥茧、循循善诱式的教学启发，让学生在不确定中寻找真相，得到的结论不再是模棱两可，而是确切的。

（五）情景案例教学法

教师将专业教学中的一项典型工程案例作为问题情境，引起学生感知，激发学生兴趣，一案到底深度学习，贯穿整节教学过程，以案引趣、述理、启思、导行，思路清晰，逻辑缜密。案例分析的"引、议、评"三个环节紧紧相扣，让学生在案例情境中进行充分思考、分析讨论、体验感悟，提出、分析、解决问题，归纳交流,不断激发学生的内在求知欲望,自主构建知识体系,培养他们的信息提取加工能力和理性思维能力。①

六、结 语

在高职院校的工程教育中融入批判性思维,建立科学的批判性思维课程体系,对于提升学生的职业竞争能力具有重要意义。学校不仅要重视学生思维技巧的培养,更要重视其思维态度的形成,因此学生的批判性思维培养需要一定的时间周期和空间跨度,是一个循序渐进的长期过程,而且培养过程还会受到高校文化、学科属性、个人素养等多种因素的制约与影响,不是一蹴而就的。

在高职院校实施批判性思维教学策略还有很多的困难需要克服,比如新的教学方式对传统教学方式的冲击与挑战,教师自身批判性思维的特质具备,教师对开放、自由式课堂教学的把控,课程考核的多元、开放、不统一如何保证其公平公正,这些都是要面对、思考和解决的问题。但总体来说,培养学生的批判性思维有助于引导他们展开独立自主思考,培育质疑精神,提升问题意识,把"大胆质疑、小心求证"渗透进学生的专业学习、工程教育和职业发展之中,提升他们的就业竞争力。

---

① 苏华.工程基础课程批判性思维培养的探析[J].高等工程教育研究,2019(2):98-104.

职教教师教育的发展演变及突围路径[①]

孙建波 任鑫淼 韩 雪[②]

摘 要：教育大计，教师为本。教师是职业教育的第一资源和核心要素，发展职业教育离不开培养教师这一环节。职教教师教育作为整个职业技术教育的"工作母机"，担负着为各层次的职业技术院校培养和输送教师的任务。职教教师教育的质量直接影响着我国职教师范生的培养质量，进而影响职业教育的办学质量。文章以职教教师教育的演变过程为出发点，分析了存在的问题并提出了改进措施。

关键词：职教教师教育；职教师范生；突围路径

职教教师教育的质量如何，直接影响着职业技术教育的办学水平和教学质量。我国职教教师教育源于清末洋务运动，为了培养洋务运动所需的人才，开展了实业教育，进而产生了培养实业教师的师范教育。

一、职教师范教育向职教教师教育的发展演变

职教师范教育的发展初期为1904—1921年，采用一元式、封闭化的培养模式，由实业教员讲习所定向培养职教教师。1922年颁布的"壬戌学制"标志进入第二阶段，呈现多元化、开放化走向。[③]

[①] 基金项目：2019年度高校哲学社会科学研究一般项目"共享视角下江苏职教师资工匠核心素养培养研究"（2019SJA1054）；江苏省教育科学"十三五"规划2020年度职业立项课题"'工匠精神'融入职教教师培养体系的实践研究"（D/2020/03/05）；2020年江苏理工学院教改一般项目"后疫情视域下应用型本科院校师资队伍建设研究"（11620412076）；2021—2022年度江苏职业教育研究重点课题"职业本科院校产教融合专业群结构调整与规划建设研究"（XHZDB2021010）；2021年度江苏省社科应用研究精品工程课题—般资助项目"江苏职业本科院校专业群建设研究"（21SYB—098）。

[②] 作者简介：孙建波，江苏理工学院职业教育学部副研究员，硕士生导师，职教师资研究所副所长，中国职教高地（常州）负责人，南京航空航天大学管理科学与工程博士研究生，研究方向为职业技术教育学；任鑫淼，苏州大学职业技术教育专硕在读，研究方向为职业技术教育；韩雪，苏州大学职业技术教育专硕在读，研究方向为职业技术教育。

[③] 胡航，庞明俊，任雪浩. 我国职业技术教师教育政策百年变迁与启示[J]. 职教论坛，2014(17)：4-9.

(一) 一元与封闭的职教师范教育时期(1904—1921年)

我国学制始于1904年颁布的《奏定学堂章程》,即癸卯学制中的《实业教员讲习所章程》。这一阶段又细分为两个阶段。

1. 萌芽阶段(1904—1911年)

洋务运动提出师夷长技以制夷、西学东渐,向外国学习办学校,师资是必须要考虑的一个问题。如果只聘请外教,薪水高且数量少,不能可持续发展,从而促使清朝廷设立了专门的实业教员培养机构。

2. 调整阶段(1912—1921年)

第一次世界大战于1914—1918年爆发,世界动乱,为民国时期(1912—1949年)获得了一个难得的喘息期,加上1915年新文化运动兴起,促使职教迅速发展,且职校数量大幅提升。

(二) 多元开放的职教师范教育时期(1922年至今)

庚款兴学掀起了留美的热潮,我国教育开始向多元化发展。1922年起,我国职教教师教育逐渐走向开放时期,可分成四个阶段。

1. 转型阶段(1922—1948年)

1922年,民国政府参考美国"综合中学"的办学形式,颁布了"壬戌学制",在高级中学设职业教员养成科,取缔了专门的职教师资培养系统。特点为转向多元培养、更加注重质量、重视职后培训,根据社会政治、经济、文化等的发展不断丰富职教师范教育的理论。

2. 建国初期(1949—1977年)

新中国成立后,建立了我国自己的中职,发展了技工学校,创设了农业中学,基本建成了我国的中职教育体系。之后,"大跃进"与"文化大革命"开始,职业教育进入低潮期。这一阶段职业技术教师教育政策主要呈现以下特点:对职业教育教师发展有所忽略,职教教师教育政策受政治和经济影响而摇摆不定,有中断。

3. 恢复阶段(1978—2004年)

随着拨乱反正在全国开展,1979年,建立了我国第一批职业师范学院,分别设在吉林、山东、河南、天津,专门从事职教师资的培养,之后又持续建设多所,具体请见表1。

表1 1979—2001年我国职业师范院校确立时间统计[①]

建院年份(年)	建院数(所)	学院名称
1979	2	吉林职业师范学院、天津职业技术师范学院
1984	3	常州技术师范学院、河北师大职业技术学院、孝感学院
1985	6	河北职业技术师范学院、安徽技术师范学院、北京联合大学职业技术师范学院、浙江工业大学职业技术教育学院、上海师范大学奉贤校区、内蒙古农业大学职业技术学院
1986	1	湖南农业大学职业技术教育学院
1987	3	南昌职业技术师范学院、河南职业技术师范学院、山西师范大学生物技术与工程学院
1988	3	西安交通大学职业技术暨继续教育学院、吉林农业大学职业技术师范学院、贵州大学职业技术学院
1989	2	天津大学职业技术教育学院、湖南师范大学职业技术教育学院
1991	2	四川农业大学职业技术教育学院、江西农业大学职业技术师范学院
1992	2	宁波大学职业技术教育学院、湖北农学院农业技术师范系
1993	1	湖北工学院职业技术教育学院
1994	4	东南大学职业技术教育学院、同济大学职业技术教育学院、扬州大学继续教育学院、四川大学职业技术学院
1995	1	浙江师范大学职业技术学院
1996	1	甘肃农业大学职业技术学院
1997	2	西北轻工业学院职业技术学院、哈尔滨工业大学职业技术学院
1998	3	重庆师范学院职业技术学院、苏州大学职业技术学院、云南大学职业技术学院
1999	2	徐州师范大学工学院、广东职业技术师范学院
2000	1	西北农林科技大学职业教育和成人教育学院
2001	1	贵州工业大学职业师范学院

[①] 张炳耀. 我国职业技术师范教育情况调查与分析[J]. 吉林工程技术师范学院学报,2003(07):6-9.

这一期间是职技高师教育大发展时期,不仅在学生规模上有大的发展,而且在办学层次上也有提高,以研究生层次和本科层次为主,在师资队伍建设上把提高教师"双师"素质放在首位,这些都为职技高师教育事业的发展创造了条件。但也存在一个问题,即师资队伍建设速度低于在校生增长速度,职教师范教育的发展速度远远不能适应职业技术教育的需要。

4. 创新阶段(2005年至今)

鉴于此,《国务院关于大力发展职业教育的决定》于2005年颁布,财政部、教育部制定配套专项政策,扩大职教教师队伍规模,提高职教教师教学技能、信息技术应用能力。主要呈现出以下特点:扩大并提升了职业教育教师的数量与质量,设立了专门的职业教育教师交流机构,完善了职业教育教师学历体系,建立了职教师资培养培训基地。第一,2010年5月28日,中国职教第一所"师范大学",即"天津职业技术师范大学"在天津挂牌,是我国第一所培养职教师资的综合性大学。第二,形成了"技术性、师范性和学术性"的三性特征理念,为职教教师教育确立了内涵明晰的办学特色。第三,自师范教育向教师教育转型。2013年9月,教育部颁布了《中等职业学校教师专业标准(试行)》,标志着我国中职教师专业发展有了依据和方向。乘此东风,职教实现了从师范教育向教师教育的转型。

二、职教教师教育存在的问题

(一) 职教师范学生就业意愿较低

职教教师教育的培养目标定位指向职业学校专业教师,具备复合型的教育知识与专业能力。但职教师范生普遍存在从教意愿低、专业学习无兴趣等问题,甚至有抵触心理,造成抵触心理的主要有以下两种原因。

1. 社会偏见由来已久

社会对职教的低认可度,严重影响职教师范生的就业意愿。虽然近年来我国大力发展职教,但老百姓对职业教育的偏见依旧,社会对职校生印象不佳。职教师范生对职业学校缺乏全面认识与了解,受社会观念的影响使其更愿意选择去企业或公司工作。

2. 职业情感不够浓厚

职教师范生对职校教师的价值有较高的认可度,但其职业归属感、认同感、使命感不高。大部分职教师范生选择师范方向仅仅因为就业机会较多,既可以在职业学校任教也可以在专业领域就业。通常职教教师经济待遇一般、社会地位低、教学压力大,这是职教师范生缺乏职业情感的重要因素。

（二）职教教师选聘制度阻碍就业

1. 职教师范生的职教优势难以体现

就职教教师教育培养的特点而言,兼具职业性与师范性双重属性[①]的职教师范生理应是职校教师招聘的最佳选择。然而,职业学校在实际教师招聘中以教师资格证为招聘前提,以专业学科背景为主要选聘依据,忽略了对职教基础知识和职教教学能力的考核。

2. 职教师范生学历达不到现在要求

职校教师招聘专业教师学历要求大多为硕士研究生,这一要求提高了职业学校入职的学历门槛。截至 2021 年,我国独立设置的职业技术师范院校有且只有 8 所,其中 5 所学院获批职教硕士点,但是 8 所院校培养的硕士人数有限,仍以本科层次办学为主。[②] 职业院校因师资结构、科研实力等因素,追求崇尚高学历人才,这种做法使职教师范生被拒之门外,选择其他岗位。

3. 户籍制约职教师范生的就业选择

在职业学校教师招聘过程中,职业学校受人事和教育主管部门的户籍政策、编制指标等限制,特别是经济发达地区,户籍政策制约更加严格。[③] 应届毕业生考编虽然不受户籍限制,但是职业学校对新教师的企业工作经验、专业资格证书等要求颇高,无企业工作经验和专业资格证书的应届毕业生势必会被淘汰。可是,满足职校教师招聘条件的往届毕业生却因户籍约束只能在户籍所在地找工作,就业机会较少。因此,户籍成为阻碍职校师范毕业生就业的重要因素。

---

① 王奕俊,朱莉娜. 职教师资人才培养的生态困境与对策[J]. 职业技术教育,2013,34(19):62-65.
② 周伟,卢双盈. 关于我国职教师资培养宏观上存在的问题探讨与建议[J]. 职业教育研究,2014(06):51-54.
③ 王继平,唐慧,杜嘉旭. 职教师范生入职困境探析[J]. 职教论坛,2014(12):17-20.

(三) 职教教师教育培养定位偏颇

1. 培养定位问题

职教教师教育培养目标是双师型教师,其具备深厚的专业基础与教育学基础,且兼具扎实的专业实践能力与专业教学能力。[①] 一方面,在现实的培养工作中,培养单位对师范性和专业性的平衡难以把握,从而造成职教师范生的师范性不如普通师范生,专业性不如普通本科生,技术性不如行业能手。另一方面,职教教师教育的培养在我国发展时间不长,教育模式沿袭普通教育,按照普教的学科逻辑传授理论知识,未能充分体现师范性、技术性与职业性的培养要求。

2. 课程结构问题

随着经济社会对应用型人才的需要增强,职教教师教育培养院校开启职教教师教育培养和应用型人才培养的道路。职教教师教育与应用型人才的培养内容与素质要求有较大的区别。应用型人才强调掌握专业理论知识,具备技术应用能力;中职教师强调培养专业实践能力与教学实践能力,具备育人、研究、组织、管理的能力。两类人才的培养依托一套课程体系势必会造成课程体系的繁杂庞大,也导致师范课程与专业课程、专业理论与专业实践之间难以平衡。在实践中,课程体系难免会偏向专业教学,违背了职教教师教育的办学定位。专业方向无法精学、深学,师范特点弱化,导致毕业生师范性与专业性欠缺,缺乏竞争优势。课程体系中,专业实践学时比例较高,但教育实践学时比例较低,内容单一,缺少职业教育课程开发、职业教育教学设计、职业教育教学法等训练学生教育实践能力的课程,导致学生教学功底不强,教学技能不扎实。

(四) 职业教育本科带来机遇挑战

自 2019 年以来,教育部批准了多所高水平高职院校正式升格为职业本科试点,多所独立院校更名并转设为职业本科试点。职业本科的开展形成了"中职—高职"/"专科—本科—研究生"纵向贯通、相互衔接的职业教育体系。职业本科的大力发展给职教教师教育在一定程度上带来了冲击。职业本科培养的人才在数量上扩大了本科人才的队伍,更具备实践技能优势,具有丰富的职业

---

① 张社字. 我国职业教育"双师型"教师队伍建设的障碍与实现路径分析[J]. 教育发展研究,2004(Z1):116-118.

情感与职业认同感。由此可见,职教师范生在企业或教师招聘中面临激烈的就业竞争,职教教师教育的吸引力也会在职业本科的影响下逐渐减弱。

三、职教教师教育的突围路径

我国职教教师教育经过百年开拓,特别是近三十年的发展取得了令人瞩目的成绩。但相较于国际先进职教教师教育,我国的职教教师教育仍缺乏科学的理论体系和完善的培养体系。因此,为满足国家大力发展职业教育的战略性部署,本文从以下三方面对职教教师教育的发展道路进行论述,以期能够更好地助力职教教师教育向前迈进。

(一) 路径一:围绕苏锡常都市圈建设,优化职教教师教育教学

1. 立足职教教师教育的职业性,提升职教师范生的专业素养

一是搭建"四位一体"协同育人的教学平台。职业技术师范院校应充分发挥教育主体的作用,积极联系政府、企业以及各类职业院校,建立信息交互平台,四类主体加强互动交流,厘清职责分工,各尽其能,发挥所长,从理论知识到操作技能,全面打造职教师范生的专业素养。[①] 其中,政府应加强对职教教师教育的统筹布局,强化顶层设计;职业技术师范院校应着眼于都市圈建设中的新兴产业,重点培养专业的"双师型"人才,利用苏锡常都市圈的发展优势,安排职教师范生到模范企业进行观摩学习,以实际工作环境塑造职教师范生的职业素养,进而保障职教教师教育的质量。二是坚持校企合作,打造卓越的企业实践基地。职教教师教育定位于为职业院校输送教育者,相较于普通师范教育而言,更彰显其职业性,因此,职教教师教育必须保障其自身的技术属性。因此,职业技术师范院校应立足所在区域的优势,立足都市圈建设的重点产业与新兴产业,积极作为,突破瓶颈制约,与相关企业建立联系,互派人员进行交流学习,建立校企合作实习基地,实现实践课程系统的建设。三是针对新兴企业构建人才培养新课程体系。为满足社会发展对于专业人才的需求,作为职教教师的培养基地,必须保障专业设置与产业升级的契合。政府应积极选调都市圈中的优秀企业代表参与到职业技术师范院校的课程建设当中,职业技术师范院校也应积极引进专业对口的技术技能型人才作为院校教师,以充实优化现有师资队伍

---

① 丁才成.苏锡常产业集群与高职教育的互动发展研究[J].南通大学学报(社会科学版),2017, 33(01):149-155.

的水平,进行专业课程研发,提高专业教学与现有产业的匹配度。

2. 关注职教教师教育的师范性,提升职教教师教育的职业素养

职教教师教育必须以立德树人为根本。一是重视职教师范生职业道德素养的培养。在课程建设上,要深化课程理论认知,积极开展思政教育与劳动教育课程,优化人才培养模式与课程结构体系,加强课程综合化与教师基本功训练,利用企业实训实习磨砺教师的品质。在教学建设上,利用都市建设带来的巨大信息财富,搭建网络学习平台,与行业企业展开密切合作,积极开展理实一体化教学、混合教学、模块教学等,重点培养学生利用现代化科技手段进行教育教学的技能,进而提升职教师范生的供给质量。二是关注学生"工匠精神"等职业精神的养成。职教教师教育作为培养教师的一门专业,必须关注教师自身职业素养的建设。为培养职教师范生的职业精神,一方面,职业技术师范学院应对现有教师结构进行多样化扩充,积极聘请职业院校优秀教师和企业技术骨干为兼职教师,为在校的职教师范生开展系列讲座、课程实践活动;另一方面,应利用区域优势,组织学生到职业学校或相关企业见习,真实体验企业文化,熏陶塑造职教师范生的职业精神。三是重视学生学习能力的养成。为应对不断发展的产业升级需求,职业学校培养出的学生必须具备自我充电的能力。因此,为职业学校培养教师的职教教师教育在对学生进行培养时,一方面,应关注学生学习能力的获得,只有自己掌握学习方法,才能够及时根据时代发展要求进行更深层次的专业发展,进而在知识积累达到一定程度时,进行学法与教法的创新探索;另一方面,应注重学生思维范式的养成,不定期开展线上或线下的创新创业大赛,或在平时教学中开展无领导小组讨论、头脑风暴等活动开发学生的思维,进行灵感激发,进一步释放学生个人或者团体的创造性活力,增强学生的学习效能,通过方法与实践引导,促使学生突破束缚,进行教与学的创新。

(二)路径二:紧跟国家发展战略,构建现代职教教师教育体系

1. 完善职教教师教育培养体系

一是深化高层次职教师范培养机制。硕博学历的职教教师教育是未来职教师资培养的高端位置和发展趋势。[①] 职教教师教育必须根据时代发展要求,做好高层次学历教育,把各大高校作为培养职教师资的有益补充,通过在高等

---

① 郑立群,马莉. 新时代中国特色职业技术师范教育的内涵特征与发展路径[J]. 职业技术教育,2020,41(22):58-64.

师范院校设立职业技术教育专业,各专业院校增设职业技术教育系,师范院校与专业院校联办职业技术师范分校等途径提高职教教师教育覆盖面。一方面,具备职教师资培养能力的学校应根据自身的学位授予权利,积极开阔更高层次的学历教育,申请硕博层次职教师范生培养资格;另一方面,已经具备培养资格的学校,应积极探索适应新时期发展要求的人才培养模式,切实保障人才培养质量,重视与企业行业以及各类职业学校的合作,构建协同培养机制。① 二是建构深度衔接的本硕博职教师范课程体系。职业技术师范院校应积极联合行业企业专家,为培养高层次的"双师型"教师开发一套适用的系统化课程。课程内容应注重不同层次学历教育的衔接转换,突出情境性与实用性,以优质的专业课程建设帮助职校教师完成从新手到专家、从专家到教育家的角色转换。② 三是扩大职教教师教育规模,确立教师"职后培训"新定位。针对职业教育发展需求,联合各类职业学校以及职业培训机构大力开展新职师系列培训项目。以有效服务教师发展为宗旨,优化培训课程与管理,使职业技术师范学院成为职教师资专业发展的加油站,切实帮助教师完成专业升级。例如,江苏理工学院作为全国职教师资培训基地,不定期地会举办院(校)长和骨干教师培训班,邀请职教专业的专家学者为刚步入职业学校的教师增值赋能,以教师专业水平的提升助力职业学校的教学质量提升。

2. 关注职教教师教育后续发展

一是政策引导,增强职教教师教育吸引力。一方面,政府通过培优计划,选调区域内优秀毕业生进行定向培养,并对报考职教教师教育的学生进行优先录取,以确保职教教师教育的生源质量;另一方面,通过适当增加职业学校的编制名额,提高职业院校教师的经济待遇,改善办学和生活条件等措施,缓解职教师的毕业生就业压力问题。二是社会支持,提高职教教师教育认可度。对于职业教育而言,坚持类型特色,立足于企业,定位于市场,改善人才培养质量,以职校生实际就业质量改善社会观念,提高关注度。对于职教教师教育而言,坚持质量优化,将"双师"素质基本要求纳入职教教师培养体系,提高职教师范生的专业技能,以扎实的专业能力以及实践技能获得职业学校的青睐与认可。三是教育支持,保障职教师范生的职后发展。一方面,保障职教师范生能够在激烈

---

① 逯长春.新政策背景下职业技术师范教育的使命与改革创新任务[J].中国职业技术教育,2020(10):41-45.

② 逯长春.新政策语境下我国职业师范教育的定位与突破——基于职业师范院校的视角[J].职业技术教育,2019,40(36):35-40.

的人才竞争中持续获得优势,各大职教教师教育学校应积极开展职后培训工作,组织各类职业培训,为职校教师的持续发展增值赋能;另一方面,积极开拓职业学校教师专业深造的空间与途径,适度扩大高层次职教教师教育的招生面向,做好面向中职、高职等院校教师以及毕业生的招生工作。此外,职业技术师范学院应大力开展国际研学活动,鼓励职教师范生或职校教师以各种方式开展研修访学活动,为职教师范生的后续发展提供机会与场所。

(三) 路径三:立足高质量师范院校建设,提升职教教师教育办学能力

1. 紧抓"师能""师德""师风"建设,培养卓越职教师资

一是强化"师能"建设。职业技术师范教育是未来职教教师的重要培养基地,在一定程度上引领职业教育的未来。因此,必须重视职教师范生的能力培养。新时期要求职教教师教育培养具备双重资格的"双师型"教师队伍,职业技术师范学院必须紧扣专业前沿理论,以职业教育专业面向为载体,结合地方发展特色,战略布局职教师范专业,进而引导职业教育学科协调发展。二是坚持"师德"建设。德育建设是师范院校的重要内容之一,职教教师教育面向职业院校进行师资培养,更应紧抓教师的德行风范。职业技术师范院校可结合职业理想教育与教师专业发展,通过营造良好的文化环境、树立先进典型、引导职业发展等措施,帮助职教师范生树立爱岗敬业、热爱学生的精神品质。三是关注"师风"建设。职教教师教育是职教师资的生产基地,需要注重对学生学习氛围的营造。一方面,通过正规的师范教育为学生提供专业知识和职业道德,通过非正规的社团学习活动激发师范生的自我专业提升意识,营造浓厚的学习氛围;另一方面,通过与企业或职业学校的教学合作强化学生的职业认同感和责任感,促使学生以积极心态进入职业学校。

2. 加强职教教师教育科学研究,构建优越学术氛围

一是重点研究"学""术"和"业"三个方面的理论问题。在"学"理方面,职教师范教育必须积极探索具有中国特色的职教师资培养道路,深刻探讨职教教师教育的发展理念、特质等,厘清与社会、职业院校和教师间的关系,形成独立的职业技术教育理论体系;在"术"理方面,深刻把握职业院校教师的专业发展道路,探索具有职教特色的专业课程与教学法,特别是专业技能、师范技能和职业技能教学;在"业"理方面,积极探索社会职业发展规律,行业、专业对职业的影响,实施"1+X"证书制度,对于职业技术教育而言,职教师范教育的毕业生不但

要取得学历学位证书,还应通过自身努力获取专业相关的资格证书,包括教师资格证及各类职业证书。二是研制高等职教教师教育的《师范技能规范》。职教教师教育的师范技能培养是人们普遍都意识到的重要工作,为此必须具备一套可实行的《师范技能规范》及《考核标准》。对师范教育的实际教学运行和改革工作的开展有四点好处:第一,学生在入学后人手一份,有利于强化师范角色意识和明确平时的努力目标;第二,教育类课程教师有了这一文件后,在进行教学内容、方法选择时可以参考,从事学生管理工作的教师在活动安排上也有了指南;第三,为教育类课程整体优化奠定了基础;第四,为职教学院下一步实施"教师技能资格证书"的考核颁证工作做好准备。

欧洲现代学徒制特点探析及对我国的启示[①]

刘 鋆[②]

摘 要:现代学徒制是目前我国职业教育改革的重点,但由于起步较晚,在现代学徒制建设方面出现了一些现实困境。通过对欧洲职业教育发达国家的现代学徒制特点进行研究,借鉴成功的建设经验,发现我国的现代学徒制建设应加强顶层设计,促进多方协作;健全法律法规,规范学徒制管理;完善机制体制,构建中国特色学徒制标准,打通学历提升渠道,培养高层次职业技能型人才。

关键词:欧洲现代学徒制;特点;职业教育改革

一、引 言

现代学徒制(Modern Apprenticeship)一词最早于1993年出现在英国政府提出的预算计划中,旨在把传统学徒制与创新相结合,培养达到英国国家职业资格证书(National Vocational Qualification System,NVQ)三级水平的员工。[③] 根据2009年国际职业教育与培训(VET)体系调查中使用的术语表,现代学徒制可以定义为"由雇主赞助的、正式的、结构化的职业准备项目,它将非全职非在岗的指导与在岗的培训及工作经验相结合,帮助学徒们获得工人的技艺的职业资格或更高水平的职业资格。这样的项目至少需要两年时间才能完成"。[④] 欧洲不同国家的学徒制不尽相同,但发展趋势已经由扩大规模向提高质量转变。全球知名教育集团Pearson和英国知名高校德比大学国际指导研究

---

① 基金项目:扬州市职业大学2021年度国际交流研究课题重点项目"'双高'建设背景下高职学生国际化能力构建路径探究——以扬州市职业大学为例"(编号:2021GJ03)。
② 作者简介:刘鋆,扬州市职业大学国际交流合作处副研究员,研究方向为英语教育教学、教育国际化。
③ James Mirza-Davies. Apprenticeships Policy, England prior to 2010[R]. 2015.
④ 陈文浩,陈欣欣. 2009—2018年国际现代学徒制研究状况分析[J]. 职业教育研究,2020(4):4.

中心联合发布了《世界一流学徒制标准：报告和建议》①，探索并总结了世界一流学徒制的标准及指标。2014年2月，李克强总理在主持召开国务院常务会议时提出"开展校企联合招生、联合培养的现代学徒制试点"，目前已经进入全面推入学徒制建设的关键期。2021年4月，习近平总书记在第一次全国职业教育大会上做出重要指示，强调要推广中国特色现代学徒制，面向先进制造业、现代服务业、战略性新兴产业探索高层次学徒制。因此，充分借鉴职业教育发达国家的学徒制发展经验及标准，有助于深化高职院校产教融合，打造既具有中国特色又具有世界水平的现代学徒制体系。

二、欧洲现代学徒制特点

（一）健全的制度保障体系

制度保障是现代学徒制有效开展的基础，也是现代学徒制得以实施并取得巨大成效的支撑。以德国、瑞士、法国、英国为代表的职业教育发达国家之所以能够在现代学徒制运行中发挥出制度的强大作用，在于制度清晰地划分了现代学徒制参与主体的权利、责任与义务，并通过法律规定予以明确。如，德国2019年发布《职业教育法——2019修订版》，进一步明确职业教育学位由工商行业协会、手工业行业协会等12个行业协会或由州或联邦主管部门授权的主管机构授予，在传承企业模式实践性、针对性、技能型优势基础上吸收学校教育抢强调个性发展的理论性、通识性和知识性的长处，构建面向未来的德国职业教育体系。瑞士于2004年发布新版《联邦职业教育法》，确定学校与企业等值界定的高职学位设置，可以通过教学地点为企业或学校等"双元"（企业＋学校）或"三元"（企业＋学校＋培训中心）的培训方式获得相关学位。特别的是，瑞士没有教育部，由联邦经济部负责管理全国的职业教育和高等职业教育，制定高等专业学习教育及其文凭后教育的认可条例，是一种"政府通过经济部门的引导，实施市场调节的企业中心模式与市场调节的学习中心模式并行的'双轨制'职业教育模式"。近年来，英国出台了一系列关于学徒制的法律法规和政策性文件，例如《英国学徒制：我们的2020愿景》（2015）、《学徒制研究所战略规划（草案）》(2017)、《学徒制局战略指南》（2018—2019）等，引入高等和学位学徒制学位制度，定义了高等和学位学徒制的教育属性，是一种企业主导的高等教育，在企业

---

① Ruth Mieschbuehler, Tristram Hooley. World-Class Apprenticeship Standards Report and Recommendations[R]. International Centre for Guidance Studies，2016.

需求驱动的总体框架内,由企业开发学徒制标准,学徒的学术学习只占总学时20%,其余80%为在职学习。①

系统化的制度保障规范了学徒制运行的秩序,避免了教育资源和企业资源的浪费,降低了职业教育的社会成本,提升了现代学徒制的运行效率。

(二)深入的产教融合体系

欧洲各国政府都将职业教育产教融合政策与市场产业发展需要紧密相连,从而避免陷入职业教育供给与市场产业需要"两张皮"的尴尬境地,有效解决教育链、产业链、人才链断裂的问题。首先,政府将职业教育技能发展政策与国家经济发展计划相联系,在促进经济转型、工业增长、技能发展和创造就业机会等方面发挥积极作用。如法国在 21 世纪初曾制定《面向 21 世纪职业教育宪章》,以改变法国学校本位的职业教育与企业实践需求脱节易致高失业率的情况,并在 2007 年以"聚焦学校企业关系"为题启动职业教育改革,实施行业企业参加的市场化导向的改革。其次,重视企业在职业教育产教融合中的主体作用,研究表明,职业教育发达国家的职业技术教育与培训体系是有强大企业雇主参与的,如德国、瑞士、奥地利等。② 世界银行在《1991 年有关职业技术教育培训的政策文件》中强调要将兴办职业教育的职责逐步由政府转向企业。③ 再次,保障各方利益,促进校企紧密交流,优化培训体系。以书面合同形式规范从业机构资质、从业人员资质、学徒培养要求、学徒基本权益保护等,从制度上保障利益相关者参与到现代学徒制的制度设计、运行管理、项目实施等环节。英国现代学徒制政策文件要求大学参与高等和学位学徒制,以企业学徒制标准为基础设计人才培养方案,以企业需求为平台开放课程内容并展开教学。学徒制与应用型高等教育的合作已成为英国学徒制发展的趋势。

(三)高水平的质量保障体系

欧洲现代学徒制从学徒的准入门槛、项目实施过程到毕业要求制定了较为完善的考量维度以保证学徒制的高质量发展。Pearson 教育集团和英国德比大学国际指导研究中心联合发布的《世界一流学徒制标准:报告和建议》从以下四个方面对世界一流学徒制标准进行了规范:① 培训。包括准入要求,培训年限、

---

① 姜大源.职业教育学位设置:文本分析与模式识别——基于比较视野的职教法律法规相关条款的解释[J].中国职业技术教育,2020(16):5-24.
② 邱德梅,姜乐军.法国学徒制治理体系:特点、借鉴与启示[J].当代职业教育.2020(6):82-87.
③ 王羽菲,祁占勇.国外职业教育产教融合政策的基本特点与启示[J].教育与职业,2020(23):21-28.

培训范围、培训目的、在岗培训和非在岗培训等。② 职业技能。包括技能和知识、发展性目标等。③ 认证。包括评估和资质获取。④ 项目进程。包括人员的雇佣、教育与培训、生产力等。法国要求学徒培训中的管理、教学和辅助人员必须符合《劳动法典》规定的资格标准,对学徒培训中心、教学方法、学习成果认证有严格的评价方式。此外,还引进了外部机构对企业与学校的教学情况进行监督,如由行政机构对学校教学进行监控,由商会对企业培训进行监控。联合国教科文组织(UNESCO)主张用公平、经济和改革三重透镜来审查职业教育举措,以保障学徒、教育机构、企业及社会均获得理想的成效。①

(四)灵活的经费配套政策

海外学者 Alessandra Molz 在联合国教科文组织国际职业技术教育培训中心(UNESCO-UNEVOC)线上论坛中指出,经费是现代高质量学徒制体系的重要因素之一,一个包括政府、企业等多方合作机制的健全的经费制度对学徒制的成功与否起至关重要的作用。良好的经费政策不仅可以把成本控制在合理范围,还能最大化地鼓励各方参与的积极性,特别是让企业确信对学徒制的投资可以获得较好的回报。② 事实上,欧洲各国也确实把经费制度放在较为核心的地位。如英国 2016 年设立"学位学徒制发展基金",拨款 940 万英镑用于提升学位学徒制的开拓和发展能力;法国实施强制性的学徒培训征税制度,学徒培训税根据全年企业员工工资总数的 0.68% 缴纳,由经过政府授权的专门机构收取,其中 50% 归入公共财政,用于企业所在大区的学徒制运作,25% 间接交给个学徒培训中心,剩余的 25% 用于支持免费学徒教育的职业类或技术类初始教育,对拥有一定数量学徒的企业可以免交学徒培训税。

三、我国现代学徒制建设的现实困境

(一)政策合力缺乏

制度建设是实现高质量现代学徒制的前提,也是现代学徒制改革的重中之重。但目前我国的现代学徒制缺乏普适性的政策法规和配套措施。与学校本位教育不同,现代学徒制既是教育制度又是劳动制度,需要对学徒合同性质、学

---

① Alessandra Molz. Delivering TVET through Quality Apprenticeships, Virtual conference on the UNESCO-UNEVOC e-Forum[R]. 2015.
② 关晶. 英国学位学徒制:职业主义的高等教育新坐标[J]. 高等教育研究,2019(11):97.

徒法律身份、企业资质要求、企业教学职责、培养成本分摊、权益纠纷等进行明晰的划分。2019年教育部办公厅发布《关于全面推进现代学徒制工作的通知》，要求"总结现代学徒制试点经验，全面推广现代学徒制"，文件指明了工作重点和组织实施，但由于共建学徒制的院校、企业等隶属不同部门管辖，涉及教育、商务、人社、财政、科技、税务等多个部门，因此国家需要出台综合性协调政策，否则会在建设过程中出现无据可依、无所适从的情况，无法规范现代学徒制建设，甚至会造成国有资本的流失和教育资源的浪费。

（二）对学徒制认识不到位

许多院校和企业对现代学徒制缺乏正确的认识，认为顶岗实习就是现代学徒制，只是换了个说法。部分院校在制定现代学徒制人才培养方案时，依然是学校主导的职业教育模式，其教学目标、教学标准与原先的校企合作下的专业建设模式没有太大变化。有些高职院校和企业之间的合作只是将订单班冠以品牌的低层次合作，学生毕业后仅有少部分留在冠名企业，而企业也只把学生当作短期廉价工人，不愿意在学徒培养方面投入更多的精力。实际上，国家对现代学徒制已经给出了明确的定义："通过学校、企业深度合作，教师、师傅联合传授，对学生以技能培养为主的现代人才培养模式。与普通大专班和以往的订单班、冠名班的人才培养模式不同，现代学徒制更加注重技能的传承，由校企共同主导人才培养，设立规范化的企业课程标准、考核方案等，体现了校企合作的深度融合。"[①]对比可参照国际经验，现代学徒制对学徒培养年限、学习内容、工学时长、交替方式、津贴报酬、完成标准等做底线规定。现代学徒制是建立在多元利益主体共同协作的技能形成体系，需要社会伙伴（企业联盟、工会、专业机构等）的深度参与。

（三）体制机制不完善

体制机制的不健全制约着现代学徒制的发展。首先，以教育部门为主导的办学体制在一定程度上割裂了职业院校与行业企业的联系。学校与行业合作基础薄弱，真正来源于企业的双师型教师比例并不足以支撑学校与行业的顺利对接，即便是顶岗实习，也往往是低层次的重复劳动。其次，学校、企业没有建立长效的合作机制，缺乏积极有效的激励机制。学徒的学习目标、教学过程、教学标准、师资配备等校企对接有错位，学校希望企业培养学生的行业技能，但对

---

① 百度百科：现代学徒制[EB/OL] https://baike.baidu.com/item/%E7%8E%B0%E4%BB%A3%E5%AD%A6%E5%BE%92%E5%88%B6/16697905? fr=aladdin.

于企业来说花费了大量时间精力培训的学徒未必能留在企业创造价值。第三，没有照顾到学徒制参与方的利益增长点。院校具有"育人导向"和非营利性的特点，而企业需要最大程度追求经济效益，双方的初始愿景有着天然的区别。现代学徒制在一定程度上增加了企业的成本负担，但也有可能为企业带来巨大的人才资源，因此需要深入思考现代学徒制中涉及的利益共享机制、分配机制和调节机制。

(四)学徒能力培养有局限

现代学徒制区别于传统教育模式，它的主要学习场所是在工作环境中。对比国内一些现代学徒制试点院校在课程设置上的变化，发现仅仅是工作时长的增加，而不是核心职业素养的培养。有些院校认为企业需要学生做什么，我们就让学生做什么，这就是培养学徒的工作能力，但有时企业只是短时间需要可以完成低技术含量的劳动力，而非以培养学徒的职业技能为己任。而现代学徒制质量的教学内容维度中，被国际组织强调最多的是软技能和可迁移技能。在产业变革快速发展，技术更迭加速的当今世界，终身学习和可持续的职业发展才是更应该在工作中培养的。

四、欧洲现代学徒制对我国现代学徒制建设的启示

(一)加强顶层设计，促进多方协作

现代学徒制的构建离不开政府的政策引导和制度的顶层设计。欧洲高质量现代学徒制建设有来自联合国教科文组织(UNESCO)、20国集团(G20)、欧洲理事会(EC)等的政府视角，也有来自欧洲高等专业教育与中小型企业学徒制合作项目联盟(SAPS Consortium)的学术视角；有来自欧洲手工业及中小型企业联合会(UEAPME)的企业视角，也有来自国际劳工组织(ILO)、欧洲工会联盟(ETUC)对劳工权益的关注。[①] 虽然我国的国情与欧洲各国并不相同，但在现代学徒制建设过程中都需要充分考虑现代学徒制参与主体的利益诉求，建立利益驱动，以人才培养和技术服务为核心，明确全面推广现代学徒制的目标任务和工作举措，引导行业、企业和学校多方协作积极开展学徒培养。

---

① 关晶,田诗晴.高质量现代学徒制:国际倡议与我国反思——基于国际组织倡议的文本分析[J].教育发展研究,2020(13-14):67-74.

(二)健全法律法规,规范学徒制管理

现代学徒制相关法律法规的出台必须考虑到我国的经济、政治特点,中央及地方各级政府从完善国家和地方技能形成体系的视角出发,从构建职业教育治理体系和提升治理能力的角度着手,不仅要有宏观的大方向引导,更要有具体的、可落地的配套方案和制度支撑。欧洲各国的学徒制各不相同,但都出台具体的规范性文件明确了现代学徒制的运行规则与各方的具体职责权,规范学徒制运行的程序,规定校企合作的具体条款,明确围绕现代学徒制校企协同的工作范畴、合作流程、职责分工、利益分配等。同时,需要加强政府各职能部门相关政策的沟通与衔接,梳理教育、财政、土地、税收等配套制度和工作机制,通过配套税收减免、人才培养补贴等优惠政策调动企业的积极性,注重强化学生在学徒期间各项权利和利益的保障,为现代学徒制取得健康长效发展扫清障碍。

(三)完善机制体制,构建中国特色学徒制标准

健全与现代学徒制相适应的教学管理与运行机制,完善教学运行与质量监控体系,规范人才培养全过程。要加快推进现代学徒制体制机制建设,从制度建设、教学实践管理、经费配套等方面奠定基础。

一是加强制度建设。在充分考虑国情的情况下,政府应推进现代学徒制保障性制度的建设,提升行业协会、职教集团、龙头企业等社会组织在办学中的主体地位,并引入行业组织承担监督管理的责任。

二是加强现代学徒制教学实践过程化管理机制建设。校企双方共同谋划符合企业实际需求或市场需求的专业规划及专业群、专业链的设计,不断增强专业与产业对接的精准度和契合性,合理安排工学交替。积极探索三天在企业、两天在学校的"3+2"培养模式,依据学徒培养状态和企业的实际生产现状实行弹性的工学交替模式,确保学徒培养最大限度地不影响企业的实际生产能力;强化准入门槛和评价考核,提升职业院校教师和企业师傅的遴选标准和教学能力;推进双导师团队建设,推广学校教师和企业师傅共同承担教育教学任务的双导师制度,加大学校与企业之间人员互聘共用、双向挂职锻炼、横向联合技术研发和专业建设的力度,根据学徒培养质量合理设定激励晋升机制。

三是加强经费配套机制。对于院校而言,会产生师资投入、实训基地、管理运行等成本;对于企业而言,会产生人力资源投入、生产材料损耗、生产设备折损、学徒薪酬等成本。这些成本的产生必须要有相应的投入机制予以补偿,此

外,对企业的教育附加税费减免要执行到位。对于参加现代学徒制试点的院校,可以根据职业资格证书通过率、企业留用率、企业满意度等指标综合评价,树立标杆,分级分档予以奖励,鼓励其他院校向高质量学徒制看齐。

(四) 打通学历提升渠道,培养高层次职业技能型人才

受传统思维的影响,许多人觉得十年寒窗苦读之后的金榜题名才值得骄傲,提起"学徒制"人们往往会自动联想到恶劣的工作环境、微薄的收入和低微的社会地位。实际上,不仅是中国,文化至上的法国在实行学徒制初期也并不顺利,人们对学徒制的认可度并不高。但当法国政府将学徒制的学历层次进行提升后,学徒不仅可以获得职业技术文凭,还可以获得硕士文凭,极大地激发了年轻人参与学徒制的积极性。英国《国家资格框架》(NVQ)中将2—3级学徒制增加为4—7级,学徒最高也可以获得硕士学位,许多研究型大学也都加入了高等学位学徒制学位的授予。[①] 我国的职业教育大多属于专科层次,随着产业结构转型升级,专科层次的职业教育已经难以适应日益复杂的工艺、设备和技术密集部门的需要。如果能打通学历提升渠道,提升应用型技术人才培养层次,增加学徒软实力与可转化能力的培养,对行业人力资源的输送也将起到积极的作用。

五、小 结

随着逐步取消学区房、平衡普职比和"双减",部分本科高校向应用型本科转变等政策的落地,可以看出国家正以前所未有的力度扶持职业教育的发展。在全面建设社会主义现代化国家新征程中,职业教育前途广阔。随着供给侧机构性改革的持续推进,各行各业对高素质技术技能人才、能工巧匠、大国工匠的需求与日俱增。在借鉴欧洲职业教育发达国家的现代学徒制经验的基础上,相信有中国特色的现代学徒制建设会更上新台阶。

---

① 关晶.英国学位学徒制:职业主义的高等教育新坐标[J].高等教育研究,2019(11):97.

高职教育领域"四个评价"体系的价值意蕴与实践逻辑

王亚鹏[①]

摘　要:高职教育领域探索实践《深化新时代教育评价改革总体方案》提出的"四个评价"体系,要紧扣"类型不同但价值等同"的办学哲学,科学理解和把握好"四个评价"体系的政策逻辑、理论逻辑和实践逻辑。以立德树人为统领,从科学主义评价范式走向建构主义评价范式,导向"管好""办好""教好"以及"学好",要坚守高职教育的本质,有效达成价值融合;加强高职教育评价治理体系建设,提升评价效能;有效提升发展成长幅度,打造高职教育的质量标杆。

关键词:高职教育;本质;评价体系;价值;实践逻辑

一、问题的提出

教育评价在教育治理中发挥着"方向盘"和"测量仪"作用,既影响教育治理模式与目标的实现、教师教育教学与科研的投入度、学生的学习动机与选择等教育生态基本问题,又关乎"培养什么人、怎样培养人、为谁培养人"这一教育根本问题。[②] 但是作为多元利益主体博弈的载体,教育评价本身是一把"双刃剑"。特别是在教育利益主体日益多元,诉求愈加丰富,价值取向冲突日益彰显的现实背景下,教育评价在发挥其认知、诊断、预测、导向、激励和改进等积极效用的同时,也易产生形式化、工具化、功利化、同质化以及固化等负面效应,导致各级各类学校办学育人"动作变形",偏离立德树人根本任务。创造价值、展现价值、增强价值自觉,促进教育高质量发展是教育评价的首要功能。因此,要遵循教育规律,不断总结教育评价的经验,发现问题,强化和累积正向价值,减少和克

[①] 作者简介:王亚鹏,江苏工程职业技术学院研究员,博士,研究方向为高职教育基本理论与院校治理。

[②] 刘海峰,等．构建"四位一体"功能互补的教育评价体系[J]．中国考试,2020(9):3．

服负面效应[1],使教育评价不断走向科学化、合理化。教育评价的偏离与异化是制约教育高质量发展的根本性、根源性因素。特别是当教育评价的负面效应发展到违背教育规律和人才成长规律,扭曲教育本质,偏离立德树人价值使命,异化学校教育教学过程,不适应受教育者全面发展,与国家战略要求不一致时,我们就必须及时改革教育评价机制。

针对当前唯分数、唯升学、唯文凭、唯论文、唯帽子的"五唯"异化现象阻碍我国教育高质量发展,2020年10月中共中央、国务院印发了《深化新时代教育评价改革总体方案》(以下简称《总体方案》),坚守"问题"导向的底线价值,凸显"目标"导向的中线价值,强调"效能"导向的顶线价值[2],从教育评价改革的系统性规定与结构性要素出发,着力构建以"改进结果评价,强化过程评价,探索增值评价,健全综合评价"(以下简称"四个评价")为核心的"四位一体"功能互补的教育评价新体系[3],以"立四新"破"五唯"顽疾,推进建立科学的、符合时代要求的教育评价机制。与中国特色高职教育发展相伴相生、相偕相行的质量保障与评价实践,20余年来经历了以满足办学条件为主、重视人才培养为主、建立示范引领为主和以质量提升为主的变迁[4],基本形成了"以外促内、内外结合"的高职教育质量保障体系框架。但是与高职教育类型化发展、整体高质量发展的要求相比,由于受自身所处发展阶段和外部环境的制约,高职教育评价还存在过度关注结果质量、强化模仿和趋同、依赖外部问责、依赖政府定量[5],以及评价方法定势化、评价过程模糊化等不足。《总体方案》提出的"四个评价"体系既是一种全新的教育评价理念,又是一种全新的教育治理理念,也是我们贯彻《国家职业教育改革实施方案》,深化高职教育综合改革的行动指南。因此,彰显高职教育的类型特征,从科学主义评价范式走向建构主义评价范式,导向"管好""办好""教好"以及"学好",需要科学地理解和把握好"四个评价"体系的政策逻辑、理论逻辑和实践逻辑,加快形成与"同等重要地位"相适应、相匹配的评价方式,摆脱高职教育发展对普通教育的路径依赖。[6]

---

[1] 刘振天,罗晶. 高等教育评价"双刃剑":何以兴利除弊[J]. 大学教育科学,2021(1):10.
[2] 朱德全. 大数据时代教育评价专业化何以可能:第四范式视角[J]. 现代远程教育研究,2019(6):14.
[3] 刘海峰,等. 构建"四位一体"功能互补的教育评价体系[J]. 中国考试,2020(9):1.
[4] 谭春华,王庭之. 我国高职教育质量评价的变迁、困境与出路[J]. 职教论坛,2020(1):145.
[5] 任占营. 职业院校教学工作诊断与改进制度建设的思考[J]. 国家教育行政学院学报,2017(3):45.
[6] 聂伟,张浩. 职业教育要建立具有类型特征的评价方式[N]. 光明日报,2019-12-31(13).

二、"四个评价"体系的价值意蕴

教育评价有广义和狭义之分。广义上的教育评价是指对教育领域中各种相关的人、事、物、制度、观念等教育价值的评判①,个体主观性强。狭义上的教育评价则是指依据一定的教育目标和评价标准,对教育活动满足社会和个体需要的程度做出系统的分析和价值判断。② 我们通常所讲的教育评价是对教育的价值定义和价值赋值,既是一种科学的认识活动,也是一种价值的评价活动,应符合规律性和价值性的统一③,属于狭义上的组织化、制度化的教育评价,强调客观中立,即客观性原则。因而经验上可观测、可量化乃至主观判断的要素化与指标化,就成为其获得合法性的基本依据。人们对当前高职教育领域评价存在的问题和负效应的争议,其实也正源于此。④ 因此,我们需要深刻认识高职教育"类型不同但价值等同"的办学哲学,科学地理解和把握"四个评价"体系的价值意蕴与技术要素,将其内化到高职教育办学治校育人过程中,以有效应对高职教育办学的复杂性,增强改革发展的可能性和超越性。

(一)坚持产出导向,改进结果评价

结果评价是一种以结果为导向,对高职院校和学生在一定发展和培养阶段之后对其办学成效与学习效果所进行的评价。高职教育坚持立德树人根本任务,遵循"产教融合、校企合作"育人,必须关注办学成效和培养结果,保证高素质技术技能人才培养目标的高质量实现。同时高职教育作为与经济社会发展联系最紧密的教育类型,其办学主体高职院校是一个复杂的社会组织,"产教融合、校企合作"培养高素质技术技能人才是一个复杂的系统工程。过于强调结果不利于把握和处理好公平与效率的关系、教育公平与教育质量的关系、规模扩张与内涵发展的关系,背离高职教育肩负着培养多样化人才、传承技术技能、促进就业创业的重要职责以及让每个人都有人生出彩机会的价值使命。因此,坚持立德树人成效根本标准,有效发挥结果所蕴含的实际教育生产力,结果评价不仅要关注高职教育培养目标的达成度和符合度,而且要多维度、多视角全面界定高职教育目标,努力将高职教育服务发展、促进就业的发展思想具体化,

---

① 顾明远.中国教育大百科全书[M].上海:上海教育出版社,2012:841.
② 陈效民.简明基础教育评价常用词汇解释[M].北京:高等教育出版社,2012:8.
③ 石中英.回归教育本体——当前我国教育评价改革刍议[J].教育研究,2020(9):7.
④ 阎光才.谨慎看待高等教育领域中各种评价[J].清华大学教育研究,2019(1):2.

促进政府、行业企业、社会以及师生等多元利益主体效用价值需要的有机统一。

坚持产出导向,改进高职教育结果评价是指在肯定结果评价的技术手段和所具有的价值与功能的同时,一是要坚持"过程与结果"相统一,克服采用相同的标准来评价千差万别的高职院校扎根区域大地办学的努力程度、社会贡献度以及学习者个体发展增值的弊端。警惕将高职教育质量"项目化",[1]克服将追求具有显示度的可量化指标、项目、成果以及荣誉、帽子等作为办学绩效证明,造成实质性评价不足,不能有效呈现真实办学品质的弊端。二是要践行解释主义评价哲学,完善评价结果运用机制。改变只注重对结果"描述"与"判断"的终(总)结性评价,加强对具有普适性、可复制的院校改革发展经验的推广,为政府改进高职教育政策和高职院校提升发展能力提供科学依据与信息支撑,引导高职院校科学定位,补短板、强弱项,不断提高立德树人的能力。

(二) 激发内生发展动力,强化过程评价

从本质上讲,过程性评价受实践理性支配,立足常态纠偏、持续改进,强调对高职教育作为一种复杂教育现象的深刻理解,注重与既是被评价对象又是质量生成主体的良性互动,注重质量生成过程本身的内涵及创造性价值,注重评价过程与师生日常教育教学生活过程的同步化和一致性。因此,我们常讲的诊断性评价、发展性评价、生活性评价就是对过程评价的具体诠释。从生成性思维视域中的教育过程观看来,生成性和发展性是教育的基本属性。高职教育作为一种培养人的活动,是以过程的形式存在,并以过程的方式展开的,离开了"产教融合、校企合作"就无法理解高职教育教学活动,更无法实现高职教育的培养目标。创造性价值或创生性价值是高职教育教学过程的核心价值。[2] 根据"生成性"教育过程观,高职教育质量不仅是高职院校日常教育教学和管理服务活动的结果,还包括活动过程本身;不仅表现为结果的质量,还反映结果形成过程的工作质量。过程性评价着眼于深耕细作人才培养全过程,以动态性视角对"过程要素"这一影响高职教育质量的关键,即对高职院校组织及其师生日常教育教学和管理服务活动的过程及其成效进行多角度、全周期的诊断改进,推动高职院校及时将产业先进元素和创新要素融入人才培养过程,加强对学生"工学结合"学习过程的设计,坚守课堂育人的本体功能,重视对学生知识与技能、过程与方法、情感态度和价值观的整体性培养,使高职院校办学育人活动更加符合自身规律。

---

[1] 陈廷柱. 警惕高等教育质量项目化[J]. 大学教育科学,2019(5):12.
[2] 郭元祥. 论教育的过程属性和过程价值[J]. 教育研究,2005(9):3.

夯实诊断改进功能,强化高职教育过程评价,就是要强化其所具有的诊断功能,加强对高职院校日常教育教学和管理服务过程的常态纠偏、精准改进效能,回归教育本源,在最大程度上达成培养目标。一是坚持整合方法论,及时将行业企业的发展需求、质量标准、技术元素和创新要素在高职院校日常教育教学过程中加以科学、合理的规定和有效内化,增强人才培养的针对性和适应性,强化质量生长根基。二是坚持"生成性"教育过程观,尊重质量主体高职院校和师生的主体性,加快构建高职院校教学诊改制度及其认证机制,增强高职院校及其师生员工在质量自我持续改进中的积极性、创造性和前瞻性,实现诊断评价过程与日常教育教学过程有机融合,与学校及其师生发展成长内在有机统一,形成良性质量循环。

(三) 彰显类型质量自觉,探索增值评价

作为目前国际上较为通行的一种教育评价方式,增值评价是指以学生通过教育教学活动获得的成长进步幅度和就业质量来评价高职院校办学育人的努力程度,是以高职院校及其师生的自我发展成长幅度为评价参照系进行的评价。其核心是淡化简单的横向比较,纵向考查评价对象的发展、进步和贡献而不是为了鉴定和证明,在评价过程中实现对高职院校及其师生个体差异的关照。为保证评价结果的客观性和全面性,增值评价对教育测量的技术手段要求较高,但它并非"技术",而是一种导向教育公平以及每个人与每所院校都能够实现发展增值的教育思想。服务产业和区域经济社会发展的贡献度以及服务学生发展的"净"增值度,是高职院校实现高水平发展、特色发展的基本规律。面对高职教育因地域、资源、师资、生源以及面向产业等因素带来发展"不平衡、不充分"的复杂现象,增值评价强调立足评价对象的发展起点,从重投入向重过程、从重生源向重培养、从单纯注重结果向关注教育教学全过程、关注进步贡献、关注发展进步转变,旨在激励和引导高职院校坚持以生为本、因材施教,提升办学效能,强化贡献。其结果应主要促进高职院校立德树人能力的提升,强调以增值的形式体现质量改进的阶段性成果,而不是强调院校排名或绩效问责。① 这种评价方式注重激发质量主体高职院校及其师生的创造性和内生动力,有利于促进基础不同的学生身心健康而富有个性的成长,有利于破除将高等教育和高校等级化管理的政策,树立以"成长发展幅度"来衡量高职教育内涵式发展、特色发展的质量观,破除"唯学历""唯文凭",加快在全社会形成肯定和

---

① 翁文艳. 科学践行"四种教育评价"[N]. 中国社会科学报,2020-11-30.

注重"努力程度和发展进步"的文化共识。

彰显高职教育的质量自觉,探索彰显类型特征的增值评价,一是综合考虑高职院校发展的整体性、动态性、多样性,突出"立德树人"评价导向,构建发展性高职教育和高职院校绩效评价体系,以学生的满意度和对区域经济社会发展的贡献度来评价高职院校的办学质量,引导高职院校扎根中国大地,围绕特色、提升质量,加快内涵式发展。二是正视高职教育生源类型多样、需求多元,以学生的"成长发展幅度"来衡量高职院校立德树人的能力。英国学者麦尔肯·弗雷泽认为,高等教育的质量首先是指学生发展质量,即学生在整个学习过程中所"学"的东西,包括所知、所能做的及其态度。① 高职教育评价要重点考查学生经过高职院校三年教育培养,在家国情怀、责任担当、认知能力、职业认同、技术技能、学习能力等方面获得的进步与提高,体现"有教无类"的价值和使命。三是科学、理性地运用人工智能、大数据等现代信息技术赋能增值评价,常态跟踪监测学生学习和院校发展状态,使评价过程数据信息的获取更为及时、可靠和符合标准,多维度、整体展现不同院校及其师生的多元、个性化发展状态,精准分析质量生成过程并对发展趋势做出科学预测,构建评价、分析、预测和改进的闭环工作机制。

(四) 服务全面发展,健全综合评价

基于高职教育系统的复杂性以及利益主体和评价客体的多元化,综合评价是一种运用科学、系统的评价方法以及指标体系,力求对评价对象做出多维度、系统、全面、整体判断的评价方式。美国学者詹姆斯·C.斯科特指出,除非经过巨大的抽象和简化的计划过程,否则任何管理系统都没有能力描述任何现实存在的社会团体(Social Community)。② 在评价目标上,综合评价以促进学生德智体美劳全面发展为导向,重视高职院校的整体发展、特色发展,重视教师个体"双师"素质的提升和整体'双师'结构的优化。在评价方法上,综合评价坚持"整体性评价"方法论,采取定量和定性评价有机融合,使不同方法得到的结果能够相互补充和印证,以增强评价的科学性和客观性。在评价指标上,综合评价坚持系统思维,构建整体化评价指标体系,力求使指标体系的设计有效涵盖评价对象所有方面的核心内容,使评价结果更能够反映评价对象的整体发展状态与个性特色。因此,与单一的评价方式相比,综合评价强调量质并举、主观与

---

① 陈玉琨,杨晓江.高等教育质量保障体系概论[M].北京:北京师范大学出版社,2004:59.
② [美]詹姆斯·C.斯科特.国家的视角:那些试图改善人类状况的项目是如何失败的[M].王晓毅,译.北京:社会科学文献出版社,2012:21.

客观有机结合,全方位关照评价对象,注重评价的过程性、建构性、语境性和协商性,从整体性视角对影响质量的高职教育政策、结构、院校形态、教育教学过程、"双师"队伍以及学生个体差异等关键因素进行综合考察,有利于把握高职教育教学过程"黑箱"中的要素,获得对高职院校及其师生个性品质、优势特色、发展潜能等全面完整的认识,精准制定质量改进与提升策略。

服务全面发展,健全高职教育综合评价,一是稳步深化"管办评"改革,构建政府、行业企业、社会以及师生等利益主体共同参与的质量治理机制,努力达成高职教育的"价值共识"并形成改革发展合力。二是践行"适合的教育"理念,改变用分数给学生贴标签的做法,遵循高素质技术技能人才的选拔与培养规律,立足不同类型考生需求,加快构建分类考试、综合评价、多元录取的"职教高考"制度。三是聚焦立德树人,紧扣高职院校的功能和使命,注重定性指标与定量指标的融合,围绕办学理念与定位、校企合作、内部治理、培养质量、"双师"教师队伍、优势特色、发展潜能、服务贡献、办学国际化等关键因素,构建符合高职院校本质的评价体系,做到"见物件也见人",倒逼高职院校多样化自主创新发展。

三、"四个评价"体系的实践逻辑

质量评价创造的价值是现实的,但最终却是人文的。高职教育质量是多元利益主体的主动性、能动性、创造性有效发挥的结果,是主体性教育的质量。[①]高职教育领域实践探索"四个评价"体系要以立德树人为统领,从科学主义评价范式走向建构主义评价范式,努力将"四个评价"体系的价值意蕴和技术要素科学有效地转为改革理念、目标标准、工作举措,激发和调动多元利益主体协同创新的内生动力,实现精准改进、达成目标和促进发展的改革预期目标。

(一)坚守高职教育本质,有效达成价值融合

价值问题是教育评价的逻辑起点。从根本上讲,当前引起人们对高职教育本质认识和理解上的种种偏差的首要问题是价值问题。进入高等教育普及化阶段,不同利益主体关于高职教育的价值选择错位会导致虚化高职教育"类型不同但价值等同"的办学哲学,损害高职教育"产教融合、校企合作"育人的丰富内涵。高职教育是一种价值活动,人本价值与社会价值、知识价值与技术价值、功利价值与公益价值等多元价值充斥其中并必然存在矛盾和冲突,制约着高职

---

① 胡成.高等教育质量观的演进[J].教育研究,2006(11):24-28.

教育"价值共识"的有效达成。因此,开展评价改革要坚守高职教育本质,抓住高职教育的本质进行评价,本质内涵是什么就应评什么。而教育的本质就是提高生命的质量和提升生命的价值;即使个体通过教育,提高个生存能力,能够生活得有尊严和幸福;提高思想品德和才能,能够为社会、为他人作出有价值的贡献。[1] 高职教育是面向人人的终身教育、面向市场的就业教育、面向能力的实践教育、面向社会的跨界教育。[2] 落实好立德树人根本任务,高职教育既要符合教育的本质特征,又要反映自身"产教融合、校企合作"的基本规律,坚持"合规律性"与"合目的性"相统一,提供适合的教育并使学生适合我们的教育,[3]成为具有家国情怀、健全人格、工匠精神、过硬技艺、创新创业精神,能够与职业岗位、与社会、与自然以及与他人和谐共处的高素质技术技能人才。

改进高职教育评价的目的就是要加快内涵式发展,即按照高职教育的本质要求发展,促进高职院校办学理念、专业结构、特色优势、内部治理体系、课程体系、技术学术氛围、产教融合平台以及校企合作机制等要素品质的有效提升。为此,实践"四个评价"体系要把价值取向放在第一位,坚持社会主义教育方针,坚守高职教育的本质,将立德树人根本标准自觉内化在评价的目的、指标体系、过程以及方法上。针对高职教育利益主体多元以及诉求多样,要紧扣"类型不同但价值等同"的办学哲学,坚持马克思主义的唯物辩证法思想,发挥社会主义核心价值观的规约和指导作用,做好多元价值取向的平衡和综合工作,[4]努力达成高职教育评价中的"价值融合""视域融合"以及"心理建构"。在个体本位与社会本位、个人需求与国家需求、技术与人文、升学与就业、公平与卓越、事实与价值、工具理性与价值理性、定性评价与定量评价、形成性评价与终结性评价、内部评价与外部评价、统一性与多样性以及"唯"与"不唯"等之间保持理性平衡,努力做到既能整合和表达多方的利益诉求,又能够坚守高职教育的本质与价值,使多元利益主体的重心真正落实到立德树人根本任务上来。

(二)加强高职教育评价治理体系建设,提升评价效能

高职教育评价治理体系是提升评价效能、实现高职教育现代化的基础工程。效能是指高职教育立德树人成效的达成度,达成度越高效能就越高。普及

---

[1] 顾明远.再论教育本质和教育价值观[J].教育研究,2018(5):5.
[2] 陈子季.职业教育从"大有可为"到"大有作为"[N].中国教育报,2020-10-13(9).
[3] 陈玉琨.校长的专业化发展[EB/OL].(2020-10-30)[2020-12-26].http://www.jsgjxh.cn/newsview/27065.
[4] 石中英.回归教育本体——当前我国教育评价改革刍议[J].教育研究,2020(9):7.

化阶段高职教育质量的内涵既包括高职院校的人才培养质量、技术技能创新和社会服务质量以及各项工作协调运转的质量,也包括高职教育与国家战略、与区域经济社会发展和公众生活幸福之间的契合度等。[①] 在治理实践中体现为三种类型的质量:一是"结果型质量",即坚持产出导向,反映高职院校学生的成长发展幅度、技术技能创新服务成效以及社会和用人单位的满意度;二是"过程型质量",即坚持过程导向,反映高职院校日常教育教学活动过程的科学性、规范性及其质量保证体系运行的有效度;三是"结构型质量",即坚持持续改进,反映高职教育的体系结构、区域结构、院校结构、专业结构以及人才培养结构等与国家和区域经济社会发展的适应度。实际上,高职教育结构本身就是一个质量存在。针对当前存在的简单追求"结果型质量",对优质发展、可持续发展具有支撑性作用的"过程型质量""结构型质量"重视不够的现状,要树立正确的"治理观",在"管好"高职教育上下功夫,有效增强高职教育的适应性。

第一,政府发挥"元治理"角色,健全多元主体共同参与的高职教育评价机制。首先,加快构建以省为主、部省两级政府高职教育督导评价体制,明确不同类型质量评价中的各种程序性规定,增强各类督导评价的协调性,加强对地方政府"因地制宜"执行国家政策绩效的评价,降低质量督导评价活动给高职院校办学带来的成本付出。建立规范的高职院校办学绩效评价制度,推进高职院校教学工作诊改制度认证机制建设,以科学权威的常态化报告发布机制保障公众对高职教育质量的知情权。加强对各种高职院校评价排行榜的治理,引导不同利益主体理性看待和使用排行榜,淡化排行榜排名竞争功能,重点利用其诊断、比较、监测和预警等功能,促进高职院校理性地加快内涵式发展,[②]引导社会形成正确的高职教育质量观。二是对高职院校办学绩效评价结果的使用坚持师生本位、院校本位原则,尊重不同院校的发展起点、优势特色以及发展努力,从将把评价结果与资源配置挂钩向与高职院校领导班子考核结合转变,激励和引导领导班子履行好办学治校育人职责,处理好督促整改与监管问责的主次关系,给每所院校以平等的发展机会和发展可能。三是在各种标准制定方面引入更多利益相关者参与机制,赋予行业企业在高职教育标准等层面更强的参与和决策权。[③] 与行业企业合作加强对区域行业发展动态和人才需求情况的调查、

---

① 邬大光,李国强.《教育规划纲要》实施五年进展与高等教育未来方向的基本判断[J]. 中国高教研究,2016(1):9.

② 张应强. 理性利用大学排行榜 促进高校内涵发展[J]. 河北师范大学学报(教育科学版),2020(2):12.

③ 李俊,李东书. 职业教育产教融合的国际比较分析[J]. 高等工程教育研究,2019(4):163.

分析、预测,科学合理地规划高职教育的体系结构、区域结构、院校布局、专业设置以及人才培养。四是强化"标准化治理"理念,深入推进职业技能等级证书改革,建立健全高职教育国家质量标准体系,在为高职院校提供方向指引和底线标准规定的同时,引导和激励院校形成各自的办学理念和品质,加快形成"不唯学历、凭能力",彰显高职教育类型特征的评价体系。

第二,行业、企业要加强社会责任能力建设,发挥高职教育重要评价主体的作用。行业职业技术教育教学指导委员会要有效发挥其在专业设置、人才培养、标准方法、专业认证、产教融合、实习实训、学徒制度培养等基本规范研制以及重大政策制定方面的研究、咨询、指导、评估、服务作用。企业要深度参与高职教育的专业设置论证、课程建设、人才培养方案制定、教材编写、资源建设以及教师专业水平和学生学业发展的评价。通过努力实现以产教关系定供求、产教关系定模式,不断增强高职教育的适应性,引导高职院校朝着更契合自身特色发展和契合国家、社会需求的方向建设,使高职教育的发展逻辑自觉服从国家、地方、产业以及个体的需求逻辑。

第三,高职院校要遵循主体性、系统性、科学性、刚性和常态化原则[①],加强内部质量保证体系建设。作为办学主体的高职院校基于校本情境对"四个评价"体系要求的理解力、实践力以及实践之后的反思力和重构力,是顺利实现改革目标的"最后一公里"问题。高职院校要立足自身发展阶段,将"四个评价"体系的总体要求和技术要素转化为内部各层面的发展目标和质量标准,内化为办学理念、育人氛围,用"内生性"发展目标和质量标准来衡量自身发展状态,切实把立德树人根本任务要求转化为学校办学治校育人的能力,转化为教师教书育人的能力,转化为学生成人成才的内生学习动力。加强院校研究,加快校情大数据平台建设,运用大数据技术全方位、多维度呈现学校各领域的发展状态与趋势,赋能质量评价与改进。培育自律性、能动性、创造性的质量文化,改变质量保障的外在性、技术性,使质量保障和评价真正成为质量生成主体高职院校及其师生的内在成长需要,唤起每一位主体的质量意识、质量责任、质量态度和质量道德[②],建设有内涵、有品质、有特色的高职院校。

(三) 有效提升成长发展幅度,打造高职教育的质量标杆

从高校发展的生命周期来看,我国高职院校举办高职教育的时间还比较

[①] 王亚鹏. 高职院校内部质量保证体系建设的内生性:超越"问责制"逻辑[J]. 职业技术教育,2018(25):14.

[②] 刘振天. 为何要提"高等教育质量文化"[N]. 光明日报,2016-6-7(13).

短,多数院校还处于创业阶段,积淀不够、内涵不足是一个突出问题。① 开展高职教育评价要树立科学的"发展观",充分发挥"以评促改""以评促发展"的功能,导向"办好""教好"以及"学好",促进高职院校及其师生能够更充分地实现自己的本质属性,更好地履行自己的职责,有效提升作为质量主体的"成长发展幅度",打造中国特色高职教育的质量标杆。

第一,评价高职院校不以"双高"论英雄,引导院校加强创新创业精神与能力的涵养。尊重高职院校建设发展的渐进性和累积性规律,关照每所院校因办学资源、发展基础、生源条件等方面的客观差异而呈现出的多元发展样态,加强方向性、整体性、成长性及多元性评价。具体讲:一是坚持系统思维,评价整体办学水平。即坚持整体性原则,考察高职院校坚持教学、科研与社会服务三位一体,同类型常模比较长短,有效提升办学资源和要素的结构性品质,打造优势特色,追求一流,为国家、地方以及产业所作的贡献。这种评价维度有利于正确衡量高职院校扎根中国区域大地,服务经济社会发展的贡献度和对高职教育发展的引领作用。二是克服以"结果论英雄"现象,评价成长进步程度。即坚持发展性原则,考察高职院校在特定周期内办学积累和发展能力的变化,评价其发展增量、投入产出效益以及建设发展努力程度。在办学资源相对均等的条件下,不同院校的办学绩效如果出现高低不同,在很大程度上是由于各自的组织运行效能的不同所致。这种评价维度有利于引导高职院校坚持学生为中心、产出导向、持续改进,形成你追我赶、积极进取的院校发展生态。三是立足内生性发展,评价可持续发展能力。即坚持发展性原则,考察高职院校加强战略管理、深化综合改革、优化办学要素、提升治理效能,形成"内生性"品格的自主办学能力。这种评价维度有利于正确衡量高职院校的发展潜能,引导其创新发展理念和发展模式,加强立德树人过程管理,增强应对外部机遇与不确定性的发展能力。

第二,评价学生要注重"成长发展幅度",引导高职院校提升立德树人的能力。尽管学生个体能力水平和投入度的不同会带来教育结果的显著差异性,但好的大学教育绝不只是把被高考贴上"好学生"标签的人培养好,而是要根据学生的身心特点把所有人的发展潜能激发挥出来并把他们培养成才。② 所谓"成长发展幅度"是指学生接受过高职教育后在价值观、认知、情感、态度以及能力等方面的变化和提高。其内涵是综合的,是价值塑造引领下的知识传授、能力

---

① 别敦荣.高等职业教育内涵式发展的必然性与评价[J].昆明冶金高等专科学校学报,2018,34(06):1-2.
② 眭依凡.论大学问题的"悬置"[J].华东师范大学学报(教育科学版),2017(6):87.

培养与价值塑造的有机统一。同时还包括学生毕业后的就业质量、用人单位的满意度以及职业可持续发展能力等。学生"成长发展幅度"反映了高职院校立德树人的培养能力,是高职教育主动承担起对个体、对社会和对国家民族责任担当的体现。高职院校要树立学生本位的发展观,用"产教融合、校企合作"牵引"三教"改革,创新德智体美劳过程性评价办法,严格学业质量评价标准,引导学生热爱所学专业,坚定专业学习信念,增强对学习过程的高投入,内化劳动精神、工匠精神,练就过硬技艺,不断提高学生成才率和可持续发展能力。

第三,评价教师要强化教书育人价值引领,突出教育教学能力建设导向。科学合理地激励教师创造性工作,增强自身"双师"发展使命感和获得感是高职院校教师评价治理的核心。针对当前高职院校教师中存在的有事者疲于奔命,只有数量,没有质量;无事者无事生非,不做加法,只做减法[①]的内耗现象,我们需要坚持以人才培养为核心,以品德、能力和业绩为导向,理性、科学地看待高职院校教师劳动的复杂性、多维性和难以测量性的特点,遵循教师"双师"发展规律,定性评价与定量评价相结合,从常态优质、学术引领、奉献担当、多元发展等维度综合评价教师工作绩效。"常态优质"是指坚持"育人"根本导向,突出教书育人实绩,把师德师风建设与考核贯穿于教师职业生涯发展全过程,激励和引导教师将自我发展与学校的办学定位和人才培养目标相契合,与教书育人职责相匹配,坚守课堂育人主阵地,不断提升教育教学能力,加强对教育教学过程的高投入。"学术引领"是指坚持质量导向,根据"教学与科研成为大学的两个中心"的学界共识,将教师参与专业建设、人才培养方案制定、课程开发、教学标准制定、课堂教学、指导学生技能竞赛、学生教育管理以及参加学科竞赛、参与行业标准制定、技术创新服务、企业实践锻炼、社会服务等实绩同等纳入教师考核评价体系,引导教师不断提升"双师"素质。"奉献担当"是指坚持贡献导向,将教师参与学校公共服务、学术服务、教师传帮带、教学组织建设、招生宣传、国际交流合作等实际投入进行考核评价,鼓励教师发挥主人翁精神为学校发展、人才培养努力做出个人应有贡献。"多元发展"是指坚持自我定位,紧扣学校办学定位和发展阶段需要,分设教学型、科研型、教学科研型和社会服务型等岗位序列,加强考核教师岗位序列要求,优化教师职业发展生态,激励教师根据个人特长、发展可能,科学规划自我、追求卓越,以师资队伍整体发展的生机与活力支撑学校高质量发展。

[①] 本书编委会. 江苏省高等职业教育质量年度报告(2019)[M]. 北京:中国水利水电出版社,2019:101.

本科层次职业教育政策演进的内在意蕴与发展策略研究

赵惠莉

摘　要：本科层次职业教育政策由严禁升格到主动试点、由外部转型到内生增长、由层次到类型，是历史条件与现实关照的统一。新形势下，本科层次职业教育稳步发展亟待厘清界限、科学确定本科层次职业教育坐标体系，试点高水平公办专科高职院校独立升格、稳步发展本科层次职业教育，赋权地方、提高省级政府治理本科层次职业教育效能，变革知识生产模式，促进本科层次职业教育与普通高等教育跨界融合，以高质量的办学赢得社会的广泛认可。

关键词：本科层次职业教育；政策演进；意蕴；策略

高等教育大扩招和高职教育大发展以来，本科职业教育始终是学术研究和实践探索领域备受争议的话题。进入21世纪，本科职业教育实践一直是一个敏感话题，但实践探索和理论研究从未停止过，出现过"高职本科""本科高职""技术本科""应用技术型本科""职业技术本科""职业技术大学""本科技术教育"等不同的称谓，这从另一个侧面也反映了专科高职院校升格的强烈诉求。针对高职院校升格冲动及本科职业教育发展，国家依据高职教育发展的不同阶段、不同发展重心和任务，适时出台相关文件，不断作出调整。本科职业教育发展政策变迁经历了怎样的发展轨迹，政策变迁遵循怎样的内在逻辑，这些问题的解决有助于处于探索期的本科职业教育进一步加强政府协调、顶层设计、政策扶持与制度供给，高起点、高标准、高水平、高质量推进本科职业教育起好步、开好局，扩大本科职教的社会影响力和认可度。

---

① 基金项目：江苏省教育科学"十四五"规划研究项目"技术哲学视角下职业本科教育的价值意蕴、学理逻辑与发展策略研究"(D/2021/03/38)；中国高等教育学会2020年度高等职业教育研究专项课题"构建多层次一体化现代职业教育体系研究"(2020GZYB03)；江苏省职业技术教育学会重点课题"多层次一体化培养的现代职业教育体系研究"(XHZDB2021011)。

② 作者简介：赵惠莉，江苏经贸职业技术学院改革发展处副处长，副研究员，研究方向为高等职业教育。

一、本科职业教育发展的国家政策变迁

我国高等职业教育发轫于1866年福建马尾船政局附设的船政学堂。1903年颁布的《癸卯学制》将实业教育与普通教育作为两个相互平行的教育体系,实业教育分为初、中、高三个完整的体系。1912—1913年《壬子癸丑学制》和《专门学校令》把高等实业学堂改为专门学校。1929年《专科学校组织法》将专门学校改为专科学校。1928年专门学校改为专科学校。[①] 改革开放以来,国家积极探索职业大学、五年制高职、高等专科学校、职业技术学院等多种高等职业教育办学形式和发展模式。世纪之交,高职教育发展由职业大学"一枝独秀"发展到"三改一补""三教统筹""三多一改""六路大军"多股力量共同举办的局面。1986年颁布的《普通高等学校设置暂行条例》强调,对高等职业学校进行专门界定,以职业技术教育为主,主要培养高等专科层次的专门人才。1989年发布的《普通高等学校本科专业设置暂行规定》中指出,高等专科学校和短期职业大学不得设置本科专业。1998年颁布实施的《中华人民共和国高等教育法》规定,专科教育的基本修业年限为二至三年。国家从顶层设计对高职教育的办学层次和修业年限进行了限定,高职教育即学制为二至三年的专科层次教育。

本科职业教育发展政策从高职院校建校时的专科办学层次定位,到高职教育内涵建设期的严令"不升格",再到高职教育特色发展期的项目合同约束"建设期内不升格",再到高职教育优质发展期的新建地方本科院校外部转型发展,最后到高职教育类型发展期的高职院校升格内生型发展策略。在高职教育的不同发展阶段,国家从职业教育和高等教育发展全局出发,因势利导、顺势而为、实事求是,对相关政策作出不断调整,由严禁高职院校"升格"到外部转型发展再到探索类型教育内部升格,由限制到试点,由外部到内部,对促进高职院校内涵发展和特色发展起到了积极的引导作用,对树立职业教育类型教育战略布局发挥了指导性作用。

(一)严控升格:高职院校不升格为本科院校

高等职业教育从诞生起就一直为办学层次所困。1986年国务院发布实施的《普通高等学校设置暂行条例》对高等职业学校进行了严格规定,以职业技术教育为主,主要培养高等专科层次的专门人才。高职院校在建校时就被定位在

---

① 杨金土.20世纪我国高职发展历程回顾[J].中国职业技术教育,2017(9):5-7.

专科办学层次。世纪之交,在国家高等教育大扩招政策的引导下,许多高等专科学校纷纷升格为本科院校,高职院校也积极效仿,掀起了一股升格潮,为了克服新建高职院校浮躁情绪和盲目攀比的心理,为巩固和加强职业教育资源,稳定高职教育规模,扭转高职院校过多强调学科,坚持科学定位,明确办学方向,提高办学质量,促进职业院校办出特色,对高职院校盲目升本现象进行修正。2004年,教育部出台《关于进一步加强职业教育工作的若干意见》明确指出,从现在起至2007年,专科层次的职业院校不再升格为本科院校。2005年,国务院发布《关于大力发展职业教育的决定》中再次重申,2010年以前,原则上专科层次的职业院校不升格为本科院校。两个文件中分别明确了在2007年以前和2010年以前高职院校不升格为本科院校,但2010年以后或者经过更长时间的办学实践,高职院校办学实力、人才培养能力、办学影响力得以较大提升时,经济社会发展有急切需要时,高职教育办学层次是否提升,国家政策没有进行明确规定。

"十一五"期间,政府对本科设置的政策作出调整,继续对高职院校升格进行严格控制,高等职业学校不升格为本科学校,但根据地方经济和社会发展合理确定高等教育布局,毕业生届数在五届以上,可适当组建本科学校;民办高等专科学校在办学条件好、教学质量高、毕业生届数超过三届以上的,可组建本科学校。"十一五"期间,本科院校由2006年的720所增加到2010年的1112所,增加了392所,增幅为54%。"十二五"期间,高等职业学校原则上不升格为本科学校,不与本科学校进行合并,也不更名为高等专科学校,对于普通专科层次学校和民办普通专科层次学校升格也提高了门槛;本科院校仅增加了90所,增幅为8%,与"十一五"时期54%增幅相比下降了46个百分点,本科院校数量控制越来越严。为进一步提高高职教育办学质量,国家启动了国家示范高职院校建设计划,遴选建设了100所高职院校探索校企合作办学体制和工学结合人才培养模式,引领高职教育改革与发展。为进一步巩固国家示范高职院校建设成效,于2010年出台《教育部财政部关于进一步推进"国家示范性高等职业院校建设计划"实施工作的通知》,启动国家骨干高职院校计划,明确规定2020年以前骨干高职院校不升格为本科院校,坚持高职教育办学定位和方向,坚守高职教育类型发展特征。在国家优质高职院校建设、中国特色高水平高职学校和专业建设计划等重大质量工程项目申报时,相关申报院校都必须做出项目建设期间不升格为本科院校的承诺。

(二) 外部转型:新建本科院校转型发展本科职业教育

2014年《关于加快发展现代职业教育的决定》和《现代职业教育体系建设规

划(2014—2020年)》提出,专科高等职业院校不升格或不并入本科高等学校,引导一批普通本科高等学校向应用技术类型高等学校转型,重点举办本科职业教育。首次从国家政策文件中提出本科职业教育的概念,尽管制度初衷是通过普通本科学校转型来实现,但其背后的意蕴已表明国家层面逐步意识到高职教育层次提升的必要性及紧迫性,已经从顶层设计和制度供给层面意识到本科职业教育发展的时机已成熟。2015年教育部出台《关于引导部分地方普通本科高校向应用型转变的指导意见》,确定了部分地方普通本科高校向应用型转变的发展定位,但并没有提及本科职业教育。

(三) 内生延伸:本科职业教育试点

"十三五"期间,继续坚持高等职业学校原则上不升格为本科学校,不与本科学校合并,也不更名为高等专科学校的政策,但很快这个禁锢被突破,职业教育的天花板被捅破,本科职业教育破土而出。2015年,教育部批准天津中德职业技术学院升格建立天津中德应用技术大学,办学定位为应用技术类型高等学校,突破了高职教育只限于专科的天花板,为本科职业教育发展提供了样板。2018年《教育部办公厅关于做好2018年度高等学校设置工作的通知》中指出,已列入"十三五"高校设置规划的高等职业学校,不再升格为普通本科学校,择优纳入本科层次职业学校,已启动本科层次职业学校试点的省份不再增加试点学校,未启动本科层次职业学校试点的省份可择优遴选1所高等职业学校进行申报。该政策的话语体系已经由之前严禁高职升格的措辞表述改为主动探索。2019年,国家出台《国家职业教育改革实施方案》,提出开展本科层次职业教育试点,教育部批准了15所民办高职院校独立升格为职业本科学校;2020年,公布了7所独立升格的高职院校,其中1所为公办高职院校。截止到2021年6月4日,教育部公示的独立学院独立转设和合并转设的本科职业学校共17所,共有本科职业学校39所。2021年《中华人民共和国国民经济和社会发展第十四个五年规划和2035年远景目标纲要》和新中国成立以来第一次以党中央和国务院名义召开的全国职业教育大会都将稳步发展职业本科教育作为增强职业教育适应性的重要举措。

职业教育办学层次的不断提高是生产力发展和人民生活水平提升的必然规律。随着经济社会发展和人民群众的教育需求变化,国家适时对职业教育办学层次作出相应调整。本科层次职业教育政策由严格限制到主动试点、由外部转型到内生增长、由层次到类型,是历史条件与现实关照的统一,是国家根据高职教育发展的不同阶段对教育资源和办学层次进行的调整,旨在促进职业教育高质量发展。外部社会需求和内部教育变革使得发展本科层次职业教育成为历史必然选择,成为完善高职教育层次结构体系的战略选择,是确立以人民为中心的发展理念、办人民群众满意、经济社会需要的职业教育观念的"大转变"。审视本科层次职业教育政策演变历程,分析政策演变的意蕴,探寻发展策略,对于高水准、高起点、高质量稳步发展本科层次职业教育具有重要意义。

二、本科层次职业教育政策演变的内在意蕴

本科层次职业教育试点预示着高等教育和职业教育改革发展的重大政策调整,一场教育变革正在悄然兴起。国家出台系列政策,加强本科层次职业教育顶层设计和制度建设,力促职业教育由"层次"到"类型"的重大战略转变,多形式、多模式、多元化、多路径举办本科层次职业教育,逐步健全本科层次职业教育质量保障体系,推进本科层次职业教育起好步、开好局,以高质量的办学成效赢得社会的广泛认可。

(一) 本科层次职业教育制度设计由层次向类型转变

21世纪初,高职教育仍处于起步探索阶段,办学条件相对较差,办学质量相对较低,办学定位、办学体制和人才培养模式等类型特征和属性尚未确立,甚至仍没有摆脱"本科压缩饼干"的诟病,高职教育的不可替代性也没有发挥出来,适时控制高职教育升格有利于高职教育生态平衡。高职教育实现规模扩张后,亟待转移重心加强内涵建设,当时升格的高等专科学校都走学术型本科的路子,而不是职业型本科,升格后很快失去了自己的办学特色。

经过多年的改革创新发展,我国已经建成世界上最大规模的职业教育体系,确立了职业教育的类型地位,职业教育进入提质培优、增值赋能的新阶段。通过国家示范、国家骨干高职院校建设、"双高计划"等重大质量项目的带动和洗礼,高职教育探索出了工学结合、知行合一、产教融合、校企合作的高素质技术技能人才培养模式和类型教育体系。2019年《国家职业教育改革实施方案》开宗明义将职业教育定位为一种教育类型,2021年《中华人民共和国职业教育法(修订草案)》中再次重申职业教育与普通教育是不同教育类型,具有同等重要地位,成为高职教育内部层次结构调整的政策依据和法律依据,为职业本科教育发展奠定坚实基础。职业教育作为一种教育类型,必然要求与普通高等教育一样有完整的类型层次结构体系,要求有专科、本科、研究生层次配套的高等

职业教育体系。本科层次职业教育发展的初衷是形成一种新的本科教育模式，不断丰富本科教育类型，与学科导向和学术导向的本科教育形成功能互补的良性生态位。教育部《关于"十四五"时期高等学校设置工作的意见》明确了两类本科高校类型，政府对本科教育类型已有了更加清晰的认识，按照教育类型双轨制的思路设计本科教育体系，一类是普通本科高校，另一类是本科层次职业学校。"十四五"期间，以优质高等职业学校为基础，对照本科层次职业学校设置标准，优中选优，提高办学条件和内涵建设，原则上每省不超过2所，稳步发展本科层次职业教育。

（二）本科层次职业教育发展方式由严禁升格向试点探索转变

在高等教育大扩招的背景下，高等专科学校通过合并、转制升格为本科院校，为防止高职院校一窝蜂升本，更重要的是为了稳定高职教育阵地，克服急功近利的浮躁情绪，扭转盲目攀比升格倾向，防止高职教育过度强调学科性，走出本科压缩饼干的困局。教育部屡下禁令严格控制高职院校升格，一度高职院校升本成为"禁区"，不断为跃跃欲试升本的高职院校降温。高职教育发展初期，主要精力应专注于内涵提升和特色办学，严禁高职院校升格是明智的决策，有助于稳定高等教育结构布局，有助于高职教育提升质量、内涵发展、办出特色。以暂时限制办学层次的制度设计有助于高职院校专注于内涵提升和质量提高，筑牢职业教育根基。高职院校大多脱胎于中等职业院校，办学条件和基础相对薄弱，已拼尽全力实现办学层次提升的高职院校，如若不强制控制升格，作为理性经济人，在现行教育资源配置方式和第一次升格成功的诱使下，必然会钻营如何升本，从而实现连级跳，第二次升格潮必将再次上演，从而对高等教育结构版图造成极大冲击，甚至引起强烈震荡，高职教育阵地或许会失守沦陷，纷纷向普通高等教育倒戈，实现办学层次的升格和办学类型的转变。

为确保高职院校不升格，国家通过政策调整不断更换实施策略。尽管政策设计的初衷是为了提升高职教育质量内涵，但高职院校升格的诉求难以扼制，宜疏不宜堵，为使高职院校真正沉下心来专心于办学质量的提升，国家在实施重大质量提升项目时通过承诺建设期内不升格的合同约束，使高职院校安心办学定位。合同约束的选择性激励策略逐步合法化，高职院校积极争取政策资源，对选择性项目激励制度给予极大认可，参与项目申报的院校纷纷签订了承诺书。通过选择激励的项目治理策略，增加中央专项财政投入，撬动地方政府和行业企业投入，改善高职院校办学条件，增强办学实力，解除后顾之忧，使高职院校专注于自身能力提升。① 通过项目建设选择性激励,为高职院校升格降温,纠正升本的趋同现象,对提高办学质量和深化高职教育办学特色起到了"压舱石"的作用。

近年来,本科职业教育受到社会的广泛关注,迈出了内部建设实质性步伐。2014年,《关于加快发展现代职业教育的决定》提出了本科层次职业教育概念;2019年《国家职业教育改革实施方案》,提出开展本科职业教育试点;2020年教育部发布《关于组织开展本科层次职业教育试点专业设置论证工作的通知》,着手论证本科职业教育专业设置;2021年,教育部专门出台了《**本科层次职业学校设置标准(试行)**》和《**本科层次职业教育专业设置管理办法(试行)**》,加强政府协调、顶层设计与政策扶持,稳步推进职业本科教育。

(三)本科教育学制由单轨制向双轨制转变

高等职业教育是一种高等专业技术教育,包括专科、本科、研究生,由专科学校、本科层次的专业学院或专业学科,甚至研究生院或相关的硕士点和博士点来承担。② 高等职业教育是一个独立完整的体系,是与普通高等教育不同类型的教育体系。21世纪初办学质量好的高等专科学校纷纷升格为普通本科院校,划归为高等教育体系,隶属于高等教育司。从"十一五"到"十三五",国家严禁高职院校升格为本科院校,实质是不升格为普通高等教育的本科院校。2017年《教育部关于"十三五"时期高等学校设置工作的意见》将高等教育类型分为研究型、应用型和职业技能型,研究型和应用型归属于普通高等教育类型,而职业技能型属于职业教育类型。2021年,教育部发布的《关于"十四五"时期高等学校设置工作的意见》明确了两类本科高校,一类是地区和行业发展急需的师范、医学、公安类高等专科学校升格为普通本科高校,另一类是本科层次职业学校。由此可见,国家对本科教育类型已有了更加清晰的认识,按照普通本科院校和职业本科院校双轨制的思路设计本科教育体系。

从19世纪实业学堂开始,我国职业教育就开启了建立独立教育体系的探索,最早的学制中,职业教育与普通教育是两个相互平行的教育体系,由于历史原因实施时间短暂,再加上职业教育发展不充分,造成了职业教育在代际传递中资源匮乏、边界模糊。1985年,《中共中央关于教育体制改革的决定》正式提出职业教育体系,职业教育本质和内涵不断完善。2014年,国家出台现代职业教育体系建设规划,现代职业教育体系上升至国家发展战略。2019年,开展本

---

① 张衡,高云.选择性激励:职教体系中的运用、反思及超越[J].职教论坛,2021(4):81-88.
② 石伟平.比较职业技术教育[M].上海:华东师范大学出版社,2001:337-339.

科层次职业教育试点,我国职业教育布局基本完成国家层面的顶层设计,从源头上解决不公平的制度环境,走出普通教育地位高而职业教育地位卑微的困境,逐步改变职业院校毕业生为提升学历层次转轨普通高等教育而失去职业教育本色,强调职业教育的独立性和平等性,构建职业教育话语体系,提高职业教育自我认同感。本科层次职业教育发展的逻辑是遵循在职业教育体系内部实现层次的完整性,按照先分类再分级的原则,建立中职—高职—职业本科的完整职业教育体系,内部贯通、外部融通,搭建高素质技术技能人才培养的多元立交桥,从重普教轻职教转向普教与职教并重的教育结构。2021年,新修订的《职业教育专业目录(2021年)》遵循中高本一体化设计的原则,体现融通贯通理念,打通了职业教育学业上升通道,构建了多层次、多规格、层层贯通的职业教育"立交桥"。

2011年,高职教育管理权限由高等教育司划归职业教育与成人教育司,从全国职业教育一盘棋来谋划职业教育改革发展。为进一步彰显本科层次职业教育类型特征,与普通本科教育不同,国家对其实施分类管理,由教育部职业教育与成人教育司负责其统筹规划、协调发展、专业审批、经费保障等,明确其类型定位、人才培养目标、人才培养规格,立足产业的数字化转型和智能化改造,精准对接劳动力市场,以需求为导向,着重强调本科层次职业教育在深厚理论基础上的实践能力、应用能力和创新能力,形成与普通本科教育和而不同、错位发展、相互补充的教育生态位。

(四)本科层次职业教育发展策略由底层院校抗争到政府统筹规划

高职院校长期限制在专科以下层次,在高考招生录取时为最后批次,放在本科院校后进行,无形之中加重了社会对高职教育的误解,百姓和学生家长认为读高职院校是一种无奈的选择。"学而优则仕"传统观念根深蒂固,不同学历人才的经济待遇、社会地位、发展空间等存在较大差距,主流社会对职业教育存有偏见,高考招生录取、公务员报考、企事业单位招聘等方面存在政策性歧视,造成了职业教育社会地位低、社会认可度和吸引力不足。专科高职院校即使规模再大、办学特色再鲜明、办学声誉再高,但社会地位仍不如本科院校,也只是副厅级单位。实际上高职院校热衷于升格的动因除了学校行政级别升格以及管理者行政级别同步提升以外,更重要的是政府按照学校层次配置教育资源的方式。"十三五"期间,全国高职教育总经费投入基数小、增幅小,在全国高等教育经费总投入的占比不到五分之一,普通高等教育总投入是高职教育总投入的四倍还要多,且高职院校总数高于普通本科数量,高职院校获得的社会资源远远少于普通本科院校。

中国教育体系在学历层次、形式以及涉及对象都有明确划分,层次分明、类型齐全,但职业教育的最高层次仅限于专科教育①,原有政策将高职教育严格限制在专科层次,致使高职教育成为"专科终结性教育""断头教育",职业教育层次结构体系不完整,本科高职及以上层次严重缺位,职业教育发展的"牵引力"不足,高职教育难以在现代职业教育体系中发挥高端引领作用。高职院校从建校开始就进行着办学层次提升的政治抗争,始终都没有放弃与专科高校命运的抗争。尽管升格会面临种种风险与考验,甚至可能会错失一些重大发展机会。国家示范高职院校建设计划申报初期,作为高职教育办学最早样态的一批老牌职业大学将希望寄托在升本上,宁可选择升格而不选择项目(项目建设承诺建设期内不升格),有些幸运者实现了鲤鱼跳龙门的升格梦,有的甚至错过了国家重大发展战略,与其他高职院校差距越来越大,如扬州市职业大学、苏州市职业大学、南通职业大学,错失很多发展机遇。

近年来,本科层次职业教育得以快速发展,迈出内部建设实质性步伐。2014 年,提出本科层次职业教育概念;2019 年,启动本科层次职业教育试点;2020 年组织开展本科层次职业教育试点专业论证工作;2021 年,出台本科层次职业学校设置标准和本科层次职业教育专业设置管理办法。相关文件中,对本科层次职业学校的硬件设施、占地面积、双师队伍、实习实训、社会服务等方面的要求远远高于普通本科院校设置标准,本科层次职业教育办学门槛的提高旨在确保人才培养的高质量。国家吸取高职教育被社会诟病为"本科压缩饼干"的历史教训,加强本科层次职业教育顶层设计于政策扶持,引导和支持本科层次职业教育的健康良性发展。

《中华人民共和国职业教育法(修订草案)》为本科层次职业教育发展提供了法律依据;教育部《关于"十四五"时期高等学校设置工作的意见》按照教育类型双轨制的思路设计本科教育体系;全国职业教育大会创造性提出了建设技能型社会的理念和战略;人力资源和社会保障部印发了《"技能中国行动"实施方案》激励更多劳动者,特别是青年人走技能成才、技能报国之路;浙江省出台浙江工匠培育工程方案,甘肃省制定了技能甘肃的行动方案,江苏省出台技工教育五年发展规划,致力于建设制造强国、质量强国、技能中国,汇聚改革与发展的强大合力,提高技术技能人才社会地位,形成本科层次职业教育人才成长的政策合力。

---

① 周建松.发展本科层次高职教育:借鉴与举措[J].职业技术教育,2011(33):55-57.

这一系列举措释放了稳步发展本科层次职业教育的重大利好政策。稳步发展本科层次职业教育成为完善高职教育层次结构体系的战略选择，是教育发展思想理念的"大解放"；是确立以人民为中心的发展理念、办人民群众满意、经济社会需要的职业教育观念"大转变"；是教育供给侧改革的"大突破"；是职业院校服务功能、办学潜力的"大释放"，促进职业教育办学质量、服务能力和地位作用的"大提升"。

三、本科层次职业教育发展的优化策略

寻求办学层次升格的盲目性、基于机会主义的功利性与本位主义的趋利性、教育资源配置方式与办学层次之间的关联性、高职院校办学层次提升的无限增值性、人民群众对本科教育需求的多样性，多重力量相互交织，致使多年呼吁的本科层次职业教育终于提上国家发展议程，高职院校摩拳擦掌，被压抑了半个世纪的升格情绪迅速膨胀，但越是发展热潮中越要冷静理性对待，更要聚焦质量内涵提升，优化发展策略。

（一）厘清界限，科学确定本科层次职业教育坐标体系

本科层次职业教育政策的演进导致了地方执行上的偏差和理论研究的歧解，造成了内涵和本质的泛化和模糊化，对概念的理解存在认识上的误区。本科层次职业教育是技术本科？还是高职本科？抑或是应用型本科？学界形成了几种不同观点。一是本科层次职业教育是应用型本科，应以应用型本科高校作为本科层次职业教育的主体，以本科应用型教育统领本科层次职业教育，将本科职业院校纳入应用型高校管理范畴。[①] 二是以职业带理论为基础，立足技能人才、技术人才和工程人才培养的层次区分，认为本科层次职业教育是本科层次技术教育。三是本科层次职业教育是职业教育内部办学层次的延伸，是基于工作过程的职业能力的培养，与普通高等教育有着本质区别，与应用型本科不是一个类型，也不包括应用技术大学。[②] 未来发展趋势是应用型、技术型、职业型三种本科教育形式的殊途同归，本科层次职业教育将会从边缘走向中心，并最终将其他两种类型纳入其中。[③] 本科层次职业教育的办学定位是应用型本

---

① 郑文. 本科应用型教育还是本科职业教育：历史演进与现实选择[J]. 高教探索，2020(1)：5-10.
② 邢晖，郭静. 职业本科教育的政策演变、实践探索与路径策略[J]. 国家教育行政学院学报，2021(5)：33-41.
③ 伍红军. 职业本科是什么——概念辨证与内涵阐释[J]. 职教论坛，2021(2)：17-24.

科吗？如果是的话，高职院校升格举办本科职业教育的必要性何在，新建本科高校已在向应用型转变，何必要再花更大成本另辟蹊径呢？如果不是，本科层次职业教育在高等教育体系中如何定位，与应用型本科院校有何不同？在职业教育体系内部如何与专科高职院校贯通衔接？本科层次职业教育在教育坐标体系的定位是办学主体亟待回答的重大问题。

本科层次职业教育应聚焦类型特征，守正创新，坚持行动导向的培养模式，完善基于工作岗位的学习制度，坚持以职业岗位任务为导向、以职业工作能力为核心，以对接职业能力标准为逻辑起点，建立健全工作导向的课程标准体系[①]、行动导向的教学体系、理实一体的实践体系、工学结合的育人模式、校企合作的运行体制，将岗课赛证融合、职业资格证书与职业技能等级证书融入教学，按照生产实际和岗位需求设计开发课程，普及推广项目教学、案例教学、情景教学、工作过程导向教学，与以学科为导向的应用型本科院校形成功能互补、错位发展、定位准确的良性生态位发展格局。

（二）试点高水平公办专科高职院校独立升格，稳步发展本科层次职业教育

本科层次职业教育正处于试点探索阶段，如同高职教育发展初期"六路大军"办学一般，形成了多元办学的格局。一是民办高职院校独立升格，2019年教育部首批试点升格的15所职业技术大学。二是公办高职院校独立升格，2020年南京工业职业技术学院作为典范，首开公办高职院校独立升格之风。三是独立学院与公办高职院校合并升格，为加快推进独立学院转设工作，合并转设的方式一度成为主流，但受社会对职业教育鄙视矮化之风的影响，认为转设为职业技术大学被降格、学历被贬值，导致江苏和山东已经教育部公示的试点院校仓促按下暂停键。民办高职院校升格的制度障碍相对较小，但升格为职业技术大学后能否有条件和有能力真正担起重任呢？民办高职院校与"双高"高职院校在办学条件和办学实力上存在很大差距，民办高职院校独立升格不能服众[②]，民办高职院校在办学过程中能汲取的财政资源、体制资源和市场资源与公办高职院校相比相去甚远。[③] 2021年，民办职业技术大学出现招生遇冷的情况，民办辽宁理工职业大学缺额高达1 081人，而与此形成鲜明对比的是，公办南京工业职

---

① 匡颖,李琪. 此本科非彼本科:职业本科本质论及其发展策略[J]. 教育发展研究,2021(1):45-51.
② 邢晖,郭静. 职业本科教育的政策演变、实践探索与路径策略[J]. 国家教育行政学院学报,2021(5):33-41.
③ 刘云波,郭建如. 不同举办主体的高职院校资源吸取差异分析[J]. 教育发展研究,2015(10):53-58.

业技术大学和河北工业职业技术大学提档线远超省控线50分以上。

本科层次职业教育发展初始阶段,适度扩大办学规模是壮大力量、提升知名度的必要手段,然而本科层次职业教育是职业教育"下一盘大棋、打一场翻身仗"的关键性举措,是一场只能赢不能输的战役,是改变职业教育命运的战役,成功与否决定着职业教育是否可以摆脱社会歧视的境遇。因此,本科层次职业教育办学应统筹考虑人口规模、经济总量、教育资源存量等因素,合理控制学校数量与招生规模,坚持高起点、高标准、高门槛遴选最有条件、最有基础、办学实力强的优质公办高职院校进行试点,严格按照标准执行,严把质量关,严格进行考核,对不合格、不达标的本科层次职业试点院校进行整改,甚至关停。在稳步发展本科层次职业教育的同时,巩固专科职业教育的主体地位,防止一哄而上、盲目跟风、陷入"升本"运动旋涡,偏离职业类型教育轨道,促进职业教育规模、层次、结构、质量、效益的协调发展。

(三)赋权地方,提高省级政府治理本科层次职业教育效能

省级政府统筹是高职教育发展的重要法宝。[①] 省级政府发展职业教育的责任在不断得以强化,从2015年的《高等职业教育创新发展行动计划(2015—2018年)》到2020年《职业教育提质培优行动计划(2020—2023)》都将职业教育发展的责任赋予了省级政府。既然省级政府成为职业教育发展的责任主体,必然要求权责对等,履行义务的前提是要有对等的权利,待本科层次职业教育得以稳定发展后,时机成熟时,要拿出当年将高职院校审批权和管辖权下放的魄力,将本科层次职业教育的审批权和管辖权下放至省级政府。赋权地方,省级政府依据经济社会发展和产业升级对技术技能人才培养层次的需求,统筹规划职业教育结构布局和办学层次,加大本科层次职业教育经费投入,提升职业教育办学能力,增强职业教育适应性。

中央和地方政府在本科层次职业教育的经费投入、人力资源开发、重大项目建设、校企合作等方面形成高层次技术技能人才培养的政策合力。积极鼓励省级政府加大对本科层次职业教育的政策扶持和财政经费投入,探索按办学成本与办学绩效相结合的拨款方式,完善生均拨款制度,生均拨款标准要高于其他类型本科院校;通过专项激励政策,鼓励企业参与本科层次职业教育办学,激励社会资本投向职业教育,盘活存量教育资源,提高办学效益。

以省部共建职业教育创新发展高地为契机,山东职教高地、江西职教高地、

---

① 赵惠莉,薛茂云. 新中国成立70年高等职业教育的崛起、创新与变革[J]. 中国职业技术教育,2020(9):24-31.

甘肃职教高地、江苏苏锡常职教高地、浙江温台职教高地都将开展本科层次职业教育作为创新举措,加强本科层次职业教育的统筹规划、资源整合、利益协调,加大政策扶持和财政经费投入。江苏省多措并举加大对南京工业职业技术大学支持力度,按照普通本科高校标准核定生均财政拨款,统筹专项5 000万元用于支持学校基础建设和办学质量提升,创新人才引进方式,加强师资队伍建设,争取各类发展资源和平台,深化产学研合作和校企协同技术创新,加大科技转化成果力度,赋予学位授予权,与其他高校合作培养专业硕士学位研究生,持续提升学校核心竞争力和学生就业竞争力。河北、湖南、吉林、广东、山东等多个省份陆续发布本省"十四五"高等学校设置规划,以优质高等职业学校为基础,积极筹备高职院校升格,稳步推进本科层次职业教育发展。

(四)变革知识生产模式,促进本科层次职业教育与普通高等教育跨界融合

世界高等教育越来越走向多元融合。英国在20世纪60年代,升格建立了多所多科技术学院,确立了高等教育的双轨制,而在90年代又废除了双轨制,将多科技术学院全部转型为大学,建立统一的高等教育体系。美国普渡大学的技术学院以职业为导向,面向企业一线培养专深技术和解决问题的技术师,是二战以后实施职业本科教育较早的大学之一。[1]

本科层次职业教育人才培养不是某一类组织机构的特权,培养的路径和方式是多元的,独立设置的本科层次职业学校、应用型本科大学、技术型本科大学,甚至研究型大学都可以举办,高职院校也可以举办本科层次职业教育专业,就如国家在普通本科院校甚至"双一流"大学设置未来技术学院和推进现代产业学院一般。2020年5月,教育部公布了包括北京大学、清华大学等"双一流"12所高校建设未来技术学院的名单,在科研实力强、学科综合优势明显的高校,探索未来科技创新领军人才培养模式,不断推进前瞻性、革命性和颠覆性技术的变革与创新。教育部将面向普通本科高校立项建设现代产业学院,首批50个,三年计划建设100个,以组织模式改革推进人才培养模式的深层次变革。

吉本斯将互联网技术催生的知识生产的变革称为知识生产新模式,新的知识生产模式跨越学科和机构边界,逐步走向知识融合化和边界模糊化。职业教育与普通教育之间界限已不再是非此即彼的状态,而是你中有我、我中有你,组织趋同化和多样化同在,各尽其美、美美与共、共生共存。高等教育普及化阶

---

[1] 徐国庆,陆素菊,贺艳芳,苏航. 职业本科教育的内涵、国际状况与发展策略[J]. 机械职业教育,2020(3):1-6.

段,教育机会和教育供给已高度发达,多样化和个性化的人才培养模式成为可能。高度发达的教育时代,通过优化教育层级结构与功能系统达到平等和优秀,满足普遍入学和促进优秀的共生,推进职业教育与普通教育之间融通,建立有效的学分转换制度和国家资历资格框架,实现各级各类教育之间沟通、衔接,构建开放、包容、衔接、融通的无障碍流动教育体系,为学习者提供丰富、多元、多样、多渠道的成长成才机会,促进学习者个体全面自由发展。

在新发展格局下,我国已实现了全面建设小康社会的目标,正在开启全面建设社会主义现代化的新征程,经济社会高质量发展和个人全面自由的发展都需要更高层次和更高质量的职业教育,无论是外部经济社会的强劲需求还是教育系统内部升格的内生动力,都迫切要求职业教育在发展定位、层次结构等方面实现转型。国家应强抓机遇、顺势而为,以改革创新精神和追求卓越的决心和毅力来办一流本科职业教育,以高水平、高质量的办学赢得社会广泛认可,凸显职业教育在经济社会发展和教育体系中不可替代的作用。

五、高质量研究生教育体系研究

党的十八大以来,我国加快建成研究生教育大国,并向研究生教育强国稳步迈进。结构类型更加优化,中国特色学科专业体系更加完善,新增网络空间安全、集成电路科学与工程、国家安全学、中医等一批一级学科和专业学位类别,工程专业学位类别由1个调整为8个,形成了涵盖14个学科门类、113个一级学科、47个专业学位类别的学科专业目录,覆盖国民经济和社会发展主要领域。同时,分类培养体系更加健全,在稳步发展学术学位的同时大力发展专业学位,硕士专业学位授予人数占比从2012年的35%增至2021年的58%,博士专业学位授予人数占比从5.8%增至9%。培养改革全面深化,在研究生培养中,科教融合、产教融合模式更加成熟,高校与科研院所、高水平企业联合培养的格局逐步形成,认定建设108家工程专业学位研究生联合培养示范基地,探索农业硕士"科技小院"育人模式,带动全国高校建设科技小院300多家。研究生导师发展体系不断完善,导师队伍由2012年的29.8万人增加到2021年的55.7万人,结构优化、质量提升。科研贡献更加突出,近年来新增院士和国家科技三大奖第一完成人中,我国自主培养的博士均占2/3左右;国家自然科学基金重点项目成员中,超过50%为在读研究生,且超过30%为在读博士生。

过程与关键的统一:宾夕法尼亚大学博士生分流淘汰机制研究

段鹏茜 汪 霞[①]

摘 要:分流淘汰制度是督促博士生学业投入和能力提升的重要动因,也是博士生培养质量保障体系不可或缺的重要环节。宾夕法尼亚大学作为世界一流大学,其博士生分流淘汰机制运行特征表现为过程性与关键性的统一,并将育人目标融入到机制运行的全过程,遂从分流理念、管理过程、评价方式以及条件保障等几方面对深化我国分流淘汰机制改革提出对策建议。

关键词:宾夕法尼亚大学;博士生;分流淘汰机制;质量保障;过程监控

一、问题的提出

博士生教育作为教育金字塔的最高层级,其培养质量历来备受关注。随着高等教育规模的扩张,博士生队伍也日益扩大。2019年我国博士生在学人数达到42.42万人[②],相较于2010年的25.89万[③],增长了将近64%。然而,博士生教育的体量与质量却呈现不匹配的现象。为了促进高等教育提质增能,教育部先后出台多份文件要求国内高校加大博士生分流退出力度,但是在试点院校中分流淘汰的实施效果并不尽如人意。相比于国外动辄30%的淘汰率,国内高校的博士生分流淘汰略显疲软,且所淘汰的博士研究生多为就读时间超限的学生而并非在培养过程中不合格的学生。[④] 这一方面是囿于旧的制度惯性与社会文

[①] 作者简介:段鹏茜,南京大学教育研究院硕士生,研究方向为教师专业发展、博士生教育;汪霞,南京大学教育研究院教授,博士生导师,南京大学课程与教学论研究所所长,主要从事研究生教育、课程与教学研究。

[②] 教育部.2019年全国教育事业发展统计公报[EB/OL].(2020-05-20)[2022-05-15]. http://www.moe.gov.cn/jyb_sjzl/sjzl_fztjgb/202005/t20200520_456751.html.

[③] 教育部.2010年全国教育事业统计公报[EB/OL].(2012-03-21)[2022-05-15]. http://www.moe.gov.cn/srcsite/A03/s180/moe_633/201203/t20120321_132634.html.

[④] 汪霞.高质量的博士生教育还需要完善哪些培养制度[J].中国高教研究,2020,(06):9-12.

化,另一方面则是过分重视入口和出口的一致性,忽视了培养过程的筛选功能,从而使分流淘汰制度的实施效果大打折扣。①

美国的博士生培养在国际上享有盛誉,这得益于高校对于博士生培养全过程的严格把控。宾夕法尼亚大学(University of Pennsylvania,以下简称"宾大")是全球顶尖的研究型大学、著名的八所常春藤盟校之一,在2021年最新出炉的全球最佳大学排名中位列第14名②,在全美最佳研究生院排名中也名列前茅。宾夕法尼亚大学在造就具有广博知识、创新能力以及社会意识的领导者方面孜孜以求,每年都向社会输送大量高端人才。高质量的人才输出离不开行之有效的培养体系,而优良的顶层设计本身就带有大浪淘沙的功能。因此本研究以宾夕法尼亚大学为案例,探究其在学术型博士生培养过程中对过程质量的控制以及分流淘汰机制的运行过程,以期为我国博士生评价体系的建构提供经验借鉴。

二、宾夕法尼亚大学博士生分流淘汰机制的目的与功能

随着社会的不断进步以及对高层次人才需求的扩大,美国的高等教育也加快了普及化进程,高等教育入学率逐年上升,博士招生比率在1998年至2010年间上升了64%。③ 与此同时,在内外部因素的共同作用下,博士生流失率也居高不下。在过去50年间,即使有大量研究经费的支持,也大约有50%的学生辍学。④ 大学的外部利益相关者将这一高流失现象视为高等教育浪费与低效的标志⑤,某种程度上也暗示学生和教师在时间、才华和精力上的损失。⑥ 高流失率的背后既有个人自致因素,也有各种制度、环境因素。在高等教育体系强大

---

① 高耀,陈洪捷,沈文钦.学术型博士生教育的分流与淘汰机制设计——基于贯通式培养模式的视角[J].高等教育研究,2017,38(07):61-68.

② U. S. News. 2021 Best Global Universities Rankings [EB/OL]. [2021-05-15]. https://www.usnews.com/education/best-global-universities/rankings? int=top_nav_Global_University_Rankings.

③ Organization for Economic Co-operation and Development (OECD). (2013). [2022-05-16]. Students enrolled by type of institution [Statistics tables]. Retrieved from http://stats.oecd.org

④ WENDLER C, BRIDGEMAN B, MARKLE R, CLINE F, BELL N, MCALLISTER P, KENT J. Educational Testing Service, & Council of Graduate Schools. (2012). Pathways through Graduate School and into Careers. Executive Summary. In Educational Testing Service. Educational Testing Service.

⑤ MAHER M A, WOFFORD A M, ROKSA J, & FELDON D F. Exploring Early Exits: Doctoral Attrition in the Biomedical Sciences[J]. Journal of College Student Retention: Research, Theory & Practice, 2020, 22(2):205-226.

⑥ GOLDE C M. Should I stay or should I go? Student descriptions of the doctoral attrition process[J]. The review of higher education, 2000, 23(2):199-227.

的代谢功能作用下,美国的研究生教育必须要考虑如何在保证学生在学率的同时提升博士生培养的质量。双重目标决定了美国博士生分流淘汰机制并非一味追求高淘汰率,而是更加注重在整个育人过程中对学生学习与学术探究的敦促、激励,协助学生探寻学术志趣,提升综合能力。

博士生教育的目的是帮助学生形成一定的思维习惯,并获得适当的相关技能,从而成长为特定领域内无可挑剔的专家。[①] 博士生培养体系内的任何制度设计都必须服从这一顶层目标,分流淘汰机制的实施也不例外。宾夕法尼亚大学的分流淘汰制度遵从高质量人才培养的目标,注重在培养过程中遴选适合继续从事高深学问研究的博士生,并为学生提供实现其学术成长的土壤;及时定位缺乏学术潜力和动力的学生,帮助他们及早发现短板,提供及时激励与补救,对于实在无法达到最低要求、实现学术成长的学生才予以分流和淘汰。因此,宾夕法尼亚大学博士生分流淘汰的最终目的不是无情淘汰,而是温情滋养。这一制度的实施,从过程来看,通过对每一个培养环节的严格把控,渐进式推动博士生从最初的依赖阶段过渡到独立阶段,并逐渐在原创研究和创造知识中担当主要责任。[②] 从最终的产出来看,能够去芜存菁,选拔出"能够担当起学科或专业管家责任,并为知识的产生、评价、转换、传播和应用等一整套工作奉献终生"[③]的人才后备军。

三、宾夕法尼亚大学博士生分流淘汰机制运行过程

宾夕法尼亚大学的博士生筛选机制从入学申请开始。在入学申请要求中,宾大就设置了相当高的门槛。申请者不仅要提交标准化考试成绩单(至少排名10%)、推荐信、个人陈述等材料,大部分专业还需要通过相关研究成果来判断申请者是否具备一定的学术潜力和创新能力。另外多数专业还对学生有"特别"的要求,如沃顿商学院(Wharton School)要求学生具备扎实的微观经济学和数学能力,否则在面试中便很难被录取,这在一定程度上能够保证适合博士之旅的人进入到项目中来。宾夕法尼亚大学将分流淘汰机制贯穿于整个博士生培养的全过程,并且通过关键节点的把控与培养过程的融合来实现人才的识别与学生能力的提升。

[①] 克里斯·戈尔德,乔治·沃克. 重塑博士生教育的未来[M]. 上海:上海交通大学出版社,2015:122-123.

[②] 乔治·E. 沃克克里斯·M. 戈尔德等. 学者养成:重思21世纪博士生教育[M]. 北京:北京理工大学出版社,2018:55.

[③] 克里斯·戈尔德,乔治·沃克. 重塑博士生教育的未来[M]. 上海:上海交通大学出版社,2015:122-123.

（一）秉轴持钧：以关键节点把控全程质量

宾夕法尼亚大学博士生分流淘汰制度借鉴了管理学上的全面质量管理理念，体现出过程控制的特点。在博士生培养过程中强调精细化管理，从输入到输出的全过程设置诸多环环相扣的关键节点；不单单是结果型导向的后期审查，更注重前期与中期的检查，甚至每个时段与时点的检查。① 宾大在面向博士生全体的《博士学位课程学术规则》中明确规定所有学生在进入该校后，都必须至少完成课程修习、资格评估或预备考试（Qualifications Evaluation or Preliminary Examination）、候选人资格考试（Candidacy Examination）、持续审查与报告、论文撰写与答辩等主要环节的考核。② 任何一个关键节点没有通过，都将面临被分流淘汰的风险。

1. 课程——质量杠杆的重要支点

课程学习是博士生培养中至关重要的一环，是增强博士生学习力、研究力和发展力的智能引擎③，同时也是宾大博士生入学后接受分流淘汰考验的第一个关键节点。在宾大，每个学院博士生课程都兼具基础与顶峰的特点，一方面让学生掌握本专业的基础知识和原理，另一方面是希望通过具有挑战性的课程使学生的学术能力实现质的跨越。宾大博士生需要在入学后的 2—3 年内修习大约至少 12 个单元的课程，课程成绩一般按照 A、B、C、D 和 F（未通过）五个等级进行评分，3.0 的平均绩点是学校的最低要求，并且不能出现两次以上的"F"等级，否则就要上报至学术委员会处理。若在补考后仍然无法通过，学生就不得不退学。一些学院可能会有更细致的要求，如法学院（Law School）规定：① 学生成绩单中出现两个或两个以上"F"，三个或三个以上"C"或一个 F 和两个 C；② 在学第一年未完成规定学分；③ 无法完全专注于法律学习以及出勤率低，出现以上情况之一便直接转交学术委员会，由相关人员处理学生补考、延期以及退学事宜。④ 除了对课程成绩严格要求外，高质量的博士生课程内容与严格的考核标准同样对学生提出挑战。宾大博士生教学强调教师对每一位学生的互动和指导，不管是修习何种课程，课前阅读教授提供的参考书目以及准备

---

① SALLIS E. Total Management in Education[M]. London：Routledge，2002：184.
② University of Pennsylvania. Academic Rules for PhD Programs [EB/OL]. [2022 - 06 - 10]. https://catalog.upenn.edu/pennbook/academic - rules - phd/.
③ 汪霞．高质量的博士生教育还需要完善哪些培养制度[J]．中国高教研究，2020，(06)：9 - 12.
④ University of Pennsylvania Carey Law School. Degree Requirements [EB/OL]. [2022 - 05 - 20]. https://www.law.upenn.edu/academics/degrees.php.

课堂讨论都是最基本的要求。① 博士生上课多采用小班教学,生师比保持在6∶1左右,这样教师在课堂上能够关注到每位学生的想法,师生在研讨中进行思想的碰撞与交锋。此外每学期结束的寒暑假,教师还要求学生提交研究论文以锻炼其独立研究能力。如安纳伯格传播学院(Annenberg School for Communication)要求博士生入学2—3年内至少修习20个单元的课程,并且其中至少有15个单元是在宾夕法尼亚大学内完成。这就意味着若要满足课程要求,博士生至少要完成15篇研究论文。通过频繁的课堂互动和作业提交,教师可以及时了解学生的学业进展,大量有难度的训练让学生经历顶峰体验,学术与思维能力也在磨砺中日益精进。如果不及时提交课程作业或态度不认真,教授有权在期末表现中给学生打低分或者直接移交学位委员会处理。学位委员会也会将学生的平时表现记录在册,一旦不合格程度触及底线,便会被淘汰出局。

2. 资格评估或预备考试——质量杠杆的关键节点

在课程学习期间或课程修习结束后,宾大博士生要参加预备考试,该考试旨在检查学生课程修习的总体情况,敦促学生温故知新,时刻保持学业进步。在多数情况下资格评估或预备考试和候选人考试属于一种考试,都是学生实现从博士生到博士候选人身份跨越的重要阈限。还有一种预备考试是专门针对那些从本科直接攻读博士的学生,主要目的是考察博士生是否有攻读博士学位的能力和水平。资格评估和预备考试由研究生小组设计考查,而非由任课教师单独执行,研究生小组将考核结果记录档案并直接反馈给研究生院。在宾夕法尼亚大学,研究生小组是负责研究生教学和学位的团体,他们由学科性质接近的院系教员组成,具有一定的跨学科性质。如沃顿商学院管理科学和应用经济学研究生组涵盖了该院的所有博士教育,他们既负责会计、应用经济学、商业道德和法律研究、金融、卫生保健管理和经济学、统计等课程的教学工作,又承担各个专业的学术考核与考察任务。

3. 候选人资格考试——质量杠杆的核心一环

候选人资格考试是每位宾大博士生必须参加的关键考试,通常在学生完成所有必修课程、入学后的第二年或第三年进行,需要学生就自己的平时研究和论文进行答辩。形式由研究生小组自行决定,可以采取口头、书面或者二者结合的方式。学生的表现将会被记录在档案中并在一个月内反馈给学生。某些

---

① 陈学飞,等. 西方怎样培养博士——法、英、德、美的模式与经验[M]. 北京:教育科学出版社,2002:243.

学院会做出更高要求,如教育研究院(Graduate School of Education)不仅要求学生提交平日研究论文,还要上交课程成绩单、教师推荐信以及未来的学习、研究计划等。候选人资格考试最多可参加两次,第二次仍然不通过就直接被淘汰或者根据之前表现决定是否可以获得硕士学位。成功完成候选人资格考试后学生将正式获得博士候选人资格从而进入毕业论文撰写阶段。一个学生晋升为候选人的最长时限为五年,若超时学生将被逐出榜单。

4. 系列审查与博士学位论文——培养质量的守门人

顺利通过候选人资格考试后,博士生就要进入论文构思和撰写阶段。此时学生要接受导师和论文委员会的指导与督促,并与二者建立密切联系,还要不断接受审查,随时汇报自己的研究进展。博士学位论文要提交论文答辩委员会进行审核,审核通过后方可进行口头答辩,若不通过,学生则要进行修改,并且不通过的记录也要载入档案。学生在学最长不可超过十年,超出这一时限便会被除名。答辩完成后一些学院还要求学生必须要参加口试(Oral Examination)。此外,一些专业还设置了实验室轮转(Laboratory Rotation)、社会实践、教学实习等项目,均算作必修学分,若学生在该项目中表现不佳,同样会被记录下来,长此以往会增加淘汰风险。在一项针对美国若干研究型大学中四个学科的 2 000 名博士生的问卷调查中显示,48%的博士生认为对学生的持续审查与评估起到了淘汰不合格学生的作用。[①]

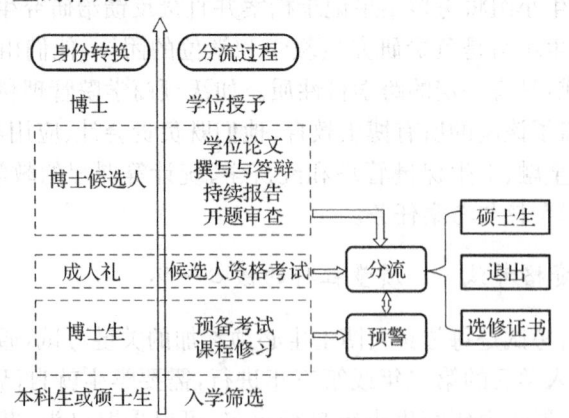

图 1 宾夕法尼亚大学博士生身份转换——分流淘汰过程

---

① Kamas, L., Paxson, C., Wang, A., et al. Ph. D. Student Attrition in the EECS Department at the University of California, Berkeley[R]. From http://inst.eecs.berkeley.edu/~wicse/index.php/papers/lindareport2.pdf. 1995.

（二）循序渐进：以多方联动实现提质增能

分流淘汰机制并非一刀切似的磨灭博士生的学术热情，更不是为了淘汰而淘汰，而是及早发现不适合继续从事高深学问的学生。更重要的是，在整个制度实施过程中通过利益主体、组织制度的相互配合督促学生的学习进度，壅培学生的学术志趣，提高学生的专业水平，最终使学生在沉浸式投入后获得顶峰体验，同时在经历和挑战中不断学习，实现最近发展区，最后成为一名独立研究者，而非仅仅达到最低学位要求。宾夕法尼亚大学注重通过对每个关键节点的切实把控与精准施力来达到四两拨千斤的效果，更强调多方联动来保证博士生渐进式提升。

1. 导师监控——分流淘汰机制运行的助推器

导师是研究生的第一责任人。宾大博士生入学后就要主动联系一名指导老师，由导师负责学生的日常学习事宜。多数情况下学院还会为学生寻找联合导师，双导师制在一定程度上保证了分流淘汰结果的真实与公平。每位导师都经过严格遴选，必须具备高度的责任心与深厚的学术造诣。导师负责帮助学生规划学习进程，指导学生的工作，并监督学生从入学到毕业的学业进展。在对博士生进行一对一指导时，导师随时研判学生表现并以档案的形式加以记录。若导师认为博士生的工作质量不合格，则随时可以向系主任建议该学生不能继续参加博士生项目。导师和学生必须保持定期联系，及时掌握学生动态，在每一学年开始时回顾学生的学习进展，根据学生的反馈调整学习计划。学生步入学位论文撰写阶段后，导师至少每年要与学生沟通两次，以便密切关注他们的进展并为学生提供相应建议。[①] 在博士生求学期间，大多数学生都与导师建立了深情厚谊，为了学生的长久发展，导师会依据学生的真实情况为学生的学术成长和学业进步提供建议与帮助，若发现学生确实不适合继续攻读博士学位，导师也会真诚建议学生另谋高就。

2. 组织联动——分流淘汰机制运行的润滑剂

分流淘汰机制的顺利运行离不开组织之间的有序协调与相互配合。宾夕法尼亚大学博士生分流淘汰运行流程中除学生外，主要涉及各院研究生委员会

---

① University of Pennsylvania Graduate School of Education. Graduate Student Handbook 2016－17[EB/OL].（2016－07－19）[2022－06－13］. https://www.gse.upenn.edu/pdf/students/Student_Handbook_16－17.pdf.

(the Graduate Council of the Faculties)、研究生小组(Graduate Group)、学位论文委员会(Dissertation Committee)、博士协调员(The Doctoral Coordinator)、学生导师(Advisors)、考试委员会(Examination Committees)、学生记录办公室等七个主体,每个主体各司其职,相互联动,共同推动分流淘汰制度的有效运转。

表1 宾夕法尼亚大学博士生分流淘汰过程中的主体及其职责①

主体	主要职责
院研究生委员会	分流淘汰政策的制定;作出学生分流退出的最终决定。
研究生小组	从各个院系中挑选不同专业的教员组成,专门负责研究生的教学和学位事宜,其规模不固定,但必须体现跨学科培养的特点。参与分流淘汰政策以及各项具体考核要求的制定;分流淘汰政策的实施;跟踪观察博士生表现并以档案袋形式随时记录;将各项考核结果记入档案并反馈给学生和研究生委员会,提出学生去留建议。
论文委员会	每位学生成立各自的论文委员会,至少由3名教师组成,其中一半以上为研究生小组成员,经院系批准后还可选择一位校外教员,论文委员会主席多数情况下由学生导师担任;负责召开委员会会议,就研究生小组和大学的期望向学生提出建议,并监控学生学习进展,记录学生情况;每年至少与学生会面一次,审核学生的年度论文进展报告并提交给学生导师和研究生小组主席;投票表决博士生论文开题和最终答辩,提出学生去留建议。
博士协调员	对每个学生的表现进行年度审查,包括未完成的内容、资格评估、预备考试、要求的论文及其他相关基准。如有必要,协调员将与每位学生会面,讨论审查结果,并建议适当的补救行动。协调员将以书面形式告知学生审查结果。在审查后的10天内,未参加或未通过初级考试的学生必须履行协议,在协调员批准的具体日期前参加补考。
导师	随时监督学生学习,记录学生成长,为学生发展和去留提出建议。
考试委员会	参与各项关键考试与评估活动,成员必须从常设或联合学院中选出。
学生记录办公室	将学生的一切成绩与学业表现记录在册;安排学生答辩事宜。

3. 动态考核——分流淘汰机制运行的活力源

宾夕法尼亚大学注重对学生的动态考核,通过过程把控以实现质的提升。

---

① PENNBOOK. Academic Rules for PhD Programs [EB/OL]. [2022-06-20]. https://catalog.upenn.edu/pennbook/academic-rules-phd/.

学生在入学时就要建立个人档案,并定期提交个人发展报告与计划(Individual Development Plans，IDPs)，由导师、研究生小组、论文委员会等打分。其目的是记录学生的成长轨迹,研判学生的学术与创新能力。虽然偶尔一次较低得分不会让学生直接退出博士项目,但数次不佳成绩的累积同样会增加淘汰风险。不过,动态考核的根本旨归不是为淘汰学生提供依据,而是以档案袋的形式擘画学生发展蓝图,随时诊断学生学业问题并予以及时反馈,在"诊断——反馈——修正——再诊断——再反馈——再修正"的循环中促进学生持续进步。从评价方式上看,宾大对博士生的评价可归纳为三种类型,即跟踪评价、节点评价与终结性评价。所谓跟踪评价就是由导师、研究生小组、论文委员会、博士协调员等群体观察学生学业表现,对在读博士生进行长时段的、档案袋式的持续型评价;节点评价则是在每个关键节点由研究生小组、考试委员会等对学生的考核评价;终结性评价是在课程结束、学位论文答辩等环节对学生几个主要阶段的学习研究情况进行的评价。后两种评价方式的评分权重较大,也直接决定了博士生的去留;跟踪式评价则通过密集型监控对学生循序渐进的能力进阶举足轻重。三种评价方式互相结合,构成了宾大动态且人性化的评估方式。

4. 政策兜底——分流淘汰机制运行的压舱石

在宾夕法尼亚大学,博士生最终被分流或者淘汰的决定不是由某一个体或组织单方面做出的,而是需要综合学生导师、研究生小组、学位委员会、考试委员会等多主体的意见,这种多方印证程序保证了分流淘汰结果的公平与公正。对于未完成学位要求而面临退出风险的学生,院系也会提供相应的兜底政策和补救措施。例如,当学生平均绩点低于要求的3.0时,允许学生提交一份书面说明,此举也是对学生的学业预警;如果学生无法及时提供书面报告,则会被要求退出博士生项目。若学生对候选人资格考试结果有异议,也可通过书面申请向学位委员会提出申诉,学院会成立调查小组对考试结果进行复议;学生两次未通过该考试,可以书面申请第三次考试,由博士协调员评估后向副院长提交一份书面推荐,副院长同意推荐后学生即可获得第三次考试机会。因超过在学最长年限(8年或10年)而被清退的博士生,仍有返学的机会。此时学生须在被清退的2个月内向论文委员会提交申请,同时上交一份进展报告或计划供其审阅。论文委员会投票通过其申请后,学生必须重新参加候选人资格考试。若顺利通过则可争取一年继续攻读的时间。如此安排,实为亡羊补牢犹未晚矣,既可鼓励学生坚持求知,又可避免因半途而废而造成的心理遗憾和资源浪费。此外,宾夕法尼亚大学还制定了相对成熟的学分互认与转换制度。宾大在博士生手册中规定学习到一定阶段的博士生如果需要转专业或者换学校,可以按照各学院规定进行学分折换,已经获得的学分可以部分或者全部转到互为认可的其他研究生院,并且只要能在转学学院修完规定的学分,学生亦可获得相应学位。值得一提的是,宾大教育研究院还规定完成博士学位所有要求(初步考试和论文除外)的学生可以向副院长申请获得进修证书(Certificate of Advanced Study,CAS),以表示对学生在教育领域完成重要博士水平学习的认可。但选择接受 CAS 的学生将没有资格重新进入学位项目,后续也无法继续攻读该博士学位。

四、宾夕法尼亚大学博士生分流淘汰机制的省思与启示

规模与质量的失衡是对我国博士生教育问题的表征。相较于西方的高流失率和高淘汰率,我国博士研究生大部分还是"严进宽出"甚至"严进全出"。[1] 零淘汰一方面源自"学生不愿退,学校不敢清"的教育文化心理[2],另一方面也暴露了当前制度实施的问题。因此,如何完善博士生分流淘汰制度,提升我国博士生培养质量是当前研究生教育亟待解决的问题。宾夕法尼亚大学以高质量的人才培养而著称,其过程与关键相统一的分流淘汰制度可为我国提供有益借鉴。

(一)分流理念——质量先行而非管理至上

质量是研究生教育的生命线,教育体系内的一切制度设计最终都应服务于人才养成这一目标。在高流失率的背景下,美国博士生教育相关改革的一个总体方向是在保证质量的前提下降低博士生流失率,而不是降低毕业门槛或教育质量。[3] 这也在一定程度上决定了美国的博士生教育并不一味强调淘汰机制的选拔性功能,而是更看重促进和督导效用。我国《学位与研究生教育发展"十三五"规划》中明确提出博士教育要逐步建立以质量为导向的评价机制和资源配置机制,这意味着我国博士教育正式进入以质量和内涵为主题的发展阶段。[4]

---

[1] 胡乐乐.博士研究生中期考核的国策嬗变、实施现状与改革建议[J].教育发展研究,2017,37(09):19-27.
[2] 杨青.美国一流大学博士生分流淘汰制度的运行机制及启示——以康奈尔大学为例[J].中国高教研究,2019,(10):91-98.
[3] 王东芳,高耀.美国博士生教育的流失现状与改革启示[J].学位与研究生教育,2020,(08):15-21.
[4] 牛风蕊,张紫薇."双一流"建设背景下的博士教育质量——多维评价、互构逻辑与动力机制[J].研究生教育研究,2021,(02):75-81.

博士生分流退出机制本应成为质量保障的有效抓手内嵌于高质量人才培养的全过程,并且通过层层质量把控推动博士生研究与创新能力的提升。然而在具体操作时多数要么沦为"只进不出,有来无回"的形式化表演,要么过分追求工具性价值,只看结果,不重过程。如浙江大学2012年开始实施博士生中期考核制度,但是从研究能力评估考核结果来看,考核制度实施的形式化痕迹明显,2014年全校80%的院系博士生中期考核不合格率为零,全校通过率接近99%[①];还有一些高校更是采用末位淘汰制完成简单的去尾式淘汰。这些方式固然高效,但其背后却是形式主义与机械式管理在作祟,本质上则是对质量目标的忽视与背离。分流制度不是空中楼阁,也不是走过场、喊口号,更不是不加考虑一刀切地一概否定。形式化的、缺乏教育温度的制度不仅会使学生承受巨大的心理压力、消解在学者的求学信念与学术热情,更会舍本逐末淡化质量目标,甚至危害整个研究生教育事业。淘汰不是目的而是手段,高校在实行分流淘汰时,应树立质量先行的分流理念,以各环节质量是否达标为准绳来判断博士生是否适合继续攻读学位,而非以完成任务为宗旨为了淘汰而淘汰。

(二) 管理过程——节点把控而非避重就轻

美国高校认为学生对专业领域的探寻以及学术兴趣的激发揭橥于课程修习,并将课程视为博士生成才的重要载体及分流淘汰的首要环节。博士生课程包括相关领域的基本知识、学科前沿的问题研究和方法论,目的在于发展学生的理解能力,发展学生运用适当的原理和方法来认识、理解、评价和解释本专业领域最前沿的知识和有争议问题的能力。[②] 丰富精深的课程内容、师生共融的课堂氛围、富于挑战的课外作业以及严格的学业要求,让博士生在持续的专业训练中得到磨砺。许多学生也正是在课程学习阶段无法适应或者发现兴趣不匹配而退出博士项目。相关调查显示美国大学博士生课程的完成率低至40%[③],国内博士生课程高层次特点不足,专业课广度和深度尚且不够[④],再加

---

① 周文文. 北卡罗来纳州立大学博士生培养质量保障体系探析与启示[J]. 学位与研究生教育, 2020,(06):64-70.

② 沈文钦,赵世奎,蔺亚琼. 美国博士生流失率与淘汰制度分析[J]. 研究生教育研究,2011,(03):82-89.

③ Zhou E. Okahana H. & OKAHANA H. The role of department supports on doctoral completion and time-to-degree[J]. Journal of College Student Retention: Research, Theory & Practice, 2019, 20(4):511-529.

④ 包志梅. 我国高校博士生课程设置的现状及问题分析——基于48所研究生院高校的调查[J]. 研究生教育研究,2021,(02):53-60.

上一些任课教师为求和谐容忍学生"蒙混过关",使得学生的创新能力未能得到应有提高的同时,还养成了怠惰的心理。在宾大,课程修完后的预备考试对学生来说也是不小的挑战,若某项课程经过补考仍未能达标,该生则会被要求退出博士生项目。此外,候选人资格考试作为美国博士生实现身份跨越的"成年礼"[①],其淘汰力度更是高达5%—20%。[②] 而中国的人情面子文化则使博士生中期考核制的实施举步维艰,收效甚微。[③] 资格考试后的开题审查、持续报告及频繁的学位论文交流对学生也起到耳提面命的督促作用。

课程修习、预备考试、候选人资格考试、开题审查、持续报告以及学位论文撰写与答辩等六个阶段作为宾夕法尼亚大学博士生分流淘汰机制的关键节点,完整地镶嵌于分流淘汰系统之中,统筹发挥着质量监控作用。自我国明确要求建立博士生分流淘汰制度以来,中期考核或资格考试似乎成为该制度的代名词,几乎完全承担起分流淘汰的任务,甚至让人们误把二者等同起来。而且很多学生都将中期考核视为被分流淘汰的唯一"达摩克利斯之剑",认为通过该考试便万事大吉,导致学习动力难以维持。因此,完善课程设置,注重课程修习、中期考核等关键节点的落实,及早识别确实不适合攻读博士学位的学生并将其分流出去,同时增设诸如预备考试、系列审查等重要节点以保持博士生持续的学习动力,既可以及时止损,避免学生内耗和教育资源的浪费,也可促进高质量人才培养的一贯性与常态化。

(三) 评价方式——动态考核而非静态评价

人才培养不是一锤子买卖,专业学者的塑造也非一朝一夕之功,这就在客观上要求对博士生的评价不可过分依赖终结性评价,而应更多采用形成性评价与发展性评价方式。在我国分流淘汰制度的实施过程中,管理至上的色彩甚嚣尘上,甚至仅凭中期考核、学位论文答辩等一次评价就草率决定莘莘学子的未来,这样的评价结果是粗糙的而非精细化的。我国高校可以尝试将动态管理方式引入分流淘汰机制之中,既注重通过终结性评价判断学生最终学习成效,更要通过过程性评价考察学生的发展轨迹。为每位学生建立电子档案袋,由导师、评价委员会等利益相关方随时记录学生成长并进行综合评价,定期商讨学

---

① Ponder N, Betty SE, Foxx W. Doctoral comprehensive exams in marketing: Current practices and emerging perspectives[J]. Journal of Marketing Education, 2004(26):226-235.
② 赵立莹. 美国博士生教育质量评估体系发展研究[D]. 武汉:华中科技大学,2009.
③ 徐岚,陶涛. 督促还是淘汰:博士生中期考核机制形成及其实施效果研究[J]. 高等教育研究,2018,39(05):74-81.

生未来发展与改进的策略,据此评估学生的发展潜力,将之作为安置学生的依据。这种密集式、动态化的过程性监控既能掌握学生发展全貌,保证评价的公平性,又有助于师生在持续互动中形成学术共同体,还能发挥定期预警功能,更重要的是可将淘汰制度本身的负激励功能转化为正激励效用,成为支撑学生攻坚克难、自我塑造的内生性动力。

(四)条件保障——多样选择而非单一出口

理性与温情共存的制度才称得上是好制度。对被分流和强制退出的学生进行妥善安排,可以在一定程度上缓解学生由此产生的心理压力和就业问题。因此完善相应的条件保障,为分流退出的博士生提供多样化的选择尤显必要。美国一些高校允许博士生在达到课程修习标准后申请相应的进修证书。在入学适应阶段,如果学生发现兴趣不匹配或难以适应,则可申请转专业或者重新更换导师。即使学生第一次没有通过候选人资格考试,也可以参加第二次补考,有的学校则给予学生 2 次补考机会,即使最终仍未能通过也依然可以酌情申请硕士学位。当前我国一些高校正逐步扩展贯通式培养的范围,以便使那些未能达到博士毕业要求的学生也能获得硕士学位,并且允许未满足学位授予条件但毕业后一定时间内达到相应要求的研究生,重新申请博士学位。这些都是完善分流淘汰机制相应条件保障的有力措施,但还远远不够。在此或可借鉴美国经验,尝试在分流淘汰的重要节点设立缓冲机制或"冷静期",向完成一定节点要求的学生颁发结业证书,并允许其在一定时限内返校通过相应考试后恢复攻读学位的资格,或者给予那些难以适应本领域的学生转专业或更换导师的机会。当所有博士生招生单位都建立起基于过程监督和质量保障的分流淘汰机制并努力践行时,那些浑水摸鱼者自然会知难而退,在学者也能回归学术本真与求知旨趣,在攻坚克难中逐渐完成从新手到专家的身份转变。

六、高质量高等教育治理体系研究

当前,百年变局和世纪疫情相互交织,世界进入新的动荡变革期,高等教育形态正在深刻重塑。教育,特别是高等教育如何通过高质量发展增进人类福祉,促进人类文明进步这个话题又摆在我们面前。习近平总书记在考察清华大学时指出,"一个国家的高等教育体系需要有一流大学群体的有力支撑,一流大学群体的水平和质量决定了高等教育体系的水平和质量"。构建更加多元的高质量高等教育体系,应准确把握其本质内涵、核心内容和建设路径。高质量发展,首先是发展,关键是高质量。这个高质量,主要体现在与经济社会发展迫切需要的契合度上、服务国家重大战略需求的贡献度上、人民群众对高等教育满意度和获得感上。建设高质量高等教育体系，就是培养高水平人才的体系，是适应国家和社会需求的体系，是治理体系和治理能力现代化的体系，是服务全民终身学习的体系，是体现公平而有质量的体系，是全面对外开放的体系。从根本上讲，就是贯彻新发展理念、适应新发展格局需要的高质量教育体系。这个体系，将会在量的合理增长和质的稳步提升两个方面，促进中国高等教育发生格局性的变化，赋能教育强国建设。

基于区域的教师教育共同体
运行阻障与完善路向

朱守信[①]

摘 要:构建各利益相关者共同参与的区域教师教育共同体,是推进教师教育综合改革,实现区域教育优质均衡发展的重要策略。区域教师教育共同体在合作机制、组织方式、活动内容、实践形式等方面表现出独特运行特点和优势,但同时存在协同机制尚未完善,校际差异难以调和,内容设置不够合理,专业引领未能发挥等一系列阻碍共同体运行的现实问题。因此区域教师教育共同体需要进一步加强协同育人政策宣讲,建立区县教育统筹机制,明确区域共同体责任主体,注重学科学段之间差异,同时健全考核评价机制来促进其更好发挥整合性功能。

关键词:区域;共同体;教师教育;变革

区域教师教育共同体是在地方教育行政主管部门主导下组建而成,以解决教师教育实践问题为中心的横跨校际间的共同体组织。共同体能够融合学校教育、职业体验、教学实践和理论探索等多种教师教育路径,形成多主体、多因素合力提升基础教育水平的格局,最终凝聚为区域内教师良性协同发展模式。通过构建区域性教师教育共同体,可以树立教师教育与基础教育协同发展的理念和价值追求,调动区域内部教师发展的多元主体力量,推动教师专业发展模式的变革创新。

一、区域教师教育共同体特征

"共同体"一词,来源于德国学者滕尼斯(F. J. Tonnies),其本意是指共同生活,是学习者在共同目标的引领下,在同伴支持和知识共享的基础上,通过对

[①] 作者简介:朱守信,淮阴师范学院教育科学学院"卓越教师"培养办公室主任,主要从事教育原理与教育管理研究。

话、分享、协商、反思等实践活动[①],以促进个体发展为旨归,以追求共同事业为目标的特殊组织形式。[②] 著名教育改革专家迈克·富兰认为,教师要获得连续的专业发展必须由合作来支持。[③] 进入新世纪后,随着教师合作学习模式的研究成果不断推广,教师教育共同体建设也开始付诸实践。

区域教师教育共同体以合作共赢为基本理念,打破长期各自为政的校本培训模式,以解决本区域内教师在教学改革中各种问题为切入口展开共同学习活动。[④] 传统校本培训通常在教师任职的学校单独进行,参训教师经常会因学科藩篱而出现话语障碍,相当一部分校本研修活动停留在狭隘的范围内,缺少校外优质专业资源的注入,无法使教师获得新视野、新思想和新动力。区域教师教育共同体目标在于提高教师的教育教学工作效能,不断发展教育教学岗位中需要的知识、技能和积极态度,使区域内教师能够获得一种普遍性和整体性的水平提升。

与传统校本研修或教研活动相比,区域教师教育共同体更注重多元性、综合性和延伸性。横向上,区域教师教育共同体促进区域内校际联动,改变传统闭门造车的思路做法,克服教师自发学习能力不足和校本培训资源有限的问题,化解传统区域内学校之间存在的资源竞争与对立关系。纵向上,区域教师教育共同体不仅重视理论和技能的学习,更注重教师在群体合作中掌握教育教学背后思想,将培训与发展过程相统一。[⑤] 共同体做到以学科为纽带、以学校为结点,将各个学校教师发展遇到的普遍性问题放到区域层面来共同研讨,有效整合与共享区域内教师教育资源,降低校本培训的低效和重复,推动区域教育优质均衡发展。

二、区域教师教育共同体的运行方式

区域教师教育共同体一般从区县层面出发,由县域内多所学校组织形成教师学习型团体,通常以学科研修为基本培训单位,借助一定高校专家指导,利用

---

① [德]斐迪南·滕尼斯. 共同体与社会——纯粹社会学的基本概念[M]. 林荣远,译. 北京:北京大学出版社,2010:45-58.
② 唐丽芳,周红. 区域实践共同体:农村小规模学校发展策略探索[J]. 现代教育管理,2018(01):49-53.
③ [加]迈克·富兰. 变革的力量——透视教育改革[M]. 中央教育科学研究所,译. 北京:教育科学出版社,2000:37.
④ 张翔,赖翔晖. 中小学教师"多校联培"校本培训模式探究[J]. 中小学教师培训,2016(12):16-19.
⑤ 许新海. 区域教育共同体建设形态及其价值[J]. 人民教育,2012(24):25-27.

区域内部共同享有的各种发展性资源和条件帮助解决教师在职后教育教学过程中遇到的各种难题。[①] 区域教师教育共同体关键是育人主体的协同,即参与教师教育工作的各类主体,能否基于利益共享原则,构建起结构合理、运行高效的教师教育协同培养共同体。

(一)区域教师教育共同体的合作机制

教师教育共同体并不同于一般意义上的团队与合作,而是由高校、中小学校、地方政府共同组建而成,具有较高向心力和广泛利益基础的,以资源共享、人员互动等方式参与教师发展的组织实体和运行机制。地方政府教育主管部门、高校和中小学幼儿园三方构成相互关联的三螺旋结构。政府主要职责是行政推动,保持政策支持的稳定性和长效性,对区域教师教育共同体构建中出现的问题给予政策协调,并通过成立教师发展学院、教师发展中心等机构推进教师协同培养共同体建设。高校则利用自身丰富的学术资源,为政府教育部门充当智库,为促进区域基础教育高质量发展服务。

(二)区域教师教育共同体的组织方式

区域教师教育共同体一般在县域范围内将不同学校划分为若干片区,组成一种半实体运行的跨校联合,在此基础上不同学校的人力物力资源可以共享互通。学校分布于城区和乡村,区域共同体内既有优质学校也有薄弱学校,共同体的组建突破了地域限制和资源限制,为不同层次学校合作提供平台。区域教师教育共同体能够放大学科带头人和高校专家引领的作用,让普通教师与区域内优秀名师进行结对,将学校个体优势转变为区域整体优势,把校际间的资源通过优势项目加以整合。

(三)区域教师教育共同体的活动内容

在区域教师教育共同体中,尽管不同参与的教师在教学知识和经验方面存在水平差别,但是共同体强调合作交流的互动性,提供多样化活动和展示机会,使共同体内建立起一种教师互惠互助的优势互补格局。通常而言,区域教师教育共同体的活动具有很强的综合性,不仅仅是教学实例还包含教科研活动,活动内容较为丰富。区域教师教育共同体为教师提供广阔的学习空间,使每个参与其中的教师都能接触到更先进的理念方法,产生更激烈的思想碰撞,进而推

---

① 包智强,吴伟昌. 校际教科研共同体:区域教科研的新范式[J]. 上海教育科研,2013(12):52-54.

动教师的专业水平成长。

(四)区域教师教育共同体的实践形式

区域教师教育共同体在实践中表现出多种形式,包括城乡联动教育共同体、名师工作共同体、学科研修共同体、项目工作共同体等,以城乡联动和学科研修共同体最为普遍。目前较为常见的做法是把同一片区毗邻的若干所中小学按师资力量互配原则组成一个单元,形成一个研训一体的教师教育共同体。① 这样一来,共同体内部成员都能享受到优势学校资源,将单个学校教师发展难题放到共同体中解决,既促进区域内优质教师资源共享,同时也为区域内不同学校的发展提供了交流空间,为教师专业水平提升创建良好氛围。

三、区域教师教育共同体的运行阻障

构建区域性教师教育共同体的目的在于整合共享区域教师教育资源,提升区域内教师教育水平。但是区域教师教育共同体的构建是一项复杂的系统工程,其在运行过程中仍存在一些较为突出的问题阻障。

(一)共同体协同机制有待完善

区域教师教育共同体构建的目的是为了实现片区内部取长补短,通过共享的伙伴达成相互支持。但共同体内成员间由于权责不晰、主体不明等因素导致资源未能充分共享,地方政府、高校、中小学在教师教育共同体实施主要环节的角色和分担体制尚未完善,没有对共同体参与主体的责任和义务进行明细,致使教师教育共同体在运行时经常出现职责任务交叉,各个主体互相推诿现象时有发生。② 此外,共同体缺乏对教师参与共同体活动效果的考核方式,地方教育主管部门没有针对教师参与共同体过程采取监管措施,很多活动只管开展不顾成效。

(二)共同体校际差异难以调和

区域教师教育共同体建立的初衷是解决区域内教育资源不均衡状况,实现区域教师的整体发展。区域教师教育共同体组建后,活动开展主要围绕共同体内优质学校,其他学校处于顺从状态,让多数学校产生一种被动性和依赖心理。

---

① 黄如炎.学科研训中心对区域教师专业发展的引领[J].教学与管理,2018(24):62-64.
② 周波.区域教师教育一体化的实践变革[J].教育发展研究,2017(22):77-84.

区域教师教育共同体通常由片区内5—10所学校构成,由于每所学校都具有自己独特的办学条件和发展模式,使得共同体存在一定的校际协调问题。区域内各学校之间办学实力具有差异,教师与教师之间层次也存在差异,这些来自个体和学校方面的差异为共同体活动开展带来难题。

(三)共同体内容设置不够合理

区域教师教育共同体的活动内容应根据教师专业发展的实际需求设置,从教师的教育教学问题出发,以提高教师的专业能力。当前区域教师教育共同体的内容供给方面出现偏差,一定程度上未能满足教师发展的实际需求。不少共同体活动仍延续传统校本研修的模式,基本上以实地观摩公开课、专家讲座、课程培训等方式为主。这些与传统校本研修活动大同小异,一方面造成共同体学习活动的重复和资源浪费,另一方面容易让教师产生厌倦和疲劳感。此外,区县层面教师教育共同体活动内容的制定均存在一定的随意性,缺乏对整个活动周期的统筹安排。不少情况下,共同体活动主题并未经过仔细地筛选、整理和提炼,因此无法将共同体活动变成具有内在联系的序列化方式。

(四)共同体专业引领未能发挥

专业引领是提升区域教师教育共同体水平的关键要素,主要来自教研员、优秀名师、高校学者等专家人员的指导。在区域共同体活动中,专业引领不足是当前普遍存在的问题,限制了共同体活动整体层次提升。在调研中发现,一个县级区域在小学、初中、高中这种大的学段,通常一个学科只配备一名教研员,难以承担起大面积引领作用。县域层面中小学和幼儿园所能接触到的高校资源更是有限,来自区县外部的专家名师相对较少。少数高校学者只是偶尔作为特约专家角色参加到共同体活动个别环节,实际的参与时间很短,对一线教师发展需求缺乏准确判断和全面把握,难以根据实际教育教学情况对教师进行针对性指导。

四、完善区域教师教育共同体的路径方向

(一)加强协同育人政策宣讲,形成共同体价值认同

协同育人认识的提升是共同体达成价值认同的前提条件。近年来,国家先

后出台系列重要教师教育政策文件推进协同育人,这些政策文件倡导的共同体理念应该深入每位教师和教育行政人员思想深处。因此各级教育行政部门、师范院校、中小学校均要做好相关文件精神的传达,重视协同育人内涵和价值的宣讲,借助区域多方力量营造彰显共同体核心理念的舆论氛围,加强文化软环境引导和协同理念深度沟通。地方教育局可以组织高校专家对接中小学校,以讲座、研讨等方式推动中小学校骨干教师进一步明晰协同育人的时代意蕴,更准确地把握自己在协同育人中的职责和角色定位,以及自己在协同育人中的应为与可为。

(二) 建立区县教育统筹机制,整合区域共同体资源

区县政府及教育行政部门应根据地方教育发展规划、区县学校分布及师资实际情况,对区县内所有教师发展资源进行统筹协调。地级市下属各区县教育局要对所辖范围教师资源分布情况进行摸底,挖掘各学校优质师资的潜在力量,凝聚区域内部各校合力,实现优质教师资源的最大限度开放与共享。各区县可根据实际情况确定教师教育共同体的经费比例,把教师教育共同体经费纳入教育财政预算,对于农村、薄弱学校可以适度予以倾斜。① 通过县一级乡村教师培育站联合一线名师、本地专家和省内专家,加强对远郊区县的政策支持力度,形成"培养一个,带动一片"的效果。

(三) 明确区域共同体责任主体,完善教师发展管理制度

确定区域教师教育共同体的责任主体,由各区县教育局下属的教师发展中心(教师发展学院、教师进修学校)作为开展区域教师教育共同体的实体负责单位,以此解决共同体活动缺乏固定组织单位和政出多头的现象。从现实情况看,区县教育主管部门可对现有教师发展机构进行适当改造,延伸教师发展中心等机构职能,使其从单纯的教师职后发展培训机构,转变为教师职前培养与职后培训一体化机构。建立由所在区县教育局局长为组长、区县教师发展中心主任、各加盟学校校长为成员的区域教师教育共同体领导小组,负责制定区域教师教育共同体运行制度规范、管理条例、考评办法等,全权处理共同体自上而下的所有事务,统一领导、组织和实施区域教师教育共同体工作。

---

① 王淑莲. 从整体搭建到分类发展:城乡教师共同体区域推进策略转换[J]. 教育研究,2019(06):145-151.

（四）注重学科学段之间差异，满足区域教师发展需求

由于不同学段学科的教学对象和教学方法均有所不同，因此各区县教师教育共同体的活动内容和方式应该根据学段学科做出相应区分。分学段学科共同体可在各区县教师发展中心的领导下组建，每个学段学科指派一名教研员作为常务负责人，区域内每个学校相应学段学科推选一名首席教师作为本学段学科的轮换主持人，轮流负责每一期具体共同体活动。每期活动方案可由组织者和教师共同制定，确保活动内容与参加对象相适切。区域教师教育共同体还要注重发挥高校专家引领作用，尤其是既有扎实理论又熟悉一线教学工作的高校教育教学专家，建立起县一级教师发展专家资源库。

（五）健全考核评价机制，监督激励共同体活动开展

适当的考核评价机制是确保区域教师教育共同体能够有效运行的关键。共同体活动应建立长期追踪式评估体系，对活动质量及教师成长收获进行发展性评价，判断教师在共同体活动中学习的迁移度和有效性。[1] 教育行政部门可以尝试建立区域教师教育共同体证书制和学分制，以证书学分的形式为教师建立共同体活动档案，作为教师评优晋升的参考依据，以此激发教师的参与热情和主动性。各区县教师教育共同体还应当与教师所任职的学校形成良好衔接，一同建立对教师参加共同体活动的绩效评价系统，这样既能够促进教师更好投入到共同体活动，也能够引起区县内各学校对教师教育共同体活动的重视。

---

[1] 张莉. 区域教学研究的历史局限与改进[J]. 中国教育学刊,2015(08):57-60.

大学与社会的关系模式探究
——基于世界一流大学建设高校章程的文本考察

邵莹莹[1]

摘 要：大学章程是现代大学在法律框架下实施治理的自我规范,明确大学与外部社会的关系构成了大学治理结构中不可或缺的关键维度。通过对我国41所世界一流大学建设高校章程文本进行分析,发现大学章程规范中的大学与外部社会关系有着明显的模式化倾向,具体表现为多元筹资关系、社会服务关系、契约合作关系等三种关系模式。在不同关系模式运作中,存在缺乏统一根本的目标指导、管理方式单一化且松散、价值追求带有明显的功利化等问题。通过将人才培养作为各模式发展的总目标、搭建双重管理的关系监督信息化平台和以多元价值取向作为协调关系规则的有效手段,有助于完善大学与社会的关系规范。

关键词：高校章程；大学与社会关系；关系模式；世界一流大学

一、问题提出

随着时代的每一次更迭、历史的每一次变迁,大学的理性都在进一步发展,现代大学从与世隔绝的象牙塔蜕变成处于社会中心的灯塔便是其理性发展的结果,为社会服务成为其重要的职能之一。基于理性的原则,大学承担起为社会服务责任的同时,要厘清自身与社会的关系,在处理与外部社会关系时要有自己的立场和态度,正如弗莱克斯纳所言："大学不是风向标,不能流行什么就迎合什么。大学应不断满足社会的需求,而不是它的欲望。"[2]就今天的大学而言,大学在处理与社会关系时所保持的态度变得模棱两可,立场也摇摆不定,打着履行服务职责的幌子,时常越过教育边界来处理与社会的关系,"大学变得愈来愈像企业,愈来愈像政府,愈来愈像其他营利的或非营利的、政府的或非政府

---

[1] 作者简介：邵莹莹,苏州大学教育学院硕士研究生,研究方向为高等教育学。
[2] 亚伯拉罕·弗莱克斯纳. 现代大学论——美英德大学研究[M]. 徐辉,陈晓菲译. 杭州：浙江教育出版社,2001：3.

的组织,就是不像真正的大学"①,大学本身出现了问题,最大的问题就是处理与社会关系的同时,正在失去大学教育的本义。

大学首要任务是进行教学和研究,其次是承担好社会服务的职责,但教学和研究需要不断地资金投入,有限的国家教育经费很难满足大学发展的资金需求,大学变得越来越依赖企业、基金会、个人等社会外来的经济资助,大学与社会的联系在资金这条渠道上已经越来越密切。大学将丰富的知识资源和研究成果专利进行打包放入社会这一大市场进行兜售,总让人误以为大学是一个商业机构或公司,大学作为知识探索和研究发现的高深形象正在变得肤浅。另一方面,大学偏信社会的服务需求,关注专业教育、应用性研究,社会出现什么流行热门的职业就迎合着开设相应的学科专业或课程,大学内人文文化和科学文化平衡失调,有时可以形象地说:"大学是社会的一颗螺丝钉,哪里需要拧哪里。"大学虽然一直在为社会提供服务,却从未真正地深入社会了解其需求所在,也从未向社会表达自身发展的理想需求,大学与社会的关系既是亲密的,又是陌生的,有时是命令式关系,有时是互助式关系。鉴于此,想要改善大学与社会之间的关系,重拾大学教育的本义,首先要深入地了解大学是如何处理社会关系的,大学与社会之间的关系是如何建立形成的。大学对这些问题的相关回答可率先通过大学章程进行寻找,因为大学章程是大学办学的依据,是大学治理内外事务的"宪章"。本文以世界一流大学建设高校名单上42所大学的章程为切入点,分析涉及大学与社会关系的相关规定,厘清大学与社会建立关系的行为方式,更好地对其进行规范完善。

二、研究设计

(一) 样本选择和内容说明

本文依据世界一流大学建设高校的名单,通过教育部官网和各校官网搜集名单上42所高校正式公布的大学章程文本。在42所世界一流大学建设高校中,仅有国防科技大学未公开章程,在已公开章程的41所高校中,除了云南大学、新疆大学由省、自治区教育厅核准外,其他39所高校章程都由教育部核准后发布实施,因此,本文实际样本选择为41所高校的章程文本。由于各大学章程体现着各个大学不同的办学理念和特色,为了确保样本的完整准确性,对各

---

① 王建华. 重申大学的理想[J]. 高校教育管理,2021,15(04):26-33.

个大学章程文本进行筛查,发现各个大学章程中涉及大学社会关系的内容规定或说明所处的章节不固定,内容既集中于一个章节,也分散于多个章节之中。总的来说,处理社会关系的内容主要来自三类章节:一类为总则职能类,都有强调大学为社会服务这一重要职能;一类为资产经费类,都有鼓励学校积极地去拓展办学经费的来源渠道,面向社会筹措办学经费或接受社会捐赠;一类为组织服务类,有教育发展基金会、校友会、学校理事会、学校董事会等与社会相联系的组织形式设立,还有大学在履行社会服务职责过程中具体采用的行动手段,与社会其他组织团体机构的合作、交流等相关说明,具体章节出处见表1。

表1 选取章程高校及各章程中涉及大学与社会关系内容的章节出处

选取样本章程的高校		样本内容选取出处
A类高校（35所）	北京大学、中国人民大学、清华大学、北京航天航空大学、北京理工大学、中国农业大学、北京师范大学、中央民族大学、南开大学、天津大学、大连理工大学、吉林大学、哈尔滨工业大学、复旦大学、同济大学、上海交通大学、华东师范大学、南京大学、东南大学、浙江大学、中国科技大学、厦门大学、山东大学、中国海洋大学、武汉大学、华中科技大学、中南大学、中山大学、华南理工大学、四川大学、重庆大学、电子科技大学、西安交通大学、西北工业大学、兰州大学	1.章节 总则/职能/职责和任务/愿景与使命/学校功能与教育形式/学校功能/办学任务和权责/学校的功能、权利和义务/办学功能/基本功能及权利/学校基本职能/办学活动 2.章节 资产财务与后勤保障/资产和经费/资产管理和经费/保障体系/经费、资产与校园管理/经费、资产、基建、后勤/保障资源/学校管理/内部保障/财务管理/学校治理结构 3.章节 校友及社会/学校和社会/校友、校友会、基金会/教职员工、学生和校友/管理体制和组织机构/治理结构/外部关系/社会服务与外部关系/学校与地方政府、社会/其他机构/学校发展/对外关系/交流和合作/举办者、社会与学校
B类高校（6所）	东北大学、郑州大学、湖南大学、云南大学、西北农林科技大学、新疆大学	

（二）文本整理和分析思路

通过对41份章程文本的仔细梳理,对章程文本中各个章节有关大学处理社会关系的表述内容进行筛选归纳,从理念和行动的维度对大学与社会的关系模式进行研究,并据此构建理念层观测指标和行动层观测指标,由于内容的分散,每个指标之下都分为一级指标和二级指标,将各项内容细分成一个个指标来进行分析，更有利于把握大学与社会关系模式的形成，更加简明地看出大学是如何处理社会关系的。经过整理和分析41份大学章程文本，勾勒出一个大学与社会关系文本表达的指标观测框架，分为大学职能、大学经济、大学组织结构、大学服务形式等4个维度的一级指标，并进一步分解为社会服务理念、办学经费、资产经营有限责任公司、校友会、教育发展基金会、理事会、董事会、信息资源服务、育人培训服务、交流合作服务等10项章程内容要素，以此来分析大学章程中大学与社会关系模式的形成及其问题所在，并提出相应的关系改善路径，使得关系模式变得更加规范，如表2。

表2 大学与社会关系文本表达的指标观测框架

观测维度	一级指标	二级指标
理念层观测	A. 大学职能	A1. 社会服务理念
	B. 大学经济	B1. 办学经费
		B2. 资产经营有限责任公司
行动层观测	C. 大学组织结构	C1. 校友会
		C2. 教育发展基金会
		C3. 理事会
		C4. 董事会
	D. 大学服务形式	D1. 信息资源服务
		D2. 育人培训服务
		D3. 交流合作服务

三、大学与社会关系模式的基本情况

经过前述的整理归纳和分析，发现41所大学章程文本对大学与社会关系这一内容的规定呈现模式化倾向，个别关系内容之间的表达描述有其标准样式，在上述指标观测框架基础上，将其提炼成多元筹资关系、社会服务关系、契约合作关系等三种关系模式。不同的关系模式其形成发展的表现也有所不同，但三种模式的立足点都是基于大学为社会服务的理念和使命。

（一）多元筹资关系模式

大学与社会筹资关系模式表现出现代化和制度化的发展特征，有多元化的筹资渠道、灵活高效的组织运行机制、现代化的筹资技巧。首先,在多元化筹资渠道方面,大学筹资需要往往源于大学经济的发展需求,在大学章程中各大学财政收入来源及结构基本稳定,包括财政补助收入、事业收入、经营收入、上级补助收入、附属单位上缴收入、社会捐赠收入和其他合法收入,遵循着以国家财政拨款为主,多渠道筹措办学经费为辅的经费构成原则,基于这一原则,逐渐形成了筹资渠道多元化的新格局。捐赠是大学筹资活动的主要渠道,捐赠主体包括历届校友、社会各界人士到公司、企事业单位、社会团体,捐赠主体的多元化,推动着多元化的筹资渠道发展。在多元的捐赠主体中,有学者认为:"校友捐赠已成为评价世界一流大学的重要标准之一,应该成为大学的一项重要性工作。"[1]

就目前大学而言,无论是校友的捐赠,还是其他主体的捐赠,大学都在进行一项重要的制度性建设工作,即建立服务于大学筹资渠道活动的组织体制,主要可分为三类:第一类,直接负责或管理捐赠事务的管理部门或组织机构,包括大学校友会、大学基金会。大学校友会是各学校依法注册的全国性非营利性社会组织,主要通过学校鼓励校友参与学校建设与发展,组织校友聚会来加强校友与母校以及校友之间的联系,汇聚校友力量,增进双方互利合作;大学基金会则是依据有关法律法规和自身章程开展募捐及筹资活动,代表学校接受社会各界的捐赠,并运作和管理捐赠基金,发挥基金效能,增加办学资源,服务学校事业发展。第二类,负责进行投资运作的大学管理公司及其他校办企业,像学校设置的资产经营有限责任公司。这类资产经营公司为具有独立法人资格的经营实体,享有学校以经营性资产投资形成的全部法人财产权,依法运营和管理其所投资企业的股权和经营性资产,保障国有资产保值增值。第三类,负责学校发展和建设方面咨询、协商、审议与监督的组织机构,像大学董事会和理事会。对大学董事会来说,其被赋予多种功能,像董事会在大学与社会之间发挥了"缓冲器"作用[2]、董事会在联系学校与海内外各界和社会方面起着桥梁和纽带作用等[3]。大学董事会是根据面向社会依法自主办学的需要所设立的,依据其章程对学校改革与发展、社会合作、多渠道资金筹措和办学质量评议等事宜进行审议,旨在促进学校与社会建立广泛联系与合作,筹措学校办学资金,共商共促学校发展;大学理事会与董事会如出一辙,其职责是加强社会合作,争取办学资源,参与民主决策。

---

[1] 邓娅.校友工作体制与大学筹资能力——国际比较的视野[J].北京大学教育评论,2012,10(01):139-150+191-192.

[2] 刘宝存.美国公立高等学校董事会制度评析[J].高教探索,2002(01):67-69.

[3] 符悦虹.对高校设立董事会的探讨[J].高教探索,1999(02):27-31.

在筹资活动中,大学不仅积累了丰富的实践经验,还形成了一些卓有成效的筹资策略或技巧,最好的筹资技巧就是联络和发展关系。世界著名的哈佛大学筹资成功秘诀,便在于"保持与校友特别是与那些富有的、出身名门的校友的联络,发展友好关系"[1],从图1可看出,大学与社会筹资关系的保持就是靠各捐赠主体的参与,参与到学校的发展和建设中来,参与到大学各个组织机构之中,像理事会就是由政府、学校、企业、校友、社会知名人士等各方代表所组成的咨询议事机构,校友会、董事会也均有社会团体或个人的组成参与。鼓励各捐赠主体的积极参与已然成为了大学筹资有效的技巧,持续长久地保持良好的筹资关系离不开有效的筹资技巧。

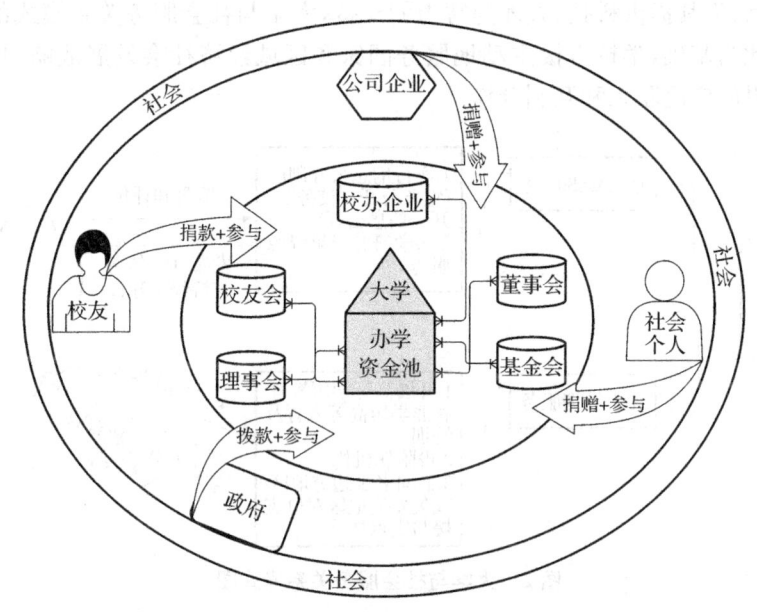

图 1 大学与社会筹资关系模式图

(二) 社会服务关系模式

大学与社会服务关系模式主要体现大学对社会的一种直接服务,大学自主能动地适应社会的发展需要,主要涉及两个方面的服务:一是信息资源服务;二是育人培训服务。首先,在信息资源服务方面,根据大学章程规定,学校实行党务公开、校务公开和信息公开制度,及时向社会发布办学信息,主动接受社会的

---

[1] 胡娟,张伟. 哈佛大学资金来源、筹资模式及其启示[J]. 高等教育研究,2008(05):104-109.

监督和评价,还有大学的一些科学研究成果转化资源服务,面向国家战略需求和新型工业化、城镇化、信息化、农业现代化的需要,为其提供科学技术研究成果、科技推广等服务支持。另一方面,则是大学育人培训服务,大学利用自身优势和办学条件,开展多种类型的高等学历教育和非学历教育培训,利用现代化教育手段和多样化办学机制,为社会提供多样化的优质教育服务,积极开展面向欠发达地区或老少边穷地区的教育对口支援和定点扶贫,为经济社会发展提供人才和智力支持,还通过设附属小学、附属中学、附属医院等附属机构,面向社会提供服务。从图2可看出,大学与社会服务关系的建立主要基于大学成为社会必需品的事实,除了大学之外,社会找不到任何一个组织机构能充当大学的替代品,为其提供科技、人才与智力的支持,大学与社会服务关系模式的运作也是以此为基础,学校直接主动地服务国家和区域经济社会发展战略,加强与社会各界的广泛联系和互利合作。

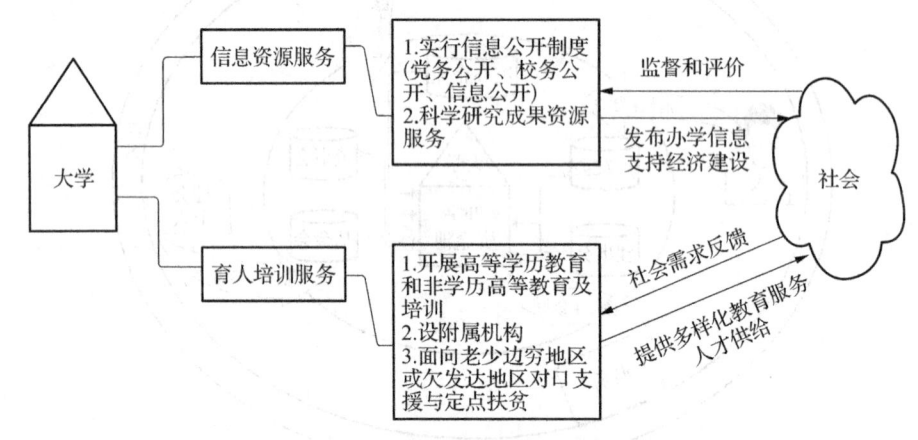

图 2　大学与社会服务关系模式图

(三) 契约合作关系模式

大学与社会的第三种关系模式为契约合作关系模式,是一种间接为社会服务的关系模式,大学与社会内的组织机构之间通过签订协议或依法订立和履行合同等形式来确立的一种契约或合作关系模式。根据章程规定,与大学合作的主体有中央政府部门、地方政府、社会企事业单位、所在地方社区、其他高等学校、科研机构、国外大学及科研院所,合作形式主要有两种:一种是联合设立双边或多边的合作机构及平台,像共同建立技术研发机构、成果转化机构、决策咨询机构等合作办学机构、人才培养基地、搭建政产学研用的合作平台;另一种是在与国外大学、科研机构、国际组织交流合作时,主要有分享优质教育资源、联合举办国际学术会议、设立中外合作办学项目及相关机构、开展学分互认、教师互访、课程互通、学位互授等形式的实质性国际合作与交流等形式。这些合作形式的建立都是建立在社会服务的理念使命基础上,以缔结相关协议的手段实现的。从图3中可看出,大学与社会的双向合作作用,推动着合作交流网络圈的形成,这种合作交流网络既有利于大学在社会中争取各方的支持和帮助,还会以多样的服务形式反馈到社会之中,促进社会和相关行业的发展,实现双方互利合作。大学与社会合作和交流范围主要涉及五个方面:合作育人、合作办学、合作研究、合作开发、学术交流。对大学而言,可以提升办学质量和提高国际影响力,还能够更加广泛地凝聚社会力量,争取社会各方的支持和帮助,能够更好地帮助大学履行社会服务的职责。另外,对社会而言,通过开展与大学的这些契约合作活动,能够得到大学更多的回报和反馈,得到更多经济建设所需要的人才、技术和智力支持,推动着社会的进步繁荣。

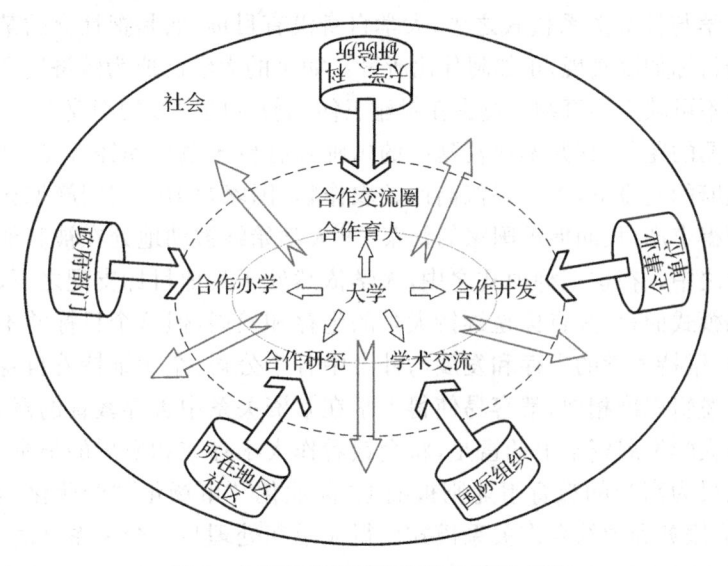

图3 大学与社会契约合作关系模式图

四、大学与社会关系模式存在的问题

大学与社会关系模式虽然有其运作的固定标准,但关系本身复杂的,很难在某种特定的思维范围内两两发生,这种关系的复杂交织难免会带来一些问题。就大学与社会三种关系模式而言,存在关系之间目标差异加大,缺乏统一目标作为指导、关系管理较为单一和松散等问题,最重要的是三种模式均偏向于一种功利化的价值取向,这种取向会时不时地扰乱整个关系模式的运作,使处于社会中心的大学丢弃其教育的本质意义。

(一) 缺乏统一根本的目标指导

大学与社会的三种关系模式之间目标明确,多元筹资关系模式的目标是维持大学的生存和持续发展,而社会服务关系模式的目标是履行好为社会服务的职责,契约合作关系模式的目标是实现大学与社会的协同进步,三种模式有着各自的目标追求,但问题在于缺乏一个统领三种模式的总目标作为指导,没有一个统一、根本的目标就没有建立关系的核心。大学与社会之间的关系建立没有核心,关系就会变得比较脆弱,容易产生矛盾和冲突,这样一种关系的建立就会使得大学变成社会的服务站,变得越来越像社会中的公司和企业。

在大学与社会关系模式之中,大学自身没有目标,而是把社会的某些目标当作自身目标加以实现,正如阿什比所言:"如今的大学已成为经济发展和国家生存绝对不可缺少的事物。过去在封建王侯和教会的主教的羽翼下,大学被培育成为美丽的花朵,它并不比宫廷中的乐师具有更多地推动经济发展的作用。在今天政府的安排下,大学好似高产的农作物,国家竭力给它们施加充分的肥料以求获得丰产,从而促进国家的繁荣。"[①]大学始终被动地处在被其他目标主宰的困境之中。在这三种模式之中,大学依然处于其他目标支配之下,就多元筹资关系模式而言,其目标是维持大学的生存和发展,但这个目标并不触及大学的根本,维持大学的生存和发展与社会中各个公司、企业维持着自身运营发展的目标逻辑思维相似,就容易使得大学在筹资关系中丢弃教育的意义,一心追求实现大学发展资金上的富足,将金钱看作大学存在和发展的根本,而由其所经营的最为高尚的教育事业则被贴上"商业化""市场化""产业化"等标签。另外,社会服务和契约合作关系模式使得大学在处理与社会关系之时,在忘记自身目标之路上渐行渐远。总之,如果没有一个统一根本的目标作为大学与社会关系总指导,就会使得两者关系仅仅是为了筹资而建立,为了互利而合作。

(二) 管理方式单一化和松散化

大学与社会关系模式的运转离不开一定管理方式的运用,但对三种关系模

---

① 阿什比. 科技发达时代的大学教育[M]. 滕大春,滕大生,译. 北京:人民教育出版社,1983:12-13.

式都采用一种监督管理方式难免显得单一,又因为关系建立本身目标各不相同,关系模式运作本身都存在差异,采用单一的监督方式来管理不同的关系模式,就容易使得整个关系模式变得松散,大学与社会之间关系的建立就会变得随意,随之而来的就是增加了大学内部治理的风险。另外,在大学与社会关系模式中,一个是大学组织,一个是社会组织。两个组织在层次结构、任务、目标等各方面也都存在差异,大学组织的关系管理和社会组织的关系管理逻辑思维存有一定的相似,但并不完全相同,"大学组织是松散结合的系统,其内部存在着有组织的无序状态"[1],在这样一种大学组织状态下,以一种单一化的监督方式来管理大学与社会的关系模式,则容易变得形式化,发挥不了管理效用,容易产生避重就轻的问题。

就多元筹资关系模式而言,在整个关系模式运作过程之中,会设置一些带有监督性质的组织管理机构,但这些机构除了监督,还要进行咨询、审议等工作,没有一个专门的管理机构负责监督,反而将更多的管理放置在筹资关系模式运作所得的结果上,内部建立专门的财务管理控制制度,实施内部审计监督制度,对筹资活动所得的资金保障其安全固然重要,但不能成为对关系过程进行松散管理的理由,因为结果上的风险往往来自过程中的疏漏。除此之外,在社会服务关系模式上,也暴露着管理方式单一和松散的问题,大学直接交由社会监督和评价,进行着一种间接管理的形式。在服务方面,大学与社会存在一种供给和需求的关系,如果单单将监督交由社会进行,社会就会以自己的固有管理思维,忽略大学的供给条件和能力,单方面地向大学发出需求命令,大学只能机械地服从命令,这样一种交由社会的监督管理方式容易异化成一种命令与服从的低效方式,这样一种低效落后的方式不仅会恶化大学与社会之间的关系,还会影响整个关系模式的稳定运转。这并不表明不需要社会对大学进行监督管理,而是需要更为丰富的管理方式进行补充,更好地联络和发展大学社会之间的友好关系。对于第三种契约合作关系模式而言,管理方式问题则更加突出,因为大学与社会合作范围广泛、主体多元,尤其在与国际组织合作交流中,这种监督管理方式的松散性显得更加明显,对契约的监督管理有法律基础作为保障,但是对大学与社会的一些关系合作形式则很难进行监督管理,像一些隐性合作形式。另外,因为这种单一松散的监督管理方式的存在,会影响各合作主体之间信任关系的建立和维持,大学与社会是一种双向关系,双向发生作用和影响,监督管理也是发生在双向之间,任何一方出现监督管理失范都会对双

---

[1] 阎光才. 大学组织的管理特征探析[J]. 高等教育研究,2000(04):53-57.

方互利合作的关系产生威胁,甚至会在利益问题上产生更多混乱关系,一种关系管理不好,最终会引致更多复杂关系的交织纠缠。

(三) 过于偏重功利的价值取向

大学与社会之间的三种关系模式背后都受一定功利动机的驱使,带有明显的功利价值取向,追求实效性。伯顿·克拉克说:"和其他价值体系一样,忠诚体系也有其自相矛盾的地方。一个国家至少要求高等教育具备三类效用:一是社会经济效用,即职业培训以及对社会的实用价值;二是文化效用,即文化复兴和民族特色;三是政治效用,即培养良好的公民以及为政治目标服务。"[①]大学作为高等教育的实体也必然带有这样一些效用,受这些效用的影响,大学与社会之间的关系变得也更加"忠诚",但这种"忠诚"关系会使得大学忘记自身本职教育的意义,甚至会将教育也变得功利化和商业化。

首先,从多元筹资关系模式来看,大学根据大学章程的规定可以多渠道筹措经费,按照合法、平等、互利的原则争取和鼓励企业事业单位、社会团体、其他社会组织和个人向学校捐赠,同时积极鼓励捐赠主体参与到学校的建设和发展中来,这样一种互利关系的建立难逃功利价值取向的桎梏,大学所担负的不仅仅是人才培养、科学研究、社会服务职能,还要小心翼翼地维护与社会的良好关系,大学组织显然是一个大杂烩,由大学与社会之间的各种矛盾关系需求所组成,大学与社会之间的"忠诚"关系,既不忠诚于大学本身的发展理想,也不忠诚于社会服务的真实需求,而是忠诚于各自双方的利益。多元筹资关系模式就是得益于大学与社会双方在利益关系上达成共识的结果。其次,社会服务关系模式也并非是一种大学纯粹履行服务职能而自发驱动形成的,其背后仍然是由一双"功利之手"在操纵。大学通过多种方式服务社会的同时,也在争取广泛的社会支持和帮助,这样一种功利的价值取向已经使得社会服务理念丧失了其本质意义,从某种程度上来说,大学为社会所提供的一些服务是有偿的,大学与社会之间的互利关系并没有改变,反而越陷越深,双方利益多少与关系密切程度形成正比,共享利益越多,关系越紧密。最后,大学与社会的契约合作关系模式更加是一种互利关系模式,大学之所以能够与政府部门、企事业单位、社会团体及其他社会组织、国际组织,通过签订契约开展多种形式的合作与交流,是因为在合作办学、合作育人、合作研究、合作开发等方面都能够达成利益上的共识,达到各自的利益目标。合作的双方都基于一种功利的价值取向保持着一种合作

---

① 克拉克. 高等教育系统——学术组织的跨国研究[M]. 王承绪等译. 杭州:杭州大学出版社,1994:282.

交流的关系,这种关系一旦离开了利益或任何一方利益遭受到损失,都会立即土崩瓦解。总之,三种关系模式都在倾向于一种功利化价值取向,大学与社会能够保持一种良好的互利关系,很难忠诚于一种非功利性关系。

五、大学与社会关系模式的完善路径

大学与社会关系模式所出现的一系列问题,需要尽早地对症完善,完善路径可以从规定模式的总目标、人本监督管理、关系价值协调等方面着手,有效的完善路径会使得大学与社会关系模式运作更加持续和稳定,使得大学和社会之间保持更加良好的关系。

(一) 将人才培养作为各模式发展的总目标

人才培养是大学的基本价值和主体职能,是大学的立身之本和大学存在发展的基本逻辑。[1] 大学与社会之间是一种相互需要的关系,"社会之所以举办大学,是希望大学能培养出社会发展所需的高层次人才"[2],大学之所以服务社会,是对社会的一种回报,并不仅仅是为了更好地向社会索取,如果仅仅将大学与社会关系看作一种利益交换关系,将关系转换成资本,就会把大学为社会服务的职能狭隘化。就多元筹资关系模式来看,大学面向社会多渠道筹措资金,就必然会与社会建立这样一种"金钱关系",但其目标并不应该止于大学的生存和发展,充足的资金池只能维持大学的短期生存和发展,大学真正的生存和发展在其本质教育,而教育本质就是育人。在国家有限的财政资源支持下,向社会寻求资金支持是没有错的,但不能过于依赖社会的支持和帮助,否则就会像社会中的公司、企业一样,不停地填补资金窟窿,最终会濒临破产的边缘。大学生存和发展的根本在于其所培养人才的质量上,这也是社会所青睐的,任何一所大学在培养人才上大放异彩,社会都会主动为其提供支持和帮助,一所被动寻求社会支持的大学终究会被社会所改变。

大学与社会筹资关系模式,无论在运作过程上,还是在最终结果的争取上,都要时刻以人才培养作为目标,这也是一种风险预警,当社会威胁到大学自身本质意义时,大学能够及时止损,放弃与社会建立某种不可预估风险的危险关系。对大学与社会服务关系模式而言,将人才培养作为目标更是重要,这是社会对大学的希望所在,是大学对社会最丰厚的回报,大学与社会在人才培养目

---

[1] 眭依凡. 大学的理想主义与人才培养[J]. 教育研究,2006(08):15-19.
[2] 吴康宁. 创新人才培养究竟需要什么样的大学[J]. 高等教育研究,2013,34(01):11-15+50.

标上达成共识,二者之间的关系就有了核心,大学在照顾社会需求的同时,能够追求自身的发展,而社会也能够在向大学传达需求的同时尊重大学的本质追求。当大学与社会契约合作模式运作时,契约的签订和合作的实质都不应离开人才培养这一根本目标,多种合作交流活动也都要在这一目标指引下开展,只有这样,大学才能够与社会建立关系的同时,还能够守护自身教育本质的高尚意义。总而言之,"大学最根本的职能和最核心的价值始终是培养人才、促进人的发展"①,这也是大学理念的核心要素,将其作为各关系模式的根本核心目标,能够更好地凝聚关系的核心力量,大学与社会的关系才能愈发忠诚和牢固。

(二)搭建双重管理的关系监督信息化平台

在大学与社会三种关系模式中,既包括大学组织,也包括社会组织,所以对两种不同的组织关系管理应该匹配双重的管理方式,管理仍然以监督形式为主,搭建一个专门的关系监督信息平台,推进大学与社会关系模式朝向现代化发展。首先,大学与社会作为关系双重管理的管理主体,大学对自身内部组织结构,像校友会、董事会、理事会等要率先进行监督管理,因为这些组织机构的人员组成均涉及社会人士及团体,要将监督权一部分保留于各个组织机构内部,一部分由组织之外的社会第三方代表保留。大学和社会要分享同一关系监督权,双方关系做到公开透明化,大学和社会关系的管理监督范围都是以捐款形式参与大学建设和发展的社会团体组织及个人的行为,一旦参与行为触及大学的底线,双方关系就能够在同一关系监督权下进行协调和磋商。这样一种大学与社会相互配合的双重管理能够把控这种时好时坏的关系,当关系不好时,能够及时调节,当关系好时,相互之间能够建立更多的合作与交流,开展更多的社会服务活动。

单靠大学与社会双方配合的双重管理仍远远不够,因为单纯依靠一种监督权力作用规范大学与社会的互动交往关系,其作用往往会在关系出现问题时才得以显现,带有滞后性,所以需要搭建一个关系监督信息化平台作为大学与社会进行关系管理工具。大学与社会之间的关系更多通过信息来表现,大学以筹资信息、服务信息、合作信息、建立契约信息、交流信息等各种关系信息来传达大学与社会的关系状态,今天信息的开放性使得大学与社会的边界相互交融,将信息技术充分应用于大学与社会关系的管理监督上,不仅能够提高其管理效率,还能够及时进行关系排险,保障大学与社会友好关系的持续健康发展。大

---

① 郭明顺.大学理念视角下本科人才培养目标反思[J].高等教育研究,2008,29(12):84-88.

学与社会三种关系模式所传递的关系信息均不相同,单靠大学与社会的双重监督管理难免会遗漏掉一些信息,所以通过这样一种关系监督信息化平台,可以及时对一些关系信息进行收集和整理,适当进行信息的维护和分析,将信息作为一种预警信号,当某些关系信息对大学自身发展产生负面影响时,应该及时与社会关系进行协调,通过这一信息化平台来实现关系之间的对话。总之,大学与社会三种关系模式需要借助这样一种双重管理的关系监督化平台来进行改进和完善。

(三) 以多元价值取向作为关系协调的手段

大学作为学术机构,应该坚持"以学为尊"的价值取向[1],大学组织内部在价值取向层面,有学院机构生成的育人、科研机构生成的学术、管理机构生成的服务兼效率等取向[2],但当大学处理与社会关系时,这些价值取向受到社会所影响,染上社会功利化风气,功利化价值取向占主导地位。大学与社会的三种关系模式,在这种功利化价值取向支配下,大学与社会的关系则变成了仅仅为筹资而筹资,为回报而服务,为利益而合作,这样一种关系容易引诱大学忘记自己所操持的教育事业,变得商业化、市场化。对此,需要以多元价值取向作为关系协调的手段,并不是完全丢弃大学与社会的功利化价值取向,而是采用其他非功利化价值取向对其进行调和,平衡大学与社会之间的关系价值,而不是任由其追求一种互利关系。"大学不是一个静止不变的社会存在物,而是一种动态发展的社会组织"[3],大学与社会在关系交往上能够实现多重价值的整合,基于多元价值取向的协调,大学与社会关系不仅仅关注工具性需要,还倾向关注一种文化、理念等精神的需要。就契约合作关系模式而言,大学与社会除了关注契约背后的实质利益,更要注重双方的契约文化,包括契约信念、契约态度、契约道德与契约精神,这些非功利化的价值取向才能保障一种健康持久的关系,合作也是如此,任何合作需要一定的共享、平等、理解,才能更好实现合作中的互利关系。总之,大学与社会关系模式需要借助多元价值取向对各种关系进行价值协调,有利于关系之间的相互理解和包容,缓解关系之间的矛盾冲突。

---

[1] 董泽芳,刘桂生. 以学为尊:大学永恒的价值取向[J]. 大学教育科学,2005(04):10-14.
[2] 胡仁东. 大学组织内部机构生成:价值取向及原则[J]. 江苏高教,2009(06):38-40.
[3] 别敦荣,唐世纲. 现代大学制度的价值及其矛盾关系的调和[J]. 苏州大学学报(教育科学版),2016,4(04):32-46.

实现高质量高等教育公平的时代价值与路径选择

王子朦[①]

摘　要：高质量高等教育公平是构建高质量高等教育体系的重要关节点。新时期高质量高等教育公平的内涵以高质量为内核、以高效率为调节、以高适己性为抓手，并呈现出彰显主体性发展的内源性价值、优化区域协调发展的协调性价值与实现人力资本的社会性价值。诚然，竞争导向下的异化认知与群体间资源分配不均阻碍着高质量高等教育公平的实现，应通过建立合理的分流机制、促进良性竞争性流动、完善"扶弱"政策以及优化技术资源分配纾解高质量高等教育公平体系建立中的问题。

关键词：高质量；高等教育公平；价值；障碍；路径

"公平"一词原属伦理学概念，是调节人际互动关系的规范，关乎社会成员享有的基本权利和社会资源的分配。"公平"在词意上是褒义的，它与"平均""均等"的主体间无差异性不同，此种不偏不倚的状态并非无视差异存在，而是强调差异或差距的客观性与合理性，故公平是相对概念，却也具有"底线"的绝对量含义。公平与质量、效率等词汇属同一范畴，公平是保证质量与效率的根本前提，而质量与效率又是公平有效发挥的基础。从社会学角度看，高等教育公平可视为社会公平在高等教育领域内的延伸，是个体享有高等教育权益的均等；从经济学角度看，高等教育公平更关注个体所获高等教育资源的无差别分配。基于多学科视角下形成的高等教育公平内涵意为高等教育的社会资源在不同社会阶层之间权利的享有程度及分配的均匀程度[②]，它是通过公平感的比较而做出的一种价值判断，是内心趋于平衡后的满足感[③]，这是个体作为教育公平主体的直接反映。高等教育公平可分为起点公平、过程公平和结果公平，具体表现为享有平等的入学权及竞争机会、学习过程中资源获得机会均等、学业

[①] 作者简介：王子朦，南京师范大学教育科学学院博士生，研究方向为高等教育理论。
[②] 徐国兴. 从现实出发论高等教育公平[J]. 复旦教育论坛，2013(1)：5-9.
[③] 解德渤. 高等教育强国建设需要什么样的高等教育公平[J]. 高等教育研究，2019(5)：26-28.

成就中收获教育质量的公平,其核心为权利与资源的获得度。这不仅是高等教育公平内涵的微观表达,也是影响高等教育公平的直接因素。

一、高质量高等教育公平的内涵

结合高等教育普及化的阶段特征,党的十九届五中全会提出"以推动高质量发展为主题",强调"建设高质量教育体系",如何构建新形势下高质量的高等教育备受关注。高质量高等教育公平体系是解决和完善质量、效率及其他问题的基础性环节。"高质量"是多维概念,涵盖高等教育建设与发展的各个方面,它既有"质"的特性,也有"量"的规定性,凸显事实与价值的耦合,表现为高等教育享用价值与质量合意性的提升。① "高质量"赋予高等教育公平新的内涵,是个体在适应"普质"基础上的高阶教育,是"优质"和"特质"意义上的高等教育公平,它使所有公民均有机会获得更高的经济收入和社会地位,将高等教育真正转化为社会阶级流动的阶梯。② 人们对高等教育公平既有"量"的要求,更有"质"的追求。质量与公平本就是高等教育的重要目标,高质量增强公平程度,公平又促进质量提升。高质量并非为精英型质量和精英型教育,它在保障质量稳步提升的同时还关注特色价值的实现。当质量的价值尺度由"适应性"悄然转为"创新性"③,教育公平对高质量发展的实现维度将有所扩展。因此,高质量高等教育公平凸显了教育公平潜藏的质量问题,超越了传统意义上机会、过程和结果的无差别,更强调个体在公平的教育环境中获得横向和纵向上更高层次的提升与发展,追求高等教育公平在社会公平中的质量最优化和效果最大化。它的衡量标尺由机会公平转为质量公平,由追求规模扩展转为质量提升,由"保本"转为"高收益",关注优质及特质高等教育公平的获得度,是高质量公平的新维度。

(一) 以高质量为内核

美国经济学家舒尔茨指出,贫困地区落后的根源并非是物质资源匮乏,而是人力资本短缺。④ 历经知识经济的洗礼,高等教育对个体社会性发展的持久

---

① 柳海民,郑星媛. 新时代中国教育改革发展新路向[N]. 中国教育报,2021-04-01.
② 张继平. 高质量高等教育公平的主要特点及实现机制[J]. 高等教育研究,2016(2):13-18.
③ 彭青. 高等教育高质量发展的本质含义与实现机制[J]. 南通大学学报(社会科学版),2019(4):133-140.
④ 张继平,董泽芳. 质量与公平并重:高等教育分流的本质含义及实现机制[J]. 华中师范大学学报(人文社会科学版),2018(2):186-192.

作用不证自明。于是,大学不断被神化,象征着拥有步入上流社会的资格,逐渐形成高等教育与阶级流动的"入场券效应"。此种竞争系统用高等教育文凭的形式生产着抽象的文化通货,并不断塑造职业结构和社会分层。① 但伴随高等教育发展普及化及高等教育文凭通货膨胀后的贬值效应,人们对高等教育的期待不仅限于"有学上",更追求"上好学",即人民对高质量高等教育的需求与现有高等教育发展不平衡不充分的矛盾。似乎高等教育质量问题无形中被追求均等化的机会公平稀释了,如今的高等教育公平不仅是公平本身的问题,而是基于现象公平上的内部质量问题。高等教育质量外显为大学职能的有效发挥程度,尤其聚焦于人才培养质量,如民众对双一流高校热衷正是源于对高质量的教育教学活动和未来高收益的文化资本累积的追求。因此,泛化的高等教育机会均等无法体现公平的内在机理,教育公平也不仅以资源配置为主要方式,高质量的延续性效益才是教育公平的价值。从无质量的教育公平、有质量的教育公平,到高质量的教育公平,高等教育公平与质量的力量博弈与平衡体现了高质量在育人维度的最终指向,且两者均具有价值取向的一致性。高质量的高等教育是社会分层的"筛选器",高水平的高等教育公平是社会合理流动的"稳定器"②,这是优质高等教育促进社会合理流动与竞争的最佳释义。公平好比产品,将其收入囊中只是发挥用途的初始环节,质量则是售后,产品特色效用发挥的程度及持久度须基于有保障的售后服务。如若单纯就公平谈公平、就质量谈质量,这显然背离高等教育多维的衡量标准,也无法彰显高质量的深刻内涵。高质量的高等教育公平并非名义上的同质化平等,而是在符合个体特殊性基础上的差异性教育,考量个体能否平等地获得适合自己的高质量教育机会与权利,这也是高质量在现时代的真正内涵。因此,高等教育公平与高质量是共生共存的互动关系,教育高质量是教育公平发展的内在价值追求,教育公平是教育高质量的内在规定性。两者并非是具有优先性和轻重缓急的序列化问题,双方的有效联动构成高质量高等教育公平的重要内核。

(二) 以高效率为调节

效率是经济学词汇,是消耗的劳动量与所获的劳动产出的比例,或是主体改造客体的能力水平与追求。高等教育效率则是教育投入与产出的比例,即投入较少的资源配置可获得较多有效的资源产出便是高效率的体现。公平与效

---

① [美]兰德尔·柯林斯. 文凭社会:教育与分层的历史社会学[M]. 刘冉译. 北京:北京大学出版社,2020:157、42.

② 董泽芳,张继平. 以质量保障提升高等教育公平水平的思考[J]. 高等教育研究,2015(3):1-5.

率是在发展高等教育生产力的同时,还须变革教育生产及其他社会关系,是高等教育公平实现个体发展与社会发展的双重目标,更是避免"高公平、低效率""高效率、不公平"的必要考量。公平与效率均是符合高等教育发展规律的合理要件,其自身特性不容许外界过度的强制性干预,换言之,公平与效率是历史性、相对性概念,消除不公平与低效率是不切实际的。因此,在高等教育间调和两者的关系,使双方保持适度张力,在运行轨道中各司其职。

在很长一段时间内,公平与效率是对立关系,这与经济领域的现实相关。一定范围内劳动生产率的提高是以牺牲部分公平为代价的,而公平便意味着接受生产率水平长期停滞不前的现实,因此,社会经济发展水平的提高与公平需求的保障往往以舍弃对方为代价,其后果则是需要花费更多的时间成本和经济资本来挽回,这是市场资源配置中无法规避的效率原则。教育不同于经济,耗费的成本无法用经济资本衡量,人力资本的损失是不可逆的。教育的滞后性更易强化公平与效率矛盾的不良后果,而高等教育作为衔接社会的重要学段,它将公平与效率更直观地转化为社会资本,通过教育教学活动直接影响市场的合理配置,与高质量高等教育的构建与发展密切相关。高等教育效率的高低是以其满足主体需要的程度作为主要衡量标准的,是追求物质与精神需求的外显形式,而高等教育的公平与效率问题更多地体现在大众教育与精英教育的矛盾中,大众教育保障公平,精英教育凸显效率。国家的理性角度更倾向于布鲁贝克主张的"差异的公正原则",即强调重视发展精英教育才可实现国家教育利益最大化,一味的平均主义和大众化只会阻碍利益价值的发挥。诚然,此论断忽视了高等教育的知识倍增效应,公平视角下的大众教育与效率视角下的精英教育易在社会竞争中分裂成两个阶层,劳动力市场中的马太效应由此产生。因此,基于普及化时代全面、高质量的高等教育追求,公平与效率不可偏废,必须两者兼顾,以公平稳住高效率的基底,以高效率完善公平的范围与节奏,形成二者的共生效应,是保障高质量高等教育公平发展的重要环节。

(三)以高适己性为抓手

科尔曼曾认为,教育公平是指不同的学生应该获得相同的学习结果[1],这是一元教育公平观的反映。事实上,此现象更贴合教育平等或均等的词意,它像是教育公平的"低配版",个体只是统一标准下类化的群体。但伴随社会个性化价值与教育主体性发展,教育活动中个体的价值性不断彰显,教育是否能满足

---

① 李金刚. 多元教育公平观:新教育公平的题中之义——基于涂尔干社会团结思想的分析[J]. 教育发展研究,2017(2):25-31.

不同个体的差异化需求成为衡量高质量教育公平的关键点。

高质量高等教育公平追求个性化的教育活动而非以一个标准将所有人圈禁其中,是要肯定每一个体均能受到适合的教育,且此种教育的进度和方法是符合个人特点的。它将公平的着眼点由"量"转为"质",不断契合新时代对高等教育公平深度的要求。通过高质量实现高等教育公平,强调没有优异的公平是空洞的成就,没有质量的数量是未兑现的承诺。① 但"优质""高质量"在实践中并无统一内涵,是不同主体赋予其特殊价值属性,传统的标准化要求体现的是均质与统一性,如今则更关注差异性、多样性与选择性。正如布鲁贝克所言,这种平等很可能为才智平庸者提供超出其能力所能利用的太多的机会,或给才华出众者提供的机会则不能满足它们的需要——这两者都是不平等的。② 因此,高质量高等教育公平须为实现个体的适己性发展适当"留白",学生是否接收到公平而有差异的高等教育才是高质量高等教育公平更本质的要求。倘若高质量、高效率是群体性高等教育公平的着眼点,那么高适己性便是保障个体高等教育公平的重要抓手。

由此可知,公平不仅是高等教育的底线,更成为高质量判断的重要红线。"高质量"并非要束缚高等教育公平的内容边界,而是通过指向性目标为高等教育体系的建构提供更合理的发展脉络。高质量高等教育公平并非是新生概念,它将质量与公平的两个维度重新融合,强调两者在高等教育发展中无法割裂的关系,重新审视了公平与高效率的调节维度,关注教育的高适己性,这既是高等教育公平在高质量语境中的"新生",也是起点公平、过程公平与结果公平在质量维度上的新阐释。高质量高等教育公平蕴含的教育伦理诉求恰恰是由高等教育大国向高等教育强国转变的重要逻辑,是用公平杠杆推动高质量、高效率的有效发挥,并以高质量作为高等教育公平的内在准则。

二、高质量高等教育公平的时代价值

高等教育高质量是系统内外诸要素的有机协调与发展。它既有客观的衡量标尺,又具有普及化时代多元的内涵指向;既是教育生态和谐的重要基石,也是不断更新的目标追求。在社会性场域中,公平性已成为主体捍卫权利意识的重要防线与底线,无论什么年代,公平性问题一直牵绊高等教育的有效发展。高等教育公平在体现独立地位的同时,也为市场化及工具主义价值观提供教育

---

① 谈松华,王建. 追求有质量的教育公平[J]. 人民教育,2011(18):2-6.
② 张应强,马廷奇. 高等教育公平与高等教育制度创新[J]. 教育研究,2002(12):39-43.

与社会公平结合的合意选择①,且在不同的时代语境中凸显重要性。因此,实现高质量高等教育公平是建构高质量高等教育体系的关键环节。

(一) 保障起点公平的根本质量:彰显主体性发展的内源性价值

教育对个人乃至整个社会的发展起着重要促进作用,是"人类发展的正常条件"和每一个公民"人之所以为人"的"真正利益"。② 高等教育作为培养人的社会实践活动,旨在促进人、发展人,是建立在基础教育之上的更为宏大的人性事业,它须基于对个体人性与人权的尊重才可实现主体性发展。高质量高等教育起点公平是保障自由平等的主体性发展的内源性价值。

从教育人性论角度看,高等教育存在的逻辑前提是,相信个体可通过教育活动不断向善,且人格与人性的发展可被塑造。以整饬人的灵魂,使个体能够找到提升精神境界和灵魂高度的"圭臬"。公平与正义是实现个体完善的重要环境品质,高质量且公平的教育机会赋予了个体获得主体性发展的可能性,它首先在理念上打破了"历史基因"对个体先赋影响的屏障,从人性角度打造高等教育的同一起跑线。起点公平不仅是机会本身,它以伦理理性扎根于高等教育人性诉求,强调每个人都可被教育也应被教育,发挥个体作为有生命的自然存在物的能动性,最终指向主体人性的解放与向善发展,使其成为尽可能符合人性的人。促使个体成为自己、实现自己是高等教育先赋价值的真正内涵,即高等教育具有政治指向上的规定性却未有对个体塑造的规范式要求。高质量高等教育公平在适应经济社会发展需求的同时凸显个体潜能的充分开发,形成"二元适应性"。孔子的因材施教、墨子的学必量力、荀子的补偏救弊,均是传统教育过程中主体性理念的初现,并在现时代深化了多元性发展的适己性价值。

以教育社会学着眼,社会竞争的"丛林法则"无形中束缚着弱势群体主体性发展的边界。高等教育起点公平则将教育活动暂时与社会资本、经济资本相分离,以人生而平等的理念纯化个体主体性发展的内涵,守护主体社会性价值的实现而非在市场化场域中陷入层级囹圄。它将主体人性与社会性发展植根于高等教育的本源价值,通过建立保护性屏障回归高质量高等教育本位,凸显主体性发展在高质量建设中的核心地位。

(二) 保障过程公平的整体质量:优化区域平衡发展的协调性价值

倘若起点公平为人性价值的发展与人才培养体系建设提供平台,那么过程

---

① 薛晓源,曹荣湘. 全球化与文化资本[M]. 北京:社会科学文献出版社,2005:424.
② 马克思,恩格斯. 论教育[M]. 北京:人民教育出版社,1979.

公平是保障整体高等教育公平高质量的关键环节。普及化阶段的高等教育公平逐渐跳脱出数量困局,夺目的高入学率无法透视出地域间高等教育质量与水平的差异,唯有高质量高等教育公平体系的建立才可缓解东中西部高等教育差距较大的现状。

高质量高等教育公平是平衡区域间和谐发展的重要杠杆,以国家整体高质量高等教育运行体系为支点,以过程公平的内容调节为力臂,不断寻求最佳的落脚点,此时的教育公平既有政策属性,又有技术属性。国家在区域性高等教育公平方面的针对性策略在宏观上弥合了地域间的差异化发展,教育过程中的资源公平分配则在微观上夯实了地域高等教育过程公平的基底。事实上,高等教育具有历史性和地缘性特色,公平且高质量的教育具有积极的外部空间性,[①]区域内的社会发展背景与经济水平深刻影响高等教育生态,因此,高质量视野下的区域高等教育公平着力构建合理有效的公平指标,首先将整体质量划分为不同维度,在以区域为整体的基础上再整合为国家维度的整体高质量,并以国家视角在政策层面不断进行调整,它体现的是高质量发展的最终旨意,即提高普及化的质量与水平,通过高质量高等教育公平形成成熟且具有地域特色的高质量中国高等教育体系。

(三)保障结果公平的服务质量:实现人力资本的社会性价值

布迪厄指出,文化产品既可以表现出物质性的一面,也可以表现出符号性的一面。物质性体现为文化产品预先假定了经济资本,符号性则是文化产品预先假定了文化资本。[②] 从宏观角度看,高等教育作为公共服务性的文化产品,通过人力资本获得教育活动的经济性和社会性价值,将物质性与符号性效用最大化。有研究指出,高等教育不公平程度对经济增长的影响随着社会经济的发展呈倒 U 形,且不公平会阻碍社会的人力资本投资水平,进而对经济发展产生负面影响。[③] 因此,高质量的高等教育公平是文化资本与经济资本有效转化的中介,有利于全社会形成人力资本总量的高收益,从而促进社会发展的良性循环。从微观角度看,公平且高质量的高等教育体系是个体实现自我价值的主要路径,它帮助主体在合适且合理的文化场域中形成个性化发展轨迹,积聚个人文化资本的力量,通过就业与升学的方式集成社会性发展的优势资源,实现个体

---

① 赵冉,杜育红. 高等教育、人力资本质量对"本地-邻地"经济增长的影响[J]. 高等教育研究,2020(8):52-62.

② 薛晓源,曹荣湘. 全球化与文化资本[M]. 北京:社会科学文献出版社,2005:424.

③ 王家齐,闵维方. 教育公平对省域经济增长的影响研究[J]. 教育与经济,2021(1):19-28.

人力资本与社会人力资本的双重收益。正如罗尔斯在《正义论》中论道,"公平是社会制度的首要价值,正像真理是思想体系的首先价值一样"[①]。高质量的人力资本是公平的高等教育体系在人才培养和社会服务方面的高收益。公平且高质量的体系保障了高等教育社会服务型职能的有效发挥,促成了宏观与微观人力资本的双向联动,以动态、持久的社会性价值检视高质量高等教育体系的实践成果。

三、实现高质量高等教育公平的障碍

高质量高等教育公平的实现并非易事。在内容上,须考量起点公平、过程公平与结果公平;在形式上,须关注理论性政策制度与实践性教育活动;在对象上,教育者、受教育者及其他管理人员均是实现高等教育公平的主体。高等教育普及化并不一定能促进高等教育水平公平,从多维度清除实现高质量高等教育公平的障碍,寻求解决路径,为高质量高等教育体系的建立提供教育公平的逻辑思路。

(一) 竞争导向下的异化认知

当高等教育资源获得度成为文化资本的重要构成时,教育场域不可避免成为利益争夺的"角斗场"。此状态下的高等教育犹如可兑换的货币,用来获得其他等价或更昂贵的收益。它是对高等教育竞争系统的极端化认知,也是实现高质量高等教育公平实现的关键障碍。依据市场信号理论,雇主虽无法事先知道劳动者的生产率,但根据教育状况可以判断其生产力,教育成为标志潜在生产力的信号。[②] 因此,高等教育代表的文化资本逐渐与经济资本与社会资本相融合,甚至主导着个体经济资本与社会资本的走势。当高等教育资源呈现出重要的经济交换价值时,它便失去了自身作为一种目的的本来地位,也更易催生出对高等教育资源的病态化追求。

从某种角度看,竞争机会与自由机会是获得高等教育资源的两种机会方式,两者的关键差异在于前者仅给予了获取有价值东西的机会,而后者本身就被视为有价值的东西。[③] 拥有自由机会的重点在于践行个人喜好时拥有多种选

[①] [美]罗尔斯. 正义论[M]. 何怀宏等译. 北京:中国社会科学出版社,1988:3.
[②] 戴海东,易招娣. 和谐社会视域下的阶层流动与高等教育公平[J]. 教育研究,2012(8):67-70.
[③] [德]Kirsten Meyer主编. 教育、公正与人之善:教育系统中的教育公平与教育平等[M]. 张群等译. 上海:华东师范大学出版社,2018:133.

择;而竞争机会通常是对某个特定目标的利益争夺,它的目标是固定的,其价值在于拥有机会而非自我选择的权利。因此,竞争性下的异化认知是功利性导向下的市场化行为,它较少关注高等教育本身的价值机理,而仅以此作为参与社会竞争的"入场券"和实现社会性流动的手段。这物化了高等教育作为精神性场域的自在价值,无视个体对高等教育的多样化追求,更扰乱了原本良序的高等教育竞争系统。此外,市场机制崇尚竞争、选择与权力分散,会给予强势地区、强势学校和强势人群某种"特权"[1],进一步严重阻碍高质量高等教育公平体系的建立。

(二)群体间资源分配不均

高等教育作为可代际传播的文化资本,以知识与技能为载体垄断某些工作机会,形成物质财富的限定系统,并在人力市场筛选中获得合理性外衣。这是社会竞争赋予高等教育的现实价值,却也是社会流动在高等教育公平内的异化表现。一方面,省域间高等教育起点不公平。相较于西方国家由大学决定录取政策,我国的大学录取由政府决定,并以省域为单位,于是便出现优势地区考生的"双重优惠",即基础教育资源与高考资源优势,直接体现为更有利的名校入学机会。它将分数面前人人平等的理念限定在一定区域内,弱化了知识改变命运的力度,导致部分名校成为某地区的"专属"。此外,"高考移民"对高等教育起点公平的影响更甚,它在过度的权利干预下逐渐异化为获得名校入学机会的捷径。另一方面,弱势群体难以获得平等的高等教育机会。累积性教育资源获得度不均等造成代际间群体差异,并以文化资本的形式传播。甚至有研究显示,优势社会阶层子女比弱势群体子女的高等教育辈出率高出18倍。虽然高等教育已迈入普及化阶段,但社会底层尤其是农村家庭子女的高等教育入学机会未见明显上升,甚至农村生源学生在名校中的比例不升反降。[2] 大学扩招及普及化进程非但没有缩小群体差距,反而加剧了区域间、群体间高等教育机会不公平的程度,"寒门难出贵子"已是高等教育公平在高质量发展阶段面对的棘手问题。倘若高质量大学放弃通过教育补偿来促成高等教育机会公平,局限性的高等教育易冲击弱势群体学生的积极性且在无形中助长优势阶层子女的惰性,形成高等教育的"格雷欣法则",动摇大学的高质量,并加深社会阶级固化。

---

[1] 刘复兴.市场条件下的教育公平:问题与制度安排[J].北京师范大学学报(社会科学版),2005(1):23-29.

[2] 郑若玲.再论科举学研究的现实意义——侧重谈对高考改革的历史借鉴[J].江苏高教,2020(1):31-37.

因此,高等教育促进个体社会流动的畅通程度,正是高等教育公平在社会服务指向上的高质量体现。

此外,高等教育资源分配不均还体现在由此形成的数字鸿沟。从农业时代、工业时代,到当下的信息时代、智能时代,科学技术的更新与发展推动着高等教育变革。据布迪厄的文化资本理论分析,教育投入与文化资本累积密切相关,且强化了经济场域与教育场域的互通性。伴随信息化、智能化媒介在教育教学活动中的运用,数字性场域下的技术资本逐步成为文化资本中实存的力量,并构成教育场域的生存与发展背景。孰拥有并掌握先进的科技,便可在智能时代获得主体性发展优势,这是科技资源"富有者"的"特权",而与之相对的科技资源"贫困者"则难以跟上信息化发展的时代浪潮。由此形成的数字鸿沟深刻影响高等教育进程,尤其与高等教育公平密切相关。相较于传统数字鸿沟显性的"物理接入"问题,现代数字鸿沟更关注隐性的"技能接入"差距。[1] 因落后地区"数字贫困"产生的国家之间、地区之间、城乡之间的高等教育数字鸿沟亟需高质量高等教育公平的介入。

技术为持续的社会斗争提供资源的同时也制造了问题,这些斗争是在争夺控制与自主权,以及人们可能从中获得的回报。[2] 数字鸿沟在内容及形式上充当了教育不公平的载体,教育不公平又加速数字鸿沟载体的扩张。不可否认,教育不公平引发的数字鸿沟具有时间上的延续性和空间上的延展性,即基础教育阶段资源分配不均及家庭数字能力缺乏在无形中形成个体间文化资本的差异,并在高等教育阶段呈现,集中表现在高校与社会衔接过程中个体因"数字贫困"带来的参与社会信息活动的弱势及优势资源分配不均等,直接影响高等教育结果公平。庄子所言"知也者,争之器也",知识是创生经济财富和争夺利益的有效工具,这与布迪厄论述教育对合法符号的垄断有同源性。[3] 知识经济与数字经济结合后不断扩充高等教育文化资本的边界,新时代数字鸿沟超越了单一技术视角下的工具理性问题,它关切到主体文化资本的价值性及新兴资源的获得度,体现为个体数字思维与逻辑的差异,甚至牵涉到代际资源不均的异化延续。科技资源"富有者"与"贫困者"在数字化教学设备接入、利用水平、人机交互之间的差距,形成一道严重影响教育公平的屏障。[4] 数字资源失衡环境下

---

[1] 彭婷."新数字鸿沟"下城乡教育实质公平问题探究[J].教育理论与实践,2015(28):16-19.

[2] 徐水晶.批判教育学视角下的高等教育公平[J].高教探索,2011(5):18-22.

[3] National Telecommunications and Information Administration (NTIA) and Economic and Statistics Administration (ESA). Falling through the net: toward digital inclusion[EB/OL]. http://search.ntia.doc.gov/pdf/fttn00.pdf.

[4] 董泽芳.高等教育公平与效率兼顾论[J].大学教育科学,2014(1):30-37.

的教育公平异化为文化资本与权利的符号,且在市场筛选功能中不断强化自身的主体性权威并以合理化的形式存在。因此,数字鸿沟是高等教育公平在智能时代必须面对的难题,将填补数字鸿沟作为保障高质量高等教育公平新的着力点,是弥合个体和群体文化资源获得度不均及主体发展隐患的重要关节点。

四、实现高质量高等教育公平的路径选择

高等教育公平是一个相对概念,最为关键的是如何消除阻碍高质量高等教育公平的不良因素。此种相对不偏不倚的状态实现高质量高等教育公平的必要考量。

(一) 建立合理分流机制

高质量的高等教育公平在普及化时代变迁中具有多元性内涵,公平不再宽泛地界定为平均、均等,而更强调不同类型高校的高质量特色发展及高等教育主体性的高质量发展。因此,高等教育分流机制须充分考虑、统筹兼顾社会发展、个人发展与高等教育自身发展三方面的需要及条件,并分别给予适度满足的分流。① 对高质量高等教育而言,分流既指大学的类型定位,也涵盖学生个体发展。普及化时代的大学均在历史积淀中形成各自的特色标签,拥有不同类型及规模的信息资源储有量,并在办学目标、人才培养等方面发挥效用。如研究型大学侧重学术性研究,应用型大学更关注社会职业性发展、高职院校则强调技能的实践运用,它们在高等教育不同的运行轨道中各安其位、各司其职,以分类发展争创本域内的一流,这在促进大学结构化公平的同时也有助于提高高等教育的整体发展效率。对主体而言,需要探索学生的合理分流机制。目前我国的学生分流主要集中在初中毕业,以高职与普通高中作为两类发展方向,但在高等教育阶段还未有明显的分流机制。高校可建立学生入学一年后的再次选择机制,为不同的学生提供最适合的高等教育,打通各类型学生的发展屏障,以建立公平的类型化受教育机会完善高等教育的高质量公平。不可否认,短期内实现高等教育权利与资源公平并不现实,故强调基于分流机制的"高质量适合"是契合高等教育公平的特色环节。

(二) 促进良性竞争性流动

高等教育竞争性流动原是相较于"保荐式流动"而言的,此竞争式系统无固

---

① 约翰·罗尔斯. 正义论[M]. 北京:中国社会科学出版社,1988:96.

定终点。① 竞争性流动尽力排除教育选择中的权力干预,抑制因教育不公平在阶层流动中的马太效应,弱化代际影响,以实际知识与能力水平作为评价指标,是物欲横流环境中相对公平的人才培养与社会流动的标尺。但须厘清的是,竞争性流动是在合理有效的框架内运行的,绝非有意夸大竞争系统背后的文凭效应,如若用教育文凭的形式生产着抽象的文化通货,无限放大文凭通货的自主性,过度的异化竞争将导致职业的结构性垄断愈加明显,高等教育对专业领域的渗透也必将塑造新的不公平。因此,合理有效的竞争性流动须划清与文凭主义的边界,这是保障高质量高等教育终端公平的必然选择。

(三) 完善"扶弱"政策

罗尔斯指出,为了平等对待所有人,提供真正同等的机会,社会必须更多地注意那些出生于较不利地位的人们。② 面对既成的代际影响,需要对造成差异的机制进行深入分析,并将控制和弱化代际影响的程度作为公共政策的目标。③ 事实上,代际差异在很大程度上也是教育不公平与低质量的遗留问题,并通过文化资本与社会资本在高等教育准市场机制中以承袭性体现。《2006 年世界发展报告:公平与发展》中指出:个体的成就应主要取决于其本人可控的才能和努力,而不是被种族、性别、社会及家庭背景或出生地等不可控因素限制。因此,有效阻断因代际贫困导致的社会流动障碍亟需"扶弱"政策的帮持。2006 年起,印度政府提高"保留配额"比例以增加社会低种姓族接受高等教育的机会;德国、澳大利亚也在本国职业教育中将教育资源向弱势阶层倾斜④;我国也在高考招生中设有少数民族专项。此类针对特殊群体的倾斜性政策在一定程度上弱化了代际影响,缩小不同代际群体间的承袭性差异,有助于增强弱势群体通过接受高等教育获得向上发展的意愿。科学完整的高等教育公平补偿体系利于抚平差别沟壑,形成有效的"补偿公平",是从根本上阻断高等教育代际不公平的有力措施。但须厘清的是,区别对待并非等差对待,而是通过"补偿公平"不断缩小群体间的资源差距,是能够确保最弱势群体和最强势群体之间的差距可控,不会破坏平等的公民身份的条件,以最大程度满足所有人的高等教育利益为最终旨意。

---

① [美]兰德尔·柯林斯. 文凭社会:教育与分层的历史社会学[M]. 刘冉译. 北京:北京大学出版社,2020:42.
② 戴海东,易招娣. 和谐社会视域下的阶层流动与高等教育公平[J]. 教育研究,2012(8):67-70.
③ 李廉水,吴立保. 和谐社会视野下高等教育公平的制度设计[M]. 北京:科学出版社,2010:23.
④ 李廉水,吴立保. 和谐社会视野下高等教育公平的制度设计[M]. 北京:科学出版社,2010:23.

（四）优化技术资源分配

教育是一种彰显身份地位的商品，这种商品的价值取决于如何分配。首先，提高数字化高等教育变革意识。意识作为行动的先导，是有效填补数字鸿沟的初始环节。新技术创生的背后蕴含的是先进理念的变革，它既是解决数字鸿沟问题的措施，也为高质量高等教育公平的发展提供技能性契机。提高数字化思维与逻辑运用能力，更新传统高等教育观念，主动加入国际化与信息化的高等教育市场，跨越数字鸿沟构建高质量高等教育变革的新生点。其次，完善多元数字化共享平台。数字化媒介打破了时空的物理化局限，这是促进高质量高等教育公平有效实现的有力武器。构建高等教育教学资源与课程资源的共享平台，搭建各高校间、各地区间的多元互通，并降低信息技术设备的接入与使用成本，完善互联网继续教育的学历认证，以智能媒介的有效利用作为弥合高等教育不公平的着眼点，且以形成高等教育信息资源共享的"地球村"为高质量高等教育公平的高阶目标。

重点中学能弥补大学生多维资本获取中的家庭资源不足吗

——基于首都大学生成长追踪调查的实证分析[①]

刘卫平 鞠法胜[②]

摘　要：通过使用"首都大学生成长追踪调查(BCSPS)"2009年数据，探讨了家庭背景及中学经历对大学生多维资本获取的影响。研究结果表明，重点中学能弥补弱势阶层大学生多维资本获取中的家庭资源缺憾，削弱阶层差异的负面效应；但优势阶层大学生多维资本获取总体上仍优于弱势阶层。换言之，文化再生产模型和文化流动模型共存。对此，政府应在资源投入和政策倾斜中多关注非重点中学，中学应营造积极的校园氛围、提高教师综合素质，大学应完善资助政策，打造"扶困、扶智、扶志"的长效育人机制。

关键词：中学经历；多维资本；文化再生产；文化流动

一、引　言

高等教育系统具有人才培养和筛选的功能，也承载着大众实现社会流动的愿望。对社会中下层而言，这既是代际贫困阻断的重要途径，也是寒门学生突破阶层壁垒、实现代际流动的"安全阀"。[③] 以往研究多着眼于高等教育入学机会，但高考的胜利仅意味着漫长社会流动通道的开启，[④]伴随高等教育普及化发展，将有越来越多的寒门学子进入大学，每个人在大学的资本累积对其后续发展更为越来越重要。有研究发现，大学生升学与就业的结果受在校教育成就影

[①] 基金项目：国家社会科学基金（教育学）一般课题"我国农村教育观念、观念变迁及农民子女教育获得研究"（项目编号：BAA170019）。

[②] 作者简介：刘卫平，南京大学教育研究院硕士研究生，主要从事高等教育学研究；鞠法胜，南京大学教育研究院博士研究生，主要从事高等教育学。

[③] 王兆鑫. 不平等的童年：农村孩子向上流动中教育公平的文献综述[J]. 少年儿童研究, 2019(08)：44-55.

[④] 李丁. 过程多维性与出路阶层化：中国大学教育过程的公平性研究[J]. 社会, 2018(03)：79-104.

响较大,①所以寒门学子能否实现阶层跃升,越来越取决于能否在大学中培育多维资本(人力资本、社会资本、政治资本、经济资本②)。这一问题背后也暗含了大学表现是否延续了家庭背景的影响,大学是否真的实现了"无论学生以前背景、教养或生活环境如何,总能为所有值得的学生提供平等机会"③。文化资本作为阐述社会再生产的重要理论概念,对阶层差异影响学生在校成就取得的回应,出现了文化再生产和文化流动理论的分野。前者认为不同阶层学生进入学校后无论是学业成就的取得还是人际关系的维持都存在明显差异,优势阶层学生成绩更好、荣誉奖励更多,更能积极参与社会实践与文体活动。④ 劣势阶层学生因其在家庭内部习得的文化与大学文化不匹配,致使他们在校园身份转变过程中出现挣扎与融入障碍,⑤故而难以有效利用校内资源增添自己的多维资本,并借此以实现阶层的流动与跨越。尽管取得了同样的大学入场券,优势阶层学生却更能在同辈群体中脱颖而出。但当沿着布迪厄的思路比较不同阶层文化资本存量差异,进而解释学生教育获得差异时,往往容易忽略弱势阶层获取文化资本的能动性及社会变迁带来的资源获取的可能性。文化流动理论认为,伴随全球化发展和教育扩张,现代社会已迥异于传统封闭性社会形态,原先资源匮乏的人也能从扩大化的社交网络和社会场所中获取所需资源。DiMaggio认为弱势阶层能从学校中获取文化资本以弥补家庭文化资本之不足,⑥而且因为家庭资本匮乏,他们更重视在校习得的文化资本,更可能利用校内资源实现多维资本的培育。⑦

当使用文化资本探讨教育公平问题时,即默认学校作为文化资本转化为学业成就的重要场域。但有研究表明只有那些欣赏学生文化资本禀赋的学校或

---

① 童梅,姚远,张顺. 父母对子女的职业,何者更具影响力?——青少年职业期望的代际继承及其性别差异[J]. 西安交通大学学报(社会科学版),2019(03):49-58.

② 孙冉,梁文艳. 第一代大学生身份是否会阻碍学生的生涯发展——基于首都大学生成长追踪调查的实证研究[J]. 中国高教研究,2021(05):43-49.

③ Bowen, W. G., Kurzweil, M. A., & Tobin, E. M. Equity and excellence in American higher education[M]. Charlottesville: University of Virginia Press, 2005.

④ Jæger, M. M. Does cultural capital really affect academic achievement? New evidence from combined sibling and panel data[J]. Sociology of Education,2011(4):281-298.

⑤ Covarrubias R, Valle I, Laiduc G, Azmitia M. You never become fully independent: Family roles and independencein first - generation college students[J]. Journal of Adolescent Research,2019(4):381-410.

⑥ Paul Di Maggio. Cultural Capital and School Success: The Impact of Status Culture Participation on the Grades of U. S. High School Students[J]. American Sociological Review,1982(2):189-201.

⑦ Bartleet B L. Sound Links: Exploring the social, cultural and educational dynamics of musical communities in Australia[C]. 2008.

教育体制才能实现这种转化。① 受当前教育资源分配差异影响,我国形成了迥然有别的中学环境,重点和非重点中学在硬件设施、管理理念、师资质量等方面存在高度分化,其间的文化资本效应可能也会因学校质量产生差异。在塑造学生能力和文化方面,中学经历是至关重要的因素,不仅在于它们判断着学业的成功与否,还能塑造学生追求学业成功的策略。② 但囿于数据限制或研究偏好,学校因素在社会不平等研究中多处于缺位状态,对大学生学业成就和教育获得的探讨也多基于家庭背景展开,但这一研究范式存在两个问题:第一,其理论预设是家庭场域中的文化资本及形成的惯习难以改变,但即便基于经验判断,这项前提似乎也并不绝对;第二,忽略了学生发展是一个连续性的过程,中学经历也会影响大学发展,人为割裂了基础教育同高等教育间的联系,难以有效回应学校到底是维持还是缩小社会不平等的经典议题。

无论是理论上文化再生产和文化流动理论的分野,还是既有研究中中学经历的缺席,都使我们有必要探究基础教育与高等教育阶段学生发展的关联性,将研究视野从入学机会公平转向在校获得的过程性公平。将家庭背景、基础教育和高等教育置于同一视野中,具体考察家庭资本、基础教育学校对大学生发展的影响。因而本文致力于回答以下几个研究问题:第一,家庭背景差异对大学生多维资本的培育有何种影响?第二,中学经历对大学生的多维资本培育起到什么作用?第三,中学经历能否在大学生多维资本培育过程中弥补劣势阶层家庭资本的缺失?

二、文献回顾及研究假设

布迪厄在考察不同阶层学生学业成就差异时提出了"文化资本"概念,并通过社会再生产理论诠释了家庭社会化过程和学校教育系统间的联系,并借此实现了权力关系和符号关系结构的再生产。这一逻辑表明从家庭中获取的文化资本比个人天赋或能力更能解释学业表现差异,优势阶层进入学校后延续了其阶层优势,虽然劣势阶层学生也能通过学校文化实现惯习更改,习得一些优势阶层的文化资本,但却远不如优势阶层对此类资本的熟悉和掌握程度。

当借助布迪厄的文化资本阐述学生在校表现时,家庭和学校的结构性因素就显得尤为重要。家庭社会化是文化资本再生产的第一个过程,家庭既为子女

---

① 胡安宁. 文化资本研究:中国语境下的再思考[J]. 社会科学,2017(01):64-71.
② [美]安东尼・亚伯拉罕・杰克著. 寒门子弟上大学——美国精英大学何以背弃贫困学生[M]. 田雷,孙竞超译. 北京:生活・读书・新知三联书店,2021:26-27.

提供了包括意识、态度、性情和惯习等身体化文化资本,也为子女提供了书本等客体化文化资本,但只有优势阶层能在社会化过程中传递特定文化资本,或借助经济资本实现资本转换;文化资本再生产的第二个过程则发生在学校中,学校将家庭环境形塑的内在文化资本差异外化为学业成就的阶层差异,布迪厄因此提出了学校文化传承、实现不平等关系的再生产和社会再生产合法化三个功能。① 因此在探讨学校和家庭作用时有必要沿着布迪厄的分析框架,从家庭和学校两个场域入手,探究家庭背景和中学经历对大学生在校的影响。

(一)家庭背景与大学生多维资本获取的关系

文化再生产理论致力于"打开教育体系的黑箱",布迪厄认为学业和社会成就是家庭自身优势传递的结果②,现代社会分层体系中经济资本(财富、收入等)和文化资本(知识、文凭等)的分化和转化,使优势阶层可以利用经济资本投资、累积文化资本,并有大量闲暇时间培养子女。③ 而且其子女在家庭内部习得的文化资本与校园文化更为契合,所以能更好地利用学校资源培育多维资本,但劣势家庭父母因缺乏高等教育经历而无法形成文化共识,"缺乏代际间有关高等教育信息的传送和文化传承"。④ 其子女在家庭内部习得的文化也与大学文化显得格格不入,因此难以有效利用大学校内资源培养多维资本。文化(不)匹配(Cultural (Mis) match)旨在揭示大学与优势阶层学生在文化上的联结⑤,劣势阶层学生与大学校园文化的不匹配使他们在身份转变中出现挣扎。⑥ 该理论将劣势阶层学生大学表现差异归因为低阶层背景下相互依赖的规范和大学里普遍存在的中产阶层文化不匹配,将研究视域从家庭、经济和社会资本等先赋性劣势转到文化领域。此外,伯恩斯坦的符码理论从更微观的视角,诠释了家

---

① David, et al. Culture and Power:The Sociology of Pierre Bourdieu by David Swartz[J]. American Journal of Sociology,1999.

② 侯利明. 地位下降回避还是学历下降回避——教育不平等生成机制再探讨(1978-2006)[J]. 社会学研究,2015(02):192-213.

③ Blaskó,Zsuzsanna. Cultural Reproduction or Cultural Mobility? [J]. Review of Sociology of the Hungarian Sociological Association,2003(1):5-26.

④ London,Howard B. How college affects first-generation students[J]. About Campus,1996(5):9-23.

⑤ Fryberg,S. A. ,& Markus,H. R. Cultural models of education in American Indian, Asian American,and European American contexts[J]. Social Psychology of Education,2007(10):213-246.

⑥ Covarrubias R,Valle I,Laiduc G,Azmitia M. You never become fully independent:Family roles and independencein first-generation college students[J]. Journal of Adolescent Research,2019(4):381-410.

庭中限制型符码和精致型符码在语言习惯和言说形式上的差异。[1] 当大学环境与自身文化相关或相符,学生将表现出更好的健康心理,在学术上容易被识别,能更为有效利用校内资源。因此,我们认为在当前社会发展中,伴随阶层分化,不同阶层或不同家庭背景的大学生在校表现存在差异。故提出以下假设:

假设1:优势阶层学生进入大学后,其多维资本获取要优于劣势阶层学生。

(二) 中学经历与多维资本获取的关系

布迪厄的文化再生产理论带有"宿命论"的悲观色彩,夸大了家庭背景对子女发展的决定作用。将学校"再生产"理论普世化并不明智,因为这一理论作用的前提是在个人发展中惯习几乎不会改变[2],但惯习是社会空间结构化的结果,当社会空间差距缩小时,个体从事理性计算的能力会被重新激活,从而会引发惯习更改。文化资本再生产第二个过程在学校中发挥功用,自然受到学校的形塑,我国高度分化的教育系统致使学校有重点、优质和非重点、普通之分。有研究表明学生依赖家庭实现文化再生产这一过程并不明显。[3] 在优势阶层汇聚的重点中学中,劣势阶层能显著提升教育期望[4],文化资本更容易获得回报。[5] 具体而言,教师素质的提升(学历与职称)及办学条件的改善(拥有图书馆、教师参与培训)对劣势阶层学生的积极效应更大。[6]

文化流动理论弥补了文化再生产的理论缝隙,迪马乔认为童年经历与家庭背景对文化资本存量影响甚微,劣势阶层学生更重视在学校习得的文化资本,并借此缩小与精英子女的差距。[7] 劣势阶层学生可能从重点中学养成与大学相近的文化惯习,而有助于多维资本的培育。故而有理由认为,越是在优质学校就读的劣势阶层学生与精英子女的差距越小,更何况人的成长是连续而非片

---

[1] Bernstein B. Class, codes, and control[M]. London: Routledge & Kegan Paul, 1973.
[2] Schools as Sites for Transformation: Exploring the Contribution of Habitus[J]. Youth & Society, 2010(1): 142-170.
[3] 李春玲,郭亚平. 大学校园里的竞争还要靠"拼爹"吗?——家庭背景在大学生人力资本形成中的作用[J]. 社会学研究, 2021, 36(02): 138-159.
[4] 吴愈晓,黄超. 基础教育中的学校阶层分割与学生教育期望[J]. 中国社会科学, 2016(04): 111-134.
[5] 吴愈晓,黄超,黄苏雯. 家庭、学校与文化的双重再生产:文化资本效应的异质性分析[J]. 社会发展研究, 2017, 4(03): 1-27.
[6] 孙志军,刘泽云,孙百才. 家庭、学校与儿童的学习成绩——基于甘肃省农村地区的研究[J]. 北京师范大学学报(社会科学版), 2009(05): 103-115.
[7] Bartleet B L. Sound Links: Exploring the social, cultural and educational dynamics of musical communities in Australia[C]. 2008.

面,故而上一阶段学习经历会影响下一阶段教育获得,具体到大学教育获得中,就读于重点或优质中学会显著影响学生的多维资本获得。但值得注意的是,无论是文化再生产还是文化流动,都认为文化资本的作用依社会情境而改变。所以在讨论学生学业成就时,除考虑学生家庭在整个社会分层体系中的位置外,还应考虑就读学校在学校分层体系中所处的位置。学校作为学生接受教育和选拔的场所,也是个体拥有的文化资本转化为学业成就的地方,因教育资源分布差异带来的重点学校和一般学校的分层也十分明显,不同学校在人才选拔、培养理念等方面存在较大差异,为吸引更多高素质学生,重点中学在招生和教学中强调"素质教育",但由于成绩取向的升学标准尚未变革,所以素质教育的内容最终还是在考试成绩中彰显,但重点学校在培养学生时会融入更多课外知识,组织更多课外活动,其素质取向与成绩取向并行的策略,恰好在为文化资本提供了"用武之地",也为其学生提供了一场大学的"预演"。换言之,文化资本能在重点学校获得认可与欣赏,有这一经历的学生能在大学中"如鱼得水",为他们进入大学后多维资本的获得铺垫了基础。故提出以下假设:

假设2:重点中学学生进入大学后的多维资本培育要优于非重点中学学生。

(三) 家庭背景、中学经历与多维资本培育的关系

文化资本在家庭和学校两个场域起作用,上述分析路径显示了重点中学经历实质上扮演了家庭背景和大学中多维资本培育的缓冲带。有研究显示,制度性学校因素和先赋性家庭因素都会对学生发展和教育获得有显著影响,而且前一阶段学校经历会影响后一阶段教育获得的机会和质量。[①] 基础教育阶段学校社会资本占有量越多,学生就越能享受到办学条件改善带来的收益。[②] 中学质量会通过调节家庭背景影响大学生的多维资本获得,学校拥有的资源、环境、位置、规模等因素都会对学生在校获得有直接影响。处境不利的学生伴随就读学校质量的提高,不同阶层间学生学习成绩差距会逐步缩小,重点学校的学习经历可以影响家庭社会资本的作用[③],发挥家庭背景和教育期望的中介作用。[④] 家庭资本与学校社会资本间存在交互效应,其中学校环境中的师生关系和学业

[①] 杨玲,张天骄. 家庭背景、重点中学和教育获得[J]. 教育与经济,2020(05):33-44.

[②] 梁文艳,杜育红. 农村地区家庭社会资本与学生学业成就——中国城镇化背景下西部农村小学的经验研究[J]. 清华大学教育研究,2012(06):67-77.

[③] 张平平. 处境不利学生如何抗逆?——家庭社会资本和学校质量的联合作用[J]. 教育与经济,2021(01):39-49.

[④] 靳振忠,严斌剑,王亮. 家庭背景、学校质量与子女教育期望——基于中国教育追踪调查的分析[J]. 教育研究,2019(12):107-121.

重视度会增强父母教育期望对学生成绩提升的正向效应。[1] 学校的种类与规模正向强化了家庭背景对学生在校获得的影响,[2]有研究表明,学校中的社会资本会强化家庭资本对学业成就的影响。处于师生关系优良的学校环境中,父母期望对学习成绩的正向效应会得到加强。[3] 故提出以下假设:

假设3:中学经历在家庭背景和多维资本获得中起调节作用。

亚伯拉罕·杰克依据是否有重点中学经历将劣势阶层学生划分为"寒门幸运儿"(就读过重点中学的劣势阶层学生)和"双重贫困生"(未就读过重点中学的劣势阶层学生)。[4] 即便出身劣势家庭,但寒门学子一旦进入重点中学,他们便会拥有"独享的学业和社交机会、国外的游学项目、沉浸的语言学习、积极的师生关系网络",重点中学的学校资本弥补了寒门幸运儿家庭资本的不足,使他们足够游刃有余地应付高等教育的学术场域规范与制度,能更为积极地获取所需资源培育多维资本。但两者共同面对的是经济资本匮乏,即便进入大学,经济匮乏的状况也并未有所缓解,"寒门幸运儿"和"双重贫困生"要时刻体会并遭遇经济困顿带来的问题,更遑论经济资本与其他资本间相互转换。基于此可以提出以下研究假设:

假设4:同为劣势阶层,重点中学毕业的学生在大学多维资本获得中占优势。

假设5:同为重点中学毕业,劣势阶层学生在大学多维资本培养中依旧难以超越优势阶层学生。

三、研究设计

(一) 数据

数据来自首都大学生成长追踪调查(Beijing College Student Panel Survey,

---

[1] Yang, Hyun woo. The role of social capital at home and in school in academic achievement: The case of South Korea[J]. Asia Pacific Education Review,2017:373-384.

[2] 刘宝存,康云菲. 学校背景与学生背景对学生学业表现的影响:中国四省市与PISA 2018高分国家的比较分析[J]. 全球教育展望,2021(03):44-62.

[3] Hao, Lingxin and Suet-ling Pong. The Role of School in Upward Mobility of Disadvantaged Immigrants' Children[J]. The ANNALS of the American Academy of Political and Social Science,2008 (1):62-89.

[4] 安东尼·亚伯拉罕·杰克著. 寒门子弟上大学——美国精英大学何以背弃贫困学生[M]. 田雷,孙竞超译. 北京:生活·读书·新知三联书店,2021:8.

BCSPS）。BCSPS以北京地区2006年和2008年入学的高校本科生学籍数据库为抽样框，采用PPS分层多阶段抽样方法随机抽取5 100名学生进行追踪调查。本研究选取了2009年的数据，其内容涉及基本情况、个体心理、进入大学、大学学业、大学政治、大学经济、职业意向、家庭背景等多个维度。剔除部分缺失样本后，共有4 721个样本进入分析。

（二）变量及操作化

表1 变量操作化设置

变量类别		变量名称	变量操作化含义
被解释变量（多维资本）	人力资本	成绩排名（Y）	1－（排名/班级人数）
		英语成绩	英语四级得分
		计算机等级证书	1＝有，0＝无
		专业资格证书	1＝有，0＝无
	社会资本	同学关系质量	与舍友、同班同学、同校同学的关系
		师生关系质量	与导师、行政老师、授课老师的关系
		社团参与个数	社团参与的个数
	政治资本	学生干部	1＝是，0＝否
		党员	1＝是，0＝否
	经济资本	实习	1＝是，0＝否
		兼职	1＝是，0＝否
		校园月度净收入	月度收入－消费支出
核心解释变量（中学经历、家庭背景）	中学经历	重点中学经历	1＝有，0＝无
		身份文化	1＝无重点中学经历的农村大学生 2＝有重点中学经历的农村大学生 3＝有重点中学经历的城市大学生 4＝无重点中学经历的城市大学生
	经济背景	家庭年收入	家庭年收入取对数
		家庭经济地位	1＝下层、中下层，2＝中层，3＝上层、中上层
	文化背景	客观化文化资本	家庭文化资源的拥有量
		父亲学历	1＝大专及以上，2＝其他

续　表

变量类别		变量名称	变量操作化含义
控制变量	社会背景	家庭社会地位	1=下层、中下层,2=中层,3=上层、中上层
		父亲职业	1=农民,2=蓝领阶层,3=白领阶层
	人口统计学	性别	1=男性,0=女性
		户籍	1=城市,0=农村
		居住地	1=城市,0=农村
	校园基本信息	专业	1=理工农医,0=人文社科
		年级	1=大一,3=大三

1. 因变量:多维资本

大学中的多维资本可以分为人力资本、政治资本、社会资本和经济资本四类。[1] 人力资本通过学业成绩排名、四级得分及专业资格证书和计算机等级证书四个指标测量,其中为减少班级规模对排名影响,采取相对排名,用1-(排名除以班级人数),得到一个介于0和1之间的连续变量,数值越大代表成绩排名越好。信号筛选理论和人力资本理论将证书视为获得了更高水平技能型人力资本的象征,[2] 将专业资格证书和计算机等级证书操作化为虚拟变量;政治资本通过是否成为党员这一指标进行测量;社会资本包含是否担任学生干部、同学关系质量和师生关系质量、社团参与个数,其中同学、师生关系质量通过人际关系量表进行探索性因子分析降维获取;月度经济净收入,根据问卷中的收入-消费支出的差值获得。经济资本作为制约其余资本获得的重要因素,数值越大表示校园经济资本更为充裕。作为制约其余资本获得的重要因素,劣势阶层学生更可能参与实习与兼职,在操作化中引入是否实习和兼职操作化为虚拟变量。

2. 自变量:中学类型与家庭背景

教育体制转型背景下,教育资源分配不均致使基础教育阶段学校质量存在

---

[1] 孙冉,梁文艳.第一代大学生身份是否会阻碍学生的生涯发展——基于首都大学生成长追踪调查的实证研究[J].中国高教研究,2021(05):43-49.

[2] 崔盛,吴秋翔.信号识别还是能力提升:高校学生干部就业影响机制研究[J].北京大学教育评论,2018(01):138-158.

差异,重点和非重点中学在硬件设施、管理理念、师资等方面存在较大差异。重点中学在学校资源、校园文化及素质教育方面明显优于其他中学,因而将全国重点和省重点作为重点中学,在变量操作化中将其作为有重点中学经历,赋值为1,其他中学赋值为0。

城乡看似是一个简单的划分,是各种复杂因素作用的结果。有学者指出城乡划分是一种社会分层的方式,[①]既是人力资本和社会资本的差异,[②]也是文化资本的集中体现。城乡的差异也意味着结构下家庭资源的分配不均和微观的主体成长差异,[③]是制度、文化、规范约束综合作用的结果。[④] 因此根据中学类型(是否重点中学)和家庭居住地(农村和城市)两个分类变量划分为四类群体:无重点中学经历的农村大学生、有重点中学经历的农村大学生、有重点中学经历的城市大学生、无重点中学经历的城市大学生,分别赋值为1分、2分、3分、4分,家庭居住地一定程度上作为家庭背景的象征,其与中学经历相结合有助于深入探究大学生在校多维资本获得的现实状况。

3. 控制变量

家庭背景包括客观家庭经济收入和主观自评家庭经济地位两个指标,为使结果更加直观,将收入取对数,同时由于问卷划分中上层和下层样本量过少,因此将其操作化为:1=下层、中下层,2=中层,3=中上层、上层。客观化的文化资本[⑤]依据问卷中"家里是否有以下东西"——书房、报纸、百科全书辞海、教育软件等8个指标测量,1=有,0表示没有,加和求平均值得出文化资源得分,分数越高,表示文化资本越丰富。家庭社会背景采用父亲职业和综合社会地位进行测量,为防止自变量过于冗杂,将父亲职业简化为:农民阶层、蓝领阶层(商业和服务业工人、制造业工人、个体工商户)和白领阶层(党政干部、企业事业单位中的中高层管理人员、专业技术人员、企业主和普通文职人员),分别赋值为1、2、3。

---

① 陆益龙. 户口还起作用吗——户籍制度与社会分层和流动[J]. 中国社会科学,2008(01):149-162.
② 秦永,裴育. 城乡背景与大学毕业生就业——基于社会资本理论的模型及实证分析[J]. 经济评论,2011(02):113-118.
③ 马道明. 输在起点的流动:农村大学生的城市之路[J]. 中国青年研究,2015(10):56-60.
④ 高勇. 教育获得、户籍差异与户籍的意蕴[J]. 社会发展研究,2015(04):43-63.
⑤ 吴晓刚. 中国当代的高等教育、精英形成与社会分层来自"首都大学生成长追踪调查"的初步发现[J]. 社会,2016(03):1-31.

(三) 分析步骤和研究方法

根据自变量和因变量的类型选用 t 检验、方差分析、卡方检验及二元逻辑回归和 olS 线性回归、调节效应来检验大学生在高等教育场域中多维资本获得的差异及影响因素。在回归分析中，当因变量为连续变量时使用线性回归，当因变量为分类变量使用逻辑回归。

线性回归：

$$y = \beta_1 X_1 + \beta_2 X_2 + \beta_3 X_3 + \cdots \beta_n X_n + \beta_0$$

以上方程被解释的变量分别是：成绩排名、英语成绩、社团个数、同学关系质量、师生关系质量，其中 β 是回归系数，表示在控制其他变量不变的情况下，自变量每增加一个单位，因变量的变化量，其中 β_0 是常数项。

逻辑回归：

$$\text{Logit}(Y) = \alpha + \beta_1 X_1 + \beta_2 X_2 + \beta_3 X_3 + \cdots \beta_k X_k$$

以上方程被解释的变量分别是：是否获得奖励、是否学生干部、是否入党、是否获得计算机等级证书、是否获得专业资格证书、是否兼职、是否实习，其中 β 是回归系数，表示在控制其他变量不变的情况下，自变量每增加一个单位，比数的自然对数的变化量，其中通过对数转换可以求得比数比 $= e^{\text{Logit}(Y)}$。

调节效应1——线性回归：

$$y = \beta_0 + \beta_1 X + \beta_2 M + \beta_3 XM$$

调节效应2——逻辑回归：

$$\text{Logit}(Y) = \alpha + \beta_1 X + \beta_2 M + \beta_3 XM$$

调节效应1被解释的变量分别是：学习成绩排名、四级得分、校园经济资本、社团个数、同学关系质量、师生关系质量。调节效应2被解释的变量分别是：是否获得奖励、是否学生干部、是否入党、是否获得计算机等级证书、是否获得专业资格证书、是否兼职、是否实习。X 代表自变量、M 代表调节变量、XM 代表调节项，β_1、β_2、β_3 分别代表自变量、调节变量以及调节项的回归系数。

四、数据分析

（一）中学类型与身份文化的描述性统计

表 2 不同中学类型相关变量分布的 t 检验

项目	有重点中学经历 均值	有重点中学经历 标准差	无重点中学经历 均值	无重点中学经历 标准差	t 检验 p 值
家庭年收入	10.794	1.113	10.358	1.148	0.000
家庭客观化文化资本	10.680	3.902	9.080	4.346	0.000
成绩排名	0.590	0.256	0.545	0.250	0.000
英语成绩	488.770	149.713	468.430	107.082	0.000
校内社团个数	2.660	1.825	2.230	2.061	0.000
校园月度净收入	112.718	395.735	89.433	320.616	0.027
同学关系质量	3.699	0.643	3.649	0.623	0.008
师生关系质量	1.923	0.804	1.906	0.800	0.482

表 2 表明无论城乡，优势家庭更可能进入重点中学，而且是否就读过重点中学的学生在多维资本和家庭背景方面存在显著差异。有重点中学经历的学生进入大学后，成绩排名更靠前、社团参与更积极、同学关系更和谐，在师生关系中，两类学生无明显区别。

通过表 3 可以看出，四类群体在多维资本和家庭背景方面有显著差异，无论有无重点中学经历，城市学生都比农村学生拥有更多经济收入和文化资本。在同类中学就读的学生中，农村学生的大学成绩排名和英语成绩要显著优于城市学生，但重点中学经历的农村学生进入大学后同学关系质量更优质，而无重点中学经历农村学生的社团参与和同学关系质量处于弱势地位。

（二）大学生多维资本获得的阶层异质性

为估计家庭背景对大学生多维资本获得的影响，首先在第一个模型中加入人口学变量、家庭背景变量及大学相关变量，在控制性别、年级、居住地等变量时，其结果显示：家庭背景显著影响大学生的多维资本获取，中上层家庭学生的成绩排名更高，更容易成为学生干部和党员，参与社团个数和获得的荣誉也更

表 3 不同身份文化在各个变量的方差分析

项目	无重点中学经历的农村大学生 均值	无重点中学经历的农村大学生 标准差	有重点中学经历的农村大学生 均值	有重点中学经历的农村大学生 标准差	有重点中学经历的城市大学生 均值	有重点中学经历的城市大学生 标准差	无重点中学经历的城市大学生 均值	无重点中学经历的城市大学生 标准差	F 检验 p 值
家庭年收入	9.618	0.991	9.869	1.002	11.060	0.994	10.812	0.992	0.000
家庭客观化文化资本	5.812	0.992	6.090	3.621	11.980	2.855	11.280	3.162	0.000
成绩排名	0.555	0.244	0.600	0.243	0.587	0.259	0.540	0.253	0.000
英语成绩	470.80	85.722	491.76	115.016	487.87	158.804	467.200	117.760	0.005
加入社团个数	2.120	1.722	2.360	1.652	2.750	1.863	2.300	2.240	0.000
校园月度净收入	30.245	207.605	28.258	261.385	136.608	423.245	125.067	368.248	0.000
同学关系质量	3.624	0.612	3.702	0.603	3.698	0.654	3.666	0.629	0.036
师生关系质量	1.882	0.791	1.885	0.766	1.934	0.815	1.920	0.806	0.348

表 4 多维资本影响因素的线性回归

项目	社团个数 模型 1	社团个数 模型 2	社团个数 模型 3	同学关系质量 模型 1	同学关系质量 模型 2	同学关系质量 模型 3	师生关系质量 模型 1	师生关系质量 模型 2	师生关系质量 模型 3
性别(女)	−0.022	−0.029	−0.016	0.101***	0.099***	0.144***	0.093***	.093***	0.134***
户籍(农村)	0.008	0.008	0.008	−0.002	−0.002	−0.002	−0.006	−0.006	−0.005
居住地(农村)	0.001	−0.001	0.029	−0.009	−0.009	−0.009	0.028	0.028	0.031

续 表

项目	社团个数 模型1	社团个数 模型2	社团个数 模型3	同学关系质量 模型1	同学关系质量 模型2	同学关系质量 模型3	师生关系质量 模型1	师生关系质量 模型2	师生关系质量 模型3
年级(大一)	0.048***	0.048***	−0.001	0.007	0.007	−0.035	0.090***	0.090***	0.058
专业(理工农医)	0.137***	0.137***	0.141***	−0.009	−0.009	0.012	0.103***	0.103***	0.109***
父亲学历(大专以下)	0.018	0.010	0.034	0.008	0.006	0.031	0.002	0.002	0.014
客观文化资本	0.015	0.013	0.071*	0.132***	0.132***	0.122***	.101***	.101***	.069*
家庭年收入	0.013	0.007	0.008	−0.011	−0.012	−0.027	−0.059	−0.059	−0.061
家庭经济地位(下层)									
经济地位中层	−0.03	−0.028	−0.006	0.014	0.015	−0.014	−0.020	−0.020	−0.063*
经济地位上层	−0.024	−0.025	0.021	0.019	0.018	−0.005	0.006	0.006	−0.07
父亲职业(农民)									
蓝领阶层	0.028	0.021	0.000	−0.089***	−0.090***	−0.075*	−0.081	−0.081	−0.045
白领阶层	0.076*	0.067*	0.057	−0.116***	−0.118***	−0.048*	−0.122	−0.122	−0.094*
家庭社会地位(下层)									
社会地位中层	0.017	0.013	−0.011*	0.019	0.018	0.044	0.052	0.052	0.086**
社会地位上层	.066**	0.059*	0.086*	0.031	0.028	0.026	0.078***	0.078***	0.137***
重点中学(非重点中学)		0.089***	−0.004		0.021	−0.026		−0.003	−0.041
男生 x 重点中学			−0.012			−0.068*			−0.062*

续 表

项目	社团个数 模型1	社团个数 模型2	社团个数 模型3	同学关系质量 模型1	同学关系质量 模型2	同学关系质量 模型3	师生关系质量 模型1	师生关系质量 模型2	师生关系质量 模型3
居住地 x 重点中学			−0.041			0.014			0.006
人文社科 x 重点中学			0.010			0.034			0.015
大专 x 重点中学			−0.040			−0.031			−0.016
家庭文化资本 x 重点中学			0.113***			0.004			0.051
收入 x 重点中学			0.009			0.031			0.032
经济地位中层 x 重点中学			−0.035			0.062			0.083*
经济地位上层 x 重点中学			−0.061			0.041			0.111**
蓝领 x 重点中学			0.041			−0.031			−0.043
白领 x 重点中学			0.025			−0.122*			−0.037
社会地位中层 x 重点中学			0.033			−0.055			−0.067
社会地位上层 x 重点中学			−0.036			−0.014			−0.101*
党员 x 重点中学			0.024			0.022			0.061***
学生干部 x 重点中学经历			0.138***			0.138***			0.128***
r 平方	0.037	0.044	0.062	0.019	0.019	0.038	0.026	0.026	0.045

表 4(续) 多维支配影响因素的线性回归

项 目	成绩排名 模型 1	成绩排名 模型 2	成绩排名 模型 3	四级得分 模型 1	四级得分 模型 2	四级得分 模型 3	校月度净收入 模型 1	校月度净收入 模型 2	校月度净收入 模型 3
性别(女)	−0.198***	−0.207***	−0.227***	−0.012	−0.023	−0.064*	−7.508	−6.785	12.3
户籍(农村)	−0.012	−0.012	−0.008	−0.015	−0.017	−0.015	13.606	13.658	12.027
居住地(农村)	−0.055*	−0.058**	−0.047	0.017	0.019	−0.001	−10.586	−10.376	4.313
年级(大一)	0.026	0.026	0.04*	0.359***	.372***	0.216***	−58.087***	−58.112***	−68.595***
专业(理工农医)	0.024	0.023	0.061*	−0.090***	−0.091***	−0.043	−26.667	−26.598	−19.714
父亲学历(大专以下)	0.030	0.021	0.065*	0.015	0.009	0.078	24.101	24.79	30.97
客观化家庭文化资本	−0.012	−0.014	−0.032	−0.043	−0.048	−0.048	8.831***	8.85**	7.024**
家庭年收入	−0.047*	−0.053**	−0.068*	0.012	0.004	−0.054	4.199	4.424	−1.839
家庭经济地位(下层)									
经济地位中层	0.013	0.016	0.015	0.010	0.012	0.058	9.333	9.107	20.718
经济地位上层	0.039	0.038	0.029	0.008	0.003	0.008	37.678	37.829	43.483
父亲职业(农民)									
蓝领阶层	0.015	0.007	0.002	−0.004	−0.013	−0.001	55.992**	56.685**	60.722**
白领阶层	−0.001	−0.011	−0.025	0.053	0.041	0.032	69.962**	70.837**	48.276
家庭社会地位(下层)									
社会地位中层	0.05*	0.046*	0.057	−0.046	−0.049	−0.065	3.626	3.986	−0.683
社会地位上层	0.046*	0.037	0.044	0.054	0.047	0.031	−22.827	−21.948	4.515

续 表

项 目	成绩排名 模型1	成绩排名 模型2	成绩排名 模型3	四级得分 模型1	四级得分 模型2	四级得分 模型3	校月度净收入 模型1	校月度净收入 模型2	校月度净收入 模型3
重点中学(非重点中学)		0.104***	0.082**		.114***	−0.323**		−8.630	2.774
男生 x 重点中学			0.036			0.059			−30.761
居住地 x 重点中学			−0.013			0.037			−23.93
大三 x 重点中学			−0.086*			0.417			8.051
人文社科 x 重点中学			0.058*			0.064			11.49
大专 x 重点中学			−0.064			−0.098			−11.991
客观化家庭文化资本 x 重点中学			0.013			0.008			14.181
收入 x 重点中学			0.022			0.083**			11.35
经济地位中层 x 重点中学			0.007			−0.069			−21.391
经济地位上层 x 重点中学			0.012			−0.027			−12.439
蓝领 x 重点中学			0.004			−0.017			−3.547
白领 x 重点中学			0.014			0.009			37.894
社会地位中层 x 重点中学			−0.031			0.011			7.045
社会地位上层 x 重点中学			−0.024			0.009			−39.353
党员 x 重点中学			0.093***			0.016			−1.93
学生干部 x 重点中学			0.096***			0.033			13.043
r 平方	0.047	0.057	0.075	0.136	0.148	0.154	0.039	0.039	0.039

表 5 多维资本影响因素的逻辑回归

项目	入党 模型 1	入党 模型 2	入党 模型 3	学生干部 模型 1	学生干部 模型 2	学生干部 模型 3	专业资格证书 模型 1	专业资格证书 模型 2	专业资格证书 模型 3
性别(女)	0.021	−0.019	−0.013	−0.088	−0.108	−0.108	−0.361*	−0.331*	−0.371*
户籍(农村)	0.103	0.100	0.087	−0.158	−0.160	−0.176	−0.256	−0.226	−0.176
居住地(农村)	0.033	0.026	0.038	−0.204	−0.213**	−0.203	−0.249	−0.252	−0.272
年级(大一)	1.402***	1.407***	1.412***	0.768***	0.771***	0.777***	2.295***	2.29***	2.283***
专业(理工农医)	−0.107	−0.107	−0.108	−0.007	−0.007	−0.006	−1.355***	−1.304***	−1.295***
父亲学历(大专以下)	−0.101	−0.128	−0.143	−0.088	−0.107	−0.120	−0.374	−0.347	−0.291
客观化家庭文化资本	−0.023	−0.025	−0.027	0.028*	0.027*	0.008	0.097***	0.098***	0.147***
家庭经济地位(下层)									
经济地位中层	0.043	0.051	0.347	−0.041	−0.036	0.039	−0.303	−0.308	−0.453
经济地位上层	0.087	0.070	0.504	0.053	0.048	0.225	−0.676*	−0.657*	−0.647*
家庭年收入	−0.174***	−0.184***	−.346***	−0.019	−0.026	−0.041	0.213**	0.217**	0.343**
社会地位(下层)									
社会地位中层	0.342**	0.332**	0.132	0.134	0.124	0.075	−0.217	−0.198	−0.196
社会地位上层	0.639***	0.609***	0.443	0.291*	0.266*	0.345	−0.016	0.035	−0.023
父亲职业(农民)									

318

续 表

项目	入党 模型1	入党 模型2	入党 模型3	学生干部 模型1	学生干部 模型2	学生干部 模型3	专业资格证书 模型1	专业资格证书 模型2	专业资格证书 模型3
蓝领	−0.204	−0.236	−0.195	0.187	0.170	0.312*	0.147	0.194	−0.195
白领	−0.075	−0.113	−0.020	0.294*	0.273*	0.426*	−0.095	−0.038	−0.300
重点中学(非重点中学)		0.403***	0.738*		0.239***	0.484*		−0.385**	−0.956
客观化家庭文化资本 x 重点中学			0.002			0.155			−0.452
收入 x 重点中学			0.268*			0.039			−0.279
经济地位中层 x 重点中学			−0.491			−0.108			0.246
经济地位上层 x 重点中学			−0.695			−0.249			1.545
蓝领 x 重点中学			−0.089			−0.246			0.641
白领 x 重点中学			−0.181			−0.265			0.393
社会地位中层 x 重点中学			0.296			0.067			0.051
社会地位上层 x 重点中学			0.271			−0.119			0.162
常量	−0.649	−0.707	0.858	−0.602*	−0.632*	−0.656*	−6.854***	−6.791***	−8.236***
Exp(B)		1.497			1.270			0.683	
R平方	0.109	0.12	0.124	0.057	0.061	0.063	0.184	0.188	0.199

表 5（续） 多维资本影响因素逻辑回归

项目	计算机等级证书 模型 1	计算机等级证书 模型 2	计算机等级证书 模型 3	实习 模型 1	实习 模型 2	实习 模型 3	兼职 模型 1	兼职 模型 2	兼职 模型 3
性别（女）	−0.172	−0.157	−0.169	−0.004	0.012	0.014	−0.461***	−0.444***	−0.446***
户籍（农村）	0.250	0.253	0.214	0.009	0.013	0.018	−0.399*	−0.399*	−0.411*
居住地（农村）	−0.232	−0.231	−0.230	−0.160	−0.157	−0.142	−0.307**	−0.302**	−0.292*
年级（大一）	2.095***	2.095***	2.082***	1.356***	1.357***	1.353***	1.602***	1.604***	1.608***
专业（理工农医）	−0.322**	−0.302**	−0.296**	−0.844***	−0.846***	−0.834***	−0.443***	−0.443***	−0.447***
父亲学历（大专以下）	0.282	0.291*	0.310	−0.178	−0.164	−0.162	−0.300**	−0.286**	−00.28**
客观化家庭文化资本	0.013	0.013	0.006	0.069***	0.069***	−.081***	−0.011	−0.011	0.014
家庭经济地位（下层）									
经济地位中层	−0.347**	−0.349*	−0.182	−0.189	−0.193	−0.059	−0.229*	−0.233*	−0.245
经济地位上层	−0.266	−0.258	−0.266	−0.157	−0.152	−0.015	−0.333*	−0.326*	−0.538*
家庭年收入	−0.059	−0.055	−0.138	0.033	0.037	−0.006	−0.102*	0.098*	−0.145
社会地位（下层）									
社会地位中层	0.092	0.098	−0.064	−0.069	−0.060	−0.096	−0.113	−0.105	−0.122
社会地位上层	0.184	0.199	0.289	0.054	0.074	−0.128	−0.123	−0.103	0.104
父亲职业（农民）									

续 表

项目	计算机等级证书 模型1	计算机等级证书 模型2	计算机等级证书 模型3	实习 模型1	实习 模型2	实习 模型3	兼职 模型1	兼职 模型2	兼职 模型3
蓝领阶层	0.332	0.345	0.557	−0.069	−0.052	−0.185	0.034	0.048	0.013
白领阶层	0.128	0.143	0.721*	−0.136	−0.116	−0.337	−0.105	−0.087	−0.076
重点中学(非重点中学)		−0.150	0.574		−0.188*	−0.565*		−0.189**	−0.539*
客观化家庭文化资本 x 重点中学			0.056			−0.056			−0.126
收入 x 重点中学			0.175			0.104			0.161
经济地位中层 x 重点中学			−0.243			−0.215			0.133
经济地位上层 x 重点中学			0.037			−0.227			0.423
蓝领 x 重点中学			−0.459			0.401			0.217
白领 x 重点中学			−1.107*			0.536			0.132
社会地位中层 x 重点中学			0.227			0.087			0.035
社会地位上层 x 重点中学			−0.154			0.315			−0.332
常量	−3.142***	−3.122***	−0.251**	2.065***	2.037***	−1.614**	0.767	0.794	1.070
Exp(B)	0.140	0.67	0.151	0.154	0.836	0.235	0.237	0.828	0.237
R 平方	0.140	0.143	0.151	0.154	0.155	0.235	0.237	0.188	0.237

多。在证书和实习兼职等方面没有显著影响,不过兼职和计算机等级证书等受制于家庭经济状况,相比于下层,中层和上层学生兼职的比数比分别是 $e^{0.229}$ 和 $e^{0.331}$。客观化家庭文化资本影响了同学关系和师生关系质量,但家庭背景对四级成绩的回归系数不显著。因此验证了研究假设 1:优势阶层学生进入大学后,其多维资本获取要优于劣势阶层学生。

(三) 大学生多维资本获得的中学异质性

为考虑中学类型对大学生多维资本获得的影响,模型 2 在模型 1 的基础上纳入重点中学经历这一变量。研究结果显示,重点中学经历对大学生除人际交往关系(师生关系质量和同学关系质量)外的多维资本回归系数均为显著,重点中学毕业的学生在获取荣誉、入党和成为学生干部的比数分别是无重点中学经历学生的 $e^{0.426}$(1.531)、$e^{0.403}$(1.497)、$e^{0.239}$(1.270),在专业证书获取、实习和兼职等领域则分别是 $e^{-0.385}$(0.683)、$e^{-0.188}$(0.836)和 $e^{-0.189}$(0.828),说明无重点中学经历的学生更倾向于提升自己的人力资本优势。在控制其他变量后,无重点中学经历的大学生在成绩排名、社团参与和四级得分等方面仍存在不足,但在师生关系质量和同学关系质量方面表现并不差,主要是后者与学校类型无关。重点中学经历在某种程度上可以弥补弱势阶层的资本差异,但并不能完全消除家庭背景所带来的不利影响,无论是重点还是非重点中学,人际关系质量和经济资本的弱势仍旧会制约后续发展。因此验证研究假设 2:重点中学学生的大学多维资本获取状况要优于非重点中学学生。

(四) 大学多维资本获得的阶层异质性——基于重点中学经历的调节效应

模型 3 在模型 2 的基础上增加了家庭背景与重点中学经历的交互项,以检验家庭背景对多维资本获得的异质性,意在揭示重点中学经历在家庭背景和大学多维资本获得间的调节作用。研究显示,家庭背景对大学多维资本获得对是否就读过重点中学存在差异。

图 1 与模型 3 显示,就读过重点中学的学生大学成绩排名更高,而重点中学经历与居住地两个交互项并不显著,说明重点中学经历对学生学业成绩的提升不存在家庭背景的差异,加之居住地主效应也不显著,因而可以说明在控制其他条件不变的情况下,相同人口统计学变量及家庭背景学生只要有机会进入重点中学就读,其大学成绩排名则不存在差异。

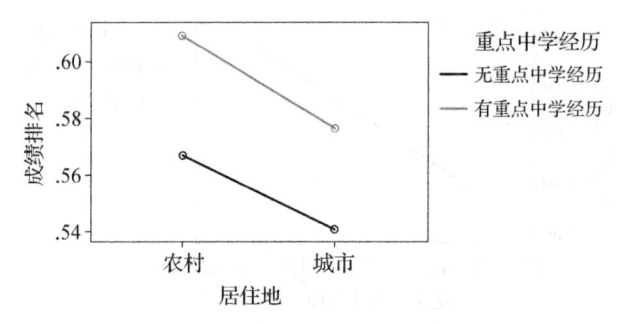

图1 重点中学经历与居住地调节效应

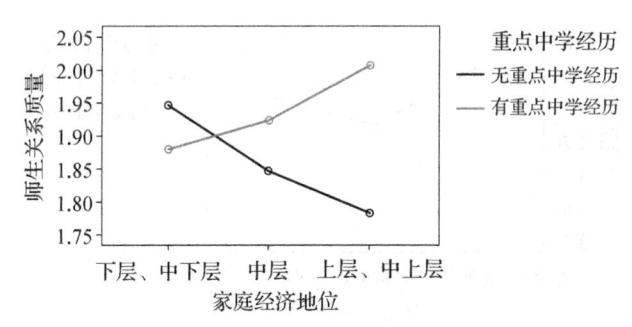

图2 重点中学经历与家庭经济地位调节效应

在社团参与中,家庭客观文化资本与重点中学经历两个交互项显著且为正数,说明家庭背景对社团参与具有正效应,这一表现在就读过重点中学的大学生中更为明显。在控制其他变量不变的情况下,家庭文化资本每提升1个单位,有重点中学经历大学生社团参与提高0.18个单位,而无重点中学经历学生只能提高0.071个单位,有重点中学经历的学生社团参与更积极。同时家庭文化资本主效应依旧显著,表明在相同条件下,即便劣势阶层学生进入重点中学能缩小与优势阶层的社团参与差距,但受制于家庭影响始终难以与城市学生持平。

在师生关系质量中,重点中学经历作为负向调节项削弱了对师生关系质量的影响。在无重点中学经历的学生中,家庭背景中层的大学生师生关系质量比下层大学生低—0.063;在有重点中学经历的学生中,却高出0.02。尽管起初和中层经济地位的大学生相比,经济地位弱势的大学生在师生关系质量中占有优势,但重点中学经历的加入提高了家景中层学生的师生交往质量,帮助家庭背景中层的大学生实现反超。

无重点中学经历但处于社会上层的大学生比下层大学生师生关系质量高

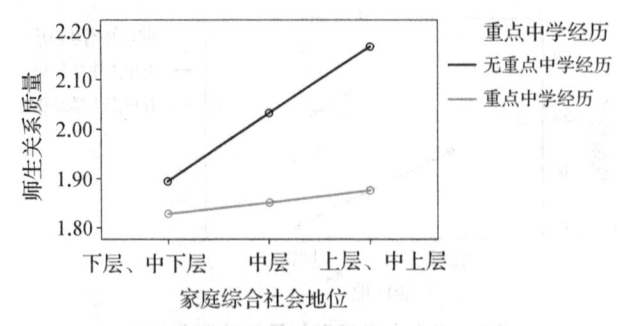

图 3 重点中学经历与家庭社会地位调节效应

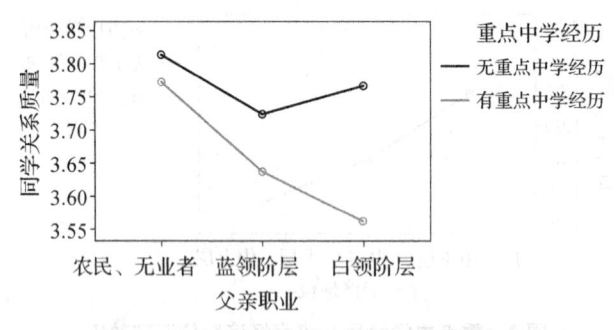

图 4 重点中学经历与父亲职业调节效应

0.137,而在重点中学毕业的大学生群体中,上层仅比下层学生高 0.035。劣势家庭背景学生进入重点中学后,即便重点中学的经历削弱了家庭背景的作用,能弥补家庭资本不足带来的弊端,缩小与中上层学生的差距,并接近持平。但无论是毕业于重点还是非重点中学,优势阶层学生都拥有更优质的社会网络,重点中学在缩小教育不平等间发挥着作用,但依旧受到原生家庭的影响。同社团参与一样,验证了研究假设 5:同为重点中学毕业,劣势阶层大学生在大学多维资本培养中依旧难以超越优势阶层学生。

图 4 表明重点中学经历对父亲职业和同学关系质量有负向影响,其中主效应系数不显著说明父亲职业对大学的同学关系质量没有显著影响,而交互项显著($P<0.05$)则说明重点中学经历大学生群体中,家庭背景下层相对于白领阶层同学关系质量更好,重点中学强化了弱势阶层优势,父亲职业地位正面效应回报更高。因此验证研究假设 3:中学经历在家庭背景对多维资本的获得中起调节作用。但值得注意的是,中学经历对家庭背景及入党、荣誉获得、学生干部、专业及资格证书、实习和兼职的交互效应统计并不显著。

(五)不同身份文化的大学生多维资本获得的异质性

表6 不同身份组别多维资本影响因素的线性回归

	组2(组1)	组3(组1)	组4(组1)	组3(组2)	组4(组2)	组3(组4)	人口	家庭	大学
成绩排名	0.084***	0.048	−0.043	−0.075**	−0.088***	0.098***	Yes	Yes	Yes
四级得分	0.085***	0.139**	0.019	0.019	−0.083***	0.117***	Yes	Yes	Yes
参加社团个数	0.046**	0.081***	−0.018	0.015	−0.075***	0.102***	Yes	Yes	Yes
校园月度净收入	−0.016	−0.029	−0.018	−0.006	0.002	−0.444	Yes	Yes	Yes
同学关系质量	0.034	0.021	0.01	−0.028	−0.032	0.009	Yes	Yes	Yes
师生关系质量	−0.005	0.027	0.024	0.033	0.029	−0.001	Yes	Yes	Yes

表7 不同身份组别多维资本影响因素的逻辑回归模型

	组2(组1)		组3(组1)		组4(组1)		人口	家庭	大学
	回归系数	Exp(B)	回归系数	Exp(B)	回归系数	Exp(B)			
入党	0.248	1.282	0.366*	1.442	−0.126	0.882	Yes	Yes	Yes
学生干部	0.390***	1.477	0.082	1.085	−0.091	0.913	Yes	Yes	Yes
专业资格证书	−0.041	0.644	−0.657	0.518	−0.287	0.75	Yes	Yes	Yes
计算机证书	−0.076	0.927	−0.3532	0.702	−0.171	0.843	Yes	Yes	Yes
实习	−0.346***	0.708	−0.403***	0.669	−0.278	0.757	Yes	Yes	Yes
兼职	−0.106	0.899	−0.463**	0.630	−0.233	0.792	Yes	Yes	Yes

表7(续) 不同身份组别多维资本影响因素的逻辑回归模型

	组3(组2)		组4(组2)		组3(组4)		人口	家庭	大学
	回归系数	Exp(B)	回归系数	Exp(B)	回归系数	Exp(B)			
入党	0.093	0.565	−0.421*	0.656	0.514***	1.672	Yes	Yes	Yes
学生干部	−0.32***	0.726	−0.540***	0.604	0.184*	1.202	Yes	Yes	Yes
专业资格证书	−0.213	0.808	0.176	1.192	−0.389*	0.678	Yes	Yes	Yes
计算机证书	−0.291	0.747	−0.113	0.894	−0.179	0.836	Yes	Yes	Yes
实习	−0.065	0.937	0.054	1.056	−0.119	0.887	Yes	Yes	Yes
兼职	−0.353**	0.702	−0.463**	0.898	−0.246**	0.782	Yes	Yes	Yes

要进一步讨论家庭背景、中学经历及大学多维资本获得间的关系,有必要按照是否有重点中学经历和家庭背景划分四类群体:无重点中学经历的农村大学生、有重点中学经历的农村大学生、有重点中学经历的城市大学生、无重点中学经历的农村大学生,分别命名为组1、组2、组3、组4。研究表明,同为农村大学生,有重点中学经历学生成为学生干部是无重点中学经历的 $e^{0.39}$(1.477)倍,而实习则是 $e^{-0.346}$(0.708)倍,成绩显著提升了0.084,四级得分与社团参与个数也有类似特征。有重点中学经历的农村大学生成绩排名系数相对于重点中学和非重点中学毕业的城市学生分别上升0.088和0.075,在四级得分和社团参与个数中,毕业于重点中学的农村大学生与毕业于非重点的城市大学生相比系数上升了0.083和0.075,愈发说明了重点中学的积极影响。验证了研究假设4:同为劣势阶层,重点中学毕业生在大学多维资本获取中占优势地位。

无重点中学经历的城市大学生与有重点中学经历的农村和城市大学生相比,其大学入党、成为学生干部的比率及成绩排名、四级得分、社团参与等方面呈现较低特征。在兼职中呈现出有重点中学经历的农村大学生＞无重点中学经历的城市大学生＞有重点中学经历的城市大学生在重点的高低序列。同为无重点中学经历的城市和农村学生在上述获得中没有显著差异。在有重点中学经历的学生中,城市学生成为学生干部是农村的 $e^{-0.032}$(0.726)倍,兼职是 $e^{-0.353}$(0.702)倍,在入党、专业资格证书、实习等方面,两者无显著差异。这表明出身劣势阶层大学生尽管面临家庭文化资本的弱势,但重点中学经历可以弥补相应缺陷。

五、结论与讨论

家庭背景及依附于此的文化资本是大学生多维资本获取的重要因素,在使用文化资本理论诠释大学生在校获得时,有文化再生产和文化流动两种理论进路。前者认为学生在校表现与家庭背景息息相关,学校是实现代际再生产的遮羞布,但这一假设忽略了学校存在的正向效应;后者则认为文化资本虽在家庭间存在差异,但劣势阶层更重视在校习得的资本,并借此弥补家庭缺憾。本文探讨了家庭背景、中学经历及大学多维资本获得的问题,并借此回应现有研究中基础教育和高等教育断裂及过分关注家庭背景而忽略学校对学生影响的问题,并试图探讨中国文化中文化再生产和文化流动的理论分歧。使用"大学生成长追踪调查"2009年的数据,研究发现:① 优势阶层大学生多维资本获取要高于劣势阶层的学生;② 重点中学经历提升了大学生的多维资本获得;③ 重点中学经历发挥着家庭背景对大学多维资本的调节作用;④ 同为劣势阶层,重点中学毕业生在大学多维资本中占优势;⑤ 同为重点中学毕业,尽管劣势阶层大学生拥有更优良的成绩排名,更容易成为学生干部,但在培育多维资本的某些方面仍难以超越优势阶层。

具体而言:第一,同为农村学生,重点中学毕业的经历使他们更容易获得多维资本,无论是成绩排名、四级得分、社团参与个数都优于非重点毕业学生。这可能因为,只有学业成绩优异的农村学生才有可能进入重点中学读书,而且重点中学的教学和学习环境更积极,学校课堂质量①、教师以学生为中心②的探究性学习策略、积极的学校氛围③都有助于劣势阶层学生在重点中学中提高学业成绩。第二,同为重点中学毕业,农村学生的成绩排名更高、更容易成为学生干部。这可能源于在每一个教育阶段,选拔上来的低社会出身的人都要比高社会出身的人更优秀,并且越到高级阶段其表现越为明显。④ 所以在重点中学和大学的层层筛选中,就读其中的农村学子表现优异;也有研究表明文化资本弱势的学生在重点学校会获得更高的教育期望。⑤ 在重点中学积极氛围影响下,同辈群体的规范和榜样效应能维持并提高劣势阶层学生的受教育期望。因此农村学生在进入大学后也能延续中学阶段取得的高学业成就,较为有效地应对大学学业挑战,并在表现上优于城市学生⑥,大学里的劣势阶层学生会不断拓展与重构自己的社会网络资本⑦,因此更倾向于成为学生干部。但重点中学经历对

---

① PALARDYG. Teacher quality and the achievement gap at the early grades[C]. Paper presented at the 24th International Congress for School Effectiveness and Improvement(ICSEI)2011,Limassol,Cyprus.

② Jihyun H, Mi C K, Yejun B, et al. Do Teachers' Instructional Practices Moderate Equity in Mathematical and Scientific Literacy?: an Investigation of the PISA 2012 and 2015[J]. International Journal of Science & Mathematics Education, 2018:25-45.

③ Berkowitz R, Moore H, Astor R A, et al. A Research Synthesis of the Associations Between Socioeconomic Background, Inequality, School Climate, and Academic Achievement[J]. Review of Educational Research, 2017(2):1-45.

④ Treiman, Donald J. and Kazuo Yamaguchi. Trends in Educational Attainment in Japan. In Persistent Inequality: Changing Educational Attainment in Thirteen Countries[M]. Colorado: Westview Press, 1993:229-250.

⑤ 吴愈晓,黄超. 基础教育中的学校阶层分割与学生教育期望[J]. 中国社会科学,2016(04):111-134.

⑥ 刘进,马永霞,庞海芍. 第一代大学生职业地位获得研究——基于L大学(1978—2008年)毕业生的调查分析[J]. 教育学术月刊,2016(02):3-11.

⑦ 周大雄,陈海平. 高校贫困生的社会网络资本:拓展与重构——社会网络资本对高校贫困生职业地位获得影响研究[J]. 高等教育研究,2005(10):86-92.

学业成绩的提升并不存在居住地的差异,进入重点中学在弥补城乡大学生多维资本的差异方面可以起到一定作用,这也侧面印证了给予城乡学生同等基础教育质量、均衡教育资源的重要性。第三,家庭背景受经济资本影响较为显著,但受中学经历影响不显著。这主要表明缺"钱"的困窘仍长期困扰着劣势阶层学生,这也带来了双重限制:第一重是客观生存境遇的限制,另一重则是由此带来的多维资本培育。劣势阶层学生对钱的敏感限制了他们的身体应该、可以及无法出现在哪儿,也限制了他们对大学的感知和体悟,但优势阶层无论毕业于何种中学都不需要考虑经济问题,享受着财富及财富所滋生的自由。第四,在社会资本中,无论是否有重点中学经历,优势阶层都有更优质的社会网络,进入重点中学的劣势阶层学生,在师生关系质量、同学关系质量和社团参与等社会资本方面有所提升。这可能源于在重点中学的互动合作课堂中,学生有更多与同伴和老师交流、讨论的机会,锻炼了表达、倾听和合作的能力[1],重点中学学生有更多机会进行口头交流、展示与反思,这些不仅有助于其加深对知识的理解,还有助于培养人际交往能力,进而延续到大学。

文化再生产理论认为学校是维持社会不平等的机构,但文化流动理论认为学校也能为劣势阶层学生提供社会流动通道[2],缩小阶层差距。本文的研究结果表明,当下文化再生产和文化流动模型并存,类似于"文化资本的作用是包含地位崛起机制的一种非整体性再生产"[3]。一方面,优势阶层学生可以凭借丰富的资本存量在进入大学后掌握更多的多维资本,实现文化再生产。但在考虑当下教育资源分布不均带来的中学质量差异基础上,重点中学的家庭文化资本对大学生社会资本的正效应能得到有效的发挥,意味着有重点中学经历的大学生更容易享受到家庭文化资本带来的回报。这一经历也能帮助优势阶层抑制不利影响,如经济地位负向影响师生关系质量。而且优势阶层更容易进入重点中学,从而享受重点中学的诸多益处。另一方面,重点中学经历也能在某些方面助力弱势群体发展,如在就读过重点中学的大学生中,优势阶层与劣势阶层的师生关系差异缩小,并接近持平,同时有重点中学经历的农村大学生更容易成为学生干部,缩小了文化差距,为文化流动提供了可能,这一结果符合了文化流动理论模型。因而,中国教育体制下重点中学可以说在扮演教育不平等加速器

---

[1] Wang M C, Haertel G D, Walberg H J. Building Educational Resilience[M]. Berkshire: Open University Press, 1998.

[2] Kalmijn M, Kraaykamp G. Race, cultural capital, and schooling: An analysis of trends in the United States[J]. Sociology of education, 1996(1): 22-34.

[3] 刘精明等. 转型时期中国社会教育[M]. 沈阳:辽宁教育出版社,2004.

的同时,也扮演着阶层割裂缝合剂的角色,发挥着文化再生产和文化流动的双重作用。

　　大学生多维资本的获取受家庭背景和中学经历共同作用,尽管劣势阶层学生缺乏家庭资本哺育,但重点中学经历弥补了他们的不足。第一,政府有必要缩小城乡、区域间中学办学质量差距,力图使每个孩子都能接受公平且有质量的教育。通过政策倾斜和资源投入,使农村、西部及贫困地区中学及时更新硬件设施,通过完善"国培计划""省培计划"和教师轮岗等制度,提升学校教师素质。第二,非重点中学可以通过积极参与政府提供的教师培训项目,或通过外派教师学习、邀请专家校内讲座等方式更新教师教育理念和教学方法,提高教师综合素质,培养良好的师生关系。人才培养由成绩取向转向成就取向,积极营造良好的校园氛围,拓展第二课堂。中学还可以利用现有网络技术及资源,在提高教师综合能力的同时,帮学生开拓视野、提高个人素质。第三,高校应在加大对劣势阶层学生资助力度的同时,丰富资助方式,中学经历虽对学生有重要影响,但家庭困难产生的结构性排斥将劣势阶层学生推向边缘,为劣势阶层学生提供充足的经济支持,能使其在大学期间短暂脱离经济困扰而实现对多维资本的自由探索、培育,但资助方式可以从单一的经济援助,转变为缓解经济压力的同时给予劣势阶层学生发展自助型支持,高校可以以丰富多彩的社团活动为载体,打造"物质保障、能力提升和精神激励"三位一体的育人政策和"扶困、扶智、扶志"的长效育人机制。

高等教育财政支出、居民消费及其中介效应
——基于"双循环"背景的实证分析

汪 栋 殷宗贤[①]

摘 要:2020年以来,全球贸易摩擦频发和新冠疫情蔓延,引发了自1929年大萧条以来的又一次剧烈波动,给各国居民消费带来极大的不确定性。为积极应对国内外经济环境变化,在新一轮世界经济增长格局中掌握发展的主动权,党中央适时提出构建"双循环"新发展格局的战略方针。高等教育作为国民教育的终端,前承高中教育,是政府公共服务的重要组成部分。在"双循环"背景下,高等教育财政支出如何影响居民消费,驱动国内需求,推动"双循环"新格局的发展,值得深入探讨。本文基于2005—2019年的省级面板数据,构建计量模型发现高等教育财政支出会显著"挤入"城乡居民消费水平,具有刺激消费、拉动内需的作用。与此同时,城镇化水平在提高居民消费水平中扮演着重要的中介变量角色,高等教育财政支出通过提高城镇化水平的方式间接促进了居民消费。

关键词:双循环;高等教育财政支出;居民消费;中介效应

一、引 言

2020年以来,在贸易的逆全球化发展和新冠疫情蔓延的双重作用下,世界经济增长格局发生了显著变化。为积极应对国内外经济增长格局变化,在新一轮世界经济增长格局中掌握发展的主动权,2020年5月,中央政治局常委会会议上,中国政府第一次正式提出了"充分发挥我国超大规模市场优势和内需潜力,构建国内国际双循环相互促进的新发展格局"的战略方针。随后,2020年10月,党的十九届五中全会审议通过的《中共中央关于制定国民经济和社会发展第十四个五年规划和二〇三五年远景目标的建议》重申构建"双循环"新发展格局的同时,要求各级政府"坚持扩大内需这个战略基点,加快培育完整内需体

---

① 作者简介:汪栋,南京财经大学公共管理学院副教授、硕士生导师,研究方向为教育财政与教育经济;殷宗贤,南京财经大学公共管理学院硕士研究生。

系,以高质量供给引领和创造新需求"。在"双循环"新发展格局下,"以高质量供给引领和创造新需求"既不断丰富和优化政府公共服务,激发和调动国内居民消费潜力,也更有力地支撑了供需互动产生的经济循环。①

"勤俭节约"一直以来是中华民族的传统美德,自 20 世纪 90 年代开始,中国的居民储蓄率呈现显著的持续上升态势,并一直维持在较高的水平。2019 年 11 月,中国人民银行原行长周小川指出中国当前居民储蓄率为 45%,仍位居全球首位。然而,我国居民长期以来"广积粮"形成的高储蓄率现象,在应对本轮中美贸易摩擦与新冠疫情冲击带来的经济下行压力时,迅速转变为"助农消费扶贫"等经济发展需求侧层面的源动力。作为经济总量排名世界第二的大国,中国基于超大规模的居民消费潜力,率先实现了经济复苏,彰显出独特的社会主义制度优势。据统计,2020 年我国 GDP 总量高达 101.6 万亿元,突破百万亿元大关,同比增长 2.3%,是全球唯一实现经济正增长的主要经济体,以"内循环"为主体的"双循环"新发展格局已在构建过程中初见成效。

伴随着我国"双循环"新发展格局的构建和运转,教育,特别是高等教育与居民消费乃至内需增长之间的联系更加密切。2020 年,我国高等教育毛入学率达到 54.4%,迈入普及化阶段,"双循环"新发展格局与高等教育发展新阶段在多个维度实现交汇和融合。高等教育作为国民教育的终端,前承高中教育,是政府公共服务的重要组成部分。高等教育在扩展过程中,政府高等教育财政支出的增加一方面可以通过增加公共服务供给,调节居民支出结构来刺激消费,②从供给侧维度促进经济"双循环"的良性运转;另一方面,政府高等教育财政支出的增加可以增加国民接受高等教育的机会,从而提高受教育者乃至大部分居民在教育领域的消费,从需求侧维度助推了"双循环"新格局的发展。因此,在构建和推动"双循环"新发展格局的过程中,政府部门高等教育支出如何影响国内居民消费,在供给和需求两个维度促进经济"双循环"的发展?在影响国内居民消费的过程中是否存在异质性?城镇化发展等其他因素是否对其影响具有中介效应?上述问题,值得深入探讨。

---

① 贾康,刘薇.双循环视域下需求侧改革的内涵、堵点及进路[J].新疆师范大学学报(哲学社会科学版),2021(05):1-13.
② 闵维方.教育促进经济增长的作用机制研究[J].北京大学教育评论,2017,15(03):123-136+190-191.

二、高等教育财政支出与"双循环"新格局的内在关系

2021年3月,李克强总理在政府工作报告中提到,要发展"更加公平更有质量"的教育,教育财政投入是教育事业发展的物质基础,充足均衡的教育财政投入可以促进高等教育"更加公平更有质量"的发展。2011年6月,国务院印发《关于进一步加大财政教育投入的意见》(〔2011〕22号),要求各级政府部门落实教育财政支出的法定增长要求,提高高等教育质量,多方筹集财政性教育经费,促进基本公共服务均等化。如图1所示,2012—2019年,高等教育阶段国家财政性教育经费累计投入5万亿元,年均名义增长率达到7.9%,在对居民消费水平产生影响的过程中,助力了"双循环"新发展格局的构建与发展。

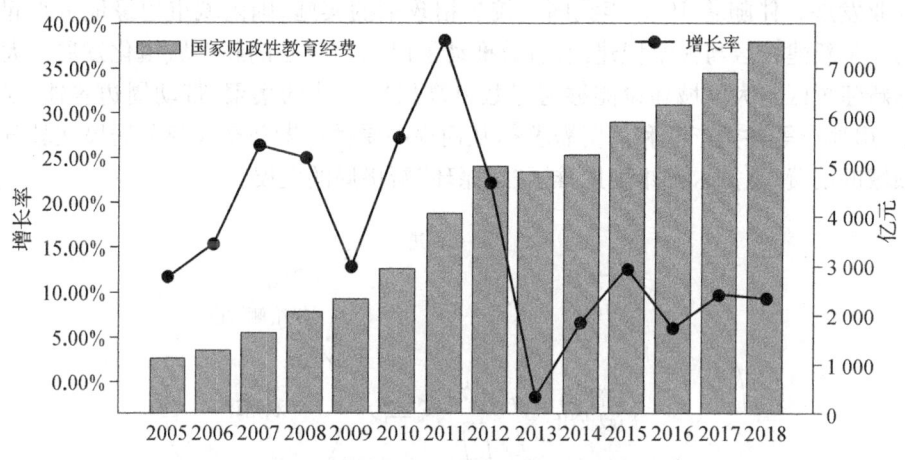

图1 高等教育国家财政性教育经费

(一) 高等教育财政支出增长,有利于调节居民支出结构,从供给侧维度促进经济"双循环"的良性运转

高等教育作为培养高层次人才的重要途径,是政府公共服务的重要组成部分,政府高等教育财政支出的增长,可以通过增加公共服务供给,调节居民支出结构来刺激消费,从供给侧维度促进经济"双循环"的良性运转。Glomm&KaganOvich(2010)研究发现政府公共教育支出的增加能够有效减少

家庭教育支出,从而调节家庭支出结构。① 因此,高等教育财政支出的增长,可以减少居民在接受高等教育过程中的花费,反向促进了接受高等教育群体收入水平的增长和消费能力的升级,从供给侧维度拉动了内需的增长,从而使全社会因贸易摩擦和疫情蔓延影响社会再生产循环的动力持续增强,实现更高水平的供需均衡,有效促进"内循环"格局的良性运转。

(二)高等教育财政支出增长,有利于提升城镇化发展水平,从需求侧维度助推了"双循环"新格局的发展

近些年来,高等教育与社会经济发展之间的联系日益紧密,高等教育扩展在促进地方经济增长中发挥着举足轻重的作用。各省市地方政府通过增加高等教育财政支出,以支持大学城建设或者高校新建校区的形式,促进本地区高等教育的扩展,以期带动周边基础设施建设,提升土地价值,刺激居民消费和服务业发展。伴随着1999年我国高校扩招政策的实施,国内城市边缘地带兴起的大学新建校区与大学城建设,有效推动了以人为核心的新型城镇化发展。大学新建校区与大学城建设能够通过数万高层次人才的集聚,带动周边餐饮、娱乐、房地产等各类产业和消费需求②,从而提高受教育者乃至大部分居民在教育领域的消费,从需求侧维度助推了"双循环"新格局的发展。

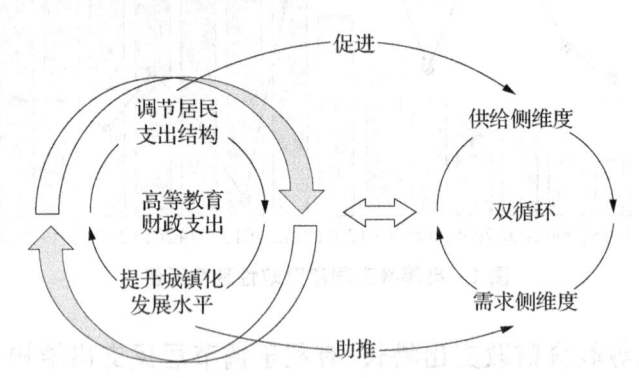

图 2　高等教育财政支出与"双循环"新格局内在关系图

因此,构建和发展"双循环"新发展格局要高度重视高等教育财政支出问题,准确认识高等教育财政支出刺激居民消费和扩大内需中的历史作用,科学

---

① Glomm G, Kaganovich M. Distributional Effects of Public Education in an Economy with Public Pensions[J]. International Economic Review, 2010, 44(3):917-937.
② 张建东. 教育产业与城市竞争力[J]. 教育研究,2004(10):38-42.

研判高等教育财政支出变化对"双循环"新发展格局的影响,以发展"更加公平更高质量"的高等教育事业促进"双循环"新发展格局的健康发展。

三、文献综述

(一) 教育财政支出对居民消费的影响综述

针对教育财政支出影响的问题,学者们通过实证分析,发现其对居民消费形成了挤入、挤出和多元化效应等几个维度的影响。

一方面,教育财政支出可以有效"挤入"居民消费。胡书东(2002)研究表明政府积极的财政政策与内需的扩大是互补的关系[1],因此扩大教育财政支出能够"挤入"居民消费。陈建伟(2014)通过对政府与家庭之间的高等教育支出行为模式进行分析,发现政府高等教育财政支出显著"挤入"家庭教育支出[2];另一方面,教育财政支出可以有效"挤出"居民消费。国外学者在这方面的研究较早,例如 Bailey(1971)的有效消费函数[3]和 Barro(1981)的一般均衡宏观经济模型[4],都表明政府财政支出对居民消费具有"挤出"效应。国内学者也有相关的实证研究,吴强等(2017)基于财政功能和居民消费分类的省级面板数据,研究发现教育财政支出显著挤出居民的教育消费。[5] 丁颖等(2019)基于财政性教育支出的福利效应,研究发现我国财政性教育支出与城乡居民储蓄率都存在正的相关关系,且对农村居民储蓄率的影响更为显著;[6]最后,教育财政支出由于内部结构的差异,对居民消费的影响还存在既有"挤入"又有"挤出"的多元化影响效应。温竹等(2009)从理论模型上将教育财政支出区分为强制供给、收入补贴和专项补贴三种情况,选择新古典经济学中家长最优化框架来构建家庭教育投资的一般模型,分别研究三种情况下家长的教育投资行为,结果表明强制供给会减少家长教育投资,收入补贴背景下家长教育投资不变,专项补贴会增加家

---

[1] 胡书东. 中国财政支出和民间消费需求之间的关系[J]. 中国社会科学,2002(06):26-32+204.

[2] 陈建伟. 引出还是挤出:政府与家庭的高等教育支出行为互动模式[J]. 经济评论,2014(06):91-100+112.

[3] BAILEY M J. National income and the price level: a study in macroeconomic theory [M]. 2nd ed. New York: McGraw-Hill, 1971.

[4] Robert J. Barro. Output Effects of Government Purchases[J]. Journal of Political Economy, 1981, 89(6): 1086-1121.

[5] 吴强,刘云波. 财政支出影响居民消费的差异性效应分析——基于财政功能和居民消费分类的省级面板数据[J]. 宏观经济研究,2017(10):20-30+61.

[6] 丁颖,司言武. 教育财政支出与居民储蓄率的关系研究[J]. 财经论丛,2019(02):30-36.

长教育投资。①

(二) 城镇化对居民消费的影响综述

国内外学者对城镇化影响居民消费做了大量的研究。Fujita(1999)研究发现,人口与经济活动的地理集聚通过发挥"集聚效应"和"规模效应"促进居民消费。② 王永军(2020)从直接和间接效应分别分析了新型城镇化促进消费增长的机制,指出收入变动渠道发挥的间接效应要强于直接效应。③ 付波航等(2013)具体测度了城镇化水平对居民消费率的影响大小,城镇化每提高1%,居民消费率就增加0.04%。④ 部分基于居民消费率的研究得到了不同的结论。如雷潇雨等(2014)研究发现,过快的城镇化速度会阻碍消费率的增长。⑤ 易行健等(2020)以半城镇化为切入点,指出半城镇化率对居民消费率有显著的负向影响。⑥

综上所述,国内外学者对教育财政与居民消费和城市化与居民消费这两对关系进行了大量的研究,形成了多样化的结论,这为本文进一步的研究提供了丰富的理论和经验支撑。然而,现有文献较多关注教育财政支出对居民消费影响的直接机制,并未聚焦高等教育财政支出对居民消费的影响,以及影响机制中可能存在的城镇化中介效应。在"双循环"新发展格局与我国高等教育普及化发展相交汇的阶段,高等教育财政支出对居民消费的影响值得深入探讨。因此,本文将基于直接机制与间接机制的分析比较,阐明高等教育财政支出影响居民消费的主要机制,并基于城镇化的角度分析其在高等教育财政支出影响居民消费的机制中发挥中介效应。

---

① 温竹,洪恺,周亚. 财政政策背景下的家庭教育投资行为分析[J]. 北京师范大学学报(自然科学版),2009,45(02):215-217.

② Masahisa Fujita, Paul Krugman, Tomoya Mori. On the evolution of hierarchical urban systems[J]. European Economic Review,1999,43(2):209-251.

③ 王永军. 新型城镇化如何影响城镇居民消费[J]. 东南大学学报(哲学社会科学版),2020,22(03):108-116+154.

④ 付波航,方齐云,宋德勇. 城镇化、人口年龄结构与居民消费——基于省际动态面板的实证研究[J]. 中国人口·资源与环境,2013,23(11):108-114.

⑤ 雷潇雨,龚六堂. 城镇化对于居民消费率的影响:理论模型与实证分析[J]. 经济研究,2014,49(06):44-57.

⑥ 易行健,周利,张浩. 城镇化为何没有推动居民消费倾向的提升?——基于半城镇化率视角的解释[J]. 经济学动态,2020(08):119-130.

四、模型设计与变量选择

(一) 经验模型设定

基于以上分析,建立高等教育财政支出影响居民消费水平的中介效应模型:

$$consumption_{it} = \alpha_0 + \alpha_1 edu\_fund_{it} + \sum_{i=2}^{n} \alpha_i X_{it} + \mu_i + \varepsilon_{it} \quad (1)$$

$$ur\_rate_{it} = \beta_0 + \beta_1 edu\_fund_{it} + \sum_{i=2}^{n} \beta_i X_{it} + v_i + \zeta_{it} \quad (2)$$

$$consumption_{it} = \gamma_0 + \gamma_1 edu\_fund_{it} + \gamma_2 ur\_rate_{it} + \sum_{i=3}^{n} \gamma_i X_{it} + \eta_i + \omega_{it} \quad (3)$$

式(1)检验高等教育财政支出对居民消费水平影响的总效应,其中 $consumption_{it}$ 代表居民的消费水平,具体包括全体居民消费水平($total\_cons$)、城镇居民消费水平(ur_cons)和农村居民消费水平(ru_cons),edu_fund_{it} 表示高等教育财政支出,X_{it} 表示控制变量。式(2)检验高等教育财政支出与城镇化水平的相关关系,ur_rate_{it} 表示城镇化水平。式(3)检验高等教育财政支出对居民消费影响的直接效应,以及通过城镇化影响消费的中介效应,其中 γ_1 表示直接效应大小,$\beta_1 \times \gamma_2$ 表示中介效应大小;μ_i、v_i 和 η_i 均表示不可观测的个体固定效应,ε_{it}、ζ_{it} 和 ω_{it} 为随机误差项。

借鉴温忠麟(2014)研究成果中的中介效应检验流程图[1]来进行本文的中介效应检验,如图3所示,图中系数和本文模型系数一一对应。接下来的部分将依次对全体居民、城镇居民和农村居民模型实证检验(1)(2)(3),下文称为模型(1)、模型(2)、模型(3)。

(二) 变量选取与数据来源

本文设定模型的被解释变量为居民消费水平,且进一步探讨了城乡异质

---

[1] 温忠麟,叶宝娟. 中介效应分析:方法和模型发展[J]. 心理科学进展,2014,22(05):731-745.

图3 中介效应流程图

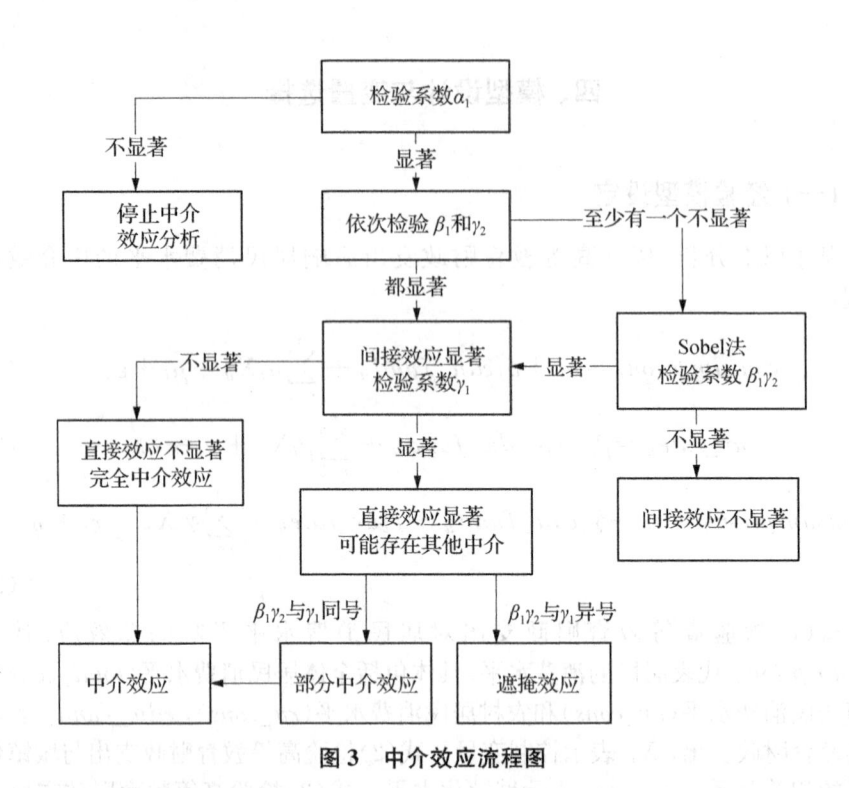

性,具体指标参考张恒龙(2020)①、蒙昱竹(2021)②等人的做法,选用居民人均消费支出、城镇居民人均消费支出和农村居民人均消费支出分别表示全体居民、城镇和农村居民的消费水平。主要解释变量为高等教育财政支出,参考陈建伟(2014)用高等学校生均教育经费支出表示。控制变量主要分为如下几类:① 收入水平,消费是收入的函数,参考商海岩(2019)的做法,选择城镇居民人均可支配收入和农村居民家庭人均纯收入③;② 城镇化水平,城镇化采用常住人口城镇化率,城镇化在高等教育财政支出对居民消费的影响中发挥一定的中介效应;③ 各地区的人口结构指标,生命周期理论认为,社会中的年轻人口和老年人口的比例越大,消费倾向就越高,借鉴丁颖(2019)的做法,使用老年指数和年

---

① 张恒龙,姚其林.基于城乡居民消费行为分析视角的扩大内需研究[J].求是学刊,2020,47(01):62-74+181.
② 蒙昱竹,李波,潘文富.财政支出、城市化与居民消费——对扩大内需的再思考[J].首都经济贸易大学学报,2021,23(01):10-23.
③ 商海岩,秦磊.城市化中的教育消费:差异、属性与影响因素[J].国家教育行政学院学报,2019(06):67-74+82.

轻指数来度量地区人口结构,其中老年指数是指65岁及以上人口比例,年轻指数是14岁及以下人口比例;④高等教育规模,高等教育招生规模的扩张可能会增加家庭的消费支出特别是教育消费支出,在此控制高等学校每十万人口平均在校生数。

本文研究对象为2005—2019年中国大陆31个省及直辖市,构建省级面板数据,相关数据来源于《中国统计年鉴》《中国教育经费统计年鉴》和《中国人口和就业统计年鉴》。变量的描述性统计分析如表1,从数据的标准差来看,除了老年指数($beyond65$)和年轻指数($under14$)外,其他变量标准差都比较大,在模型中将使用这些变量的对数形式。

表1 变量描述性统计

变量名	变量	均值	标准差	最小值	最大值	观测值
edu_fund	高等学校生均教育经费支出	22 667.79	11 214.29	7 514.93	74 270.33	465
ur_inc	城镇居民人均可支配收入	23 798.37	11 599.8	7 990.15	73 849	465
ur_cons	城镇居民人均消费支出	16 513.61	7 586.36	5 928.79	48 272	465
ru_inc	农村居民家庭人均纯收入	9 055.78	5 490.2	1 876.96	33 195.2	465
ru_cons	农村居民人均消费支出	7 119.6	4 264.29	1 552.39	22 449	465
$total\_cons$	居民人均消费支出	13 127.74	7 527.88	2 915	45 605.1	465
per_gdp	人均GDP	42 068.03	26 850.89	5 052.00	164 220.00	465
ur_rate	城镇人口比重	53.15	14.56	20.85	89.6	465
$under14$	0—14岁人口比重	17.1	4.28	7.56	28.34	465
$beyond65$	65岁及以上人口比重	9.68	2.18	4.82	16.27	465
stu	每十万人口平均在校生数	2 385.75	979.01	838	6897	465

五、实证研究及分析

(一) 全体居民模型

根据豪斯曼检验结果,建立固定效应模型,估计高等教育财政支出对全体居民消费水平的影响以及城镇化的中介效应,表2是全体居民模型回归结果,从中可以得出三点结论。

表2 高等教育财政支出与全体居民消费支出模型回归结果

	模型(1)	模型(2)	模型(3)
$log(ur\_rate)$			0.8273*** (0.0848)
$log(edu\_fund)$	0.1187*** (0.0259)	0.0276** (0.0135)	0.0959*** (0.0235)
$log(stu)$	0.2133*** (0.0357)	0.2783*** (0.0187)	−0.0170 (0.0400)
$log(per\_gdp)$	0.2553*** (0.0339)	0.1388*** (0.0177)	0.1405*** (0.0328)
$under14$	−0.0033 (0.0032)	0.0020 (0.0016)	−0.0049* (0.0029)
$beyond65$	−0.0035 (0.0039)	−0.0003 (0.0020)	−0.0033 (0.0035)
$Intercept$	3.5121*** (0.3704)	0.0872 (0.1935)	3.4400*** (0.3345)
年份虚拟变量	是	是	是
回归模型	固定效应	固定效应	固定效应
样本量	465	465	465

注：*** 代表1%的显著性水平,** 代表5%的显著性水平,* 代表10%的显著性水平,括号内为标准差。后表同。

第一,表2第1列首先对高等教育财政支出能否影响全体居民消费水平进行检验,即检验高等教育财政支出影响居民消费的总效应。实证结果表明,高等教育财政支出每增加1%,对居民消费支出的总效应为0.1187%,在1%的水平下显著。

第二,表2第2列检验了城镇化水平和高等教育财政支出的关系。结果表明,高等教育财政支出与城镇化水平显著相关,高等教育财政支出的增加能提高地区的城镇化水平。

第三,表2第3列在高等教育财政支出总效应模型中加入了城镇化这一中介变量,对高等教育财政支出通过影响城镇化水平而对居民消费支出产生影响的间接效应进行检验。实证结果显示,高等教育财政支出对全体居民消费支出具有显著的正向影响,即高等教育财政支出规模的扩大刺激了居民消费,从而达到扩大内需的效果,在其他条件不变的情况下,高等教育财政支出每增加1%,居民消费支出增加0.095 9%。进一步研究发现,高等教育财政支出的系数由不加入中介变量的0.118 7降至0.095 9,即直接效应大小为0.095 9,而中介效应大小为0.022 8,中介效应占总效应的比重为19.24%,比较而言,直接机制是高等教育财政支出影响居民消费的主要机制。

(二)城镇居民样本分析

表3是高等教育财政支出影响的城镇居民消费支出模型,实证结果表明,高等教育经费支出对城镇居民消费水平的总效应是显著的,其次在加入中介变量城镇化水平之后,直接效应大小为0.035 9,控制其他条件不变,高等教育经费支出每增加1%,城镇居民消费水平大约提高0.035 9%,且统计显著。但城镇化的系数不显著,中介效应有待进一步检验。

表3 高等教育财政支出与城镇居民消费支出模型回归结果

	模型(1)	模型(2)	模型(3)
$log(ur\_rate)$			−0.010 6 (0.054 2)
$log(edu\_fund)$	0.035 7** (0.015 5)	0.025 0* (0.014 1)	0.035 9** (0.015 6)
$log(stu)$	−0.033 0* (0.017 8)	0.344 9*** (0.016 1)	−0.029 3 (0.025 8)
$log(ur\_inc)$	0.911 8*** (0.052 5)	0.301 7*** (0.047 6)	0.915 0*** (0.055 0)
$under14$	0.006 7*** (0.001 9)	0.001 1 (0.001 7)	0.006 7*** (0.001 9)

续 表

	模型(1)	模型(2)	模型(3)
$beyond65$	−0.001 1 (0.002 3)	−0.001 4 (0.002 1)	−0.001 1 (0.002 3)
$Intercept$	0.320 4 (0.469 9)	−1.805 8*** (0.426 0)	0.301 3 (0.480 5)
$R\text{-}squared$	0.992 5	0.926 0	0.992 5
年份虚拟变量	是	是	是
回归模型	固定效应	固定效应	固定效应
样本量	465	465	465

中介效应的检验原假设是 $H_0:ab=0$，此处 a 为模型(2)中 log(edu_fund) 的系数估计，b 为模型(3)中 log(ur_rate)的系数估计，根据 Sobel(1982)提出的 Sobel 检验统计量进一步检验中介效应，统计量 $z=\hat{a}\hat{b}/S_{ab}$，其中 $\hat{a}$ 和 $\hat{b}$ 分别是对 a 和 b 的估计，$S_{ab}=\sqrt{\hat{a}^2 s_b^2+\hat{b}^2 s_a^2}$ 是 $\hat{a}\hat{b}$ 的标准误，s_a 和 s_b 分别是 $\hat{a}$ 和 $\hat{b}$ 的标准误[1]，据此计算此处统计量的值为 −0.194 3，无法拒绝原假设，因此在高等教育财政支出对城镇居民消费影响的模型中，不存在城镇化的中介效应。

(三)农村居民样本分析

表 4 是高等教育财政支出影响消费的农村居民消费支出模型，从回归结果中可以得出三点结论。

表 4　高等教育财政支出与农村居民消费支出模型回归结果

	模型(1)	模型(2)	模型(3)
$log(ur\_rate)$			0.265 1** (0.109 2)
$log(edu\_fund)$	0.136 6*** (0.029 0)	0.022 1* (0.013 0)	0.130 8*** (0.029 0)
$log(stu)$	0.065 3 (0.040 2)	0.258 3*** (0.018 0)	−0.003 2 (0.048 9)

---

[1] Sobel M E. Asymptotic Confidence Intervals for Indirect Effects in Structural Equation Models[J]. Sociological Methodology, 1982, 13：290-312.

续 表

	模型(1)	模型(2)	模型(3)
$log(ru\_inc)$	0.664 8*** (0.086 0)	0.388 6*** (0.038 4)	0.561 8*** (0.095 4)
$under14$	−0.006 1* (0.003 5)	0.002 4 (0.001 6)	−0.006 8* (0.003 5)
$beyond65$	0.009 4** (0.004 4)	0.002 0 (0.002 0)	0.008 8** (0.004 4)
$Intercept$	0.715 9 (0.620 4)	−1.559 1*** (0.277 4)	1.129 2* (0.639 8)
$R\text{-}squared$	0.985 3	0.934 8	0.985 5
年份虚拟变量	是	是	是
回归模型	固定效应	固定效应	固定效应
样本量	465	465	465

第一,表4第1列表明高等教育财政支出对农村居民消费的总效应显著,总效应大小为0.136 6。

第二,表4第2列检验了农村居民模型中高等教育财政支出与城镇化的相关关系,统计结果表明二者显著相关,和前文结果一样,高等教育财政支出能显著提高地区城镇化水平。

第三,表4第3列在总效应模型中加入了城镇化中介变量,且中介效应显著。加入中介变量之后,在其他条件不变的情况下,高等教育财政支出每增加1%,农村居民消费水平提高约0.13%,这一系数和未加入中介变量的模型相比,由0.136 6降为0.130 8,即直接效应大小为0.130 8,此时中介效应大小为0.005 9,中介效应占总效应的大小为4.29%,同样地,这表明直接机制仍是高等教育财政支出影响居民消费的主要机制,但间接机制也发挥着显著的作用。一方面,高等教育财政支出对农村居民消费有直接正向刺激作用,即高等教育财政支出规模扩张会带动农村居民的消费;另一方面,高等教育财政支出通过提升城镇化水平对农村居民消费有间接刺激作用,即高等教育财政支出提高了城镇化的水平,而城镇化水平的提高又促进了农村居民消费。

(四)高等教育财政支出直接效应比较分析

在模型(3)中,高等教育财政支出估计系数的经济意义是控制其他条件不变的情况下高等教育财政支出对居民消费支出的偏效应,也就是高等教育财政支出对居民消费影响的直接效应。由于模型中加入了年份虚拟变量,且在统计上都是显著的,因此可以就高等教育财政支出对居民消费的直接效应进行横向和纵向的比较分析,图4展示了2005—2019年直接效应大小的变化趋势及城乡差异。

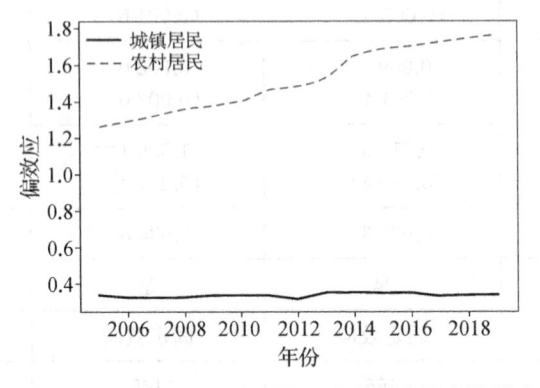

图4 高等教育财政支出对居民消费影响的直接效应

从整体上看,高等教育财政支出对农村居民消费支出的直接效应高于对城镇居民消费支出的直接效应,研究期间,高等教育财政支出增长1%,带来的农村居民消费支出增长平均要比城镇居民消费支出增长高1.18%,且仍有不断扩大的趋势。针对这种城乡差异,首先,可能和城乡居民收入差距有关,农村居民收入水平较低,在前文高等教育财政支出影响居民消费的机制中,不论是在供给侧维度还是需求侧维度,较低的收入水平对高等教育财政支出有较大的反应。再者,伴随着高等教育财政投入的增长,高等教育事业迅速扩展,政府出台系列针对农村地区高考招生的倾斜政策,例如"国家专项计划""地方专项计划"等,越来越多的农村地区莘莘学子有机会进入高等学府进行深造,导致农村地区受到的影响效应高于城市。

(五) 稳健性检验

在前文的宏观分析中,政府高等教育财政支出使用高等学校生均教育经费支出表示,胡耀宗(2012)指出在高等教育领域,政府公共财政可用普通高等学校生均预算内事业费、生均预算内公用经费等表示。① 接下来更换核心解释变量,检验模型的稳健性,表5是使用生均预算内公用经费作为政府高等教育财

---

① 胡耀宗. 省域高等教育财政差异实证分析[J]. 教育发展研究,2012,32(01):36-40.

表 5 替换政府高等教育财政支出代理变量的稳健性检验

	全体居民模型 (1)	全体居民模型 (2)	全体居民模型 (3)	城镇居民模型 (1)	城镇居民模型 (2)	城镇居民模型 (3)	农村居民模型 (1)	农村居民模型 (2)	农村居民模型 (3)
$log(ur\_rate)$	0.053 2*** (0.010 3)								0.271 5** (0.111 7)
			0.806 4*** (0.085 3)			−0.008 2 (0.054 7)			
$log(edu\_fund)$	0.178 8*** (0.035 6)	0.017 1*** (0.005 4)	0.039 4*** (0.009 4)	0.007 3 (0.006 2)	0.015 1*** (0.005 6)	0.007 5 (0.006 3)	0.031 3*** (0.011 8)	0.014 2*** (0.005 2)	0.027 5** (0.011 9)
$log(stu)$	0.260 8*** (0.033 3)	0.268 4*** (0.018 6)	−0.037 6 (0.039 6)	−0.037 2** (0.018 3)	0.336 0*** (0.016 4)	−0.034 5 (0.025 9)	0.038 7 (0.040 9)	0.250 9*** (0.017 9)	−0.029 4 (0.049 4)
$log(per\_gdp)$		0.137 6*** (0.017 4)	0.149 8*** (0.032 5)						
$log(ur\_inc)$				0.930 2*** (0.052 3)	0.293 7*** (0.047 0)	0.932 6*** (0.054 8)			
$log(ru\_inc)$							0.708 4*** (0.087 0)	0.383 2*** (0.038 0)	0.604 4*** (0.096 5)
under14	−0.004 9 (0.003 1)	0.001 6 (0.001 6)	−0.006 1** (0.002 8)	0.006 3*** (0.001 9)	0.000 8 (0.001 7)	0.006 3*** (0.001 9)	−0.007 7** (0.003 6)	0.002 1 (0.001 6)	−0.008 3** (0.003 6)
beyond65	−0.004 7 (0.003 9)	−0.000 6 (0.002 0)	−0.004 2 (0.003 5)	−0.001 4 (0.002 3)	−0.001 7 (0.002 1)	−0.001 4 (0.002 3)	0.008 5* (0.004 5)	0.001 7 (0.002 0)	0.008 1* (0.004 5)
Intercept	4.494 1*** (0.306 3)	0.319 1** (0.160 0)	4.236 8*** (0.279 5)	0.479 5 (0.483 0)	−1.529 3*** (0.433 7)	0.466 9 (0.490 8)	1.666 4*** (0.615 4)	−1.345 6*** (0.268 9)	2.031 8*** (0.630 0)
年份虚拟变量									
回归模型					是				
样本量					固定效应				
					465				

政支出代理变量的模型回归结果。可以看出,除估计系数大小外,实证结论和前文分析完全契合,即在全体居民模型和农村居民模型中,不仅存在高等教育财政支出对居民消费影响的直接效应,还存在通过城镇化影响居民消费的中介效应,同时在城镇居民模型中,中介效应不显著。此外,使用普通高等学校生均预算内事业费作为代理变量也得到相同的结论,在此不作赘述。

六、结论与对策建议

本文基于 2005—2019 年我国 31 个省市面板数据,建立固定效应模型,研究了高等教育财政支出对居民消费影响的直接效应和以城镇化为中介变量的中介效应,具体结论如下:① 高等教育财政支出显著的挤入居民消费。无论是全体居民消费水平还是分城镇、农村居民消费水平,高等教育财政支出的增加都促进了居民消费水平的提高,表明高等教育财政支出扩张对扩大内需有积极的促进作用;② 在高等教育财政支出对全体居民和农村居民消费影响的路径中,城镇化水平的中介效应显著,表明高等教育财政支出增加不仅直接提高了居民消费水平,而且还通过提高城镇化水平的方式间接提高居民消费水平,但直接机制是高等教育财政支出影响居民消费的主要机制;③ 高等教育财政支出对农村居民消费的直接效应显著大于对城镇居民消费的直接效应,研究期间内,高等教育财政支出增长 1%,带来的农村居民消费支出增长平均要比城镇居民消费支出增长高 1.18%,且仍有不断扩大的趋势。

根据以上研究结论,本文认为在当前"双循环"新发展格局的背景下,要充分发挥高等教育财政支出对居民消费的促进作用,进一步扩大内需、释放内需潜力,可以对相关政策进行优化:首先,持续加大高等教育财政投入:一方面是完善高等学校配套基础设施建设,带动商业发展,创造消费需求;另一方面是提高助学金、奖学金等资助力度,缓解家庭经济压力,提高消费能力。再者,在高等教育财政预算过程中增强与城镇化的联系。扩大内需的最大潜力在于城镇化,高等教育发展提高了城镇化的质量,推进新型城镇化进程,进一步引导居民的消费方向,优化消费结构,促进城乡居民消费水平的提高。

后　记

　　江苏省高等教育学会2021年学术年会围绕"高等教育现代化：评价改革与高等教育发展"的主题，吸引了300位代表莅会。会议收到学术论文72篇，《江苏高教评论2021》从中择优遴选了部分尚未公开发表的论文。年会共设有开幕式、主旨学术报告、书记校长论坛、特邀学术报告、研究生论坛、专题分论坛等30场次报告，《江苏高教评论2021》在有限篇幅内展示了部分报告的菁华。江苏省高教学会会长丁晓昌教授对论文的评选和全书的编撰提出了指导意见。江苏省高教学会秘书处组织部分学术委员会成员形成了论文评审专家组。借此机会，衷心感谢专家评委的无私奉献和热忱工作，他们是：学会学术委员会顾问、南京大学龚放教授，学会学术委员会副主任委员、南京师范大学胡建华教授，学会学术委员会副主任委员、南京信息工程大学吴立保教授，学会学术委员会委员、江苏省教育科学研究院高教所所长宋旭峰研究员，等。

　　全书由江苏省高教学会秘书长、南京信息工程大学副校长邓志良教授统稿。江苏省高教学会副秘书长黄榕博士具体负责书稿的汇编，江苏省高教学会秘书处赵亚萍、南京师范大学研究生李景怡等参与了书稿的整理与联络工作。

　　本次年会承办单位南京信息工程大学和南京大学出版社对本书的出版给予了大力支持，在此一并表示衷心感谢！

江苏省高等教育学会
2021年12月30日